KING
et son époque

Éditeurs:
LES ÉDITIONS LA PRESSE, LTÉE
7, rue Saint-Jacques
Montréal H2Y 1K9

En page couverture:
Portrait de Mackenzie King, oeuvre
du peintre londonien Frank O. Salisbury.

Dépôt légal:
BIBLIOTHÈQUE NATIONALE DU QUÉBEC
4e trimestre 1982
ISBN 2-89043-088-X

KING
et son époque

Bernard Saint-Aubin

la presse

Collection Jadis et naguère

Préface

William Lyon Mackenzie King est resté à la tête du gouvernement canadien pendant vingt et un ans, dépassant ainsi tous les records jamais atteints par un Premier ministre du Canada. Il domina la scène politique à tel point qu'il laissa son nom, « l'ère de Mackenzie King », à toute l'époque allant de 1919 à 1949. Durant ces trente années, il ne perdit qu'une seule élection générale (celle de 1930) et se révéla un tel stratège politique que son exemple est passé à l'histoire comme celui du « maître politicien » et du Premier ministre modèle. Il est ainsi l'un des plus connus de nos Premiers ministres. Mais — et la plupart des lecteurs connaissent sans doute sa réputation de spirite— il demeure, parmi nos hommes politiques, probablement le plus énigmatique, le plus difficile à comprendre. C'est, je crois, le regretté André Laurendeau qui a écrit quelque part avec beaucoup d'à-propos que l'on pouvait difficilement aimer Mackenzie King, mais qu'il était encore plus difficile de ne pas l'admirer.

Personnage ambivalent, c'est le moins que l'on puisse dire de cet étrange chef politique. Son éducation et son tempérament l'inclinaient à se méfier des idéologies, des solutions globales, des projets englobants, des perspectives absolues. Il préférait ne rien entreprendre avant d'avoir les ressources suffisantes pour atteindre ses objectifs, avant d'avoir à sa disposition les meilleurs moyens de gagner. Il ne possédait ni le magnétisme d'un Macdonald, ni la fougue d'un Laurier, ni encore l'ardeur ou l'intelligence d'un Thompson et d'un Meighen. Par ailleurs, il avait une affection solide et soutenue pour son pays, un instinct très sûr, ainsi que des aspirations profondes et sincères vers un idéal d'unité et de paix sociale qui le placent au premier rang des grands conciliateurs du XXe siècle. Et il savait, patiemment, réaliser ses rêves.

Trois réalisations seulement, parmi bien d'autres: le parti libéral qu'il trouva en opposition, minoritaire et meurtri, confiné par la crise de la conscription de 1917 à l'intérieur des frontières du Canada français, il le légua en 1948 à son successeur, Louis St-Laurent, si vivant et si fort que les libéraux conservèrent le pouvoir pendant neuf ans encore, jusqu'en 1957. Les Québécois francophones qu'il trouva en 1921 sans influence et exclus, il les laissa en 1948 dans la majorité à la tête du pays, s'apprêtant à célébrer un an plus tard le plus grand triomphe électoral jamais connu au Canada, la majorité jusqu'alors inégalée de Louis St-Laurent. Le pays qu'il trouva au bord de la dépression en 1921, dans un marasme où les salaires étaient loin derrière le coût de la vie, où les syndicats n'avaient pas encore le droit à la négociation collective, il le légua à son successeur riche, prospère, et muni de tout un programme de lois sociales qui avaient apporté sécurité et optimisme.

Lorsqu'il quitta le pouvoir en 1948, il laissait derrière lui un gouvernement fédéral dont on pouvait dire que, grâce à Mackenzie King, il était dans presque tous les domaines, le plus fort, le plus compétent, le plus riche, et le plus influent de tous ceux qui avaient administré le Canada depuis son accession à l'indépendance cent ans plus tôt, à l'époque de Sir Louis-Hippolyte LaFontaine.

C'est ce personnage que Bernard Saint-Aubin nous présente dans les pages qui vont suivre, avec toutes les grandeurs et misères de l'époque qu'il a tant marquée. Ai-je besoin d'ajouter que ce livre rendra de grands services? Écrit après de patientes et sérieuses lectures des très nombreux travaux qui portent sur King, surtout ceux d'auteurs anglophones inconnus des lecteurs de langue française; écrit aussi après de minutieuses recherches sur l'ensemble de la période, l'ouvrage a le grand mérite d'insister sur les faits, de rappeler à notre souvenir beaucoup de personnages, d'influences et d'événements qui sont trop souvent oubliés ou méconnus; en un mot, de préciser la vérité historique telle qu'elle est connue aujourd'hui. Cette vérité, King et son époque aidera à la répandre dans un public qui en est souvent privé. C'est pourquoi je lui souhaite une belle et large diffusion. Et je redis à Bernard Saint-Aubin à la fois mes félicitations pour son importante initiative et ma vive reconnaissance de m'avoir fait l'honneur de lui associer mon nom.

Regis College,
Toronto, 25 juillet 1982.

Jacques Monet, s.j.

CHAPITRE PREMIER

Petit-fils de rebelle

Le futur premier ministre du Canada, William Lyon Mackenzie King, est né le 17 décembre 1874 à Berlin, en Ontario. Cette ville, qui avait été peuplée par des immigrants d'origine allemande aux environs de 1807, devait porter successivement les noms de Sand Hills, Ebytown et Berlin avant d'être rebaptisée Kitchener, en 1916, en l'honneur du feld-maréchal britannique Horatio Herbert Kitchener, mort en mer la même année.

Adeptes du presbytérianisme, la religion dominante de l'Écosse, où ils étaient nés, les quatre grands-parents de notre héros étaient venus s'établir au Canada dans les années 1820-1834. Ils faisaient partie des 12 millions d'émigrants qui, entre 1815 et 1880, avaient quitté la Grande-Bretagne pour se fixer dans d'autres contrées du monde[1]. Les Écossais ont joué un rôle déterminant dans la mise en valeur du Canada. Un sociologue et économiste français, André Siegfried, a résumé cet apport en quelques formules saisissantes:

> « Le caractère des Écossais est bien connu; ils sont travailleurs, tandis que l'Anglais est réputé paresseux; économes jusqu'à la caricature, tandis que l'Anglais passe pour dépensier, du moins imprévoyant dans sa vie privée; à la fois égalitaires et vains de leurs clans; hommes d'affaires merveilleux et finalement démocrates de tempérament, par contraste avec cet esprit de hiérarchie dont les Anglais, même d'extrême-gauche, ne se défont jamais qu'avec peine.
>
> « La part des Écossais dans la formation du Canada est considérable: ils y ont apporté un sérieux démocratique, inspiré de l'esprit réformé, qui est notamment très sensible dans l'enseignement; ils lui ont aussi — et c'est à peine

moins important — constitué une solide épine dorsale de banquiers, partout notables, considérés, influents. Dans l'annuaire téléphonique de Montréal, les *Mac* remplissent dix pages: arrachez ces dix pages, Montréal n'est plus une capitale financière, simplement un immense village français, avec une petite garnison d'Anglais! Les Écossais ne se mêlent pas beaucoup avec les autres éléments de la population britannique; ils entretiennent par contre des relations cordiales avec les Canadiens français: les mariages mixtes, qui ne sont pas rares, aboutissent souvent à la francisation paradoxale de gens qui s'appellent MacDonald ou Forbes, sans garder rien d'autre qui rappelle leur première origine! Cette tonalité écossaise du Canada explique bien des choses, au point qu'un Canadien me résumait ainsi les trois caractéristiques d'après lesquelles son pays se distingue des États-Unis: le climat, le Grand Nord, la marque de l'Écosse[2]! »

Le grand-père paternel de Mackenzie King, John King, était militaire. Il avait été envoyé au Canada en 1834, n'étant âgé que de vingt ans. Posté à Kingston, il avait participé à la répression de la rébellion de 1837 dans le Haut-Canada. Puis, affecté à Québec quelques années plus tard, il allait y mourir de tuberculose à l'âge de vingt-neuf ans. Ses cendres reposent dans le cimetière militaire de Québec. Son fils, John comme lui, père de Mackenzie King, est né le 15 septembre 1843, quatre mois après la mort de son père.

L'aïeul le plus considérable de notre héros fut sans l'ombre d'un doute William Lyon Mackenzie, en l'honneur duquel il devait ses trois prénoms. Né en 1795, il était d'humble origine. Passionné par la lecture, il dévorait tous les livres qui lui tombaient sous la main, ce qui explique peut-être son esprit brouillon. À l'inverse de son petit-fils, qui, lui, recherchera la fréquentation des grands de ce monde, « il était instinctivement méfiant des grands de la terre[3] ». C'est en 1820, à l'âge de vingt-cinq ans, que Mackenzie émigra dans le Haut-Canada, à Dundas plus précisément, où il exploita un magasin avec un associé, commerce qu'il devait bientôt abandonner pour se lancer dans la publication d'un journal, le *Colonial Advocate*. Le 1er juillet

1822, il épousa, à Montréal, Isabel Baxter[4]. Le couple eut treize enfants, dont le dernier, Isabel Grace, sera la mère de Mackenzie King.

Mackenzie était un réformiste-né. À l'époque, des réformes s'imposaient aussi bien dans le Haut-Canada que dans le Bas-Canada, où une oligarchie connue sous le nom de *Family Compact* avait accaparé avec une jalousie féroce presque tous les pouvoirs. Il n'y avait que cette classe privilégiée qui bénéficiait des faveurs dispensées par le gouvernement. Cette situation ne pouvait durer. Elle suscita une vive opposition dans bien des milieux. La violence verbale dégénéra assez rapidement en violence physique.

Mackenzie, dont l'inclination naturelle le portait vers les victimes de ce régime, prit nettement position contre le *Family Compact.* Sa passion de la liberté, sa soif de la justice et sa haine des privilèges ne lui laissaient pas d'autre alternative. C'était un grand sincère qui ne désirait aucun avantage pour lui-même. L'argent, il le détestait, il y voyait un « mal moral[5] ». Autant le grand-père méprisait l'argent, autant le petit-fils l'aimait. Mackenzie se jeta corps et âme dans la lutte. Il trouva de nombreux partisans, mais son absence de pondération et son manque de jugement nuirent énormément à sa cause. En raison de ce double défaut, il accrut l'antagonisme de ses ennemis et n'éveilla aucune sympathie dans bien des milieux réformistes. Son petit-fils, par contre, sera un pondéré, un conciliateur-né et un homme au jugement sûr.

En 1828, les électeurs de la circonscription de York choisirent Mackenzie pour les représenter à l'Assemblée législative de leur province. C'était la première fois qu'il était candidat à la députation. Expulsé de la Chambre à maintes reprises à cause de ses excès de langage, il devait demander à ses électeurs de lui renouveler leur confiance six autres fois afin qu'il puisse siéger de nouveau à l'Assemblée législative. L'électorat lui resta fidèle jusqu'en 1836, année où il connut la défaite. Deux ans plus tôt, toutefois, il devint le premier maire de Toronto.

À l'intérieur comme à l'extérieur de la Chambre, il continuera de réclamer des réformes avec « une énergie et une conviction qui frisait le fanatisme[6] ». N'ayant pu atteindre ses objectifs par la voie pacifique, il résolut de recourir à la violence. Seulement, il fallait qu'une occasion se présentât avant de s'engager dans une telle aventure dont les risques étaient on ne peut plus grands. À la fin de novembre 1837, la rébellion éclate dans le Bas-Canada. Mackenzie saisit cette occasion pour frapper. Au début de décembre, il réunit de 700 à 800 partisans près de Toronto. Ses hommes sont peu armés. Pourtant, il se fixe deux objectifs dont la réalisation ne serait possible que si un miracle se produisait: s'emparer des fournitures militaires et établir à Toronto un gouvernement provisoire qui assumerait la direction du gouvernement à la place de l'oligarchie. De sévères épreuves l'attendent. Le premier affrontement avec l'armée sème la panique dans le camp rebelle. Il suffit de quelques heures à la troupe pour disperser les mutins qui prennent la fuite. Les plus compromis, dont Mackenzie, prennent la route de l'exil, en l'espèce les États-Unis, refuge à l'époque des victimes des rois et des tyrans.

Cet homme « opiniâtre, grincheux et acariâtre[7] » avait échoué lamentablement. Les esprits sensés avaient prévu cet échec. Le mouvement de Mackenzie n'avait jamais été populaire dans la masse de la population. La preuve en est que, de tous les points du Haut-Canada, l'opinion se rangea du côté du gouvernement qui lui sembla plus tolérable qu'un régime dirigé par le chef des rebelles. Mackenzie allait d'ailleurs reconnaître plus tard que le « recours aux armes avait été une erreur[8] ». Quant à la cause réformiste, elle avait essuyé un dur revers... du moins pour le moment.

La tête de Mackenzie est mise à prix. Une somme de 1000 livres est offerte à quiconque fournirait des renseignements qui conduiraient à l'arrestation du rebelle. Ce dernier réussit à atteindre et à franchir la frontière américaine sans trop de peine. Aux États-Unis, il prend part à l'organisation d'une force d'invasion du Canada. La tentative tourne au fiasco. En 1839, il est traduit devant un tribunal américain pour avoir enfreint la loi sur la neutralité. « Se croyant un expert en matière de droit, il assume lui-même sa défense avec force détails et détours, mais il est condamné à une amende de $10 et à dix-huit mois de prison[9]. » Il ne purge, cependant, que la moitié de sa peine dans une prison de Rochester, dans l'État de New York. Mais sa santé avait été compromise. Il connut la pauvreté, voire la misère, étant parfois incapable de subvenir aux besoins de sa famille. Grâce à sa plume, il réussit néanmoins à vivre, quoique dans des conditions difficiles. Ses douze années d'exil aux États-Unis furent très malheureuses.

En février 1849, le gouvernement de Louis-Hippolyte LaFontaine fit adopter une mesure d'amnistie. Mackenzie rentra au Canada. En avril 1851, il brigue les suffrages dans une élection partielle dans le comté de Haldimand, dans le Haut-Canada. Son principal adversaire est George Brown, directeur du *Globe* de Toronto. La circonscription compte une importante fraction de catholiques irlandais. Les chefs réformistes ne donnent à Brown qu'un appui réticent puisqu'ils le trouvent mauvais coucheur. Ce dernier, ennemi juré de la foi catholique, a du plomb dans l'aile. Il est battu par Mackenzie qui représentera Haldimand jusqu'en 1858, année où il renonce à son siège. Trois ans plus tard, il succombe à une attaque d'apoplexie. Deux historiens ont porté sur lui un jugement qui nous paraît très juste: « En raison de l'amour qu'il éprouvait pour le Haut-Canada et du zèle ardent qu'il mit à défendre les intérêts de sa province, on peut affirmer que Mackenzie fut l'un des premiers nationalistes de l'Ontario[10]. »

Les parents de Mackenzie King, John King et Isabel Grace Mackenzie, se sont mariés à Toronto, le 12 décembre 1872. Le couple était alors dans la trentaine. John King avait été reçu avocat en 1869 et commença à exercer sa profession à Berlin la même année. Isabel Grace Mackenzie, née à New York, en 1843, alors que son père vivait en exil, n'avait que sept ans quand ses parents rentrèrent au Canada. Mackenzie King aimait parfois rappeler que ses deux grands-pères n'avaient pas combattu du même côté de la barricade lors de la rébellion de 1837. Prenant la parole à Aberdeen, en Écosse, en 1937, King, alors premier ministre du Canada, s'était porté à la défense de ses deux aïeux, justifiant la position qu'ils avaient prise au cours de la révolte du siècle précédent. Selon lui, l'inclination naturelle de son grand-père paternel l'associait étroitement à la Couronne. Par contre, son aïeul maternel, plus près du populaire, avait épousé sa cause et lutté pour la liberté politique. Toujours est-il que pour King, ils étaient tous les deux des esprits bien intentionnés.

Les King eurent quatre enfants: Isabel Christina Grace (Bella), née en 1873; William Lyon Mackenzie (Willie), né en 1874; Janet Lindsey (Jennie), née en 1876, et Dougall Macdougall (Max), né en 1878. Willie fut-il le favori de ses parents? Il n'y a aucune indication qui puisse nous conduire à tirer cette conclusion. Enfant et adolescent, il fréquenta l'école primaire et secondaire ainsi que le collège de sa ville. Il eut même au niveau primaire, comme instituteur, durant quelque temps, le père du futur premier ministre du Canada John Diefenbaker[11]. Au collège, il apprit à prendre la parole devant un auditoire. En 1891, la dernière année de son cours, il fut président de la société littéraire de l'institution. Il pouvait désormais affronter le public sans ressentir la moindre angoisse. Il s'exprima avec une grande facilité et ne tarda pas à acquérir la réputation d'être presque un maître dans l'art de la discussion.

Dès sa tendre enfance, Willie King a vécu dans une ambiance politique. Le contraire eût été surprenant. John King jouait un rôle actif dans les campagnes électorales, à Berlin. On l'avait pressé à maintes reprises de se porter candidat libéral. Mme King s'y opposa nettement. Les affronts subis par son père ne l'incitaient pas à pousser son mari à solliciter un mandat électoral.

Un des traits importants chez les King, c'est leurs préoccupations religieuses. Ils sont d'ardents presbytériens qui assistent régulièrement aux offices du culte. Quant aux enfants, ils vont au *Sunday school.* Les activités de la paroisse ne laissent pas indifférents les King. Ils y consacrent toutes les semaines bien des heures. Comme chez beaucoup d'Écossais, l'éducation dans cette famille était tenue en haute considération. Les quatre enfants reçurent une bonne formation. Willie et Max allèrent à l'Université de Toronto. Ce dernier s'inscrivit à la faculté de médecine. John King n'était pas un avocat prospère. Sa profession le faisait vivre pauvrement. Il s'imposa néanmoins certains sacrifices pour maintenir ses fils à l'université. En 1893, il déménagea à Toronto, où il enseigna le droit à mi-temps. Vingt-deux ans durant, il resta professeur. Ses élèves l'apprécièrent beaucoup. John King ouvrit un bureau d'avocat, ce qui lui permit d'accroître ses revenus. Sa situation financière s'améliora quelque peu.

C'est à l'automne 1891 que Willie s'inscrivit à la faculté des arts de l'Université de Toronto. Il n'avait pas encore dix-sept ans. Il excella en sciences politiques et, l'année suivante, il obtint une bourse pour poursuivre des études dans ce domaine et en histoire. Puis, au cours des années qui suivirent, il étudia notamment la politique, l'économie, l'histoire constitutionnelle et le droit. Dans toutes ces matières, il se classa au premier rang ou presque. En 1895, il fut diplômé avec grande distinction. L'année d'après, on lui décerna un baccalauréat en droit. En 1897, l'Université de Toronto lui conféra une maîtrise ès arts pour sa thèse sur « le syndicat international des typographes ».

À la fin de l'été 1895, Mackenzie King toucha au journalisme afin d'être en mesure de poursuivre ses études à mi-temps. Il travailla d'abord pour le *News* de Toronto en tant que reporter. Son salaire hebdomadaire était de $5. Dix jours plus tard, il passa au *Globe* qui lui offrit $2 de plus[12].

Au début de 1896, Willie sollicite une bourse de quelques universités américaines. Ses tentatives ne sont pas vaines. L'Université de Chicago lui en offre une de $320 qu'il s'empresse d'accepter. Ce n'est pas suffisant. Il lui faut plus d'argent. Le *Globe* lui vient en aide et lui procure, en outre, son billet de train jusqu'à Chicago. Il s'inscrit en sociologie et prépare sa thèse sur « le syndicat international des typographes » qu'il allait soumettre, l'année suivante, à l'Université de Toronto. En mars 1897, King attrape la typhoïde. La maladie le contraint à garder le lit pour trois semaines. Son séjour à l'hôpital ne fut pas trop désagréable, semble-t-il, puisqu'il s'éprit d'une infirmière qui, malheureusement, ne parut pas avoir éprouvé le même sentiment envers lui. Ils correspondirent, néanmoins, pendant quelque temps après le départ de Willie de Chicago.

Après son année à Chicago, il aurait aimé continuer ses études à Toronto, mais l'université lui refusa sa requête pour obtenir une bourse. C'est encore dans une université américaine qu'il étudiera. Cette fois à Harvard, la plus ancienne université des États-Unis. L'année d'après, il obtient une maîtrise en sciences sociales. C'est son quatrième grade universitaire en quatre ans. En 1899, Harvard lui accorde une bourse de voyage qui lui permettra de visiter Londres, Berlin, Paris, Bruxelles et Rome. Peu après son arrivée dans la capitale britannique, il apprend que la Grande-Bretagne est en guerre avec le Transvaal. Si le Royaume-Uni accueille la guerre avec enthousiasme, King la condamne sans équivoque. Il écrit dans son journal que « l'amour de Dieu et de la guerre ne peut être réconcilié[13] ». King avait également condamné la guerre entreprise par les États-Unis contre l'Espagne l'année précédente. Il estime que le conflit en Afrique australe aurait pu être évité si l'Angleterre avait fait preuve d'adroits ménagements et de patience. Willie n'est pas pacifiste, mais pacifique. Il gardera cette attitude toute sa vie.

Par ailleurs, King conservera toujours un excellent souvenir des universités américaines qui l'ont comblé de bourses d'études. Il écrira plus tard : « Je dois beaucoup aux universités des États-Unis, sous certains rapports plus qu'à mon alma mater, et notamment à Harvard[14]. »

NOTES

1. Ronald Robinson et John Gallagher, *Africa and the Victorians*, New York, 1961, p. 1.
2. André Siegfried, *Le Canada, puissance internationale*, Paris, 1956, p. 74.
3. Gerald M. Craig, *Upper Canada*, (1784-1841), Toronto, 1972, p. 112.
4. Communication de Jean-Jacques Lefebvre, ancien archiviste en chef à la Cour supérieure de Montréal.
5. H. S. Ferns et B. Ostry, *The Age of Mackenzie King*, Londres, 1955, p. 12.
6. R. MacGregor Dawson, *William Lyon Mackenzie King*, (1874-1923), Toronto, 1958, p. 5.
7. Gerald M. Craig, *op. cit.*, p. 210.

8. *Ibid.*, p. 249.
9. Frederick H. Armstrong et Ronald J. Stagg, *William Lyon Mackenzie,* Dictionnaire biographique du Canada, tome IX, Québec, 1977, p. 555.
10. *Ibid.*, p. 560.
11. John Diefenbaker, *One Canada,* tome I, Toronto, 1975, p. 8.
12. R. MacGregor Dawson, *op. cit.*, p. 50.
13. *Ibid.*, p. 89.
14. C. P. Stacey, *Mackenzie King and the Atlantic Triangle,* Toronto, 1976, p. 4.

II

Sous-ministre

C'est le 26 juin 1900, au cours de sa tournée des capitales européennes, que Mackenzie King reçut à Rome un télégramme de William Mulock, ministre canadien des Postes. Ce dernier lui proposait d'assumer les fonctions de rédacteur en chef d'une nouvelle publication gouvernementale, *la Gazette du Travail.* Le traitement annuel serait de $ 1 500. King se demanda d'abord s'il devait accepter. Il confia à son journal que « ce fut une grande surprise ». Avant de répondre, il préféra se donner quelque temps de réflexion. Il revint à Londres où il eut plusieurs entretiens touchant la proposition qu'on lui avait faite. Le 9 juillet, sa décision était prise. Il acceptait et, cinq jours plus tard, il prenait le bateau pour rentrer au Canada.

King avait pris une décision d'importance capitale. Elle allait orienter toute sa carrière politique. S'en rendit-il compte? Il est douteux. Willie était encore un tout jeune homme — il n'avait que vingt-cinq ans — mais il était bien préparé pour s'acquitter de sa nouvelle tâche. Il était sensibilisé au conflit opposant le capital au travail. À Chicago, il avait été témoin de l'exploitation de l'homme par l'homme. À l'été 1897, il avait publié quatre articles non signés dans le *Mail and Empire* de Toronto qui portaient notamment sur l'exploitation des ouvriers dans les ateliers ontariens. Des fillettes et des adolescentes travaillaient pour $ 1 par semaine. Les conditions hygiéniques étaient parfois déplorables, sinon abominables. Pendant ses vacances de Noël, King poursuivit son enquête. Il se rendit à Montréal et à Hamilton, où il visita plusieurs ateliers. En janvier 1898, il soumet un rapport au ministre Mulock qui était un ami de la famille. Il dénonce de nouveau l'exploitation des ouvriers:

les longues heures de travail, les salaires de famine. Pour mettre un terme à ces abus, il propose une intervention gouvernementale. Le rapport fut bien accueilli. Le gouvernement fit adopter des mesures de détail pour remédier à la situation.

King débarque à New York à la fin de juillet. Il se rend immédiatement à Toronto pour voir sa famille et conférer avec le ministre des Postes, son patron. Le 24 juillet, il est à Ottawa où il occupe son nouveau poste. La capitale fédérale sera désormais son principal lieu de résidence. Elle n'avait à l'époque qu'une population de quelque 55 000 habitants.

Moins de deux mois après que Willie eut assumé la direction de *la Gazette du Travail,* Laurier créa un ministère du Travail. William Mulock en devint le titulaire. Il dirigera désormais deux ministères. Comme il fallait un sous-ministre, Mulock fixa son choix sur son jeune protégé, Mackenzie King, qui continuera de diriger le journal. Il n'avait que vingt-cinq ans. Il nota avec joie dans son journal qu'il était « probablement le plus jeune sous-ministre jamais nommé au Canada[1] ». Les fonds affectés au nouveau ministère étaient minimes. « Son crédit budgétaire pour le reste de la première année de son existence s'établissait à $10 000[2]. »

La première expérience de King en tant que conciliateur dans un conflit ouvrier eut lieu en octobre 1900, à Valleyfield, au Québec. Quelque deux cents terrassiers affectés à des travaux d'excavation pour le compte de la *Montreal Cotton Company* s'étaient mis en grève pour appuyer leurs revendications salariales. Ils gagnaient alors $ 1 par jour et réclamaient une hausse quotidienne de 25¢[3]. La compagnie refuse. Quelques incidents se produisent. La police locale étant incapable d'assumer le maintien de l'ordre, le maire de la ville fait appel à l'armée. « L'arrivée de ces soldats... causa beaucoup d'excitation parmi la population... Comme ils (soldats) approchèrent de la porte de la manufacture, on leur lança de nouveau de grosses pierres et plusieurs soldats furent blessés[4].» Pour protester contre la présence des militaires, les 2 900 employés de l'usine se mirent en grève. Au bout de quelques jours, l'arrêt de travail était terminé et les soldats se retiraient de la ville, mais ces derniers durent attendre six mois avant de recevoir leur solde pour leur intervention à Valleyfield[5]. Deux ans plus tard, la municipalité n'avait pas encore remboursé le gouvernement fédéral de ses dépenses en envoyant l'armée. Pour récupérer l'argent réclamé, le commandant de la milice, à Montréal, engagea des poursuites contre la ville de Valleyfield.

Entre-temps, le ministre des Postes et du Travail, William Mulock, envoya King sur les lieux. Mais avant l'arrivée du sous-ministre, il était déjà évident que les terrassiers n'auraient pas gain de cause. La compagnie avait décidé de suspendre ses travaux d'excavation, jetant ainsi sur le pavé tous les grévistes.

Ce débrayage n'est pas resté sans écho. L'année suivante, au printemps, le député conservateur de Jacques-Cartier, F. D. Monk, souleva la question aux Communes. Il accusa « King d'être allé à Valleyfield en qualité de conciliateur et d'avoir abusé de ses fonctions pour favoriser le candidat libéral[6] ». King se serait comporté en « agent politique » et aurait dit aux gens de la ville que « le gouvernement était disposé à faire de grands efforts pour assurer le succès de la cause des grévistes, mais qu'il était de la plus haute importance qu'ils appuient M. Loy[7] ». Ce dernier briguait les suffrages contre le député conservateur sortant, J.-G.-H. Bergeron, dans la circonscription de Beauharnois aux élections générales fédérales de novembre 1900. King signa une déclaration sous serment, niant avoir tenu de tels propos. Qu'il soit intervenu en faveur du candidat libéral, son ingérence n'aurait certes pas pesé lourd dans la décision des électeurs. D'autres causes expliquent la défaite du candidat conservateur. « La Montreal Cotton passait pour favoriser Bergeron, pour souscrire à sa caisse... Les adversaires exploitèrent contre lui le mécontentement ouvrier[8]. » Cela était suffisant pour le frapper de discrédit auprès de l'électorat.

À l'été 1901, King passa la plus grande partie de son temps à Kingsmere, district rural dans la région de la Gatineau, à environ 16 kilomètres d'Ottawa. (L'origine du nom « Kingsmere » est inconnue. Le nom est sans rapport avec Mackenzie King[9].) C'est un site remarquable qui l'avait fasciné. En septembre, il acheta une portion de terrain pour la somme de $200, en vue d'y établir sa résidence d'été. C'était le commencement d'un événement important dans la vie du futur premier ministre du Canada. Il se porta, par la suite, acquéreur de plusieurs terrains des environs. En 1927, son domaine s'était étendu énormément. Willie songea alors à devenir un gentleman-farmer. Un voisin lui céda plus de 100 acres de terrain pour $4000. La nouvelle acquisition se composait d'une maison, d'une étable et d'un bois.

Au début de décembre, la fin tragique d'un ami allait laisser sur King une empreinte ineffaçable. Bert Harper patinait avec des camarades sur la rivière Ottawa, près de Kettle Island, lorsque loin de lui la glace céda sous le poids d'une jeune fille. C'était Bessie Blair, fille du ministre des Chemins de fer et des Canaux dans le gouvernement Laurier. Bert, malgré les avertissements de son entourage, décida de se porter au secours de la victime. Il plongea dans les eaux glacées, mais sa tentative échoua. Ce fut deux cadavres que l'on retira de la rivière. King, qui venait d'effectuer un voyage dans l'ouest du pays, apprit la nouvelle de la tragédie par les journaux de Toronto. Très affecté par cet événement, il rentra dans la capitale fédérale immédiatement. « Il avait perdu son meilleur ami, qui n'allait jamais être remplacé[10]. » Lorsqu'il assuma la direction de *la Gazette du Travail,* King avait pris Bert pour adjoint. C'était son alter ego.

Quelques jours après le drame, on ouvrit une souscription pour ériger une statue à la mémoire de Harper. Le ministre des Postes et du Travail, William Mulock, donna $100; King, $50. C'est le gouverneur général du Canada, Lord Grey, qui présida à l'inauguration de la statue sur la colline parlementaire, en 1905. L'année suivante, King publia une brochure intitulée *The Secret of Heroism,* en vue de rendre hommage au courage de son ami. L'ouvrage contient des extraits du journal et de la correspondance de Harper. Mais King n'a pu se résoudre à omettre les passages où son ami tient des propos élogieux à son endroit. Par contre, il s'est bien gardé de publier l'extrait du journal où Bert note que « la vanité est la grande faiblesse de Rex (King)[11] ». Toujours est-il que le temps n'a jamais balayé chez

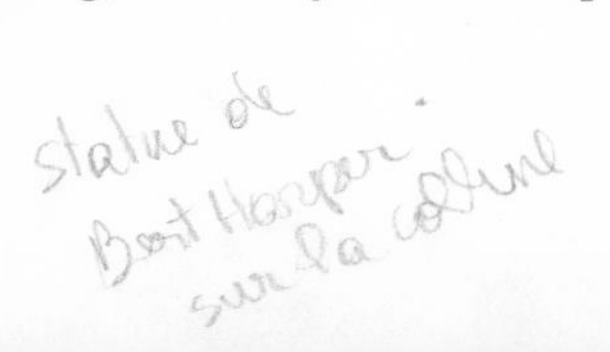

King le souvenir de son ami. Le 6 décembre 1944, il confia à son journal: « Anniversaire de la mort de Harper, il y a 43 ans. »

Entre-temps, King continue à faire preuve d'un esprit de conciliation dans les conflits de travail. D'octobre 1900 à juin 1902, il intervient dans quinze grèves ou lock-out. Il réussit à en régler onze. S'il échoue dans les quatre autres, c'est probablement parce qu'il avait été convoqué trop tard. Il n'était plus possible de rapprocher les deux adversaires. Pour un jeune homme de vingt-six ans, c'était un succès. Il s'était déjà acquis une renommée nationale qui était, d'ailleurs, bien méritée. Encore quelques années et il allait être l'âme d'une nouvelle loi du travail qui accroîtra davantage sa renommée.

L'occasion, qui va précipiter cette mesure, se présente en 1906. En mars, une grève éclate dans les charbonnages de Lethbridge, dans le sud de l'Alberta, et se prolonge jusqu'à la fin de novembre. Ce débrayage eut des conséquences extrêmement graves dans la Prairie canadienne. Dans certaines régions, les fermiers, pour se protéger du froid, durent se chauffer au bois, aux céréales et à la paille. Si l'arrêt de travail s'était poursuivi, bien des colons, qui vivaient dans des conditions primitives, seraient morts de froid. Faute de combustible, les écoles furent fermées. Il n'en fallait pas davantage pour provoquer dans l'ouest du Canada un tollé général. Les ministres et les députés fédéraux furent inondés de télégrammes et de lettres. Le premier ministre de la Saskatchewan lança un appel à Mackenzie King qui se rendit sur les lieux en tant que conciliateur. Le sous-ministre eut une alliée précieuse qui l'a aidé puissamment dans toutes les étapes de la négociation. C'était l'indignation de l'opinion publique dans le pays contre les grévistes.

En janvier 1907, le chef de l'opposition aux Communes, Robert Borden, fit un important discours dans lequel il déplorait la montée croissante des grèves au pays. « Il y a eu plus d'une centaine de débrayages ou lock-out chaque année de 1901 à 1904, disait-il, et presque autant en 1905; la milice a dû intervenir pour aider l'autorité civile à réprimer la violence dans les conflits de travail tous les ans et dans toutes les régions du Canada[12]. » Ce qui préoccupait notamment Borden, c'étaient les grèves dans les services publics. Le débrayage de Lethbridge explique sans doute son intervention. Le leader conservateur ne proposa aucune solution pour résoudre cet épineux problème. Par exemple, il n'était pas encore enclin à souscrire à l'arbitrage obligatoire. Il ne manifestait aucune antipathie envers le syndicalisme. Bien au contraire, il exprima le souhait que les ouvriers soient aussi bien organisés que les patrons pour la défense de leurs intérêts. Sans le dire explicitement, Borden semblait disposé à recourir à la puissance de l'État pour mettre un terme aux arrêts de travail dans les services publics après l'épuisement de tous les autres moyens.

Le gouvernement préparait déjà une nouvelle loi. Dès son retour de Lethbridge, King s'entretint avec le nouveau ministre des Postes et du Travail, Rodolphe Lemieux, et avec le premier ministre, Sir Wilfrid Laurier. Ces derniers le chargèrent de préparer un projet de loi destiné à prévenir d'autres débrayages comme celui de l'Alberta. King consacra ses vacances de Noël 1906 à cette tâche. Les Communes et le Sénat donnèrent sans peine leur adhésion au texte que le gouverneur général sanctionna le 22 mars 1907. La mesure prévoyait que personne ne pourrait déclencher une grève ou un lock-out dans un service public ou une région minière avant que le différend ait été soumis à un conseil de conciliation composé d'un représentant du patron, des ouvriers et du public. Ce dernier, appelé à présider le tribunal, serait choisi par les représentants du salariat et du patronat. Le droit de grève n'était pas supprimé, mais son application pouvait être grandement retardée. La nouvelle loi, qui avait été modifiée à maintes reprises, ne fut abrogée qu'en 1948. Cependant, au moment de son adoption, elle fut bien accueillie au Canada et d'autres pays s'en inspirèrent.

Au Canada, comme aux États-Unis, se pose, à l'aube du XXe siècle, le problème épineux de la présence des Asiatiques. On leur reproche d'avilir les salaires, d'avoir des moeurs différentes et surtout — c'est l'argument suprême — d'être inassimilables. Les Allemands, les Ukrainiens, les Polonais, les Scandinaves sont susceptibles de se « canadianiser » à plus ou moins longue échéance, mais les Asiatiques jamais. Alors commencent les mesures d'exception à leur endroit. La température monte et de fil en aiguille, la violence éclate. C'est à la suite d'affrontements en Colombie-Britannique que Mackenzie King sera chargé par Laurier d'ouvrir une enquête.

Beaucoup de Canadiens manifestaient alors une vive hostilité envers l'immigration asiatique. Ils trouvaient que le gouvernement fédéral faisait preuve d'un trop grand libéralisme. Les immigrants chinois, japonais et indiens leur paraissaient indésirables et, en conséquence, on aurait dû leur fermer la porte du pays. Mais c'est surtout en Colombie-Britannique, où se trouvaient la majorité des Jaunes, que des mesures d'ostracisme étaient réclamées. Au début du siècle, les demandes d'exclusion se font donc pressantes. L'immigration de couleur s'accroît rapidement, surtout à partir de 1905. Au nombre des nouveaux venus, plusieurs sont entrés illégalement. Leur présence se voit partout. Des Asiatiques occupent des quartiers entiers et les Blancs crient au « péril jaune ». Ces derniers se sentent menacés et l'instinct de conservation les rend agressifs.

L'année 1907 en est une de récession économique, ce qui n'est pas de nature à diminuer la tension. Le chômage augmente. Le Japonais est surtout la cible des récriminations. « Inlassable dans son effort physique, impossible à concurrencer dans la modestie de son niveau de vie[13] », il devient pour le Blanc un compétiteur écrasant. Il peut travailler à un salaire qui ne suffirait pas au Blanc pour vivre. Dans toutes les classes de la société, des voix se font entendre pour réclamer l'adoption d'une législation visant à restreindre, sinon à enrayer l'immigration asiatique dans la province du Pacifique. Un futur premier ministre du Canada tient des propos qui risquent d'envenimer la question. Prenant la parole à une réunion, R. B. Bennett s'écrie: « Nous ne devons pas permettre que nos rives soient envahies par des Asiatiques et soient dominées par une race étrangère. La Colombie-Britannique doit rester une contrée de race blanche[14]. » Voilà une déclaration on ne peut plus raciste.

Laurier est dans une situation fort embarrassante. Depuis 1901, la Grande-Bretagne est l'alliée du Japon; les Indes font partie de l'Empire britannique. De plus, le Canada envisage sérieusement de trouver de nouveaux débouchés en Asie pour ses produits. Même s'il a grand souci de l'autonomie provinciale, les circonstances contraignent Laurier à désavouer à maintes reprises des lois de la Colombie-Britannique destinées à restreindre l'immigration orientale.

Dès l'été 1907, la tension s'accroît. Les ouvriers, qui souffrent le plus de la concurrence japonaise, organisent un meeting à Vancouver et forment une ligue antiasiatique. Le gouvernement conservateur de Victoria fait adopter par l'Assemblée législative un projet de loi visant à exclure les Asiatiques, mais le lieutenant-gouverneur Dunsmuir, qui est propriétaire de mines et qui emploie des Orientaux, refuse de le sanctionner. L'agitation se poursuit pendant plusieurs semaines. La violence éclate à Vancouver le 7 septembre. Des manifestants blancs marchent sur l'hôtel de ville et brûlent en effigie le lieutenant-gouverneur[15]. Ils se dirigent ensuite vers les quartiers exotiques et attaquent des établissements chinois, causant des dommages matériels importants. Les Japonais ne sont pas épargnés. On lance des pierres dans les fenêtres de leurs maisons. Les assaillants n'ont pas le dessus. Les Japonais ripostent et les refoulent. Les affrontements ont fait plusieurs morts[16]. Le gouvernement canadien déplore ces incidents et en fait part à celui de Tokyo. Tous les Japonais qui ont été lésés dans leurs biens sont indemnisés.

Laurier chargea son sous-ministre du Travail, Mackenzie King, de procéder à une enquête sur les circonstances entourant les émeutes. Avant d'arriver sur la côte du Pacifique, King était apparemment en sympathie avec la communauté japonaise. Toutefois, sur les lieux, son attitude se modifia. Une perquisition effectuée aux locaux de l'Agence d'immigration nippone avait fourni d'utiles renseignements. Il apparaissait qu'une organisation connue sous le nom de Nippon Supply Company était de mèche avec le Canadien Pacifique et, peut-être, recevait le soutien du gouvernement de Tokyo en vue de faire entrer illégalement au Canada des immigrants japonais.

C'est alors que Laurier décida d'envoyer au Japon son ministre des Postes et du Travail, Rodolphe Lemieux, afin de convaincre le gouvernement de Tokyo de limiter radicalement son immigration à destination du Canada. Les deux pays conclurent un gentlemen's agreement en vertu duquel les Japonais s'engageaient à ne délivrer annuellement que 400 passeports à leurs ressortissants qui voudraient se fixer au Canada. Le bon sens avait prévalu et le Japon avait sauvé la face. L'accord était d'ailleurs analogue à celui conclu, l'année précédente, entre Washington et Tokyo. Dans les deux cas, il ne blessait pas l'amour-propre japonais, peuple extrêmement chatouilleux sur ce point.

NOTES

1. C. P. Stacey, *A Very Double Life,* Toronto, 1976, p. 19.
2. *La Gazette du Travail,* édition du 50e anniversaire, septembre 1950, p. 1280.
3. H. S. Ferns et B. Ostry, *The Age of Mackenzie King,* Londres, 1955, p. 53.
4. Ernest J. Chambers, *Histoire du 65e Régiment,* Montréal, 1906, p. 140, 141.
5. Desmond Morton, *Canadian Historical Review,* décembre 1970, p. 422.
6. R. MacGregor Dawson, *William Lyon Mackenzie King* (1874-1923), Toronto, 1958, p. 111.
7. *Ibid.,* p. 112.
8. Robert Rumilly, *Histoire de la province de Québec,* tome IX, Montréal, s.d., p. 256.
9. R. MacGregor Dawson, *op. cit.,* p. 116.
10. Bruce Hutchison, *The Incredible Canadian,* Toronto, 1970, p. 26.
11. R. MacGregor Dawson, *op. cit.,* p. 119, 120.
12. Robert Craig Brown, *Roberd Laird Borden,* Toronto, 1975, p. 118.
13. André Siegfried, *Le Canada, puissance internationale,* Paris, 1956, p. 104.
14. Robert Craig Brown et Ramsay Cook, *Canada (1896-1921),* Toronto, 1976, p. 68.
15. Charles Y. Young et Helen R. Y. Reid, *The Japanese Canadians,* Toronto, 1939, p. 14.
16. R. A. MacKay et E. B. Rogers, *Canada Looks Abroad,* Toronto, 1938 p. 157.

III

Ministre du Travail

Lorsque Laurier annonce la tenue d'élections générales au Canada en 1908, il y a déjà huit ans que Mackenzie King est fonctionnaire dans l'administration fédérale. Il n'a pas l'intention de s'y enraciner. La politique l'attire, le fascine depuis quelques années. C'est un ambitieux qui parfois veut brûler les étapes. Il a de très hautes aspirations. N'a-t-il pas confié à sa mère, dès 1901, son désir de devenir premier ministre du Canada[1]? Il n'avait alors que vingt-six ans. Quatre ans plus tard, le gouverneur général, Lord Grey, dira que King est un futur chef du gouvernement[2].

Le jeune homme prépare habilement sa carrière politique en s'efforçant de se mettre en évidence. En 1903, il est l'un des fondateurs du Canadian Club d'Ottawa dont il devient le vice-président. L'année suivante, il est président. Il fréquente le grand monde, enfin tous ceux qui sont susceptibles de l'aider. Il se lie d'amitié avec Lord Grey qui le conseille et approuve ses aspirations politiques. Mais ni Lord Grey, ni William Mulock n'auront le dernier mot. C'est Laurier qui décidera et son jugement est sans appel. King en est bien conscient. Il lui rend visite assez souvent et l'accueil du premier ministre est toujours chaleureux. Il lui donne de bons conseils, l'encourage à se lancer dans la politique, mais en termes très généraux. L'attitude de Sir Wilfrid l'agace. King voudrait un engagement formel.

À ce moment, il a déjà un plan qui s'appliquerait en trois étapes: obtenir un siège aux Communes; convaincre le chef du gouvernement de créer un ministère du Travail autonome et en être évidemment le premier titulaire. Il tombe sous le sens qu'il était encore trop tôt pour faire connaître au premier ministre ce projet ambitieux. Au début de novembre 1905, le sous-ministre a un long entretien avec Sir Wilfrid. Il lui confie franchement son intention d'abandonner la Fonction publique et, si possible, d'entrer dans la politique, si une occasion se présentait. Il lui fait part également des offres alléchantes qu'il a reçues des États-Unis. Il s'empresse, toutefois, d'ajouter qu'il ne songe nullement à quitter le Canada. Lorsque Laurier lui parle de ses projets d'avenir, King n'ose lui divulguer les siens. Le premier ministre garda de cet entretien une très bonne impression. Il conclut que Lord Grey avait raison et que « ce jeune homme doit faire carrière en politique[3] ».

Par la suite, King eut d'autres entretiens avec Sir Wilfrid, au cours desquels ce dernier se montra plus encourageant. Il l'incita à se lancer dans la politique et lui soumit les noms de quelques circonscriptions où il pourrait briguer les suffrages. À l'été 1907, le bruit courut que Mackenzie King ferait bientôt partie du gouvernement. C'était le correspondant, à Ottawa, du *Toronto News*, qui avait publié cette nouvelle. Selon lui, le manque d'hommes compétents dans le ministère expliquerait l'invitation faite au sous-ministre. Comme on pouvait s'y attendre, cette rumeur causa de la jalousie. Les ministres de l'Ontario, notamment, se sentirent visés. Les députés qui se croyaient ministrables ne dissimulèrent pas leur mécontentement. Voyant se dessiner une vive résistance, Laurier fit savoir à King que son entrée dans le cabinet déclencherait une rébellion parmi les députés et les ministres. Le sous-ministre comprit que ses aspirations étaient, pour le moment, bloquées. Il ne se découragea pas pour autant, mais il informa Sir Wilfrid qu'il ne solliciterait pas un poste ministériel tant qu'il ne serait pas en mesure de prouver à la Chambre qu'il était apte à le remplir.

Les contacts avec le chef libéral n'en furent pas altérés et il continua à lui rendre visite. Mme Laurier invita King à déjeuner un dimanche. Elle avait également convié une jeune veuve, riche et charmante. Sir Wilfrid avait résolu que c'était « la fille qu'il fallait » à son sous-ministre. Ce fut un désappointement. En la voyant, King n'eut pas le coup de foudre. À son retour de la réception, il nota dans son journal que « son coeur seul décidera du choix de sa femme ».

L'année 1908 est une année d'élections générales au Canada. Le scrutin est fixé au 26 octobre. Les libéraux sont au pouvoir avec Laurier depuis douze ans. Sur l'ensemble du pays règne la prospérité. L'économie ne cesse de progresser. L'Ouest, notamment la Saskatchewan et l'Alberta, provinces depuis trois ans, se remplit d'immigrants de l'Europe centrale et orientale. La prospérité explique la venue de nouveaux Canadiens, qui apportent avec eux de nouvelles techniques agricoles qui seront bénéfiques pour le pays. Dans ces conditions, la perspective d'une victoire libérale paraît assurée. Dans les années d'abondance, on ne renverse généralement pas les gouvernements.

Ce tableau presque mirobolant n'est pas sans ombre. Les scandales éclaboussent le ministère. Les sessions de 1906, 1907 et 1908 fournissent nombre d'exemples. Elles ont révélé que des pots-de-vin avaient été versés à « des députés, des ministres ou à des fonctionnaires, pour obtenir des contrats de coupe de bois, des droits de pâturage, des primes sur l'immigration[4] ». La démocratie parlementaire n'est pas à l'abri de vices inhérents à la nature humaine. Les conservateurs s'emploient durant la campagne électorale à exposer devant le grand public la corruption du gouvernement. Mais ils étaient handicapés. Ils avaient en Robert Borden un chef qui manquait de magnétisme et dont le leadership était souvent mis en cause.

À l'encontre des conservateurs, les libéraux étaient bien organisés. Clifford Sifton, qui avait rompu avec Laurier, en 1905, sur la question des écoles du Nord-Ouest et renoncé à son ministère, s'était réconcilié avec le premier ministre. Un mois avant la date fixée pour le scrutin, il avait décidé de poser sa candidature dans la circonscription de Brandon, au Manitoba. Pour expliquer son attitude, il déclara que « la politique de Laurier préconisait l'achèvement du Transcontinental national, la construction d'une voie ferrée jusqu'à la baie d'Hudson et la mise en valeur des ressources naturelles. Quant à l'opposition, elle vous offre des critiques négatives et des scandales[5]. » C'est Sifton qui avait trouvé le thème de la campagne électorale: « Laissons Laurier finir son oeuvre. »

Au Québec, le vieux chef, qui allait sur ses soixante-sept ans, exploita la corde sentimentale. C'était de bonne guerre. Il savait, comme il l'avait dit plusieurs années auparavant à Henri Bourassa, que « les Canadiens français n'ont pas d'opinion, mais des sentiments ». Dans une envolée oratoire, il s'écria: « Ralliez-vous à mes cheveux blancs[6]. » Ailleurs, il déclara: « C'est probablement la dernière fois que je fais appel à mes compatriotes[7]. »

À l'approche des élections générales, il fallait que King prenne une décision. Il avait songé à plusieurs circonscriptions pour briguer les suffrages, mais il fixa son choix sur Waterloo-Nord, où se trouvait sa ville natale de Berlin. C'était une forteresse conservatrice, mais à la dernière consultation électorale, le vainqueur ne l'avait emporté que par 306 voix. Même pour l'époque, cette majorité était assez faible et pouvait être renversée. King en était convaincu. Le 21 septembre, il résignait ses fonctions de sous-ministre du Travail et se lançait corps et âme dans la campagne. Près de deux semaines auparavant, il avait conclu une entente avec Laurier. Ce dernier s'était engagé à annoncer la création d'un ministère du Travail autonome, si King posait sa candidature dans le comté de Waterloo-Nord. Le premier ministre prit la parole à Berlin et déclara que son ancien sous-ministre avait « un bel avenir devant lui[8] ». Le candidat libéral avait pour opposant conservateur un instituteur, Richard Reid, le député sortant ayant décidé de ne pas demander le renouvellement de son mandat. Le soir du scrutin, King l'emporta par une majorité de 263 voix. Il avait triomphé presque de justesse.

Pour la quatrième fois consécutive, les libéraux étaient portés au pouvoir, mais avec une majorité réduite de 15 sièges. Ils avaient obtenu 133 sièges contre 88 aux conservateurs. Ce fut la dernière victoire de Laurier. En Nouvelle-Écosse, province de l'ancien premier ministre William Stevens Fielding et ministre fédéral des Finances, le parti ministériel avait perdu du terrain, les conservateurs ayant fait un gain de 6 sièges par rapport à la consultation précédente. Même phénomène au Manitoba où l'opposition augmenta sa représentation de 5 sièges. Pourtant, Laurier avait compté sur Clifford Sifton pour renforcer la position de son parti dans cette province. En Ontario et au Québec, les libéraux firent élire le même nombre de députés. Au niveau du vote populaire, l'écart entre les deux partis était très mince. En effet, sur 1100000 Canadiens qui s'étaient prévalus de leur droit de vote, Laurier n'obtint qu'une majorité de 25000 voix[9].

Quatre jours après les élections, Sir Wilfrid donna l'assurance à King qu'à la prochaine session, un ministère du Travail autonome serait constitué et qu'il serait « mêlé au nouveau département» . Le jeune député allait bientôt s'embarquer pour l'Asie où il ferait partie de la délégation britannique à une conférence internationale à Changhai, dont le but était de combattre le commerce de l'opium. Avant le scrutin, Laurier avait fixé son choix sur King qu'il trouvait le plus apte à représenter le Canada. Le nouveau parlementaire ne manifesta pas beaucoup d'enthousiasme. Son absence prolongée ne risquait-elle pas de compromettre ses chances d'entrer dans le cabinet comme ministre du Travail? Sir Wilfrid l'assura qu'il sera ministre peu après son retour. King n'hésita plus. Il accepta l'affectation que Laurier lui avait confiée. Il se rendra d'abord en Grande-Bretagne, puis aux Indes et en Chine.

King quitta Ottawa à destination de l'Europe, le 14 décembre 1908. Il passa dix jours en Grande-Bretagne et eut des entretiens avec plusieurs personnalités, dont le chef au Foreign Office, Sir Edward Grey. Il souleva la possibilité qu'un représentant canadien fût attaché à l'ambassade britannique dans quelques pays, dont les États-Unis, le Japon et la Chine. L'idée fut bien accueillie par Grey, mais elle n'eut aucune suite.

Aux Indes, King s'entretint avec son vieil ami, Lord Minto, ancien gouverneur général du Canada, et maintenant vice-roi. La discrimination raciale, dont il devait être témoin, le contraria vivement. Il ne pouvait concevoir que des Indiens bien éduqués ne fussent pas traités sur un pied d'égalité avec les Britanniques. À un dîner auquel il avait été convié, un Indien, qui avait été également invité, ne fut pas autorisé à s'asseoir à la même table que les Blancs. La dignité de l'autochtone n'était même pas respectée. Et pourtant, à l'époque, les deux races étaient condamnées à vivre l'une avec l'autre. Ce n'était certes pas le meilleur moyen à prendre pour que les Indiens prennent en affection les Anglais.

À Changhai, King était un des cinq délégués britanniques à la conférence qui avait été convoquée dans le but d'aider la Chine à mettre fin au trafic de l'opium. Les délégations des divers pays étaient composées d'éléments fort disparates: un évêque américain, des réformateurs, des fonctionnaires, des diplomates et même un Persan, commerçant d'opium de profession. Dans ces conditions, il eût été naïf de croire qu'on pourrait aboutir rapidement à un consensus. Après trois semaines de discussions, la conférence prit fin. Les délégués adoptèrent plusieurs résolutions rédigées en termes généraux, dont certaines recommandaient des mesures visant à la suppression de ce trafic. Sans l'ombre d'un doute, cet événement ne fut pas une date marquante dans les annales de l'humanité.

King rentra à Ottawa le 9 mai 1909. Le lendemain, il prêta serment et prit son siège aux Communes. Le 2 juin, il accéda au cabinet en tant que ministre du Travail, devenant ainsi le premier titulaire d'un département du Travail autonome. Depuis sa création en 1900, ce ministère avait été rattaché à celui des Postes. King n'avait alors que trente-quatre ans.

Il s'attelle maintenant à ses nouvelles fonctions. Depuis 1907, la montée des prix au Canada préoccupe la population. Qui est responsable de cette situation? La voix publique répond que ce sont les monopoles. Il fallait un bouc émissaire et il est tout trouvé. King prépare un projet de loi (The Combines Investigation Act) qui est annoncé dans le programme législatif du gouvernement, à l'ouverture de la session, le 11 novembre 1909. Le projet, qui était assez inoffensif, avait reçu le puissant appui de Laurier, mais quelques ministres réactionnaires, dont celui des Finances, Fielding, l'avaient accepté avec réticence. Il n'est pourtant pas question de rendre illégaux les trusts. Cette perspective n'avait jamais effleuré l'esprit de King. Ce dernier n'était pas sans savoir que les premiers trusts avaient été les précurseurs de la fabrication en série. Il ne pouvait méconnaître ce qu'il y avait de juste dans leur effort vers la concentration. Il y avait eu parfois des abus et la concentration des entreprises visait bien plus à accroître les profits qu'à satisfaire les besoins de la population. Néanmoins la fabrication à la chaîne avait permis dans plusieurs secteurs de réduire les prix.

Le bill de King s'inspirait de mesures analogues édictées dans d'autres pays et notamment aux États-Unis où le Congrès avait adopté en 1890 le Sherman Anti-Trust Act. Il visait à punir les trusts ou monopoles qui par leurs méthodes ou pratiques léseraient l'intérêt public. Avant d'imposer des sanctions, le projet de loi prévoyait qu'il fallait procéder par trois étapes : six personnes devaient porter une accusation et donner des précisions sur les actes répréhensibles dont s'était rendue coupable l'entreprise délinquante ; ensuite, une autorité judiciaire devait déterminer si l'accusation paraissait bien fondée et enfin une commission serait alors établie dans le dessein d'ouvrir une enquête et de faire rapport. Si la commission en arrivait à la conclusion qu'une entreprise avait injustement haussé le prix ou restreint indûment le commerce, elle pouvait lui imposer une amende. Le chef de l'opposition, Robert Borden, s'opposait au bill parce qu'il le trouvait « inoffensif[10] ». Le projet de loi fut adopté par la Chambre, mais la mesure n'a été appliquée qu'une fois avant son abrogation, en 1919.

En juillet 1910, King intervient comme conciliateur dans un conflit opposant le Grand Trunk Railway aux syndicats des receveurs et cheminots. Les représentants des ouvriers font preuve de modération dans leurs exigences, mais le président de la société ferroviaire, C. M. Hayes, citoyen américain, manifeste une intransigeance qui choque le ministre du Travail. Ce n'est pas la première fois qu'il se comporte de la sorte. En 1905, lors d'un différend ouvrier, le ministre du Travail de l'époque, William Mulock, avait écrit à Laurier qu'il était « temps de remettre Hayes au pas[11] ». Il ajouta qu'il avait traité avec plusieurs employeurs, mais que ceux du Grand Trunk étaient les plus inhumains qu'il n'avait jamais rencontrés[12]. Après une semaine d'arrêt de travail, les principales questions en litige étaient réglées. Il ne restait à résoudre que les points d'importance secondaire. Au lieu de se montrer conciliant, Hayes pose de nouvelles conditions, probablement dans l'intention de punir les grévistes. Il demeure intraitable au point que deux de ses vice-présidents font savoir à King que son comportement est inexplicable.

Le différend aboutit finalement à un règlement. Les chefs syndicalistes félicitent le ministre du Travail et le comblent d'éloges pour sa contribution à la solution du débrayage. Les grévistes reprennent le travail, mais quelques mois plus tard le président du Grand Trunk prend une attitude qui risque de remettre en cause le compromis si péniblement obtenu. Il avait pris l'engagement de réintégrer dans leurs anciens postes tous les grévistes, mais il manque maintenant à sa parole. Que faire avec un homme si implacable! Laurier a recours à une tactique habile. Il refuse d'accorder une assistance financière au Grand Trunk. La compagnie est privée de millions de dollars à cause de l'entêtement de son président, mais Hayes ne cède pas.

L'affaire prend une tournure politique. L'opposition au Parlement se livre à une attaque acerbe contre le gouvernement. On reproche aux libéraux d'avoir échoué dans leurs tentatives visant à prévenir la grève, de ne pas l'avoir réglée et de ne pas avoir contraint le Grand Trunk à respecter ses engagements. Les syndiqués, qui n'ont pas été réembauchés, s'en prennent à leurs chefs et au gouvernement qui n'ose obliger Hayes à les reprendre. Aux élections générales de 1911, des candidats conservateurs dans quelques régions du pays utilisent la grève du Grand Trunk comme une arme contre Laurier. Il ne semble pas exagéré d'affirmer que cette affaire fut une des causes secondaires de la défaite des libéraux. Quand Borden prit le pouvoir, il eut à faire face au même problème. Il eut recours à une tactique analogue à celle de Laurier, mais cette fois elle fut couronnée de succès. Le Grand Trunk avait demandé au gouvernement de faire adopter un projet de loi qui l'avantageait. Hayes réembaucha les grévistes et le bill fut adopté par les Communes.

NOTES

1. C. P. Stacey, *A Very Double Life,* Toronto, 1976, p. 20.
2. *Ibid.,* p. 20.
3. F. A. McGregor, *The Fall and Rise of Mackenzie King,* Toronto, 1962, p. 27.
4. Raymond Tanghe, *Laurier,* Paris, 1960, p. 102.
5. Joseph Schull, *Laurier,* Toronto, 1966, p. 475.
6. Robert Rumilly, *Histoire de la province de Québec,* tome XIII, s.d., p. 167.
7. Joseph Schull, *op. cit.,* p. 476.
8. H. Reginald Hardy, *Mackenzie King of Canada,* Toronto, 1949, p. 60.
9. Joseph Schull, *op. cit.,* p. 477.
10. Robert Craig Brown, *Robert Laird Borden,* Toronto, 1975, p. 146.
11. Robert Craig Brown et Ramsay Cook, *Canada (1896-1921),* Toronto, 1976, p. 118.
12. *Ibid.,* p. 118.

IV

Loi navale

L'Angleterre et l'Allemagne impériale s'étaient engagées depuis le début du XXe siècle dans une ruineuse course aux armements navals qui pesait lourdement sur l'évolution des relations entre les deux pays. Les alertes se succédaient. La flotte allemande croissait rapidement. Certains Britanniques pressentaient déjà le moment où elle égalerait, puis dépasserait la flotte britannique. Winston Churchill a résumé en une formule saisissante l'importance de cette rivalité : « La supériorité navale est pour l'Angleterre une question vitale; pour l'Allemagne, un luxe. » Pour sa part, un professeur à l'Université de Londres a écrit que « sans sa marine, l'Allemagne était protégée par sa puissante armée; sans la Royal Navy, la Grande-Bretagne était sans défense[1] ».

La grande faiblesse de l'Angleterre, c'est qu'elle ne se nourrit pas elle-même. « Elle a remplacé l'agriculture par l'industrie, le champ par l'usine, le paysan par l'ouvrier[2]. » Si une puissance ennemie, possédant la maîtrise des mers, bloquait le ravitaillement des îles Britanniques, les Anglais risqueraient la famine. « Cinq jours sur sept, le peuple anglais n'aurait rien à manger s'il ne recevait son alimentation du dehors[3]. » Il s'en est fallu de peu en 1917 que les Allemands réussissent à faire le blocus de la Grande-Bretagne. Bien sûr, ceux qui avaient lancé le cri d'alarme avant la Première Guerre mondiale n'avaient pas eu tort. Aux conférences de 1902 et de 1907, les dirigeants britanniques avaient exercé des pressions sur les chefs de gouvernement des Dominions pour qu'ils contribuent financièrement au maintien de la supériorité navale de la Grande-Bretagne. Ces tentatives n'avaient pas été couronnées de succès. « De tous les premiers ministres, c'est Laurier qui avait été le moins disposé à coopérer[4]. »

Pour s'opposer aux efforts allemands, « les techniciens anglais croient avoir trouvé la solution : ils lancent un nouveau type de cuirassé, le *dreadnought*, qui, par son tonnage (18000 t.) et la puissance de son armement, dépasse sensiblement tous les navires de ligne en service ; ils escomptent que la flotte allemande, compte tenu de la profondeur du canal de Kiel, ne pourra pas construire d'unités comparables. Faux calcul : les Allemands décident d'approfondir le canal de Kiel et de commencer sans plus attendre la construction de cuirassés du type *dreadnought*. La course aux armements navals est engagée[5]. »

Il ne faudra pas attendre longtemps avant que cette rivalité anglo-allemande ait son écho au Canada. Encore quelque temps et Laurier aura à prendre une décision. Il ne pourra plus adopter une attitude négative. Il aura à trouver un compromis entre les partisans des deux solutions extrêmes : les impérialistes et les nationalistes. Dès le printemps de 1909, l'opinion anglo-canadienne était sensibilisée au péril qui menaçait la mère patrie. Le 29 mars, le député conservateur de Toronto-Nord, George Foster, présente une motion aux Communes : « Le Canada ne devrait pas tarder davantage à assumer sa part de responsabilité et de dépenses incidentes à la protection adéquate de ses grands ports et de son littoral maritime sans défense. »

Sir Wilfrid estime que la proposition de Foster était rédigée en termes trop vagues. Comme le député de Toronto-Nord avait précisé dans son discours que le Canada avait failli à son devoir envers l'Empire, Laurier répliqua : « Nous n'admettons pas que ce reproche soit le moindrement fondé. » Il réaffirma que le Canada était tout disposé à faire « tous les sacrifices nécessaires en vue de maintenir pleinement le Canada au rang qu'il occupe dans l'Empire britannique et l'Empire britannique lui-même au rang qu'il occupe parmi les nations du monde ». La motion de Foster, dont le texte avait été remanié, fut adoptée à l'unanimité par la Chambre après que le chef de l'opposition, Robert Borden, eut fait admettre la possibilité d'une contribution financière à la Grande-Bretagne en cas d'urgence.

Les nationalistes canadiens-français estimaient que la meilleure contribution était le maintien d'un Canada fort et uni ainsi que l'établissement d'un système de défense adéquat pour le pays. Un de leurs leaders, Armand Lavergne, exposait leur attitude en ces termes: « Les nationalistes du Québec sont disposés à verser la dernière goutte de leur sang pour la défense du drapeau britannique et des institutions britanniques dans ce pays[6]. » Ils s'opposaient, par contre, à tout engagement militaire au-delà de leurs frontières. Ils étaient convaincus que la participation canadienne à la guerre sud-africaine, en 1899, avait été une erreur et qu'elle avait créé un précédent dangereux.

Les impérialistes anglo-canadiens voyaient cette question dans une autre optique. Le Canada fait partie de l'Empire britannique et doit assumer sa part de responsabilités pour sa défense. Si l'Angleterre est battue, ce sont les autres membres de la communauté impériale qui risquent de passer sous le joug ennemi. Il semble toutefois que la plupart des impérialistes n'avaient pas la mentalité coloniale. Pour eux, le Canada avait atteint une certaine maturité et devait avoir voix au chapitre dans les décisions prises par l'Empire. C'étaient des précurseurs de Borden qui saura faire triompher ce point de vue au cours de la Première Guerre mondiale. Mais à ce sujet les Britanniques n'étaient pas encore préparés psychologiquement à accepter l'unité diplomatique de l'Empire. Cette nouvelle orientation en politique étrangère, préconisée par les impérialistes et les conservateurs, sera toujours combattue par Laurier et par King, qui tenaient mordicus à ce que le Canada décide seul de ses relations internationales et non de concert avec les autres membres de la communauté impériale. Voilà la divergence fondamentale qui divisa conservateurs et libéraux en politique étrangère durant quelques décennies. Un des plus ardents partisans de l'école impérialiste, le principal George M. Grant, de l'Université Queen's, qui voulait que le Canada assume sa part de la défense de l'Empire, écrivait que « le parti qui ne comprend pas la nécessité de passer à l'action est déloyal au Canada[7] ». Laurier est sur la corde raide. Il ne peut s'allier aux impérialistes sans mécontenter les nationalistes et vice versa. Il faudra trouver un compromis acceptable à la majorité de l'opinion publique dans l'intérêt de l'unité nationale.

Bien des journaux se font les porte-parole des exaltés du sentiment national. Tous les principaux quotidiens de Toronto réclament une contribution canadienne à la flotte impériale. Le *Citizen* d'Ottawa envisage une contribution financière ou d'autres mesures positives. Le propriétaire du *Star* de Montréal, Hugh Graham, qui est devenu Sir Hugh grâce à l'intervention de Laurier, « exige des *dreadnoughts* et encore des *dreadnoughts*[8] ». Mais la *Free Press* d'Ottawa, le *Standard* de Kingston et *La Presse* de Montréal s'opposent à toute action du Canada. Dans les provinces de l'Ouest, où la population est une mosaïque de nationalités, la poussée impérialiste a moins d'emprise. « Une contribution financière du Canada à la marine impériale », proclame l'*Edmonton Bulletin*, journal de Frank Oliver, ministre de l'Intérieur dans le cabinet de Sir Wilfrid, « serait simplement un don destiné à secourir des ducs angoissés. Que les dix mille personnes qui possèdent l'Angleterre soient taxées comme il faut, et le Canada n'aurait pas besoin de faire une contribution de défense[9]. » Le secrétaire d'État, Charles Murphy, qui avait effectué une tournée de la Prairie canadienne, en 1909, déclare : « Ce que l'Ouest désire, ce sont des wagons et non des cuirassés[10]. »

L'opinion canadienne était donc profondément divisée. Croyant satisfaire les principales tendances opposées, Laurier présente à la Chambre, le 12 janvier 1910, son projet de loi navale qui prévoit la construction de cinq croiseurs et de six destroyers, dont le coût serait de $ 11 millions. Les onze vaisseaux de guerre seraient construits dans les chantiers navals britanniques et, si possible et à un coût accru d'un tiers, au Canada. Leur entretien exigerait une dépense annuelle de $ 3 millions. Cette force maritime permanente serait recrutée par engagement volontaire et serait sous le contrôle du gouvernement canadien. Elle serait susceptible de passer sous contrôle impérial, en cas d'urgence, après adoption d'un arrêté ministériel.

La proposition de Laurier mécontenta à la fois les ultra-impérialistes et les nationalistes. Les premiers qualifiaient le projet de « marine de poche » et demandaient que le Canada verse une contribution pour aider la Grande-Bretagne à augmenter sa flotte. Quant aux nationalistes, ils accusaient Laurier de « trahir sa race » et d'être « le valet de l'Angleterre ». Ils étaient d'accord avec les fermiers de l'Ouest qui jugeaient inutile la création d'une marine de guerre canadienne. Les ultra-impérialistes et les nationalistes anti-impérialistes étaient unis dans leur hostilité envers Laurier, mais pour des mobiles diamétralement opposés, ce qui prouve que le premier ministre avait gardé le juste milieu.

Les nationalistes canadiens-français avaient âprement reproché à Sir Wilfrid une déclaration qu'il avait faite, lors du débat sur la loi navale. Il avait dit : « Quand l'Angleterre est en guerre, le Canada est en guerre. Il n'y a pas de distinction. » Sir Wilfrid « exprimait ainsi une situation de fait. D'une part, en cas de guerre, les ennemis de l'Angleterre pouvaient considérer les Dominions comme des satellites et les attaquer. D'autre part, le Canada ne pouvait de son propre chef ni déclarer la guerre, ni faire la paix, ni même proclamer sa neutralité ; il dépendait entièrement des décisions prises par Londres. C'est cette situation que Laurier souhaitait changer et dans ce but, il demandait, en dépit de la contradiction apparente des deux thèses, que le Parlement canadien sanctionne toute participation du Canada aux guerres impériales, après avoir jugé si la métropole avait le rôle de l'agresseur ou si elle était attaquée par un puissant ennemi[11]. »

Le leader nationaliste Henri Bourassa, directeur du *Devoir*, fondé deux jours avant la présentation du projet de loi navale de Sir Wilfrid, lance une violente attaque contre la marine. Il dénonce les « faiblesses » et les « trahisons » du premier ministre qui « forge nos fers ». À l'entendre, « c'est la reculade la plus complète que le Canada ait faite depuis un demi-siècle. C'est l'atteinte la plus profonde que notre autonomie ait subie depuis l'origine du gouvernement responsable...[12] ». Le 20 janvier, Bourassa prononce une conférence sur le projet de loi navale. Il reconnaît que « l'Angleterre est, de toutes les nations du globe, celle à qui sa flotte est le plus essentielle pour la défense de son territoire, de son commerce et de son pain quotidien...[13] ». Le tribun réclame ensuite la tenue d'un plébiscite : « ... au-dessus du gouverneur, au-dessus du premier ministre, au-dessus du leader de l'opposition, au-dessus même du Parlement — puisque le Parlement, le gouverneur et la constitution même en dépendent — il y a la volonté populaire ; et je dis que le Parlement, même à l'unanimité, n'a pas le droit de voter une loi comme celle-ci sans avoir obtenu l'assentiment du peuple[14]. » Il termine dans une envolée oratoire où la démagogie n'est pas absente : « Je ne vous demande pas ce soir de condamner cette politique, je ne vous demande pas d'accepter sans conteste les paroles que je viens de prononcer. Réfléchissez, méditez, comparez. Etudiez la question sous tous ses aspects. Ecoutez les arguments de toute sorte. Mais j'ai le droit de vous demander ce soir, pas en mon nom, mais au nom de vos fils, au nom de ceux qui porteront le poids de cette politique criminelle, au nom de ceux qui solderont les taxes qui s'appesantiront sur nous, au nom de tous ceux qui peut-être s'embarqueront bientôt sur ces vaisseaux pour aller périr sur des mers lointaines...[15] »

Bourassa s'est fait un allié en la personne de F. D. Monk, député de Jacques-Cartier et leader des conservateurs du Québec, qui a rompu avec son chef, Robert Borden, qui, d'abord associé au projet de Laurier, réclame maintenant des *dreadnoughts* ou de l'argent pour l'Angleterre. Monk, comme Bourassa, exige la tenue d'un plébiscite sur la question de la marine. Le 8 mars, le sous-amendement de Monk en faveur d'une consultation populaire est rejeté par 175 voix contre 18. Neuf députés anglophones avaient appuyé le sous-amendement. L'amendement Borden, qui demandait deux *dreadnoughts* pour la flotte anglaise, est repoussé par 129 voix contre 74. Quant au bill de la marine, il obtient une majorité de 41 voix en deuxième lecture, le 9 mars. Les nationalistes multiplient les assemblées au Québec pour dénoncer le projet de loi sur la marine. Des députés conservateurs fédéraux, tels que Pierre-Édouard Blondin, participent aux meetings nationalistes. Une alliance conservatrice-nationaliste se dessine déjà en vue des prochaines élections fédérales.

Comme l'agitation nationaliste se poursuit au Québec, Laurier décide de provoquer une élection partielle afin de sonder le pouls de la population. À l'automne de 1910, Louis Lavergne, député de Drummond-Arthabaska aux Communes, résigne son poste et accède au Sénat. Forteresse libérale, la circonscription de Drummond-Arthabaska est l'ancien comté de Laurier qui y avait été défait, en 1878, après son entrée dans le ministère de Mackenzie. Après cet échec, Laurier opta pour Québec-Est où il fut élu à une élection partielle. Mais depuis 1887, les électeurs n'ont fixé leur choix que sur des candidats libéraux. Personne ne doute de la victoire du candidat ministériel. Armand Lavergne, neveu de l'ancien député et l'un des principaux orateurs nationalistes dans le comté, assure le premier ministre que son candidat sera élu sans peine[16].

Sir Wilfrid préside le congrès du parti, à Drummondville, qui désigne Joseph-Édouard Perrault, porte-étendard des libéraux dans la circonscription en vue de l'élection fixée au 3 novembre. Le premier ministre prononce, à cette occasion, un discours, répétant que l'entrée dans la marine sera libre: « Je veux assurer les femmes. Qu'elles continuent à bien remplir leur devoir, car jamais leurs enfants ne seront appelés à servir malgré eux. Mais d'autre part, si un Canadien veut s'enrôler, qui peut le lui reprocher? Qui peut s'objecter à ce qu'un compatriote aille servir son roi et son pays? Que les nationalistes et les conservateurs restent à la maison, avec les femmes et les enfants s'ils ont peur. Nous ne comptons pas sur eux...[17] »

Les dirigeants conservateurs, sachant que les chances sont nulles dans le comté pour leur parti, l'abandonnent aux nationalistes qui choisissent Arthur Gilbert, cultivateur de Princeville. Armand Lavergne écrit à ce sujet: « Le premier point en faveur de Gilbert, c'est qu'il avait la santé nécessaire et la force physique suffisante pour endurer tous les coups. Jeune encore, ayant à peine dépassé la trentaine, il avait de plus une foi nationaliste ardente et convaincue[18]. »

La campagne électorale est dure. De nombreuses assemblées contradictoires opposent les ténors nationalistes, Bourassa, Armand Lavergne, Monk, Ésioff Patenaude, « principal organisateur[19] », aux libéraux. Un orateur nationaliste, Pierre-Édouard Blondin, qui deviendra ministre dans le cabinet Borden, s'écrie, en parlant du drapeau anglais: « Nos pères ont dû le trouer de balles pour respirer l'air de la liberté[20]. » Les jeunes nationalistes répandent un slogan, qui semble avoir joué un rôle important sur l'électorat: « Voter pour Perrault, c'est voter pour la guerre; voter pour Gilbert, c'est voter pour la paix[21]. »

Du côté libéral, les principaux orateurs sont Rodolphe Lemieux et Louis-Philippe Brodeur, deux ministres, ainsi qu'Ernest Lapointe et P.-J.-A. Cardin, deux futurs ministres dans le cabinet King. Le grand dirigeant de la campagne est Jacques Bureau, le « boss » de Trois-Rivières, reconnu pour ses dons d'organisateur. Toute la force du parti libéral dans la province est concentrée dans Drummond-Arthabaska[22]. La victoire libérale ne fait aucun doute. Celui qui aurait prévu une victoire nationaliste aurait pratiquement passé pour fou. Bourassa, qui avait participé à de nombreuses assemblées dans le comté, est convaincu de la défaite de Gilbert. Il prépare un éditorial pour publication dans *le Devoir* le lendemain du scrutin. Dans cet article, il explique que la défaite de son candidat est attribuable à la corruption exercée par les libéraux. Il n'eut pas à le publier. Le 3 novembre, jour du vote, l'invraisemblable se réalise. Arthur Gilbert l'emporte par une majorité de 207 voix dans « cette très importante élection dans l'histoire du Canada[23] ».

Cette victoire nationaliste créa une très forte impression aussi bien au Québec qu'au Canada. Le bruit courut rapidement que Laurier n'était plus invincible. Si les partisans de Bourassa étaient comblés de joie, il en était également des impérialistes, qui jubilaient, mais pour des raisons fort différentes. Ils voulaient la tête de Sir Wilfrid et ils l'auront en faisant alliance avec leurs pires ennemis. Pour Laurier, ce fut un dur coup... Il a pu ainsi constater l'influence de Bourassa sur la province. Ce petit-fils de Papineau était un tribun hors pair. À la session, qui a suivi le scrutin, le vieux chef libéral, pour atténuer l'effet de son échec, devait déclarer: « ... l'histoire nous enseigne qu'il y a des défaites qui sont plus honorables que des victoires[24]. »

NOTES

1. *20th Century*, ouvrage collectif, Milwaukee, 1979, p. 173.
2. Jacques Bainville, *L'Angleterre et l'Empire britannique*, Paris, 1938, p. 117.
3. *Ibid.*, p. 94.
4. R. MacGregor Dawson, *William Lyon Mackenzie King* (1874-1923), Toronto, 1958, p. 212.
5. Pierre Renouvin, *La crise européenne et la première guerre mondiale*, Paris, 1948, p. 138.
6. Robert Craig Brown et Ramsay Cook, *Canada* (1896-1921), Toronto, 1976, p. 164.
7. Robert Craig Brown, *Robert Laird Borden*, Toronto, 1975, p. 148, 149.
8. Joseph Schull, *Laurier*, Toronto, 1966, p. 486.
9. *Ibid.*, p. 490.
10. R. MacGregor Dawson, *op. cit.*, p. 214.
11. Raymond Tanghe, *Laurier*, Paris, 1960, p. 116.
12. Robert Rumilly, *Histoire de la province de Québec*, tome XIV, Montréal, s.d., p. 135.
13. Henri Bourassa, *Le projet de loi navale*, Montréal, 1910, p. 28.
14. *Ibid.*, p. 36.
15. *Ibid.*, p. 37.
16. Robert Craig Brown, *op. cit.*, p. 171.
17. Robert Rumilly, *Henri Bourassa*, Montréal, 1953, p. 391.
18. Armand Lavergne, *Trente ans de vie nationale*, Montréal, 1935, p. 161.
19. Henri Bourassa, *Que devons-nous à l'Angleterre?*, Montréal, 1915, p. 223.
20. Robert Rumilly, *op. cit.*, p. 393.
21. *Ibid.*, p. 393.
22. Normand Ward, *The Memoirs of Chubby Power*, Toronto, 1966, p. 20.
23. O. D. Skelton, *Life and Letters of Sir Wilfrid Laurier*, tome II, Toronto, 1965, p. 130.
24. O. D. Skelton, *op. cit.*, p. 130.

V

Réciprocité

Une autre question allait faire couler encore beaucoup plus d'encre au Canada que le projet de loi navale, ce fut l'accord de réciprocité conclu avec les États-Unis en 1911. Depuis l'abrogation par Washington, en 1866, du traité de Réciprocité, signé douze ans plus tôt, bien des Canadiens avaient songé à renouveler cette entente. Celle-ci avait été une grande source de prospérité pour les colonies britanniques de l'Amérique du Nord associées dans le « zollverein américain[1] ». D'ailleurs, de « 1866 à 1911, les Canadiens firent plusieurs tentatives pour obtenir un nouvel accord de réciprocité. Les sentiments protectionnistes dans les deux pays furent assez forts pour les faire échouer[2]. »

En 1908 accédait à la Maison-Blanche le républicain William Howard Taft, le plus corpulent des présidents américains (il pesait 350 livres[3]). Propriétaire d'une maison d'été à Murray Bay, au Québec, il s'était lié d'amitié avec plusieurs Canadiens éminents. En 1909, le Congrès américain adopta le *Payne-Aldrich Tariff Act*, ensemble de mesures protectionnistes. Le chef de l'Exécutif avait réussi à arracher au sénateur Aldrich quelques diminutions de tarifs dans son projet afin de plaire aux éléments progressistes de son parti. Il signa la proposition de loi dans l'espoir que ces concessions rétabliraient l'harmonie au sein du G.O.P. Il n'en fut rien. Bien au contraire. Il commit la maladresse de déclarer : « Je dirai sans ambages qu'il s'agit... de la meilleure mesure qui ait jamais été votée par le parti républicain[4]. » C'était le comble. Le fossé s'élargissait entre le président et les républicains progressistes. La loi Payne-Aldrich entraîna « la défaite décisive des républicains aux élections législatives de

1910[5] ». Un accord de réciprocité entre le Canada et les États-Unis pouvait atténuer les rigueurs de la nouvelle loi tarifaire américaine et accroître la popularité de Taft. C'est ce qui explique, en grande partie, l'initiative du président des États-Unis. Le papier journal canadien était presque indispensable aux journaux américains. Ces derniers menèrent une vive campagne pour la réduction ou la suppression des droits de douane sur cette matière.

Le rédacteur en chef du *Globe* de Toronto, en vacances à Washington, eut un entretien avec le chef de l'Exécutif américain. Le président se montra disposé à conclure un accord commercial avec le Canada et manifesta le désir de rencontrer le premier ministre Laurier. Ce dernier, qui avait reçu quelques semaines plus tôt une délégation de fermiers des provinces de la Prairie ainsi que du Québec et de l'Ontario, l'exhortant à conclure un traité de Réciprocité avec les États-Unis, décida de donner suite au projet. Son ministre des Finances, Fielding, et son ministre des Douanes, William Patterson, négocièrent avec les dirigeants de Washington un accord, et non un traité de Réciprocité, qui devait entrer en vigueur dès l'approbation des deux Chambres de chacun des pays. Taft fit adopter par le Congrès sa proposition sans trop d'opposition.

En janvier 1911, Fielding présente devant la Chambre des communes les grandes lignes de l'accord qui prévoyait la réduction des droits sur les produits canadiens, notamment le bois à pâte, le papier, les minerais, les céréales, les produits de la ferme et de la pêche. En contrepartie, le Canada abaissait les tarifs sur quelques articles manufacturés. « Les États-Unis, avec une population de 92 millions d'habitants, créaient un précédent en accordant pratiquement à un pays de 7200000 âmes le libre-échange sur ses produits de la ferme, de la forêt et de la pêche, et cela était à l'avantage du pays le moins populeux[6]. »

L'accord semblait tellement favorable au Canada que ni Laurier ni ses ministres ne laissèrent planer le moindre doute sur sa ratification. Le gouvernement avait bien conscience que sa réussite dans ce domaine, où tous les autres ministères avaient échoué antérieurement, le mettait à l'abri de toute critique. D'ailleurs, dans l'ensemble du pays, les premières réactions étaient fort encourageantes et certains observateurs prévoyaient déjà que les libéraux avaient tous les atouts dans leur jeu pour gagner les prochaines élections générales. Mais ce n'était que le calme avant la tempête.

Aux Communes, le discours de Fielding fut bien accueilli par les députés ministériels qui lui firent une longue ovation. Quant à l'opposition, elle semblait consternée. L'accord était beaucoup plus avantageux qu'elle ne l'avait prévu. Des conservateurs des provinces de l'Ouest canadien ne purent retenir leurs applaudissements. Des journaux conservateurs, tels que le *News* de Toronto et le *Journal* d'Ottawa, donnèrent leur appui au projet présenté par le ministre des Finances. Mais en l'espace de quelque temps, le vent tourna. Des partisans de l'accord réclamèrent des précisions qui suscitèrent par la suite des critiques. On commença à se rendre compte qu'une tempête était à la veille de s'abattre sur une grande partie du pays.

Les milieux de la finance jettent les hauts cris et se liguent contre Laurier. Les grands industriels craignent la concurrence des produits manufacturés américains, dont certains ne seront frappés que de droits peu élevés. Les compagnies ferroviaires, qui ont construit leurs lignes en direction est-ouest afin de faire l'unité économique du Canada, appréhendent le jour où le transport des marchandises s'effectuera en direction nord-sud, assurant ainsi aux sociétés américaines une part importante du trafic ferroviaire. Enfin, les banques, qui sont liées aux industriels et aux magnats des chemins de fer par leurs prêts, se jettent dans la bagarre et s'opposent à la réciprocité.

D'ici aux prochaines élections générales, Laurier n'aura plus l'appui des milieux financiers. Clifford Sifton, qui avait résigné son ministère en 1905 et était resté libéral, rompt avec Sir Wilfrid pour passer à l'opposition. Pour les conservateurs, cette adhésion « valait un bataillon[7] ». Le 20 février, dix-huit financiers et hommes d'affaires éminents de Toronto, qui étaient plus ou moins liés aux libéraux, publient un manifeste antiréciprocité.

Des assemblées législatives provinciales prennent également position en suivant fidèlement la ligne du parti. Les gouvernements conservateurs du Manitoba et de la Colombie-Britannique font adopter une résolution dénonçant l'accord de réciprocité avec les États-Unis. En Ontario, où les conservateurs sont au pouvoir, le vote est de 74 voix contre 17. Par contre, les provinces libérales de la Nouvelle-Écosse, de l'Île-du-Prince-Édouard et de la Saskatchewan votent en faveur de la réciprocité. En Saskatchewan, le vote est unanime.

À la Chambre d'Ottawa, la réciprocité est au centre des débats. Le chef de l'opposition, Borden, menace de faire retarder l'adoption des crédits budgétaires. Sir Wilfrid annonce immédiatement son intention d'annuler son voyage en Grande-Bretagne où il doit participer au couronnement de George V et à la Conférence impériale. Borden cède et les crédits sont votés pour assurer les dépenses courantes jusqu'en septembre. La Chambre ajourne la session au début de juin et les débats ne reprendront que le 18 juillet, après le retour de Laurier. En l'absence de Sir Wilfrid, les conservateurs font une tournée à travers le pays afin de sensibiliser la population au danger de la réciprocité. Le premier ministre perd ainsi plusieurs semaines qu'il aurait pu consacrer à défendre sa politique dans bien des points du pays.

À la réouverture des Communes, les débats prennent une tournure virulente. Le 24 juillet, Laurier lance : « C'est la réciprocité ou rien à cette session[8]. » Le 29, le Parlement est dissous et les élections générales sont fixées au 21 septembre. Borden fait savoir au premier ministre de l'Ontario, Sir James Whitney, que la lutte sera dure. Selon Laurier, « le véritable dirigeant de la campagne[9] » du côté conservateur est Clifford Sifton. Le bruit courait que c'était Sifton qui avait inspiré en Ontario le slogan : « *No-popery*[10] », qui visait évidemment Laurier. « Les fonds électoraux attribués aux conservateurs dépasseront ceux des libéraux dans la proportion de 3 à 1[11]. »

Malgré ses soixante-dix ans, Sir Wilfrid s'engage dans la

campagne électorale avec énergie. En quatre semaines, il prononce plus de cinquante discours dans les provinces de l'Atlantique ainsi qu'au Québec et en Ontario. Il ne se fait pas d'illusions et il sait que la victoire n'est pas encore acquise. Borden et Bourassa ont des avantages au départ. Ils sont plus jeunes et ils ont l'enthousiasme et les préjugés de leur côté.

Les conservateurs mènent une violente campagne antiaméricaine et probritannique dans les provinces anglophones. « L'antiaméricanisme au Canada signifie généralement la crainte des États-Unis, c'est-à-dire la crainte de l'américanisation et de l'annexion. En ce sens, la campagne électorale de 1911 contient beaucoup d'éléments antiaméricains[12]. » Pour les conservateurs, la réciprocité risque de nous faire basculer dans l'orbite américaine et la marine canadienne de Laurier risque de défaire les liens qui nous unissent à l'Angleterre. George Foster, député conservateur de l'Ontario, était convaincu que les États-Unis songeaient toujours à faire la conquête du Canada, mais « par des moyens pacifiques et par de gros cadeaux[13] ». Robert Borden voyait les choses sous le même angle que Foster. Il était certain que la réciprocité conduirait à l'annexion. « Elle n'était que la première étape vers l'annexion[14]. » Le premier ministre conservateur de l'Ontario, Sir James Whitney, affirmait que l'objectif des États-Unis était de devenir les maîtres du Canada. Pour prévenir cette menace, il proposait une union plus étroite avec les pays de l'Empire. Il avait la conviction « qu'au moins huit personnes sur dix au Canada — à l'exception du Québec — étaient ardemment intéressées à tout ce qui se rapproche de l'Empire et de son avenir ».

Un député conservateur de Montréal, H. B. Ames, s'écriait : « Soyons une nation indépendante plutôt que l'arrière-cour des États-Unis. » Un ancien premier ministre du Canada, Sir Charles Tupper, estimait que le Canada avait le choix entre deux possibilités : « Devenir une république ou bien devenir avec les autres grands Dominions et la mère patrie un Empire d'une force écrasante qui soit en mesure de dicter la paix au monde. » D'autres propagandistes, opposés à la réciprocité, répandaient le slogan suivant : « Ni troc, ni commerce avec les

États-Unis.» Le poète de l'impérialisme britannique, Rudyard Kipling, lançait, de la Grande-Bretagne, un avertissement aux Canadiens au sujet de la réciprocité: « Le Canada risque son âme.» Le jour du scrutin, en première page du *World* de Toronto, le journal coiffait son article du titre suivant: « Lequel choisirez-vous? Borden et le roi George ou Laurier et Taft? » Les arguments économiques n'ont tenu qu'un rôle de second plan au cours de la campagne électorale dans les provinces anglophones. L'annexion aux États-Unis et les risques de rupture du lien impérial étaient des arguments qui allaient droit au coeur des électeurs au point de pouvoir influencer leur vote.

Certains Américains, en raison de leur maladresse, ont contribué puissamment à la défaite de Laurier, en laissant pratiquement entendre que le Canada était sur le point de se séparer de l'Empire et de s'unir aux États-Unis. Le président Taft déclara que le « *Canada was at the parting of the ways*[15] », c'est-à-dire dans une situation où il doit choisir entre diverses voies. Il exprima sa « haute appréciation » à l'impopulaire magnat de la presse, William Randolph Hearst, qui aidait à « propager l'évangile de la réciprocité[16] ». Des dizaines de milliers de numéros des journaux à sensation de Hearst étaient distribués au Canada. Cette tactique malhabile eut pour effet de nuire à Laurier. Des journalistes de l'opposition, indignés de l'ingérence américaine dans une campagne électorale au Canada, tinrent une assemblée de protestation au Champ de Mars de Montréal, le 9 septembre[17]. Le nationaliste Olivar Asselin, candidat dans Saint-Jacques, et l'ancien député Rufus Pope exprimèrent leur « courroux patriotique ».

Le président de la Chambre des représentants et futur aspirant à l'investiture présidentielle démocrate, Champ Clark, déclara: « Je suis (pour la réciprocité) parce que je souhaite voir le jour où le drapeau américain flottera sur chaque pied carré de l'Amérique du Nord britannique jusqu'au pôle[18]. » Un obscur représentant au Congrès « proposa que Taft soit chargé d'ouvrir des négociations avec la Grande-Bretagne pour l'annexion du Canada[19] ». Il n'est donc pas surprenant que des milliers de Canadiens se rendirent aux urnes avec la conviction que le sort de l'Empire dépendait de leurs bulletins de vote.

Au Québec, la réciprocité n'a joué qu'un rôle secondaire. C'est le projet de loi navale qui alimente les discours. Deux groupes distincts, dont les aspirations sont parfois aux antipodes, se partageront les circonscriptions de la province. Ils ont, cependant, un objectif commun: renverser Laurier. F. D. Monk, leader des conservateurs au Québec, et le chef nationaliste, Henri Bourassa, concluent une alliance. Les candidats — une trentaine — qui relèveront de ces deux hommes porteront le nom « d'autonomistes ». Quant aux conservateurs anglophones et francophones, qui sont d'obédience exclusivement conservatrice, ils feront la lutte sans recevoir le soutien de Monk et de Bourassa. Le chef de l'opposition, Robert Borden, s'abstient de prendre la parole au Québec. Publiquement, il n'approuve ni ne condamne l'un ou l'autre des deux groupes. Depuis quelque temps, Borden souhaitait avoir l'appui de Bourassa pour battre Laurier dans la province.

Pendant la campagne électorale, les orateurs libéraux reçoivent instruction de parler moins de la marine que de la réciprocité, notamment auprès des cultivateurs, qui pourraient tirer des avantages de cette mesure. Bourassa donne une consigne adverse: parler moins de la réciprocité que de l'impérialisme, de la participation du Canada aux armements et aux guerres de l'Empire. Bourassa, qui n'était pas candidat, « avait d'abord appuyé la réciprocité en quoi il vit une ère de prospérité pour le Canada et une gifle aux partisans de Chamberlain (Joseph); ensuite, il déclara que ce n'était qu'une question très secondaire, puis il la dénonça[20] ». Ce changement d'attitude ne pouvait que plaire aux milieux financiers de la rue Saint-Jacques, qui étaient hostiles à la réciprocité.

L'impérialiste « Sir Hugh Graham et ses amis, écrit Robert Rumilly, disposant d'un trésor presque inépuisable et d'une organisation sérieuse, fournissent des subsides à tous les adversaires du gouvernement Laurier, sans exception. *Le Devoir* peut procéder à une augmentation de capital. Ernest Lapointe dit, dans une assemblée: « Si j'avais le fiel des nationalistes, je dirais que M. Bourassa est opposé à la réciprocité depuis que le capital de son journal a été augmenté de $200000; je dirais que M. Bourassa s'est vendu[21].» Bourassa reconnaîtra plus tard que son groupe avait reçu l'appui financier de Sir Hugh Graham[22]. Même pour les nationalistes, les élections ne se font pas avec des prières!

La campagne est assez violente. Les adversaires de Laurier l'accusent sur tous les tons de « vendre » son pays. Au Québec, les nationalistes affirment: « Laurier nous livre à l'Angleterre. » En Ontario, les conservateurs affirment, non moins péremptoirement: «Laurier nous livre aux États-Unis.» Ces élucubrations font dire avec raison à Sir Wilfrid: « Au Québec, je suis flétri comme traître aux Français et en Ontario comme traître aux Anglais. Au Québec, je suis flétri comme jingo et en Ontario comme séparatiste. Au Québec, je suis accusé d'être impérialiste et en Ontario d'être anti-impérialiste[23]. »

Ces appels à la raison sont vains. Il ne faut pas s'en étonner lorsqu'une campagne électorale se déroule dans une atmosphère aussi passionnelle. Le 21 septembre, les conservateurs étaient portés au pouvoir. Robert Borden, le nouveau premier ministre, mettait fin à un gouvernement libéral qui dirigeait le pays depuis quinze ans. La majorité libérale de 25000 voix, en 1908, se transformait cette fois en une minorité de 47000 voix.

Il n'y eut donc qu'un déplacement de 72000 suffrages, mais au niveau des circonscriptions, ce déplacement provoqua la dégringolade des ministériels. En 1908, les libéraux avaient recueilli 133 sièges, les conservateurs, 85, et les indépendants, 3. En 1911, les conservateurs et les nationalistes font élire 133 députés, les libéraux, 88. Plusieurs ministres sont battus: Fielding et Sir Frederick Borden, dans les provinces de l'Atlantique; Sydney Fisher, au Québec; George Graham, William Patterson et Mackenzie King, en Ontario. Dans cette dernière province, la victoire conservatrice défiait tous les précédents: 72 sièges à l'opposition et 14 aux libéraux. Au Québec, la majorité libérale, par rapport au scrutin précédent, était tombée de 43 à 11. En effet, les conservateurs et les nationalistes remportèrent 27 circonscriptions et les libéraux, 38. À l'extérieur de l'Ontario, les libéraux avaient la majorité des sièges et des voix.

Par ailleurs, Mackenzie King, emporté par la vague conservatrice qui a balayé l'Ontario, n'est battu que par 315 voix. Bien des causes expliquent son échec. La circonscription de Waterloo-Nord, où il sollicite le renouvellement de son mandat, comptait une population aux deux tiers d'ascendance allemande, dont 4000 mennonites sur près de 34000 habitants. Le projet de loi navale de Laurier, qui visait l'Allemagne impériale, ne pouvait que déplaire à la majorité de ses électeurs et notamment aux mennonites qui étaient pacifistes. Plusieurs entreprises industrielles s'étaient établies dans le comté, ce qui explique sans doute le manque d'enthousiasme de King pour la réciprocité. Étant ministre, il était obligé de défendre la mesure. Pendant les sept semaines de campagne électorale, il prit la parole dans dix-sept circonscriptions, négligeant ainsi la sienne. La trop longue absence de son comté semble la raison fondamentale de son échec. Toutefois, King maintiendra toujours que la principale cause de sa défaite fut l'argent du Grand Trunk Railway, qui avait dépensé des milliers de dollars pour le faire battre[24]. Cette explication est aussi inacceptable que celle donnée par Laurier au sujet de la défaite de son parti. Une quinzaine de jours après les élections, Sir Wilfrid écrivait: « Il devient de plus en plus évident pour moi que ce ne fut pas la réciprocité qui fut rejetée, mais un premier ministre catholique. Tous les renseignements en provenance de cette province (l'Ontario) me le confirment[25]. »

Le nouveau premier ministre, Robert Borden, né à Grand-Pré, en Nouvelle-Écosse, est âgé de cinquante-sept ans. Député aux Communes depuis 1896, il est chef des conservateurs depuis dix ans. Homme intègre mais sans grande envergure, son leadership a été souvent mis en cause aussi bien dans l'opposition qu'au pouvoir. Il tombe sous le sens que s'il n'avait triomphé, en 1911, les conservateurs lui auraient choisi un successeur. Dans le cabinet que formera Borden, le Québec aura cinq représentants. George Perley, député d'Argenteuil, devient ministre d'État. Charles Joseph Doherty, bien vu dans les milieux financiers de

Montréal et ancien juge, sera le représentant des Irlandais catholiques dans le cabinet. Borden le nomme ministre de la Justice. F. D. Monk, leader des conservateurs dans la province, ne pouvait être ignoré, même s'il était en désaccord avec le premier ministre sur la question de la marine. Ce dernier lui confie le ministère des Travaux publics. Bruno Nantel, avocat et député de Terrebonne depuis 1908, se voit attribuer le ministère du Revenu intérieur. Louis-Philippe Pelletier, président de Quebec Railway, Light, Heat and Power Company, qui représenterait la région de Québec dans le cabinet, devient ministre des Postes. Rodolphe Forget, financier très connu, qui s'était fait élire dans deux circonscriptions comme la loi le permettait à l'époque, fait des pieds et des mains pour accéder au gouvernement. Borden résiste aux pressions qui viennent de partout. Forget n'aura aucun ministère. Il est à signaler qu'aucun nationaliste ne fait partie du cabinet Borden.

Au cours de la campagne électorale de 1911, Borden avait éludé dans ses discours la question de la marine. À l'ouverture de la première session qui suivit la victoire des conservateurs, le programme législatif présenté par le gouvernement ne fit aucune allusion également à la marine. Mais le 12 mars 1912, Borden prit la parole devant la Chambre. Il fit savoir que le peuple serait consulté dès que son gouvernement aurait établi une politique navale. Il précisa sa pensée en disant que si le Canada collaborait à la défense de l'Empire, il devrait jouer un rôle plus important que par le passé dans les conseils de l'Empire. Dans l'intention évidente de plaire aux nationalistes du Québec, il annonça que le programme naval de Laurier ne serait pas poursuivi. Quelle serait la politique du gouvernement en ce domaine dans un avenir prochain? Le premier ministre n'en toucha pas mot.

Entre-temps, la rivalité navale anglo-allemande s'aggravait. Pour apaiser la tension, le grand armateur, Albert Ballin, et le banquier anglais, Sir Ernest Cassel, ressortissant allemand naturalisé britannique, prennent l'initiative de susciter des pourparlers entre Londres et Berlin. Le Cabinet britannique est prêt à entamer des conversations. Il envoie à Berlin Lord

Haldane, ministre de la Guerre, reconnu pour ses sympathies intellectuelles allemandes. En février 1912, les conversations s'engagent. L'Allemagne est disposée à ralentir le rythme de ses constructions navales. En contrepartie, elle exige un accord mutuel de neutralité « si l'un des deux contractants est engagé dans une guerre dans laquelle il ne peut être considéré comme agresseur ». Le chef du Foreign Office, Sir Edward Grey, refuse de souscrire à cet engagement qui risquerait de compromettre l'Entente Cordiale anglo-française. Il est toutefois disposé à faire une promesse de non-agression, mais rien de plus. L'Allemagne, qui cherche à détruire l'Entente Cordiale, n'est pas satisfaite. Les pourparlers sont rompus, le 22 mars 1912. Le gouvernement de Berlin dépose au *Reichstag* son programme naval. L'échec des conversations entraîne la reprise de la rivalité navale anglo-allemande, plus ardente que jamais. L'Angleterre invite ses Dominions à contribuer à son programme de construction navale.

Borden ne doute pas de la gravité de la situation. Il se propose de se rendre en Grande-Bretagne. Le 26 juin 1912, il s'embarque à Montréal pour l'Angleterre. Il avait engagé Monk à l'accompagner, mais le ministre des Travaux publics décline l'invitation. Dès son arrivée à Londres, Borden s'entretient avec Winston Churchill, Premier lord de l'amirauté depuis le mois d'octobre précédent. Ce dernier lui fait part que la situation navale est « très sérieuse ». Borden est toujours déterminé à obtenir des Britanniques que le Canada ait voix au chapitre dans l'élaboration de la politique étrangère impériale. Il prononce plusieurs discours dans lesquels il défend cette politique. Il sait que le premier ministre, Herbert Henry Asquith, a rejeté cette idée à la Conférence impériale de 1911. Le chef du gouvernement anglais se fait maintenant plus flexible. Il offre aux Dominions de participer aux réunions du Comité de la défense impériale lorsque les questions les intéressant seront abordées. Borden accepte l'offre comme « mesure temporaire ». Ce comité n'a qu'un rôle consultatif et ne détermine pas l'orientation de la politique étrangère de l'Empire.

Le premier ministre canadien rentre à Ottawa au début de septembre. Le cabinet se réunit pendant plusieurs semaines. Il est question d'une contribution financière d'urgence à la flotte britannique. Monk exige la tenue d'un plébiscite. Le 11 octobre, Monk informe Borden de son intention de démissionner si le peuple n'est pas consulté sur cette question. La semaine suivante, il résigne ses fonctions. Le chef du gouvernement s'y attendait depuis quelque temps et songeait déjà à un successeur, dont le choix tombera finalement sur Louis Coderre. Borden est notamment préoccupé par l'attitude de ses députés francophones. Le 27 novembre, il les convoque dans le but de les inciter à voter en faveur de son projet de contribution d'urgence à la flotte britannique. Il propose le rappel de la loi navale de Laurier. Il souligne l'importance de la représentation canadienne au sein du Comité de la défense impériale. Il résume ensuite à grands traits son projet d'une politique navale permanente qui amènerait au Québec l'établissement d'une importante industrie de construction de navires de guerre. Les députés francophones sont divisés. Les uns se disent liés par leurs engagements électoraux, les autres sont prêts à passer outre. Le parti conservateur ne sera donc pas uni sur cette question.

L'idée d'un référendum lancée par Monk est repoussée par Borden et les autres membres du cabinet. Le 12 décembre, le premier ministre présente son projet de loi qui prévoit des crédits de $ 35 millions pour la construction de trois cuirassés que le Canada mettrait à la disposition de l'Amirauté britannique. Le projet soulève de violents débats à la Chambre. « Laurier maintint ses positions: selon lui, la forme la plus opportune et la plus pratique d'aide à la marine impériale consistait à construire les navires dans des chantiers canadiens, à les faire monter par des équipages canadiens, bref, à créer une marine de guerre canadienne pouvant défendre les côtes du Canada tout en agissant en liaison avec la *Home Fleet*. Tout cela, évidemment, ne pouvait se faire du jour au lendemain, Laurier le savait et il se déclarait prêt à voter des crédits supplémentaires pour rendre opérante la loi de 1909 et accélérer la création d'une marine canadienne. Avoir des navires battant pavillon canadien, manoeuvrés par des équipages canadiens, ayant leur port d'attache au Canada, lui semblait un pas de plus vers la souveraineté nationale, alors qu'une contribution en argent, si forte fût-elle, restait toujours un geste de vassal, de colonial[26]. »

Après plus de quatre mois de débats, le projet de Borden n'était pas encore adopté. Pour mettre fin à l'obstruction systématique, le premier ministre eut recours à une procédure parlementaire « qui n'avait jamais été utilisée dans un parlement canadien[27] ». Cette mesure, connue sous le nom de « bâillon » ou « guillotine », a pour objet de réduire en durée et en nombre les interventions des députés.

Le 15 mai 1913, le bill de Borden est adopté en troisième lecture par une majorité de 33 voix. Sept conservateurs-nationalistes avaient voté contre le gouvernement. « Laurier propose de baptiser les trois *dreadnoughts* offerts à l'Angleterre: *Pelletier, Nantel* et *Coderre*[28]. » Il s'agissait des trois ministres canadiens-français dans le cabinet conservateur. Avant d'entrer en vigueur, la mesure devait recevoir l'approbation du Sénat où les libéraux étaient en majorité, ayant été au pouvoir quinze ans avant leur défaite de 1911. Le leader libéral au Sénat était Sir George William Ross, ancien premier ministre de l'Ontario. Il proposa un amendement qui reprenait, mot pour mot, celui présenté par son homologue conservateur à la Chambre haute, James Lougheed, trois ans plus tôt: « Le Sénat n'est pas justifié de donner son assentiment à cette mesure avant qu'elle ait été soumise au verdict du corps électoral. Mais les libéraux comptaient 24 voix de majorité à la Chambre haute; cette majorité vota l'amendement Ross, repoussant ainsi la loi Borden[29]. » Le coup fut dur pour le gouvernement. Borden prit sa revanche en augmentant le nombre des sénateurs de 72 à 96. Les nouveaux postes furent évidemment attribués à des conservateurs.

NOTES

1. Arthur R. M. Lower, *Canadians in the Making*, Toronto, 1958, p. 259.
2. D. C. Masters, *Reciprocity*, Ottawa, 1961, p. 12.
3. Thomas A. Bailey, *Presidential Greatness*, New York, 1966, p. 341.
4. John W. Caughey et Ernest R. May, *A History of the United States*, Chicago, 1964, p. 412.
5. *Concise Dictionary of American History*, New York, 1962, p. 717.

6. Samuel Eliot Morison, *The Oxford History of the American People,* New York, 1965, p. 835.
7. Arthur R. M. Lower, *Colony to Nation,* Toronto, 1957, p. 430.
8. Robert Craig Brown, *Robert Laird Borden,* Toronto, 1975, p. 183.
9. O. D. Skelton, *Life and Letters of Sir Wilfrid Laurier,* tome II, Toronto, 1965, p. 138.
10. F. A. McGregor, *The Fall and Rise of Mackenzie King,* Toronto, 1962, p. 43.
11. O. D. Skelton, *op. cit.,* p. 138.
12. W. M. Baker, *Canadian Historical Review,* décembre 1970, p. 428.
13. *Ibid.,* p. 431.
14. *Ibid.,* p. 432.
15. D. C. Masters, *op. cit.,* p. 18.
16. Thomas A. Bailey, *A Diplomatic History of the American People,* New York, 1946, p. 588.
17. Robert Rumilly, *Histoire de la province de Québec,* tome XVI, Montréal, s.d., p. 101.
18. S. F. Bemis, *The United States as a World Power,* New York, 1951, p. 264.
19. Samuel Eliot Morison, *op. cit.,* p. 835.
20. O. D. Skelton, *op. cit.,* p. 141.
21. Robert Rumilly, *Henri Bourassa,* Montréal, 1953, p. 416.
22. Robert Craig Brown, *op. cit.,* p. 189.
23. John S. Moir et D. M. L. Farr, *The Canadian Experience,* Toronto, 1969, p. 350.
24. H. Reginald Hardy, *Mackenzie King of Canada,* Toronto, 1949, p. 64, 65.
25. O. D. Skelton, *op. cit.,* p. 143.
26. Raymond Tanghe, *Laurier,* Paris, 1960, p. 132.
27. John Moir et D. M. L. Farr, *op. cit.,* p. 354.
28. Robert Rumilly, *Histoire de la province de Québec,* tome XVIII, Montréal, s.d., p. 45.
29. *Ibid.,* p. 49.

VI

La fondation Rockefeller

Après les élections générales du 21 septembre 1911, Mackenzie King était sans ministère et même sans mandat parlementaire. L'homme, dont l'ascension avait été frappante, n'était désormais qu'un simple citoyen à la recherche, comme bien d'autres, d'un emploi pour gagner sa vie. Il n'était pas riche, mais il n'était pas dans le besoin. Il avait amassé quelques économies qui lui rapportaient $ 1600 par année, somme plus que suffisante pour vivre convenablement à cette époque. Il pouvait compter sur l'assistance financière de Violet Markham, qu'il avait rencontrée quelques années auparavant à Rideau Hall, et qui avait mis à sa disposition certaines sommes d'argent lors des dernières élections générales. Cette femme, qui avait une confiance inébranlable en l'avenir de King, partageait la conviction de Lord Grey qu'il deviendrait un jour premier ministre du Canada. Après sa défaite, Violet lui envoya 200 livres sterling et, à la fin de l'année, elle lui offrit d'autres sommes d'argent que King s'empressa d'accepter. Aurait-il assez d'argent pour subvenir aux besoins de ses parents? C'est ce qui le préoccupait. Son père et sa mère étaient malades. John King, qui enseignait le droit à l'Université de Toronto, avait une étude légale qui n'était pas prospère et qui d'ailleurs ne l'avait jamais été. Pour comble de malheur, John King était menacé de cécité. Mackenzie devait l'aider pécuniairement.

Le *Toronto Star* offrit à King un poste d'éditorialiste aux appointements de $3000 par année, mais il refusa. Il songea à rentrer au Parlement. Il voulait qu'un collègue abandonne son siège de député pour lui permettre de se faire élire à une élection partielle. Sir Wilfrid laissa planer cette perspective. Quelques jours après la défaite des libéraux, Laurier réunit les membres de son cabinet. Il exprima le désir que ceux de ses collègues qui avaient été battus reprennent leurs sièges aux Communes et cita les noms de Fielding, Fisher, Graham et Mackenzie King. C'est aussi à cette réunion qu'il céda aux pressions et décida de rester à la tête du parti. N'avait-il pas déclaré à Saint-Jérôme, quelques jours avant la fin de la dernière campagne électorale, que s'il était battu, il abandonnerait la vie politique? Il déclara, par ailleurs, à ses collègues que dans un avenir plus ou moins lointain, George Graham devrait assumer la direction de l'opposition. Il ajouta: « Jamais un Français catholique ne pourrait de nouveau devenir premier ministre. » Quelques-uns de ses collègues contestèrent cette affirmation, mais Laurier répliqua: « Non, en Ontario, je suis le péché originel pour lequel il n'y a pas de baptême, seul un protestant pourrait gagner[1]. » Mais Sir Wilfrid « a dû reconnaître avec Mackenzie King et la plupart de ses collègues que l'argent et les manufacturiers avaient joué un rôle important dans le résultat ultime[2] ».

King sonda le terrain afin de pouvoir rentrer aux Communes. En Ontario, où il y avait eu peu de libéraux élus et avec de faibles majorités, les risques étaient très grands d'ouvrir une circonscription. Un candidat de l'opposition était pratiquement assuré d'être battu. Il fallait regarder ailleurs. Les perspectives, en Saskatchewan, semblaient bien plus encourageantes. Là-dessus, Laurier et Sydney Fisher étaient d'accord. Étant de l'Est, King croyait qu'il pourrait être utile en unissant l'Est et l'Ouest. Le docteur D. B. Neely, du comté de Humbold, qui avait été élu pour la première fois en 1911, manifesta le désir de démissionner, mais au moment où les négociations étaient sur le point d'aboutir, il revint sur sa décision. William Martin, député de Regina et futur premier ministre de la Saskatchewan, fit savoir qu'il était disposé à résigner son poste en sa faveur. Il le prévint, néanmoins, du danger de présenter dans l'Ouest un candidat venant de l'Est. Finalement, les négociations aboutirent à un échec. King eut l'impression que Sir Wilfrid ne l'aidait pas beaucoup à trouver une circonscription. C'est sans doute pour cette raison qu'il renoncera à écrire une biographie de Laurier.

Ce dernier, qui avait été informé du projet de son jeune collègue, l'encouragea à se lancer dans cette entreprise. King avait aussi caressé le projet d'écrire une histoire économique du Canada, mais il ne donna jamais suite à cette résolution.

King aurait pu devenir leader des libéraux de l'Ontario, s'il avait cédé aux pressions qui s'étaient exercées sur lui, après sa défaite aux élections générales de septembre. Quelques jours après le scrutin, le propriétaire du *Toronto Star*, J. E. Atkinson, qui se faisait le porte-parole d'éminents membres du parti, s'était entretenu avec King à ce sujet. Il lui dit alors que Laurier avait été consulté à ce sujet et qu'il approuvait entièrement la proposition. King refusa cependant l'offre et alla voir Sir Wilfrid pour lui dire qu'il préférait la politique fédérale. Laurier l'approuva et exprima sa satisfaction concernant cette décision. Mais Atkinson fit une seconde tentative en faisant valoir que bien des libéraux et lui-même voyaient en lui un futur premier ministre du Canada et qu'ils ne pensaient pas que George Graham était l'homme qu'il fallait pour ce poste. Il ajouta que s'il entrait à l'Assemblée législative de Toronto, il aurait d'excellentes chances de devenir chef du gouvernement de l'Ontario d'ici à huit ans, précisant que celui qui dirige l'Ontario peut facilement accéder, par la suite, à la direction du gouvernement du Canada. Après son entretien avec Sir Wilfrid et les encouragements de son chef, King persista dans sa décision de poursuivre sa carrière politique sur la scène fédérale. Il accepta, toutefois, la présidence de la General Reform Association of Ontario et, en cette qualité, il prit une part active aux élections générales provinciales de l'Ontario, fixées au 11 décembre 1911. Les libéraux firent quelques gains, mais les conservateurs gardèrent le pouvoir.

En 1912, King assuma la direction du Liberal Information Office, dont la tâche consistait à superviser la propagande du parti dans le pays. Il touchait des appointements de $2500 par année, soit l'équivalent de l'indemnité versée aux députés fédéraux à l'époque. Il fut, par la suite, le premier directeur du *Canadian Liberal Monthly*, publication de douze pages dont le premier numéro parut en septembre 1913. Il écrivit la plupart des articles jusqu'en septembre 1914. « Les articles étaient courts, clairs et... parfois amusants. Les caricatures étaient mal dessinées, mais elles atteignaient leurs objectifs. En ce temps-là, le golf était tenu pour le sport des anglophiles décadents. Ainsi M. Borden (premier ministre du pays) était souvent représenté comme un golfeur[3]. »

En vue des prochaines élections générales fédérales, King fixa son choix sur York-Nord, en Ontario. Au congrès du parti pour désigner un candidat, le 8 mars 1913, il était au nombre des aspirants à l'investiture libérale. Il était le favori des délégués. Son excellent travail, au cours de la campagne électorale provinciale, expliquerait, apparemment, sa victoire. King tint à briguer les suffrages dans York-Nord parce que c'était la circoncription que son grand-père, William Lyon Mackenzie, représentait à l'assemblée législative de la province. Le comté avait élu un conservateur en 1911, mais le souvenir de l'aïeul pouvait assurer la victoire au petit-fils du rebelle de 1837.

En 1914 survint un événement qui va modifier considérablement la situation financière de Mackenzie King et lui permettre de fournir une assistance plus adéquate à ses parents. Une grève, qui sévit dans l'État du Colorado dans une des entreprises de la famille Rockefeller, est à l'origine de cette conjoncture. Il s'agit d'un des événements les plus tragiques de l'histoire du travail aux États-Unis. Le débrayage, qui avait commencé en septembre 1913, dégénéra en violence en avril de l'année suivante, à la Colorado Fuel & Iron Company. Les mineurs et leurs familles, qui vivaient dans des maisons appartenant à la compagnie, en avaient été expulsés. Ils se logèrent alors sous des tentes, à Ludlow, non loin de là. Un jour, un coup de feu retentit. Il n'a jamais été possible d'établir si le projectile provenait des soldats ou des tentes. Bref, des deux côtés on était bien armés. La bagarre éclate. La troupe tire et tue trois mineurs et un enfant. Les militaires mettent le feu aux tentes. Mais ce n'est que le lendemain matin qu'on apprendra avec stupeur que onze enfants et deux femmes ont été brûlés vifs ou asphyxiés. C'est ce qu'on appelle le « massacre de Ludlow ». Les grévistes, dont les griefs contre la compagnie étaient on ne peut plus justifiés, lancent un appel aux armes. Des immeubles sont saccagés. La peur de l'anarchie s'empare des habitants du Colorado. Le gouverneur de l'État réclame du président Wilson l'envoi de troupes fédérales. Ces dernières rétablissent l'ordre, mais la possibilité d'une réconciliation entre les ouvriers et les dirigeants de la compagnie semble très mince.

C'est alors que la fondation Rockefeller, créée en 1913 et dont le but est de « promouvoir le bien-être de l'humanité à travers le monde[4] », fait appel à King. Il reçoit un télégramme de Jerome D. Greene, secrétaire de la fondation, en juin 1914, le priant de venir à New York afin « de conseiller de puissants intérêts... au sujet de difficultés ouvrières[5] ». Il avait rencontré Greene quelques années auparavant, lorsque ce dernier était secrétaire du président C. W. Eliot, de l'Université Harvard. Eliot envoya également, le même jour, un télégramme à King l'invitant à se rendre dans la métropole américaine. Le 6 juin, King s'entretient à New York avec John D. Rockefeller fils, Greene et Starr Murphy, conseiller juridique de Rockefeller. Il semble que la grève du Colorado n'ait tenu qu'une place secondaire au cours de la conversation, mais Rockefeller demande à King s'il avait un projet visant à améliorer les relations entre le capital et le travail. King lui explique sa conception des rapports entre patrons et ouvriers. Après cette première entrevue, « Rockefeller eut le sentiment d'avoir rencontré l'homme qui pouvait l'aider à sortir honorablement de la grève du Colorado, à rétablir la paix et à sauver l'honneur de la famille[6] ». Il dira plus tard à King « qu'il avait été rarement autant impressionné, au premier abord, par un homme[7] ».

En l'espace de quelques jours, Rockefeller et ses associés font une proposition à King. Ce dernier fera partie de la fondation Rockefeller. King hésite. Lier son sort à une famille, dont la faveur dans l'opinion publique ne semble pas très grande, ne risque-t-il pas de compromettre ses chances de devenir un jour premier ministre du Canada? C'est son avenir politique qui le laisse perplexe. Faudrait-il se séparer de Laurier? Une telle éventualité ne lui sourit guère. C'est à Sir Wilfrid qu'il se confie tout d'abord. L'homme politique répugne à le conseiller. Il comprend la situation de son ancien ministre du Travail, mais il a la conviction que King n'abandonnera pas la politique. Le vieil ami de King, Sir William Mulock, l'exhorte à accepter l'offre du richissime américain. Pour des raisons politiques, Sydney Fisher, ancien collègue de King dans le cabinet, s'oppose à l'idée. Après avoir pesé le pour et le contre, King accepte de travailler pour la fondation Rockefeller, mais nullement pour une entreprise de la famille. King touchera $12000[8]. Il impose ses conditions, qui sont d'ailleurs acceptées. Il restera citoyen canadien et sera libre de faire de la politique dans son pays. Sa résidence officielle sera Ottawa. S'il est élu aux élections, il demandera un congé sans salaire.

King abandonne le Liberal Information Office, la direction du *Liberal Monthly* et la présidence de l'Ontario Reform Association. Il entre en fonction le 13 août 1914. Il devient le directeur du service des relations de travail, nouvel organisme au sein de la fondation. Avant de se rendre au Colorado, il se penche sur la grève qui sévit dans l'ouest des États-Unis. Il en arrive à la conclusion que la responsabilité du débrayage est partagée par les dirigeants de la compagnie et les leaders syndicalistes. La compagnie, selon lui, était justifiée de refuser la reconnaissance à la United Mines Workers. Par contre, elle avait eu tort de tolérer les conditions qui prévalaient au Colorado.

John D. Rockefeller fils dirigeait les affaires de la famille ainsi que ses oeuvres philanthropiques, mais son éducation et son expérience ne l'avaient pas préparé à faire face à des problèmes comme ceux de Ludlow. Un biographe de la famille, Allan Nevins, qualifiait la maison de Cleveland, où John D. fils a été élevé, « d'asile pour ministres baptistes à la retraite[9] ». Dans les dix ans qui avaient précédé l'arrêt de travail, il n'avait participé à aucune réunion du conseil d'administration de la Colorado Fuel & Iron Company. Lorsqu'il comparut devant une commission d'enquête du Congrès, deux semaines avant les événements tragiques de Ludlow, il donna à Walter Lippmann l'impression d'être « un faible despote, dominé par une bureaucratie qu'il est incapable de diriger[10] ». Il aura fallu la mort de femmes et d'enfants pour que John D. fils se rende compte qu'il devrait désormais veiller de plus près sur les rapports entre patrons et ouvriers dans les entreprises de la famille.

King apparaissait l'homme tout désigné pour conseiller Rockefeller. Son choix s'explique par ses relations avec Greene, secrétaire de la fondation, et un de ses directeurs, Charles W. Eliot, président de l'Université Harvard. Ce dernier avait été impressionné par les mesures que fit adopter King dans le domaine du travail lorsqu'il était ministre dans le gouvernement Laurier et par son esprit de conciliation dans les différends ouvriers.

Pour mettre fin à la grève du Colorado, King trouve une solution qui peut satisfaire les mineurs sans qu'il soit nécessaire de reconnaître le syndicat. Il propose donc l'établissement d'un comité au sein duquel les employés et les employeurs seront représentés. À intervalles fixes, le comité se réunira pour étudier les conditions de travail et entendre les griefs. La suggestion de King servira de base au plan Rockefeller qui est généralement connu sous le nom d'« union de compagnie ». King n'était pas l'inventeur de cette formule qui était appliquée par bien des manufacturiers américains. À la fin du XIXe siècle, quand King, à titre de reporter pour un journal de Toronto, fit une enquête sur l'exploitation des ouvriers en Ontario, il constata que dans les établissements industriels, où on avait établi des « unions de compagnie », le sort de l'ouvrier était de beaucoup plus enviable que celui où il n'y en avait pas du tout. Il semble très probable que les observations faites par King au Canada soient à l'origine de sa proposition à Rockefeller. Toujours est-il qu'au cours des deux décennies suivantes, cette formule s'est généralisée aux États-Unis et a été appliquée par de nombreux employeurs. Mais en 1935, le *Wagner Act* supprima les « unions de compagnie » en obligeant les employeurs à négocier de bonne foi avec les représentants syndicaux[11]. La mesure avait été présentée par le sénateur Robert Wagner, de l'État de New York. Dans la perspective de l'époque, la suggestion de King avait incontestablement une saveur progressiste.

En mars 1915, il se rendit au Colorado à la demande de John D. Rockefeller fils. Il avait aussi l'approbation du secrétaire américain au Travail, William B. Wilson, ancien représentant important de la United Mine Workers Union. Ce dernier s'était proposé de « remercier Dieu si quelqu'un pouvait régler la grève du Colorado[12] ». King passa deux mois sur les lieux et interrogea maintes personnes qui avaient été mêlées de près ou de loin au différend. Puis il consacra plusieurs semaines à la préparation de son plan, qui devait être soumis aux mineurs.

En septembre, il retourna au Colorado. Il était accompagné de John D. fils. Ils se lièrent d'amitié avec les mineurs, partageant même leurs repas. Au cours d'une soirée, John D. dansa avec toutes les femmes, dont celles des mineurs. Il se fit même remarquer par son ardeur à la danse. Il exerçait un charme autour de lui. Le scénario avait été préparé par King. Rockefeller acquit ainsi une expérience des comportements humains. C'est alors qu'il présenta aux mineurs son plan, ou plutôt celui de King. Une semaine plus tard, à Pueblo, les mineurs se prononcèrent par vote secret. Le projet était accepté par 2404 voix contre 442. Il est vraisemblable que les mineurs, las de la grève et de l'effusion de sang, virent dans la proposition qui leur avait été faite la meilleure solution dans les circonstances. Malgré ses lacunes, le plan, qui était nettement antisyndical, constituait, néanmoins, un pas en avant dans les relations de travail aux États-Unis. En 1953, John D. Rockefeller fils dira: « Pratiquement tout ce que je connais des relations de travail, je l'ai appris de King[13]. » Certains adversaires politiques de King se répandirent en critiques acerbes contre son plan, sans doute dans l'intention d'en retirer des dividendes électoraux. Quoi qu'on en dise, les conditions de travail au Colorado s'améliorèrent sensiblement après la venue de King. Les critiques furent généralement injustifiées.

NOTES

1. F. A. McGregor, *The Fall and Rise of Mackenzie King*, Toronto, 1962, p. 48.
2. *Ibid.*, p. 48.
3. H. S. Ferns et B. Ostry, *The Age of Mackenzie King*, Londres, 1955, p. 167.
4. Yves-Henri Nouailhat, *Les États-Unis (1898-1933)*, Paris, 1973, p. 52.
5. F. A. McGregor, *op. cit.*, p. 93.

6. Peter Collier et David Horowitz, *The Rockefellers*, New York, 1976, p. 120.
7. *Ibid.*, p. 120.
8. *Ibid.*, p. 120, 121.
9. *Mackenzie King: Widening the Debate,* la contribution de Stephen J. Scheinberg, Toronto, 1977, p. 90.
10. *Ibid.*, p. 91.
11. Dumas Malone et Basil Rauch, *Empire for Liberty*, tome II, New York, 1960, p. 582.
12. Stephen J. Scheinberg, *op. cit.*, p. 95.
13. R. MacGregor Dawson, *William Lyon Mackenzie King* (1874-1923), Toronto, 1958, p. 234.

VII

La Première Guerre mondiale

Au début d'août 1914, l'Europe est en feu. C'est la première fois depuis la fin des guerres napoléoniennes que le Vieux Continent est engagé dans un conflit d'une telle envergure. Pourquoi, après un siècle, une partie de l'Europe se jette-t-elle sur l'autre? Ce n'est certes pas la crise de juillet 1914, engendrée par un assassinat, qui l'explique. C'est l'empoisonnement des relations internationales depuis une décennie qui est l'explication fondamentale de la Première Guerre mondiale. À quatre reprises, de 1904 à 1914, la menace d'une guerre générale a plané sur l'Europe : en 1905-1906 et en 1911, à l'occasion des crises marocaines provoquées par l'Allemagne impériale ; en 1909, à cause de l'annexion de la Bosnie-Herzégovine par l'Autriche-Hongrie ; en 1912-1913, à la suite des guerres balkaniques qui avaient opposé la Russie à l'Autriche-Hongrie. Refoulée de la Mandchourie depuis sa défaite par le Japon, en 1905, la Russie se préoccupe désormais davantage de la péninsule balkanique, mais elle n'est pas en mesure, pour le moment, de faire prévaloir sa volonté dans cette région méditerranéenne. L'Allemagne et l'Autriche-Hongrie exploitent l'affaiblissement momentané de la Russie, la première en provoquant les crises marocaines et la seconde en réveillant la question balkanique. Les puissances centrales jouent gros jeu. « En éveillant la crainte de leurs voisins, l'Allemagne et l'Autriche-Hongrie contribuent à nouer, puis à consolider la Triple Entente[1]. »

La conjoncture européenne était favorable à l'éclosion d'un conflit. Pourtant, cette guerre n'était pas inévitable. Dans les premiers mois de 1914, les rapports entre les pays européens étaient moins tendus que durant l'année précédente.

L'ambassadeur de France à Berlin écrivait, le 12 juin: « Je suis loin de penser qu'en ce moment il y ait dans l'atmosphère quelque chose qui soit une menace pour nous; bien au contraire[2]. » Le 28 juin, l'archiduc héritier d'Autriche-Hongrie, François-Ferdinand, et son épouse morganatique étaient assassinés à Sarajevo, en Bosnie. L'assassin est un sujet autrichien, mais serbe par le sentiment national. L'attentat avait été préparé en Serbie et l'arme du crime provenait d'un arsenal de Belgrade. Ce tragique « fait divers » allait servir de prétexte au plus grand conflit que le monde ait connu jusqu'alors. En novembre 1913, l'empereur d'Allemagne, Guillaume II, avait dit au roi des Belges, Albert Ier, que la France nourrissait envers l'Allemagne une hostilité irréconciliable et « que la guerre était non seulement inévitable, mais imminente[3] ». Au début de juillet 1914, le kaiser informe le chef de cabinet du comte Berchtold, ministre des Affaires étrangères d'Autriche-Hongrie, que la monarchie dualiste peut compter sur le « plein appui de l'Allemagne » et qu'elle aurait tort de laisser passer « le moment actuel, si favorable ». Guillaume II a la conviction que ni la France ni la Russie ne sont prêtes à faire la guerre et qu'en conséquence, « il ne croit pas à une guerre générale[4] ». L'empereur et ses subalternes sont « tous convaincus de la supériorité militaire de l'Allemagne[5] ».

En Autriche-Hongrie, bien des dirigeants sont favorables à un règlement de comptes avec la Serbie, dont la propagande panserbe risque de disloquer l'Empire, mosaïque de nationalités où les Slaves sont majoritaires. Le comte Berchtold et le chef de l'état-major, le feld-maréchal Conrad von Hötzendorf, préconisent une action militaire immédiate contre la Serbie. Ils rallient assez facilement les autres dirigeants de la monarchie du fait qu'ils ont l'appui inconditionnel de l'Allemagne. Vienne adresse un ultimatum à Belgrade. La Serbie accepte toutes les conditions, sauf une qui porte atteinte à sa souveraineté. Le 28 juillet, l'Autriche-Hongrie et la Serbie sont en guerre.

Quelle va être l'attitude de la Russie? Le gouvernement du tsar ne restera pas les bras croisés. Le 24 juillet, il a prévenu l'Allemagne qu'il ne laisserait pas « écraser la Serbie ». La Russie de 1914 n'est pas celle de 1905. Elle s'est relevée partiellement des désastres de Mandchourie. Elle a subi une humiliation, en 1909, lorsque l'Autriche-Hongrie a annexé la Bosnie-Herzégovine. Pour des raisons de prestige, la Russie, « protectrice traditionnelle des Slaves », ne peut subir une seconde humiliation. À la nouvelle du bombardement de Belgrade, elle décrète la mobilisation partielle, dirigée contre l'Autriche-Hongrie. L'Allemagne, alliée de Vienne depuis plusieurs décennies, lance l'avertissement qu'elle ne tolérera pas « la continuation des mesures militaires russes ». Le 30 juillet, le tsar signe l'ordre de mobilisation générale. L'Allemagne proclame l'état de « danger de guerre ». Dans un ultimatum à la Russie, elle exige l'abandon des mesures de mobilisation. Le 1er août, l'Allemagne déclare la guerre à la Russie. Le 2 août, elle somme la Belgique de livrer passage à ses armées. Le 3 août, elle déclare la guerre à la France. Plus tôt, Berlin avait demandé au gouvernement de Paris de faire connaître son attitude. La France avait donné une réponse évasive, soulignant qu'elle « fera ce que ses intérêts commanderont ».

Quelle serait l'attitude de la Grande-Bretagne? Avant la violation du territoire belge par les armées allemandes, le cabinet était divisé, mais après la violation de l'accord de 1839, dont elle était signataire, et qui garantissait la neutralité belge, l'Angleterre se rangea aux côtés de la France et de la Russie. L'histoire enseigne que jamais la Grande-Bretagne n'a toléré qu'une grande puissance européenne s'empare des bouches de l'Escaut. « Dans cette crise de juillet 1914, ni les mouvements de l'opinion, ni la pression des intérêts économiques n'ont poussé les gouvernements vers la guerre; seules les préoccupations de sécurité, de puissance ou de prestige ont orienté les choix décisifs[6]. »

La guerre avait une origine balkanique. Ni l'Allemagne, ni la France, ni la Grande-Bretagne n'avaient des intérêts vitaux dans cette région. Pourquoi alors ces trois puissances ont-elles pris part au conflit? L'Allemagne ne pouvait laisser battre l'Autriche-Hongrie sans provoquer la rupture de l'alliance et, partant, s'isoler en Europe. La France, en proclamant sa neutralité, risquait d'entraîner la défaite de la Russie et, en conséquence, l'établissement d'une hégémonie austro-allemande en Europe. Elle aurait été pratiquement dans la dépendance des puissances centrales. Enfin, l'Angleterre ne pouvait permettre la rupture de l'équilibre européen au profit de l'Allemagne, sans quoi, c'est sa sécurité qui serait menacée. N'avait-elle pas été l'âme des coalitions contre Napoléon, qui voulait unir l'Europe continentale tout en la dominant? Il semble que les préoccupations de sécurité ont surtout déterminé l'orientation de ces trois pays.

Qui était responsable de la guerre? La responsabilité était partagée, mais d'une manière inégale. C'est Berlin qui a poussé Vienne à faire la guerre à la Serbie. Sans cet appui, l'Autriche-Hongrie n'aurait très probablement pas osé attaquer sa voisine. L'Allemagne voulait un conflit localisé, mais elle savait que ce conflit risquait de devenir européen. Elle ne l'a pas voulu, mais elle en a pris le risque. Un autre point est acquis à l'histoire, aucun pays n'a prémédité une guerre générale. « Avec le recul du temps, il y a lieu de penser qu'un peu plus d'habileté politique à Vienne et à Saint-Petersbourg aurait permis d'éviter la guerre en août 1914; mais avec l'atmosphère orageuse et empoisonnée qui pesait sur l'Europe..., avec la propagande pangermaniste, avec le réveil général de l'esprit militariste et l'exaspération des nationalismes, il est certain qu'elle n'aurait pas tardé à éclater. On voulait en finir[7]. »

Quant aux Canadiens, ils n'avaient participé ni de près ni de loin aux événements qui avaient conduit à la guerre. Néanmoins, ils prendront part au conflit: « Le 4 août 1914, la déclaration de guerre de la Grande-Bretagne à l'Allemagne engageait, liait juridiquement l'Empire tout entier. Mais ce furent les parlements locaux qui se prononcèrent sur la forme et l'étendue de la participation effective du Canada et des Dominions. Ceux-ci ne pouvaient réellement prétendre encore à une personnalité internationale distincte de celle de l'Angleterre dont l'attitude commandait de fait et de droit la conduite de chacun des membres de l'Empire ou, comme l'on commençait déjà à dire, en 1914, du Commonwealth. Aux yeux de l'Allemagne et de tous les belligérants, Grande-Bretagne, Dominions et colonies ne faisaient qu'un. *Stand by Britain in peace or in war,* avait dit Sir John Macdonald quelque trente ans plus tôt. Il fallait donc marcher, à moins de rompre le lien impérial, et ce lien, à peu près personne ne songeait alors à le briser[8]. »

Les Canadiens entraient dans la guerre moralement unis. Il n'y avait aucune voix discordante. Le chef de l'opposition, Laurier, en vacances à Arthabaska, promet son appui au gouvernement Borden. Il s'engage à soutenir toute mesure patriotique. Au Québec, c'est le même son de cloche. Les chefs politiques et religieux sont favorables à la participation au conflit européen. Le leader nationaliste, Henri Bourassa, est également d'accord. Pourtant, quinze ans plus tôt, il a rompu avec Laurier et démissionné comme député de Labelle aux Communes pour protester contre l'envoi de troupes canadiennes en Afrique australe pour y combattre les Boers. Mais en septembre 1914, il écrit dans *Le Devoir* qu'il « est du devoir du Canada de contribuer, selon ses ressources, au triomphe... des efforts combinés de la France et de l'Angleterre... Je n'ai pas écrit et n'écrirai pas une ligne, un mot, pour condamner l'envoi de troupes canadiennes en Europe[9]. » Le gouvernement du Québec fait adopter, le 6 août, un arrêté ministériel « accordant un congé avec plein traitement à tous les fonctionnaires faisant partie de la milice et qui feront du service durant la présente guerre[10] ».

L'archevêque de Montréal, Mgr Paul Bruchési, s'identifie également à la cause des Alliés. Il déclare en septembre: « L'Angleterre est engagée dans une guerre terrible, qu'elle s'est efforcée d'éviter à tout prix. Sujets loyaux, reconnaissant en elle la protectrice de nos droits, de notre paix, de notre liberté, nous lui devons notre plus généreux concours. L'indifférence, à l'heure présente, serait de notre part une faute, ce serait aussi la plus grave erreur. N'est-il pas évident que notre sort est lié au sort de ses armées[11] ? »

Le 18 août, le Parlement fédéral est convoqué en séance extraordinaire. Le discours inaugural demande aux députés de sanctionner les mesures déjà prises et d'adopter les projets de loi visant à « repousser le danger commun ». Dès le 6 août, le cabinet Borden avait ordonné la levée d'un contingent de volontaires. Le véritable architecte du premier contingent, et même de l'armée canadienne, fut le pittoresque et dynamique ministre de la Milice, Sir Sam Hughes. Orangiste, hostile aux Canadiens français et aux catholiques, il se croyait, néanmoins, selon Robert Borden, « extrêmement populaire dans la province de Québec[12] ». Le premier ministre n'hésite pas à écrire qu'il se faisait des illusions. Hughes avait parfois des comportements excentriques. Ainsi, après avoir obtenu le titre de « sir », il recevait une délégation du comté d'Elgin. Le porte-parole du groupe le félicite de l'honneur que le roi vient de lui conférer, précisant que cet événement avait causé beaucoup de joie dans le comté d'Elgin. Sir Sam l'interrompt : « Un instant, Dave, il a causé de la joie non seulement dans le comté d'Elgin, mais à travers tout le Canada. En fait, Sa Majesté a dit qu'elle n'avait jamais conféré une dignité avec autant de plaisir. Continue, Dave[13]. » Le bouillant Sam Hughes, qui s'était querellé avec à peu près tout le monde, dont plusieurs de ses collègues du cabinet, était cependant un organisateur de premier plan. Le premier contingent canadien de 33000 hommes, qui avait subi un entraînement au camp de Valcartier, près de Québec, s'était embarqué pour l'Europe, à l'automne. Le 14 octobre, il débarquait à Plymouth, en Angleterre, soit un peu plus de deux mois après l'entrée du Canada dans la guerre.

Les Canadiens se sont surtout battus sur le front occidental. En avril 1915, à peine deux mois après le débarquement de la première division en France, ils affrontaient les Allemands qui tentaient de s'emparer d'Ypres. C'est au cours de cette attaque que l'ennemi employa, pour la première fois, des gaz asphyxiants qui s'attaquaient aux muqueuses et aux voies respiratoires. Les hommes atteints furent terrifiés par cette arme mystérieuse. Pendant huit jours, les Canadiens disputèrent aux Allemands le terrain pied à pied. La deuxième division arriva en France en septembre, la troisième au cours de l'hiver, et la quatrième en août 1916. En cette année-là, les Canadiens prirent part à la bataille de la Somme, où, pour la première fois, les tanks furent utilisés. Ils s'illustrèrent notamment à Courcelette.

Le plus beau fait d'armes de l'armée canadienne, pendant la Première Guerre mondiale, fut la prise de la crête de Vimy, le jour de Pâques 1917. Cette attaque avait été minutieusement préparée. Les Allemands jugeaient l'emplacement imprenable. Les quatre divisions canadiennes, réunies pour la première fois, donnèrent l'assaut. Cette victoire flatta l'amour-propre national. « Des industriels... adoptèrent le nom de Vimy comme marque de commerce pour leurs produits[14]. » Plus de 600000 hommes furent mobilisés, dont plus de 400000 allèrent outre-mer. Le 11 novembre 1918, jour de l'armistice, les Alliés avaient remporté la victoire, mais à quels frais, au prix de quels sacrifices! Ce triomphe mettait fin à quatre années de tueries et d'angoisses. Dans tous les pays alliés, le soulagement des populations fut inexprimable. Cependant, plus de 60000 Canadiens avaient péri au cours de la grande tourmente de la guerre.

Le conflit coûta très cher aux belligérants, dont le Canada qui y engloutit des centaines de millions de dollars. Pour faire face aux exigences de la guerre, le gouvernement fédéral dut recourir à diverses méthodes. Il augmenta les taxes ou en imposa de nouvelles. Il émit des obligations sur le marché. Les droits de douane furent haussés ainsi que les taxes sur le café, le sucre, les spiritueux et le tabac. En 1916, il fit approuver par le Parlement un impôt sur les profits avec effet rétroactif au début de la guerre. L'année suivante, il créa un impôt sur les revenus des sociétés et des particuliers.

Le rendement des impôts et des taxes étant peu élevé, il fallait donc faire appel aux capitaux canadiens pour financer l'effort de guerre. En 1915, le gouvernement lança le premier emprunt de la Victoire. Quatre autres émissions furent par la suite mises sur le marché. À la fin du conflit, les Canadiens avaient souscrit plus de $2 milliards. Cette somme, fantastique pour l'époque, représentait 85 p. 100 du coût de la guerre[15]. Les emprunts constituaient le facteur le plus important dans l'augmentation de la dette nationale.

Pour inciter les populations à souscrire aux emprunts lancés par l'État, ou bien à s'enrôler, la propagande joua un rôle énorme dans les pays alliés. Selon l'historien français Marc Ferro,

« ce « bourrage de crâne » fut plus poussé chez les Alliés qu'en Allemagne et en Autriche, où, au moins, les journaux publiaient le communiqué militaire de l'ennemi[16] ». Trois thèmes principaux étaient exploités par les propagandistes : la cause défendue était juste, la défaite amènerait le triomphe du mal, la victoire était certaine. On répandait le bruit que les Allemands mutilaient les enfants en Belgique afin de les empêcher éventuellement de porter les armes. Un ancien premier ministre d'Italie, Francesco Nitti, a écrit qu'après la guerre « Lloyd George (chef du gouvernement britannique) fit faire une enquête pour son propre compte. Mais je tins également à envoyer en Belgique quelqu'un qui y fît des recherches minutieuses. Le résultat fut que pas un seul enfant n'avait été volontairement mutilé par les Allemands. D'ailleurs, à cette époque, un Américain extrêmement riche, que le martyre des enfants belges avait ému, décida de venir à leur aide et de se charger de leur avenir. Il envoya un représentant en Belgique, doté des plus larges moyens d'investigation. Celui-ci eut beau chercher, il ne trouva personne à qui venir en aide[17]. »

Au nombre des « atrocités » commises par l'Allemagne impériale figurait le « Canadien crucifié ». Ce « malheureux individu était parfois un Français, parfois un Belge... Un journaliste américain demanda à un Anglais si l'histoire du Canadien crucifié était vraie. Le Britannique lui répondit qu'elle ne l'était pas, mais qu'elle avait un excellent effet sur le recrutement au Canada[18]. » En 1917, tout ce qui, de près ou de loin, fleurait l'Allemagne était honni. George V changea le nom de sa dynastie — la dynastie de Hanovre depuis 1714 — en celui, plus typiquement anglais, de « Windsor ». Il conseilla à ceux de ses cousins qui portaient un patronyme germanique de prendre un nom à consonance anglaise. Ainsi les Battenberg devinrent Mountbatten. La Russie tsariste s'engagea dans la même voie. Saint-Petersbourg prit le nom de Petrograd. Le Canada n'échappa pas à la contagion. Berlin, ville natale de Mackenzie King, devint Kitchener.

Il est une question qui est à peine mentionnée ou totalement ignorée par les historiens canadiens, c'est celle des camps de concentration établis au pays pour interner les ressortissants des pays ennemis. Quelque 8600 d'entre eux ont été confinés derrière des barbelés, dont certains pendant plus de cinq ans. Bien que la grande majorité des Allemands qui s'étaient fixés au Canada y étaient depuis assez longtemps, 18000 Allemands et 90000 immigrants d'Autriche-Hongrie ne résidaient au Canada que depuis 1901. Dès le commencement des hostilités en 1914, nombre d'Anglo-Canadiens commencèrent à se préoccuper de la présence d'un demi-million de ressortissants provenant de pays ennemis qui, selon eux, conspiraient contre la sécurité nationale. Les Allemands semblaient les plus à craindre. La rivalité navale anglo-germanique, avant le conflit, avait contribué à les faire détester. Par contre, les immigrants d'Autriche-Hongrie n'éveillaient aucune appréhension. Les Canadiens anglais les qualifiaient de « Galiciens » et les considéraient comme indignes d'estime. Il n'y avait que leurs pires ennemis qui pouvaient voir en eux un danger en temps de guerre. On les méprisait parce qu'ils acceptaient de travailler à des salaires inférieurs à ceux réclamés par les Canadiens. Ces immigrants étaient donc, sur le marché du travail, des concurrents qu'il fallait éliminer. Ils n'avaient, toutefois, aucune sympathie pour la monarchie des Habsbourg. La plupart des Polonais, des Ruthènes, des Tchèques, des Slovaques et des Croates avaient fui leur pays de l'Europe centrale où les Slaves étaient considérés comme des citoyens de seconde zone.

Au début d'août 1914, le gouvernement central fait savoir aux ressortissants allemands et austro-hongrois qu'ils ne seront l'objet d'aucune mesure hostile s'ils se comportent en citoyens loyaux. Les officiers allemands et les réservistes, qui tenteraient de quitter le pays, seront internés. Le 3 septembre, une proclamation gouvernementale prescrit aux ressortissants allemands et austro-hongrois de remettre à la police leurs armes à feu, leurs munitions et leurs explosifs. Les dirigeants d'Ottawa cédaient évidemment aux pressions populaires. L'invasion de la Belgique, accompagnée de présumées « atrocités », éveillait l'antagonisme envers l'Allemagne. Certains journaux germanophones faisaient preuve de manque de tact qui leur aliénait bien des gens. À la fin de la guerre, beaucoup de publications en langue étrangère avaient cessé de paraître sur ordre de la censure. Il semble clair comme le soleil en plein midi que les Allemands et les Austro-Hongrois n'ont jamais constitué une menace militaire au Canada. Durant les années de guerre, les catastrophes étaient imputées à des saboteurs ennemis, comme l'incendie du Parlement à Ottawa et l'écroulement du pont de Québec, en 1916, ou l'explosion d'Halifax, en 1917, qui fit des centaines de morts. Les enquêtes effectuées par la suite ont prouvé que les causes de ces désastres étaient ailleurs. L'hystérie collective, entretenue par une propagande mensongère, explique en grande partie ce phénomène.

Après consultation avec le gouvernement britannique, le Foreign Office demande au Canada de détenir tout ressortissant d'un pays ennemi qui risque de devenir un effectif mobilisable. À la fin d'octobre 1914, un arrêté ministériel autorise la nomination de registraires civils dans les principaux centres du Canada. Les ressortissants des pays ennemis sont obligés de s'inscrire dans leurs arrondissements. Défense leur est faite de quitter le pays sans autorisation. Ils doivent également se présenter à un commissariat de police tous les mois. Les registraires disposent de grands pouvoirs. Ce sont eux qui décident si telle personne devrait être incarcérée.

Le major général Sir William Otter, âgé de soixante-neuf ans, à la retraite depuis 1912, devint le directeur des opérations d'internement. Les détenus étaient considérés comme prisonniers de guerre et non comme condamnés de droit commun. Ils étaient traités comme le prévoyaient les dispositions de la convention internationale de La Haye de 1907, texte que la Grande-Bretagne avait signé au nom des pays de l'Empire. Le statut des détenus était assimilé à celui des soldats. Ainsi chaque interné recevait une solde de vingt-cinq cents par jour. Les femmes, qui en faisaient la demande, étaient autorisées à accompagner leur mari aux camps de concentration, même avec leurs enfants. Ainsi quatre-vingt-une femmes et cent cinquante-six enfants ont vécu dans des camps d'internement[19]. Il n'y avait, toutefois, de logements disponibles pour les recevoir qu'aux camps de Vernon, en Colombie-Britannique, et de Spirit Lake, au Québec (aujourd'hui La Ferme, où se trouve un monastère, non loin d'Amos).

Comme la plupart des Canadiens, le major général Otter faisait une distinction entre Allemands et Autrichiens. Ces derniers étaient des travailleurs qui, bien surveillés, ne constituaient pas de grands risques pour la sécurité nationale. Par contre, Otter estimait que les Allemands, plus instruits, arrivistes et intelligents, constituaient un grave danger. Il faisait en sorte que les deux groupes, dans la mesure du possible, soient séparés. Ainsi les Allemands étaient soumis à une surveillance étroite tandis que les Autrichiens étaient autorisés à travailler, mais loin des grands centres urbains. À la mi-décembre, plusieurs milliers de personnes avaient été arrêtées. De toutes les provinces canadiennes, c'est la Colombie-Britannique qui éprouvait les sentiments les plus hostiles envers les étrangers. Le gouvernement de Victoria déployait passablement de zèle pour appréhender les personnes soupçonnées de déloyauté. Il semble que les critères qui justifiaient les arrestations étaient moins rigides qu'ailleurs. À la fin de l'hiver 1915, Otter disposait de quelque 4000 prisonniers, dont un quart étaient des Allemands. Dans le nord de l'Ontario, des mineurs réclamaient l'internement des Allemands et des Autrichiens de leur localité, les accusant de faire des exercices militaires et d'envoyer une partie de leurs salaires dans leur pays d'origine. À Fernie, en Colombie-Britannique, des mineurs se mirent en grève pour contraindre leur employeur à congédier les étrangers. Le registraire trouva une solution rapide, mais discutable, pour plaire aux grévistes. Il fit interner tous les Allemands et Autrichiens qui étaient au service de la compagnie.

Le plus célèbre prisonnier de nos camps de concentration n'était ni allemand, ni autrichien. C'était Léon Trotsky, collaborateur de Lénine. Il avait quitté les États-Unis avec sa famille, à la fin de mars 1917, à destination de la Russie. Lorsque le navire fit escale à Halifax, des Britanniques, aux ordres de l'Amirauté, montèrent à bord du bâtiment et s'emparèrent de Trotsky, de sa femme et de ses deux fils. L'homme politique russe fut détenu au camp d'Amherst, en Nouvelle-Écosse. Parlant couramment allemand, il se mit en devoir d'endoctriner ses compagnons. Les gardiens du camp ne tardèrent pas à le faire taire. Puis, à la suite de la Révolution de février qui mit fin au régime tsariste, le gouvernement provisoire, sous la pression des Soviets, demanda à Londres de faire libérer le prisonnier[20]. À la mi-mai, Trotsky rentra à Petrograd et rejoignit son ami Lénine.

La guerre terminée, il fallait relâcher les prisonniers ou les déporter. Le 24 mars 1919, Arthur Meighen, ministre de la Justice par intérim, assura le Parlement que les prisonniers dangereux ou indésirables seraient déportés aussitôt que possible et que $75 seraient déduits de leur solde pour payer les frais de passage. Faute de navires, il fallut attendre encore quelques mois. Le 24 juillet, le premier groupe de prisonniers, pour la plupart des marins allemands, s'embarquait à Québec pour Rotterdam. Le 5 septembre, 443 détenus montèrent à bord d'un bateau à Québec à destination de l'Europe et un troisième groupe, de 397 personnes, s'embarquait le 27 octobre. Les derniers détenus ne quittèrent le Canada que le 27 février 1920. Il s'agissait de 90 hommes et de 19 femmes et enfants qui prirent place à bord d'un navire à Saint-Jean, au Nouveau-Brunswick[22].

Par ailleurs, la presse a joui au Canada, pendant la Première Guerre mondiale, d'une grande liberté. Un arrêté ministériel avait établi la censure, mais les autorités ne l'appliquèrent pratiquement pas. « Joseph Barnard, évoquant les jours de 1914-1918, reconnut dans *Le Soleil* du 2 septembre 1939 : « La liberté de la presse s'exerça presque sans contrôle[22]. »

Le leader nationaliste, Henri Bourassa, a tenu au cours du conflit des propos que bien des pays belligérants n'auraient pas tolérés. Ainsi, il déclarait le 14 janvier 1915 : « Jeunes Canadiens qui vous enrôlez à la voix des rhéteurs qui ne se battent pas, vous périrez peut-être, demain, le front troué d'une balle allemande durcie par le nickel canadien, les jambes rompues par un shrapnell lancé à coup sûr par un canon blindé de nickel canadien; vous aurez en mourant la consolation de vous dire : Je meurs pour l'Empire, et pour le profit des gens qui ont permis aux *barbares* allemands de fabriquer les armes qui me tuent[23] ! »

En 1917, il écrivait: « La vérité, c'est que ni l'Angleterre ni la France n'ont besoin de nos troupes; mais que les fabricants de bottes, d'armes, de munitions et d'uniformes ont besoin de faire tuer plus d'hommes pour faire plus d'argent; c'est que les accapareurs de vivres, Flavelle (financier de Toronto) en tête, ont besoin que la guerre dure et que le sang coule pour empocher de gras dividendes; c'est que les bandits de la Haute Finance ont besoin de l'affolement général, de l'union pour « gagner la guerre » et de l'acoquinement de tous les politiciens tarés pour réussir le coup du Nord-Canadien et autres opérations de haute filouterie[24]. »

Quand Barnard écrivait que « la liberté de la presse s'exerça presque sans contrôle », il était bien en deçà de la vérité.

NOTES

1. Pierre Renouvin, *La Crise européenne et la Première Guerre mondiale*, Paris 1948, p. 142.
2. Pierre Renouvin, *La Première Guerre mondiale*, Paris, 1967, p. 6.
3. Fritz Fischer, *Germany's Aims in the First World War*, New York, 1967, p. 37, 38.
4. *Ibid.*, p. 54, 55.
5. *Ibid.*, p. 59.
6. Pierre Renouvin, *op. cit.*, p. 8.
7. *Histoire de France*, tome II, la contribution de Maurice Baumont, Paris, 1950, p. 104.
8. Jean Bruchési, *Canada*, Montréal, 1949, p. 260.
9. D. C. Masters, *The Coming of Age*, Montréal, 1967, p. 2.
10. Robert Rumilly, *Histoire de la province de Québec*, tome XIX, Montréal, s.d., p. 25.
11. *Ibid.*, p. 45.
12. Roger Graham, *Arthur Meighen*, tome I, Toronto, 1968, p. 106, 107.
13. *Ibid.*, p. 106.
14. Robert Rumilly, *op. cit.*, tome XXIII, p. 55.
15. J. A. Lower, *Canada: An Outline History*, Toronto, 1973, p. 156.
16. Marc Ferro, *La Grande Guerre*, Paris, 1969, p. 220.
17. Francesco Nitti, *La Paix*, Paris, 1925, p. 55.
18. H. C. Peterson, *Propaganda for War (1914-1917)*. Norman, Oklahoma, 1939, p. 67.
19. Desmond Morton, *Canadian Historical Review*, mars 1974, p. 42.
20. Adam B. Ulam, *The Bolcheviks*, New York, 1965, p. 337.
21. Desmond Morton, *op. cit.*, p. 58.

22. Robert Rumilly, *op. cit.*, tome XX, p. 83.
23. Henri Bourassa, *Le Devoir, son origine, son passé, son avenir,* Montréal, 1915, p. 15.
24. Henri Bourassa, *L'emprunt de la « Victoire »*, Montréal, 1917, p. 2, 3.

VIII

La conscription

Au commencement de la guerre, une parfaite cohésion morale existait au Canada. Personne ne semblait mettre en doute que la cause des Alliés était juste. Aux Communes, députés francophones et anglophones rivalisaient de zèle patriotique. Les oppositions ethniques des années d'avant-guerre semblaient oubliées. Le Canada était presque un pays témoin. Encore quelque temps et cette tranquillité de surface se transformera en vifs antagonismes ethniques au moment de la conscription. Canadiens français et Canadiens anglais se regarderont en chiens de faïence. Au début du conflit, les observateurs étaient convaincus que la guerre ne serait pas longue. Les faits avaient démenti leurs prévisions. Aucun des deux groupes adverses n'était assez puissant pour arracher une décision. Ce fut une guerre de tranchées, une guerre d'usure. Comme le conflit se prolongeait, les pertes militaires augmentaient. À cette époque, les généraux n'étaient pas avares du sang des combattants. Les troupes canadiennes, que « les autorités britanniques considéraient... comme des renforts pour l'armée britannique[1] », subissaient également des pertes.

En janvier 1916, le premier ministre du Canada, Sir Robert Borden, avait pris l'engagement d'accroître les effectifs à 500000 hommes. Borden, comme bien d'autres de son entourage, « était convaincu que l'Angleterre était en danger, que la liberté devait être arrachée au militarisme prussien et, par la guerre, le Canada émergerait comme l'une des importantes nations du monde[2] ». Cette attitude était partagée par une majorité de Canadiens anglais. Ces derniers ne pouvaient comprendre que les Canadiens français ne s'enrôlaient pas en aussi grand nombre qu'eux. Cette constatation eut pour effet de réveiller les préjugés ethniques. Un journaliste influent, directeur du *Manitoba Free Press*, J. W. Dafoe, écrivait: « Le conflit entre Canadiens anglais et français est devenu aigu parce que les Canadiens français ont refusé de faire leur part dans cette guerre[3]. » Un de ses amis du Québec lui avait reproché d'avoir « fait appel aux préjugés ethniques de l'élément anglo-saxon de l'Ouest contre la province de Québec. L'accusation était bien fondée[4]. » Le *Saturday Night* de Toronto, un des plus modérés des magazines anglo-canadiens, affirmait que « ce n'est certainement pas l'intention du Canada anglais de se tenir les bras croisés et de se laisser saigner à blanc afin que le flanchard du Québec puisse se soustraire à ses responsabilités[5] ». Borden jeta de l'huile sur le feu en déclarant que « les Canadiens anglais s'étaient enrôlés dans une proportion neuf fois plus élevée que celle des Canadiens français, opinion qui n'était pas soutenue par les statistiques, mais qui, dans l'atmosphère surchauffée de 1917, provoqua de la part des deux groupes des manifestations de violente colère[6] ».

Au Québec, le leader nationaliste, Henri Bourassa, « qui joignait à la force d'une grande éloquence de tribun une admirable connaissance de l'histoire... une honnêteté scrupuleuse, à défaut d'un jugement toujours sûr[7] », ne facilitait pas les choses par ses propos excessifs. « Il ridiculisait l'effort de guerre du Canada et affirmait que le Québec avait fourni une proportion plus importante de soldats autochtones que la loyale Ontario[8] », ce qui était faux. Il déclarait également que « le français était la langue d'une civilisation supérieure, le moyen de communication entre les esprits supérieurs[9] ». C'était une flèche aux anglophones. Son lieutenant, Armand Lavergne, disait de son côté que « tout Canadien français qui s'enrôlait était traître à son pays parce qu'il subordonnait les intérêts de ses frères de l'Ontario à ceux d'une Angleterre éloignée[10] ». À cause du règlement XVII, certains nationalistes dénonçaient les « boches de l'Ontario[11] ». D'autres encore s'exclamèrent: « Que les Canadiens anglais, coloniaux indolents, meurent pour l'Empire s'ils le désirent, mais que les Canadiens français ne soient pas contraints à le faire contre leur volonté[12]. » Ces propos de part et d'autre ne pouvaient qu'élargir le fossé qui divisait les deux principaux groupes ethniques du pays.

À la fin de 1916, le recrutement diminuait. En janvier, environ 30 000 hommes s'étaient enrôlés et, en mars, quelque 35 000. Mais, en juillet, le nombre était descendu à 8 000 et, en décembre, à quelque 5 300. Les chiffres étaient à peu près similaires pour les premiers mois de 1917. Pour accroître les effectifs, le gouvernement organisa une campagne de recrutement à travers le pays. En octobre, Ottawa créa par arrêté ministériel le *National Service Board.* R. B. Bennett devint le président de cet organisme, qui procéda, en janvier 1917, au recensement de tous les hommes de 18 à 65 ans. Celui qui refusait de remplir le formulaire n'était sujet à aucune pénalité. Les syndicats ouvriers au pays réagirent violemment et plusieurs leaders conseillèrent à leurs membres de ne pas s'inscrire. Lorsque le premier ministre Borden déclara, à la fin de 1916, que l'inscription n'était pas un prélude à la conscription, il n'y avait pas un ouvrier au Canada qui le crut, si l'on en juge par la presse ouvrière[13].

Au Québec, la population prit rapidement conscience qu'il y avait anguille sous roche. Sachant que le clergé avait une influence considérable sur les masses, Borden et deux de ses ministres rendirent visite à l'archevêque de Montréal, Mgr Paul Bruchési, au début de décembre. Borden lui fit part que le recensement n'était pas le prélude à la conscription. L'a-t-il cru? Nous ne le savons pas. Toujours est-il que le prélat demanda à ses ouailles de s'inscrire et incita son clergé à imiter son exemple. À un groupe de leaders ouvriers, qui le pressèrent d'affirmer catégoriquement son opposition à la conscription en toutes circonstances, Borden réitéra l'espoir souvent exprimé que la conscription ne serait pas nécessaire[14]. Selon le secrétaire du *National Service Board,* 20 p. 100 des personnes susceptibles de s'inscrire s'abstinrent[15].

La campagne de recrutement au Canada n'avait donné que des résultats peu appréciables. Le 14 février 1917, Borden s'embarqua pour l'Europe, où il visita les champs de bataille, et s'entretint avec les militaires. Il entra au Canada, à la mi-mai, convaincu de la nécessité de renoncer au système de recrutement volontaire et de recourir à la conscription. Il réunit son cabinet et l'informa de son intention. La grande majorité de ses ministres l'approuvèrent, dont Arthur Meighen, qui, depuis quelques mois, le poussait à appliquer le service militaire obligatoire. Aux Communes, Borden annonça gravement que son gouvernement avait décidé d'établir la conscription. Quelques jours plus tard, il invita Laurier à faire partie d'un gouvernement d'union. Les ministres conservateurs étaient divisés sur cette question, mais Borden imposa son point de vue.

Le premier ministre avait la conviction qu'une mesure aussi importante nécessitait l'adhésion des deux partis politiques. Il eut trois entretiens avec Sir Wilfrid. Il proposa une coalition dans laquelle les deux partis auraient le même nombre de ministres, à l'exception du chef du gouvernement, même si les conservateurs avaient aux Communes une majorité de plus de 40 sièges. Pour que son offre devienne encore plus alléchante, Borden s'engagea à choisir des ministres conservateurs qui seraient acceptables à Laurier. En fait, c'était pratiquement confier la formation du ministère au chef de l'opposition. Ce dernier fit observer qu'une mesure aussi draconienne ne pourrait être appliquée sans un référendum. Borden prit alors l'engagement que la conscription ne serait pas mise en vigueur avant que le peuple n'eût été consulté par voie d'élections générales. Le 6 juin, Laurier donna sa réponse et refusa d'entrer dans un gouvernement d'union. Pourquoi alors Laurier a-t-il prolongé les entretiens pendant près de deux semaines? Il savait pourtant, au départ, que la conscription et le gouvernement d'union formaient un tout indivisible. Le mobile du rejet des propositions de Borden se trouve ailleurs. Borden note dans ses *Mémoires:* « Il (Laurier) craignait l'influence de Bourassa[16]. » En s'opposant à la conscription, mesure que ses compatriotes condamnaient, Sir Wilfrid était assuré de conserver son prestige au Québec, écartant ainsi le risque que Bourassa, grand manieur de foules, l'embrase et en prenne la direction. Il décida donc de faire bloc avec les Canadiens français.

Après le refus de Laurier, Borden devint l'incarnation des aspirations du Canada anglais, dont il suit le mouvement. Le

Canada sera divisé en deux: les Canadiens français anticonscriptionnistes et les Canadiens anglais conscriptionnistes. Il importe de souligner qu'une fraction importante du Canada anglophone, notamment chez les cultivateurs et les syndicats, était opposée à la mesure de coercition. L'ethnie détermine pratiquement l'appartenance aux partis politiques: libéraux francophones et conservateurs anglophones. Cette situation jouera énormément en faveur de Borden. En effet, la cote de son parti était jusque-là à la baisse mais, grâce à la conscription, les conservateurs remonteront rapidement la pente et réussiront à fractionner le parti libéral qui, à quelques exceptions près, se réduira à une enclave québécoise.

Les conservateurs sont très impopulaires au Canada. D'août 1915 à juillet 1917, sept provinces ont convoqué les électeurs aux urnes. Ces consultations populaires se sont traduites par autant de revers conservateurs. Dans trois provinces, les conservateurs ont mordu la poussière et, dans les quatre autres, ils ont réduit leur représentation à l'assemblée législative. Au Manitoba et en Colombie-Britannique, c'est la débandade. Dans cette dernière province, les libéraux, qui n'avaient aucun siège, recueillent 37 des 47 sièges. Au Manitoba, les conservateurs perdent 22 sièges, permettant ainsi aux libéraux d'obtenir une majorité absolue de 32 sièges. Les consultations provinciales n'ont pas toujours d'impact sur les élections fédérales, mais elles sont parfois un excellent indice. Depuis le début des hostilités en Europe, les conservateurs avaient tenu trois élections partielles, qu'ils avaient gagnées, mais de mars 1915 à juillet 1917, ils n'osaient affronter les électeurs dans vingt circonscriptions vacantes[17].

L'affaire du fusil Ross, dont l'utilisation ne semblait plus répondre aux exigences de la guerre; les accusations de favoritisme politique lancées contre le gouvernement; la montée rapide du coût de la vie; les profits énormes qu'empochaient les profiteurs de guerre, etc., tous ces facteurs jouaient en faveur des libéraux. À la fin d'avril 1917, J. W. Dafoe signale à Laurier que la défaite des conservateurs paraît inévitable, à moins qu'un nouveau facteur n'intervienne[18]. Le nouveau facteur est intervenu: la conscription. Il a accru la clientèle du parti au pouvoir.

En quelques mois, le parti libéral était démembré et ne constituait pratiquement qu'une enclave québécoise. Beaucoup de députés libéraux, dont des anciens ministres, abandonnèrent Laurier ou refusèrent de le suivre sur ce terrain.

Bien des Canadiens anglais ont réclamé la conscription parce qu'ils estimaient que les Canadiens français ne faisaient pas leur juste part. « Il n'existe pas de statistiques officielles permettant de déterminer, dans l'effectif total de l'armée canadienne pendant la guerre de 1914-1918, la place exacte tenue par les Canadiens français. D'une évaluation approximative, due au colonel William Wood, il résulterait qu'ils ont constitué un dixième de l'ensemble. Sur un chiffre total de 619636 hommes, qui est officiellement admis, les Canadiens français auraient donc été environ 62000. Encore qu'il soit impossible de la confirmer par des statistiques faisant foi, pareille évaluation ne paraît pas s'éloigner beaucoup de la réalité[19]. »

Lorsqu'il s'agit de la composition ethnique des effectifs, il faut se garder de tirer des chiffres une signification trop rigoureuse. Il est reconnu que la proportion de Canadiens français était fort peu élevée. Mais pour l'honnêteté du raisonnement, il faut préciser que les contingents de langue anglaise étaient composés en grande partie d'hommes nés en Angleterre. Il semble plus logique de les considérer comme Britanniques plutôt que Canadiens. Sur les 33000 hommes qui ont quitté le Canada à destination de l'Angleterre, à l'automne de 1914, « le colonel Wood trouva que 28000 étaient nés en Angleterre, 4000 étaient des Anglo-Canadiens nés au pays et 1500 des Canadiens français[20] ». À la fin de 1915, « les *British born* comprenaient plus de 60 p. 100 des engagés[21] ». Un sociologue français a écrit avec raison: « S'il y avait eu au Canada autant de *French born* que de *British born*, le contingent de langue française aurait, de toute évidence, été bien autrement important: cette correction atténue dans une certaine mesure le contraste de l'empressement canadien-anglais et de la réserve canadienne-française[22]. »

Bien des raisons expliquent l'abstention canadienne-française. « Dans les premiers mois de la guerre, les autorités militaires canadiennes ne se sont pas préoccupés de créer un nombre suffisant de bataillons francophones autonomes et ont commis des injustices en refusant à des officiers canadiens-français compétents les promotions qu'ils méritaient[23]. » Il y a bien eu le 22e bataillon, mais ce fut « *the first — and last — French Canadian battalion in the Canadian Corps*[24] ». Les dirigeants ont commis une grave erreur en confiant la direction du recrutement, dans la région de Montréal, à un ministre protestant anglophone. Il faut reconnaître, cependant, que plusieurs Canadiens français avaient, au préalable, refusé ce poste.

L'opinion canadienne-française était dressée contre les Anglais de l'Ontario qui limitaient l'enseignement du français dans les écoles. On semblait oublier que des Irlandais catholiques, dont Mgr Fallon, évêque de London, étaient responsables des mesures discriminatoires que subissaient nos compatriotes. Le cardinal Bégin, archevêque de Québec, en avait prévenu le pape Benoit XV, dès le début de 1917: « La cause immédiate et première de nos difficultés scolaires est moins imputable au gouvernement anglo-protestant de l'Ontario qu'à un groupe d'ecclésiastiques hostiles à l'influence française et désireux d'établir sur les ruines de cette influence leur propre domination[25]. »

La campagne nationaliste d'Henri Bourassa contre l'impérialisme britannique et la participation aux guerres extérieures explique dans une certaine mesure notre abstention relative. Bourassa disait souvent que « les querelles européennes ne sont pas nos affaires ».

Le clergé canadien-français partageait cette façon de voir les choses. Il n'était pas disposé à demander à ses compatriotes de voler au secours de l'Angleterre, même de la France, dont la politique anticléricale de Combes lui avait fait horreur. Pour lui, la France n'était qu'un pays engagé sur la voie de la décadence et voué à la vindicte divine. Pourtant, Jacques Maritain dira plus tard que « la Vierge est venue en France plus souvent qu'en aucun autre pays ». Il ne faut pas oublier que « le Canadien français est canadien sans plus. La limite de ses droits s'arrête à la limite de son territoire. Il sent, il comprend que là s'arrête la limite de ses devoirs[26]. » Mais « il y a un fait qui est souvent passé sous silence, c'est que les Canadiens français ont réagi à la conscription d'une manière très similaire à celle des autres Canadiens dont le groupe social et économique était analogue. La société québécoise était rurale dans une très large mesure et comme tous les cultivateurs canadiens, ceux du Québec envisageaient d'un très mauvais oeil la perspective de quitter leurs champs ou de voir leurs fils contraints d'entrer dans l'armée[27]. »

Le 11 juin 1917, le premier ministre du Canada, Sir Robert Borden, déposa aux Communes le projet de loi visant à l'établissement du service militaire obligatoire. Le bill fut adopté le même jour en première lecture. À cette occasion, le chef du gouvernement prononça un discours remarquable par sa lucidité et sa franchise. La nouvelle loi qu'il proposait était destinée à lever 100000 hommes. Pour justifier la conscription, il fit un récit de sa récente visite au front et communiqua aux députés ce que les soldats canadiens attendaient de leurs compatriotes restés au pays. « Ils ont vu, dit-il, leurs amis et leurs camarades défigurés et asphyxiés par les gaz à Ypres; ils ont vu décimer les régiments et tomber leurs frères et leurs camarades. Ils ont résisté dans le saillant d'Ypres, ils se sont cramponnés à leurs tranchées malgré le nombre supérieur des forces ennemies et le feu dévastateur de l'artillerie allemande; manquant de canons et de munitions, ils ont escaladé les hauteurs de Vimy et en ont chassé les Allemands; ils ont répondu à l'appel du devoir, ils ont combattu et sont morts pour le salut du Canada, pour que jamais notre sol connaisse les horreurs et la désolation de la guerre. Ils sont partis pleins de courage, confiants dans leur jeunesse et leur force, ils reviendront avec le mutisme, la décision et la détermination d'hommes qui, non pas une ou deux fois mais cinquante fois, ont franchi les parapets pour aller à la rencontre de la mort.

« Si les survivants de ces quatre cent mille hommes reviennent au Canada avec la conscience d'avoir été trahis, d'avoir été abandonnés, quelle réponse leur ferons-nous quand ils nous en demanderont compte? Ce qui me préoccupe, ce n'est pas tant le jour où ce projet deviendra loi que celui où reviendront ces hommes, s'il est rejeté[28]. »

Le 18 juin, on proposa la deuxième lecture du bill. Les débats furent passionnés de part et d'autre. Une centaine de députés y prirent part, dont une quarantaine de parlementaires canadiens-français. Ce fut une rare occasion où la Chambre entendit tant de français. Certains députés prononcèrent de longs discours. Ainsi celui de D.-A. Lafortune, député libéral de Jacques-Cartier, compte treize pages du *Hansard*, tandis que celui de Charles J. Doherty, ministre de la Justice, en compte seize. Un journaliste, écrivant en 1940, fit observer: « Il n'y a plus que Mackenzie King à prononcer aujourd'hui des discours aussi longs[29]. »

Le chef de l'opposition, Wilfrid Laurier, prit la parole au cours des débats et donna les raisons qui expliquaient le faible pourcentage d'engagés volontaires chez les Canadiens français: « Les chiffres du recrutement, déposés... ces jours derniers, démontrent que la population de langue anglaise du Canada a fourni 280000 hommes aux forces expéditionnaires canadiennes, dont 125000 environ sont nés au pays; les autres sont nés dans le Royaume-Uni. Le nombre des Canadiens français qui se sont enrôlés est estimé à 14000. J'ai consacré beaucoup d'étude à cette question. J'ai suivi de fort près la campagne de recrutement au fur et à mesure qu'elle a progressé. Un de mes amis, expert statisticien, qui a suivi les choses de près à ma demande, m'assure que ce total de 14000 est inexact, mais qu'à son avis, environ 20000 Canadiens français se sont enrôlés sous les drapeaux.

« Je ne veux pas discuter l'exactitude de son rapport, mais même en portant à 20000 le nombre de Canadiens français enrôlés, ce total ne saurait se comparer avec le chiffre des recrues de langue anglaise. Notons cependant que si les statistiques du recrutement chez les Canadiens français ne soutiennent pas favorablement la comparaison avec celles de langue anglaise, il ne faut pas perdre de vue que la même disparité existe entre l'enrôlement des Anglais nés au pays et ceux qui sont d'origine du Royaume-Uni. Quelle peut bien être la cause de cette disparité? Les Anglais natifs des îles Britanniques tiennent la tête de la liste, les Anglais nés au pays viennent en second lieu et ensuite les Canadiens d'origine française, tout au bas de la liste. On serait porté à croire que le recrutement est en raison inverse de la durée du séjour au pays de ces trois différentes classes de citoyens.

« Les Canadiens français, qui habitent le Canada depuis plus longtemps que toutes les autres races qui composent notre population, ont fourni le plus faible contingent de volontaires. Les Canadiens de langue anglaise qui sont nés au pays, qui habitent le Canada depuis moins longtemps que les Canadiens français, mais depuis plus longtemps que leurs compatriotes natifs du Royaume-Uni, ont fourni un moindre nombre de soldats que ces derniers, dont le séjour au Canada ne date que de quelques années.

« Effectivement, les Canadiens français n'ont plus de relations avec la France depuis 1760. Je suis certain que dans la province de Québec, il ne se trouve aucun Canadien qui ait des parents en France, si ce n'est en conséquence d'un mariage récent. D'un autre côté, nous pouvons le proclamer en toute sincérité, il n'y a pas au pays une seule famille de langue anglaise qui ne puisse se découvrir quelques parents en Grande-Bretagne. Il nous est venu des îles Britanniques un flot d'immigration constant, en sorte que les liens qui unissent le colon anglais et sa mère patrie ont été maintenus. Les Canadiens français, au contraire, ont vu se rompre brusquement les liens qui les unissaient à la vieille France[30]. »

Puis Laurier proposa la tenue d'un référendum sur cette question : « Si l'on tient à ce que la paix et la concorde règnent dans le pays, il va falloir se rendre au désir des classes ouvrières qui réclament cette consultation populaire. Quand le peuple aura été ainsi consulté et qu'il aura rendu sa décision, chacun, je puis l'affirmer sur l'honneur, se fera un devoir de s'y soumettre, et je me crois pour le moins autorisé à me faire en ceci le porte-parole de ma province[31]. »

Le leader nationaliste, Henri Bourassa, prit une attitude semblable à celle de Sir Wilfrid. Il écrivit : « Pour l'instant, je me borne à affirmer que le seul moyen d'éviter que la conscription ne creuse davantage le fossé qui sépare les deux races — tout en le laissant malheureusement assez étroit pour qu'elles se portent des coups dangereux — c'est de donner à toute la nation canadienne l'occasion d'exprimer son opinion. Je crois pouvoir dire que si la conscription est acceptée sans réserve par une majorité absolue du corps électoral, les Canadiens français s'y soumettront... La consultation populaire, c'est l'unique soupape de sûreté qui permette d'éviter une dangereuse explosion[32]. »

Il proposa, par ailleurs, « une autre mesure de conscription qui s'imposerait bien avant la conscription de la chair à canon, ce serait la conscription du capital et de l'industrie. C'est... en m'inspirant des principes fondamentaux de l'ordre social chrétien que je dis: s'il est juste de répartir entre toutes les classes de la société l'impôt du sang et le lourd fardeau des charges militaires, il est infiniment plus juste de répartir les charges du budget de guerre en proportion de la capacité de payer[33]. »

L'auteur du projet de loi sur la conscription était le solliciteur général, Arthur Meighen. Il était impérialiste jusqu'aux moelles. Dans son esprit, le sort du Canada était indubitablement lié à celui de l'Empire. À un moment où il n'avait pu dissimuler son émotion, il s'était écrié qu'il « était prêt, s'il y a lieu, à mettre le Canada en faillite pour sauver l'Empire[34] ». En assumant l'odieux de la conscription, il s'était rendu très impopulaire au Québec où il sera voué aux gémonies pendant près d'une génération. On le qualifiera « d'antéchrist ». Il y avait dans le cabinet Borden des ministres qui étaient aussi conscriptionnistes que Meighen. Toutefois, ils manifestaient publiquement moins de zèle que le solliciteur général. Nous ne pouvons que souscrire entièrement à la remarque de son biographe, Roger Graham: « Nul homme au Canada n'a jamais été traité plus injustement que Meighen au Québec, notamment à cause de la conscription[35]. » L'homme politique n'était pas un monstre. Durant les débats aux Communes, il n'a jamais tenu de propos hostiles aux Canadiens français. Il fera même de grands efforts, par la suite, pour apprendre notre langue, sachant, évidemment, que c'était rentable politiquement.

Dans son discours sur la proposition de loi, Meighen fit observer que le Québec serait moins touché que les autres provinces par la conscription. « D'abord, disait-il, une proportion plus grande de Québécois sont engagés dans l'agriculture que dans les autres provinces. Ainsi, Québec bénéficierait plus que les autres provinces des exemptions accordées aux cultivateurs. En second lieu, les jeunes du Québec se marient plus tôt que les autres Canadiens, une coutume qui mérite des éloges. D'après le projet de loi, les trois premières classes d'hommes, qui seront convoqués aux casernes, comprendront des célibataires âgés de vingt à trente-quatre ans. Il n'est pas impossible que ce groupe fournisse les hommes nécessaires. Dans ce cas, la mesure toucherait au Québec une proportion de gens moins élevée que dans les autres provinces[36]. »

Mise aux voix, la proposition gouvernementale l'emporta par 118 contre 55. Dans la minorité figuraient une quarantaine de députés canadiens-français, mais dans la majorité, ils n'étaient que 5, 4 conservateurs et 1 libéral. Ce dernier était Albert Champagne, député de Battleford, en Saskatchewan, où le sentiment conscriptionniste était puissant. Les quatre conservateurs canadiens-français qui votèrent pour le bill étaient Albert Sévigny et P.-E. Blondin, tous deux ministres, J.-H. Rainville, ancien président adjoint de la Chambre, député d'une circonscription du Québec, et F.-J. Robidoux, du comté de Kent, au Nouveau-Brunswick. Quant à l'amendement Laurier sur le référendum, il fut battu par 111 voix contre 62. En troisième lecture, le projet de loi fut adopté par 102 voix contre 44. Au début d'août, le Sénat approuva la conscription par une forte majorité. Les premiers conscrits ne furent pas appelés avant le 13 octobre suivant. Un mois plus tard, quelque 20000 hommes manifestèrent le désir de répondre à la convocation, tandis que plus de 300000 autres réclamèrent l'exemption du service militaire[37]. Les conscrits ne prirent le chemin des casernes qu'en janvier 1918.

Entre-temps, les Canadiens prirent part à la bataille de Passchendaele, où quelque 16000 d'entre eux furent tués ou blessés. Le commandant du corps expéditionnaire canadien, Sir Arthur Currie, « s'opposa énergiquement à la participation à l'offensive de Passchendaele, soulignant que le coût serait trop élevé. Mais on passa outre à son objection[38]. » Il avait pourtant raison. « Cette bataille... fut une des plus sanglantes et des plus inutiles de toute la guerre; elle causa la mort de plus de 400000 combattants pour n'aboutir à aucun résultat[39]. » En raison de l'aggravation des pertes militaires, le gouvernement Borden annula les exemptions. Au Québec, l'application de la conscription ne se fit pas sans incidents. Le 1er avril 1918, la ville de Québec fut le théâtre de sanglantes émeutes. Quatre civils furent tués et plus d'une cinquantaine, blessés. Cinq soldats furent hospitalisés. Par la loi du service militaire, le gouvernement s'était fixé un objectif de 100000 hommes. L'objectif fut presque atteint et plus de 47000 conscrits furent envoyés outre-mer. On ignore le nombre de conscrits qui ont été envoyés au front[40].

NOTES

1. A. J. P. Taylor, *Beaverbrook*, Londres, 1974, p. 126.
2. Joseph Levitt, introduction à *The Crisis of Quebec (1914-1918)*, d'Elizabeth Armstrong, Toronto, 1974, p. IX.
3. D. C. Masters, *The Coming of Age*, Montréal, 1967, p. 8.
4. Ramsay Cook, *Canadian Historical Review*, septembre 1961, p. 204, 205.
5. D. C. Masters, *op. cit.*, p. 8.
6. John S. Moir et D. M. L. Farr, *The Canadian Experience*, Toronto, 1969, p. 367, 368.
7. Jean Bruchési, *Histoire du Canada pour tous*, tome II, Montréal, 1940, p. 285.
8. Elizabeth Armstrong, *The Crisis of Quebec*, Toronto, 1974, p. 96.
9. *Ibid.*, p. 97.
10. *Ibid.*, p. 131.
11. O. D. Skelton, *Life and Letters of Sir Wilfrid Laurier*, tome II, Toronto, p. 171.
12. Roger Graham, *Arthur Meighen*, tome I, Toronto, 1968, p. 115.
13. Kenneth McNaught, *A Prophet in Politics. A Biography of J. S. Woodsworth*, Toronto, 1967, p. 76.
14. Roger Craig Brown et Ramsay Cook, *Canada (1896-1921)*, Toronto, 1974, p. 264.
15. *Ibid.*, p. 220.
16. Robert Rumilly, *Bourassa*, Montréal, 1953, p. 580.
17. A. M. Willms, *Canadian Historical Review*, décembre 1956, p. 338, 339.
18. *Ibid.*, p. 340.
19. André Siegfried, *Le Canada, puissance internationale*, Paris, 1956, p. 225.
20. *Mémoires du sénateur Raoul Dandurand*, édités par Marcel Hamelin, Québec, p. 193.

21. Robert Craig Brown et Ramsay Cook, *op. cit.*, p. 262.
22. André Siegfried, *op. cit.*, p. 227.
23. Donald Creigton, *Canada's First Century*, Toronto, 1970, p. 142.
24. Robert Craig Brown et Ramsay Cook, *op. cit.*, p. 263.
25. *Ibid.*, p. 262.
26. *Les Canadiens français et la Confédération canadienne*, la contribution de Louis-D. Durand, Montréal, 1927, p. 98.
27. J. A. Lower, *Canada: An Outline History*, Toronto, 1973, p. 157.
28. Raymond Tanghe, *Laurier*, Paris, 1960, p. 161, 162.
29. Léopold Richer, *La conscription au Canada en 1917*, Montréal, 1942, p. 6.
30. Alfred-D. DeCelles, *Discours de sir Wilfrid Laurier de 1911 à 1919*, Montréal, 1920, p. 152, 153.
31. *Ibid.*, p. 167, 168.
32. Henri Bourassa, *La conscription*, Montréal, 1917, p. 27.
33. *Ibid.*, p. 17.
34. Edgar McInnis, *Canada*, Toronto, 1969, p. 484.
35. Roger Graham, *op. cit.*, p. 128.
36. *Ibid.*, p. 135.
37. Roger Craig Brown et Ramsay Cook, *op. cit.*, p. 220.
38. A. M. J. Hyatt, *Canadian Historical Review*, septembre 1969, p. 289.
39. Marc Ferro, *La Grande Guerre*, Paris, 1969, p. 155.
40. A. M. Willms, *op. cit.*, p. 351.

IX

Les élections kaki

En septembre 1917, le solliciteur général, Arthur Meighen, présente aux Communes son projet de loi sur « les élections en temps de guerre ». Le bill était draconien et de nature anormale. Meighen reconnaît qu'il « était anormal, mais nous vivons dans un temps anormal[1] ». La proposition gouvernementale accorda l'électorat, pour la première fois aux élections fédérales, à une classe de citoyennes et priva du même droit une autre classe. Les épouses, les veuves, les mères, les soeurs et les filles de soldats, marins et aviateurs canadiens servant ou ayant servi outre-mer étaient autorisées à voter. D'autre part, les citoyens, qui étaient originaires d'un pays ennemi, et qui avaient été naturalisés après le 31 mars 1902, étaient privés du droit de vote, à moins qu'ils aient des fils, des petits-fils ou des frères dans les forces armées canadiennes outre-mer. Les doukhobors, les mennonites et les objecteurs de conscience étaient privés du droit de vote. L'objectif du projet de loi était de priver autant que possible de leur qualité d'électeur les citoyens qui étaient susceptibles de voter pour Laurier[2]. En Saskatchewan et en Alberta, « ils votaient généralement pour les candidats libéraux et les conservateurs de l'Ouest étaient toujours conscients de la faiblesse de leur parti au sein de ces Néo-Canadiens[3] ».

La mesure fut dénoncée par le chef de l'opposition, Laurier. Il déclara : « Elle enlève le droit de suffrage à des confessions religieuses dont les membres, de temps immémorial dans l'histoire d'Angleterre, ont été exempts du service militaire, mais qui, en Grande-Bretagne, n'ont jamais été et ne sont pas encore pour cela privés de leurs droits de citoyens.

« Elle enlève le droit de suffrage à des hommes que nous

avons invités à venir au pays, à qui nous avons promis tous les droits et privilèges des citoyens, qui se sont fiés à nos promesses, se sont soumis à nos lois, et sont devenus sujets britanniques et citoyens du Canada. On les a humiliés et couverts de mépris sous prétexte que, étant nés dans un pays étranger, en Allemagne et en Autriche-Hongrie, ils pourraient être influencés par le souvenir du pays natal contre les intérêts de leur pays d'adoption. On pourrait facilement démontrer la fausseté théorique de cette prétention; il suffit de constater qu'elle est aussi fausse en fait. Il n'y a pas eu de courant d'immigration de l'Allemagne au Canada depuis une vingtaine d'années. Quant à l'Autriche, la presque totalité des immigrants qui nous en sont venus appartiennent, non à l'Autriche proprement dite, mais à ces provinces slaves que l'Autriche garde par la force et dont les sympathies lui sont aussi profondément hostiles qu'elles sont favorables aux Alliés.

« D'autre part, elle donne le droit de suffrage à quelques femmes et le refuse à d'autres. Toutes celles qui ont la bonne fortune d'avoir de proches parents dans l'armée pourront voter. Ce droit est refusé à toutes celles qui n'ont pas cet avantage, malgré qu'elles soient aussi cordialement dévouées à la cause, malgré qu'elles aient pu travailler incessamment à son succès.

« En outre, dans cinq provinces, Ontario, Manitoba, Saskatchewan, Alberta et Colombie anglaise, les femmes ont obtenu le droit de suffrage. Aux termes de la loi fédérale, qu'aucun sophisme ne saurait obscurcir, étant électrices dans la province, elles sont électrices aux élections fédérales. La loi de la dernière session les dépouille de ce droit[4]. »

Quelques décennies plus tard, un ancien premier ministre du Canada, John Diefenbaker, qualifiera la mesure de « législation scandaleuse », ajoutant que « sans trop d'exagération, George V, s'il avait été électeur, aurait été privé du droit de vote, sauf s'il avait eu des fils dans les forces armées[5] ». Il s'agissait d'une mesure « qui violait toutes les règles reconnues de la démocratie libérale[6] ».

Le 6 octobre 1917, le gouverneur général annonce la dissolution des Chambres. Les conservateurs, dont le mandat avait été prolongé d'un an en 1916, étaient donc au pouvoir depuis six ans. C'était la première fois dans l'histoire du Canada qu'un gouvernement se maintenait aussi longtemps, sans faire appel au peuple. Les élections générales étaient fixées au 17 décembre. Le 12 octobre, Borden annonce la formation du gouvernement d'union qui se composait de treize conservateurs et de dix libéraux, dont plusieurs anciens ministres du cabinet Laurier. Le premier ministre avait tenté vainement de convaincre des Canadiens français éminents d'entrer dans son ministère. Il n'y avait dans le nouveau gouvernement que deux Canadiens français, qui étaient d'ailleurs de second plan, Sévigny et Blondin, dont l'influence au Québec était pratiquement nulle. La campagne électorale s'est déroulée dans une atmosphère passionnelle et les esprits étaient parfois surexcités jusqu'à la folie. C'est notamment au Québec et en Ontario que les orateurs et les journalistes exprimèrent leur manière de voir avec le plus de violence. Les préjugés ethniques et religieux furent exploités à fond. La conscription fut le thème principal de la campagne.

Au Québec, l'argument principal utilisé par les adversaires de Borden était que le gouvernement unioniste faisait partie d'un complot impérialiste visant à subordonner le Canada à *Downing Street.* « Pourquoi les tories ont-ils imposé la conscription, s'interrogea Rodolphe Lemieux, ancien ministre du cabinet Laurier. Pour créer un précédent afin que le Canada puisse devenir pour l'Angleterre un réservoir d'hommes pour les guerres futures[7]. » Dès 1899, Henri Bourassa s'était servi du même argument contre les libéraux. Le leader nationaliste accusa le gouvernement « d'avoir trahi la nation ». *Le Canada,* quotidien libéral de Montréal, affirmait que « les méthodes de Borden étaient vraiment aussi prussiennes que celles du kaiser ». Le maire de Montréal, Médéric Martin, qui était également député aux Communes, déclarait que « la loge maçonnique d'Angleterre avait contraint Borden à décréter la conscription et que les États-Unis obtiendraient le Québec après la guerre, sinon le Canada, afin de les récompenser d'avoir aidé la Grande-Bretagne[8] ».

De son côté, le *Manitoba Free Press,* de John Dafoe, mena

une vive campagne contre le Québec « qui prétend mener le pays, mais ne veut ni combattre, ni payer[9] ». Le *Toronto Mail and Empire* annonçait « que Laurier était indubitablement favorisé par le kaiser ». Le jour du scrutin, le même quotidien imprimait qu'un « vote pour Laurier et ses partisans était un vote contre les hommes au front, contre l'association avec l'Angleterre et l'Empire, et aussi un vote pour l'Allemagne, le kaiser, Hindenburg, von Tirpiz et l'officier qui a coulé le *Lusitania*[10] ». Un comité de citoyens de Toronto, favorable au gouvernement, fit publier des annonces incendiaires dans la presse anglophone. Les textes étaient rédigés comme suit : « Québec ne doit pas dominer le Canada... La victoire de Laurier sera la première défaite canadienne[11]. » Les ministres protestants, du haut de la chaire, firent autant de zèle que les journalistes et les hommes politiques pour faire battre Laurier. « En 1896, on avait parlé de l'influence indue exercée par certains ecclésiastiques catholiques contre les libéraux, ce n'était rien en comparaison des sermons parfaitement orchestrés des ministres protestants sur le devoir patriotique de voter pour le gouvernement d'union[12]. »

Malgré la campagne de préjugés menée par les partisans du gouvernement, ceux-ci semblaient douter de la victoire. Deux semaines avant le scrutin, les fils de cultivateurs étaient exemptés du service militaire par arrêté ministériel. Le gouvernement coupait ainsi l'herbe sous les pieds de l'opposition qui avait dénoncé la conscription des ouvriers agricoles. On savait que les ruraux étaient opposés à la mesure.

« Depuis son association avec la fondation Rockefeller... Mackenzie King n'avait jamais perdu contact avec les milieux politiques du Canada. Ses relations avec Laurier restaient intimes et il continua à tenir une place importante au sein du parti libéral[13]. » Le bruit courait, au cours des élections de 1911, ainsi que de celles de 1917, que King était pacifiste et même proallemand. Il tombe sous le sens qu'il ne manifestait pas assez d'enthousiasme pour la guerre pour satisfaire un grand nombre de ses compatriotes bellicistes. Il faut reconnaître, toutefois, que King s'était identifié à plusieurs mouvements préconisant la paix et avait joué un rôle assez important dans leurs activités. Il n'était pas pacifiste et il ne le sera jamais, mais il détestait la guerre. Dans le comté de York-Nord, où il avait été choisi candidat libéral, voilà quelques années, il constatait qu'une minorité de dirigeants libéraux étaient nettement conscriptionnistes. Il notait dans son journal que ce sentiment était «attribuable à la haine du Québec». Cette attitude lui répugnait profondément. Il notait également qu'il était prêt à la combattre, même s'il était seul. Il incita donc Laurier à faire porter la campagne électorale sur le thème de l'unité nationale. Il resta fidèle à son chef durant la période d'incubation du gouvernement d'union. Il sera dit plus tard qu'il était disposé, à l'époque, à trahir Laurier. Cette affirmation est sans fondement. Ses adversaires ont fait état d'un extrait du journal de Sir Robert Borden qui avait été publié dans ses *Mémoires*. Le fragment, qui avait été interpolé, se lisait comme suit: « Un ami intime de King m'a dit, en 1917, qu'il (King) était prêt à adhérer au gouvernement d'union[14]. » Le professeur F. W. Gibson a découvert que cette phrase dans le texte n'appartenait pas à l'original. On ignore toujours qui a été l'auteur de cette interpolation.

Le 23 octobre, King prend une décision importante. Il sera candidat aux élections. Il avait manifesté l'intention de ne pas briguer les suffrages dans York-Nord, mais Laurier lui avait dit carrément: « *You must run.* » C'était un ordre et il s'y soumit. Même s'il avait négligé sa circonscription, en n'y faisant que de rares apparitions, « il était optimiste quant aux résultats des élections. Il en était ainsi de ses partisans[15]. » Contrairement à 1911, King consacra tout son temps à sa circonscription. Il repoussa l'invitation de ses collègues qui lui demandèrent de prendre la parole dans leurs comtés. De tous les anciens membres du cabinet, où il avait siégé, aucun n'est venu lui prêter main-forte, à l'exception de Sir Allan Aylesworth, dans la dernière semaine de la campagne[16]. Les possibilités de gagner étaient faibles. York-Nord avait été profondément touché par la guerre. Les sentiments anticatholiques et antifrançais étaient puissants. En conséquence, le candidat de Sir Wilfrid apparaissait aux électeurs comme l'homme combattant pour un mauvais chef et une mauvaise cause. Dans ses discours, King dénonça le gouvernement d'union qui était la création « des gros intérêts ». Il lui reprocha également de manquer de représentation canadienne-française. Il n'avait pas d'objection de principe à la conscription, mais il y était opposé parce qu'elle menaçait l'unité nationale.

Le 17 décembre, jour de son anniversaire de naissance, King était battu par une majorité de 1078 voix. Il avait fait, néanmoins, une belle lutte. Dans les six circonscriptions voisines de Toronto, les candidats libéraux avaient mordu la poussière avec des majorités de 5100 à 18200 voix pour leurs adversaires. Le gouvernement d'union triomphait. Sur les 235 députés élus, 153 sont des unionistes, 82 des libéraux, dont 20 à l'extérieur du Québec. En nombre de voix, les vainqueurs en ont recueilli 1057000; l'opposition, 763000, soit approximativement 42 p. 100 des suffrages exprimés. Il y avait donc à l'extérieur du Québec une fraction importante de l'électorat qui était anticonscriptionniste. Quant aux militaires, ils avaient voté pour le gouvernement dans la proportion de 12 contre 1.

Les soldats étrangers enrôlés dans l'armée canadienne pouvaient voter, « ce qui permit au gouvernement d'ouvrir vingt-huit bureaux de votation aux États-Unis pour y recueillir les votes des soldats qu'on y entraînait, venant des îles Britanniques, et qui avaient la facilité de s'enrôler dans notre armée au lieu de retourner en Angleterre pour répondre à l'appel de leur classe. La plupart de ces soldats n'avaient jamais mis les pieds au Canada, et le gouvernement alla cependant recueillir leurs votes pour les distribuer, à sa convenance, dans les comtés où la majorité était douteuse[17]. »

Après la consultation populaire, Laurier faisait remarquer que « la conscription a plus fait pour gagner les élections que pour gagner la guerre[18] ». Les résultats des élections fédérales signifiaient nettement l'isolement du Québec. Quelques jours avant l'ajournement de la Chambre, à Québec, le député libéral de Lotbinière, J.-N. Francoeur, présenta la motion suivante: « Cette Chambre est d'avis que la province de Québec serait disposée à accepter la rupture du pacte fédératif de 1867 si, dans les autres provinces, on croit qu'elle est un obstacle au progrès et au développement du Canada[19]. » Cette motion ne visait nullement à entraîner la rupture de la Confédération. « Cette résolution est difficile à définir ; elle ne va pas jusqu'à la révocation de l'union et laisse aux autres provinces le soin de décider[20]. » On ne peut certainement pas la comparer aux propositions du premier ministre de la Nouvelle-Écosse, W. S. Fielding, qui réclamait, en 1886, l'abrogation de l'union[21]. La motion Francoeur créa une vive impression. « Le débat auquel elle donna lieu se caractérisait par un ton d'irréalité étrange : personne ne réclamait la sécession, rien n'était vraiment mis en cause[22]. »

Le député de Lotbinière, qui avait l'appui tacite du premier ministre Gouin, ne songeait pas au séparatisme. Il l'affirmait, d'ailleurs, en 1937, étant candidat dans le même comté, à une élection partielle fédérale : « Ce n'était qu'un avertissement ; je n'ai jamais tenu, au fond, à ce que la province de Québec se détache des huit autres provinces[23]. »

Le leader des conservateurs à l'Assemblée législative, Arthur Sauvé, s'opposait à la motion, la trouvant inopportune[24]. « Il ne croyait pas, cependant, que des injures et d'inévitables difficultés dussent pousser la province hors de la Confédération[25]. » Le député conservateur de Saint-Georges, Charles-Ernest Gault, lançait l'avertissement que « Montréal ferait sécession si le Québec se séparait du reste du dominion et que l'établissement des barrières tarifaires ruinerait la province[26] ».

Le premier ministre, Lomer Gouin, déclarait de son côté : « Nous subissons, il est vrai, des misères et des difficultés, mais qui en est exempt ? La question de langue en Ontario finira bien par se régler ; c'est même une raison pour nous de rester dans la Confédération, où nous pouvons défendre, aider nos frères des autres provinces... Avec ses imperfections, c'est encore le meilleur mode de gouvernement que notre pays puisse adopter[27]. » À la demande du chef du gouvernement, Francoeur retira sa motion. Aucun vote n'avait été pris.

Après la conscription, c'est certainement la nationalisation des sociétés ferroviaires, se trouvant dans une situation difficile, qui a troublé le plus les esprits. Les compagnies de chemin de fer avaient joué un rôle essentiel pendant la guerre. Elles assuraient le transport des munitions et des militaires. L'industrie de guerre dépendait d'elles pour l'acheminement, vers les usines, du charbon et des matières premières. L'accroissement du trafic ferroviaire augmentait les profits, mais les coûts d'exploitation gonflaient également. Une locomotive, qui coûtait $20000, en 1914, en valait $50000, en 1917. Le prix des wagons avait triplé. Malgré les appels pressants des compagnies de chemin de fer, le gouvernement leur refusa une hausse de tarifs.

En 1916, le gouvernement accorda une assistance financière temporaire au Canadian Northern et au Grand Trunk Pacific. Il créa également une commission royale d'enquête qui ferait la lumière sur l'ensemble du problème. Elle se composait de A. H. Smith, du New York Central Railroad, président, de Sir Henry Drayton, chef du Canada's Board of Railway Commissioners, et de W. M. Acworth, une autorité britannique dans le domaine ferroviaire. En avril 1917, les commissaires n'étant pas d'accord, ils présentèrent deux rapports. Le premier, celui du président Smith, suggérait le maintien du principe de la libre entreprise. Le rapport majoritaire, signé par Drayton et Acworth, recommandait que le Canadian Northern, le Grand Trunk Pacific, le Grand Trunk, l'Intercolonial et le National Transcontinental fusionnent et forment un seul réseau ferroviaire, sans nécessairement préconiser la nationalisation. Le président du Canadien Pacifique, Lord Shaughnessy, se montra favorable à la nationalisation des cinq sociétés pourvu qu'elles soient sous la direction de sa compagnie. Il craignait notamment la création d'une société d'État qui ferait concurrence au Canadien Pacifique. La plupart des ministres du cabinet Borden étaient opposés à la solution de Lord Shaughnessy, qui était extrêmement dangereuse politiquement. Le Canadien Pacifique aurait le monopole ferroviaire au Canada. Un tel monopole aurait soulevé l'ire de l'Ouest et, à l'été de 1917, les conservateurs s'efforçaient d'accroître leur popularité dans cette partie du pays. Le Canadien Pacifique et le gouvernement étaient aux antipodes sur cette question. L'étroite alliance traditionnelle entre cette compagnie et les conservateurs prenait fin.

En août 1917, le ministre des Finances, Sir Thomas White,

présente aux Communes le projet de loi nationalisant le Canadian Northern. Le bill suscite de vifs débats à la Chambre. Ils sont presque aussi passionnés que les débats sur la conscription. Pour y mettre un terme, le gouvernement dut appliquer à deux reprises la clôture ou le bâillon en vue de limiter dans le temps la durée des interventions. La Couronne tenait en fidéicommis 40 p. 100 des actions de la société d'une valeur de $40 millions depuis 1914; Mackenzie et Mann, 51 p. 100, et des particuliers, 9 p. 100. Une commission, composée de trois membres, fixa à un peu plus de $10 millions la compensation à verser aux deux grands entrepreneurs. En nationalisant le Canadian Northern, le gouvernement le sauva de la faillite, prévenant ainsi le risque d'entraîner dans sa chute la Banque Canadienne de Commerce qui avait fait des prêts importants à la compagnie de chemins de fer. Borden était moralement lié. Il s'était engagé à maintes reprises envers l'institution bancaire à la rembourser, si ses créanciers faisaient faux bond.

Les adversaires du projet y virent un « sinistre complot ». Ils accusaient le gouvernement de récompenser ses amis et de servir ses maîtres. Il s'agissait, en l'occurrence, du groupe financier de Toronto, qui contrôlait le Canadian Northern, la Banque Canadienne de Commerce et le National Trust. À les entendre, les financiers de Toronto dominaient le gouvernement par l'intermédiaire de Sir Thomas White, ancien vice-président du National Trust et désormais ministre des Finances du Canada. Dans une violente diatribe, Rodolphe Lemieux accusa ces financiers de « contrôler, non seulement le gouvernement, mais de corrompre le pays et de chloroformer la presse[28] ».

Il y avait quelques noyaux de résistance à la prise en charge des sociétés ferroviaires par l'État, « notamment au Québec et dans les provinces maritimes[29] ». Par contre, l'opinion publique au pays lui était favorable. Le gouvernement ne pouvait ignorer ce courant. C'est pourquoi, après la défaite des unionistes, le ministère libéral qui lui succéda poursuivit la nationalisation.

Comme la finance ne forme pas un bloc monolithique, les grands financiers de Montréal prirent le contre-pied de l'attitude adoptée par ceux de Toronto. Les deux grands quotidiens conservateurs anglophones de Montréal, *The Gazette* et *The Star*, emboîtèrent le pas. Le premier, fidèle porte-parole de la communauté financière de la métropole canadienne, représentée notamment par le Canadien Pacifique et la Banque de Montréal, fit écho aux suggestions de Lord Shaughnessy. Ce dernier avait réclamé la fusion du Canadian Northern avec sa compagnie. Le quotidien dénonça le principe de la propriété publique et l'acquisition d'actions « sans valeur ».

Par son comportement le gouvernement perdait le Québec aussi bien francophone qu'anglophone. Par la conscription, il s'était aliéné la population canadienne-française de la province. Par la nationalisation, il s'était aliéné la communauté financière de Montréal, qui était surtout anglophone. La nationalisation avait aussi donné l'occasion de faire revivre la rivalité traditionnelle entre les deux grands centres financiers du Canada, Montréal et Toronto.

À l'automne de 1919, le gouvernement procéda à la nationalisation du Grand Trunk et du Grand Trunk Pacific. Ce dernier n'était qu'une filiale du premier. Avec l'acquisition, par la suite, du National Transcontinental et de l'Intercolonial, l'unification du système ferroviaire était complétée. En 1923, le Canadien National, formé de cinq réseaux de chemins de fer, enserre le Canada. Il dispose de 22 000 milles de voies ferrées. Il n'y a désormais au pays que deux chemins de fer transcontinentaux, le Canadien National et le Canadien Pacifique.

« La nationalisation a été entreprise, non pour des raisons de principe mais par nécessité pratique, afin de prévenir la faillite d'entreprises dans lesquelles bien des particuliers avaient investi leurs épargnes, le démembrement d'un système de transport de grande importance nationale et la possibilité de causer des dommages sérieux au crédit du Canada sur les marchés de capitaux étrangers[30]. » Mais pour les contribuables, le coût en fut énorme. Il se chiffra à $ 700 millions[31].

NOTES

1. Roger Graham, *Arthur Meighen*, tome I, Toronto, 1968, p. 163.
2. H. S. Ferns et B. Ostry, *The Age of Mackenzie King*, Londres, 1955, p. 231.
3. Roger Graham, *op. cit.*, p. 166.
4. Alfred D. DeCelles, *Discours de sir Wilfrid Laurier de 1911 à 1919*, Montréal, 1920, p. 190, 192.
5. John Diefenbaker, *One Canada*, tome I, Toronto, 1975, p. 126, 127.
6. Donald Creighton, *Canada's First Century*, Toronto, 1970, p. 152.
7. Robert Craig Brown et Ramsay Cook, *Canada (1896-1921)*, Toronto, 1974, p. 272.
8. Roger Graham, *op. cit.*, p. 190.
9. Robert Rumilly, *Histoire de la province de Québec*, tome XXII, Montréal, s.d., p. 195.
10. Mason Wade, *The French Canadians*, Toronto, 1956, p. 752.
11. *Ibid.*, p. 752.
12. Raymond Tanghe, *Laurier*, Paris, 1960, p. 168.
13. F. A. McGregor, *The Fall and Rise of Mackenzie King*, Toronto, 1962, p. 279.
14. R. MacGregor Dawson, *William Lyon Mackenzie King (1874-1923)*, Toronto, 1958, p. 265.
15. F. A. McGregor, *op. cit.*, p. 280.
16. *Ibid.*, p. 306.
17. *Mémoires du sénateur Raoul Dandurand*, édités par Marcel Hamelin, Québec, 1967, p. 207.
18. Raymond Tanghe, *op. cit.*, p. 170.
19. Robert Rumilly, *op. cit.*, p. 212.
20. Ramsay Cook, L'*Autonomie provinciale, les droits des minorités et la théorie du pacte*, Ottawa, 1969, p. 48.
21. Donald Creighton, *John A. Macdonald. The Old Chieftain*, Toronto, 1966, p. 453.
22. Ramsay Cook, *op. cit.*, p. 48.
23. Robert Rumilly, *op. cit.*, tome XXIII, p. 17.
24. Mason Wade, *op. cit.*, p. 757.
25. Robert Rumilly, *op. cit.*, p. 19.
26. Mason Wade, *op. cit.*, p. 759.
27. Robert Rumilly, *op. cit.*, p. 20.
28. Roger Graham, *op. cit.*, p. 154.
29. R. MacGregor Dawson, *op. cit.*, p. 390.
30. W. T. Easterbrook et Hugh G. J. Aitken, *Canadian Economic History*, Toronto, 1970, p. 443.
31. J. A. Lower, *Canada: An Outline History*, Toronto, 1973, p. 156.

X

L'intervention canadienne en Russie

Avant la fin de la Première Guerre mondiale, une épidémie d'influenza, dont l'origine est inconnue, prit une dimension planétaire. Certains prétendent qu'elle aurait commencé au Kansas, aux États-Unis, où, dans un camp militaire, le 11 mars 1918, 107 personnes étaient admises à l'hôpital, souffrant d'une grave attaque d'influenza. La maladie se répandit rapidement dans les casernes et plus de 26000 individus en furent atteints. Ceux qui échappèrent au mal ou qui furent guéris prirent le chemin de l'Europe, où ils se battirent aux côtés de soldats d'autres nationalités. Les Américains, porteurs de germes, l'auraient alors transmise à d'autres combattants. D'autres soutiennent que le mal aurait pris naissance en France dans les tranchées infestées de rats, où parfois les épidémies faisaient autant de victimes que les balles des Allemands. D'autres enfin affirment que le mal serait venu d'Espagne. C'est pourquoi on l'appelle souvent « la grippe espagnole ». Il semble certain, toutefois, que la péninsule ibérique ne fut pas le lieu d'origine du virus. Le roi d'Espagne ayant été une des premières victimes, le bruit se répandit rapidement que l'Espagne en avait été le foyer.

Toujours est-il que l'influenza a fait plus de morts que la guerre. Au printemps 1919, au moment où l'épidémie avait cessé de faire des victimes, il y avait déjà 27 millions de morts, dont la plupart se trouvaient en Afrique, aux Indes et en Chine[1]. Aux États-Unis, le mal toucha environ 20 millions d'individus. Personne n'avait pu découvrir un remède pour l'enrayer. Ce n'est qu'en 1933 que le National Institute for Medical Research, de Londres, identifia le virus.

Au Québec, les premiers signes de la maladie infectieuse

firent leur apparition en septembre 1918. Les autorités municipales à Montréal et à Québec ordonnèrent la fermeture des cinémas et des salles publiques. Laval et McGill suspendirent les cours. « À Montréal, un Italien, condamné pour assassinat, tricha le bourreau en mourant de la grippe[2]. » Quant au nombre des morts dans la province, il y a désaccord. « Du 15 septembre au 18 décembre 1918, au moins 530 000 Québécois furent atteints de la grippe espagnole et 13 800 en moururent, dont 3 500 à Montréal et 500 à Québec[3]. » Pour sa part, le sénateur Raoul Dandurand estime que « la grippe espagnole faucha 30 000 jeunes gens dans la seule province de Québec[4] ».

Avant la fin des hostilités en Europe, les bolcheviks s'emparent du pouvoir en Russie. Les nouveaux dirigeants, qui avaient promis de mettre fin à « la guerre impérialiste », entament des négociations avec l'Allemagne impériale. Le 3 mars 1918, le traité de Brest-Litovsk est signé. C'est un véritable *diktat*. Les Alliés n'oseront, l'année suivante, imposer à l'Allemagne une paix aussi carthaginoise. L'Allemagne s'empare de la Pologne, de la Lithuanie, d'une partie de la Russie blanche. Les Soviets sont contraints de reconnaître l'indépendance de l'Ukraine, de la Finlande, des pays baltes et doivent en évacuer leurs troupes. Ils cèdent Kars et Batum à la Turquie et s'engagent à verser une indemnité de guerre de 6 milliards de marks-or. « Ces amputations coûtent à la Russie le quart de sa population, de son sol arable et de son réseau ferroviaire, les trois quarts de sa production de charbon et de fer. Il fallait signer[5]. » L'acceptation de ces conditions prouvait la débilité du pouvoir en Russie socialiste. Dès janvier 1918, Lénine s'était écrié : « Donnez-moi une armée de 100 000 hommes, forte, disciplinée, qui ne tremble pas devant l'ennemi, et je ne signerai pas la paix[6]. » Il est évident que « si le traité n'avait pas été résilié par l'écroulement ultérieur de l'Allemagne, la Russie serait devenue un satellite économique de l'Allemagne[7] ».

Après la signature du traité de Brest, la préoccupation majeure de la France et de la Grande-Bretagne, c'est l'ouverture d'un front oriental afin de prévenir l'acheminement des soixante divisions allemandes, soit 1 million d'hommes, qui se trouvaient en Russie, vers les champs de bataille de Picardie et de Champagne. Il fallait aussi empêcher que l'ennemi ait accès aux énormes ressources de l'ancien empire tsariste, sinon le blocus du Reich n'aurait plus d'impact. De grands dépôts de matériel militaire se trouvaient à Mourmansk et à Archangel, dans le nord de la Russie, ainsi que dans le port de Vladivostok, en Sibérie orientale, où étaient entreposées, à la fin de 1917, 648000 tonnes de matériel de guerre[8]. Si les Allemands s'en emparaient, leur puissance serait accrue. Une autre préoccupation était de ramener sur le front de France la légion tchécoslovaque, composée d'anciens prisonniers de guerre, et qui désirait combattre pour les Alliés. Elle comptait une cinquantaine de milliers d'hommes. La façon la plus sûre de l'acheminer vers l'Europe occidentale était par la voie du transsibérien et de Vladivostok.

Après le traité de Brest, un petit corps expéditionnaire franco-britannique avait occupé la côte mourmane. Pour un plan de plus grande envergure, il n'y avait que le Japon qui pouvait disposer des effectifs nécessaires. Avec le concours des troupes nippones, il serait possible d'organiser une expédition qui, par la Sibérie, viendrait former, dans la Russie européenne, un nouveau front contre l'Allemagne. Les États-Unis avaient manifesté leur opposition à ce projet, craignant de favoriser le développement de l'influence japonaise en Extrême-Orient. Le président Wilson finit par céder. « Il accepta le plan, tout en affirmant qu'il ne veut pas intervenir dans les affaires intérieures russes[9]. »

Le 3 août, les Japonais commencent à débarquer à Vladivostok. En un mois, les effectifs s'élèvent à 72000 hommes, tandis que les États-Unis en ont à peine 8000. « L'expédition interalliée de Sibérie devient, en fait, une opération japonaise[10]. » En Russie du Nord, les Britanniques étendent leur occupation jusqu'à Archangel, où ils renversent le Soviet local et le remplacent par un gouvernement russe favorable aux Alliés. Il importe de souligner que « jusqu'en novembre 1918, l'intervention alliée en Russie n'avait rien d'idéologique[11] ». Il semble évident que « sans la guerre, il eût été inconcevable d'imaginer une intervention alliée en Russie du Nord[12] ».

Le 8 juin 1918, le premier ministre du Canada, Sir Robert

Borden, arrive à Londres pour prendre part aux réunions de l'Imperial War Cabinet. Il est soumis à de fortes pressions pour que le Canada participe à l'intervention interalliée en Russie. On lui remet un mémorandum préparé par le général Alfred Knox, ancien attaché militaire britannique à Petrograd, considéré comme une autorité de premier plan en ce qui a trait à la Russie. Le général estime que sans intervention immédiate, la guerre serait perdue. Il voit dans une expédition en Sibérie la seule chance de soustraire aux puissances centrales les ressources matérielles de l'Asie. C'est au cours d'une de ces réunions que Borden critique âprement le commandement militaire britannique. « Il impute aux généraux... la responsabilité du succès de l'offensive allemande de mars et du sacrifice inutile de vies humaines, dont celles de milliers de Canadiens[13]. »

Borden accepte en principe la participation du Canada à l'intervention en Russie, mais avant de donner une réponse définitive, il préfère consulter son cabinet. La réponse tardant à venir, le War Office s'impatiente. Sans le consulter, il envoie un câblogramme au gouverneur général du Canada afin de brusquer la décision. Borden est furieux. Il câble à Ottawa : « Aucune réponse ne sera envoyée au gouvernement britannique, sauf par moi[14]. » Le cabinet est hésitant, mais il semble que la suggestion du premier commissaire canadien au commerce ait fait pencher la balance en faveur d'une réponse positive. Conradin F. Just, de retour de Russie, voyait dans la Sibérie un Eldorado pour le Canada. Il avait préparé un projet visant à la pénétration économique canadienne dans cette province de la Russie. Il estimait que le Canada avait là une occasion d'exploiter les immenses richesses de la Sibérie et que cette dernière pourrait, éventuellement, représenter un marché lucratif pour les manufacturiers du pays. De nombreux articles en ce sens avaient, d'ailleurs, paru dans *Industrial Canada*, journal mensuel de l'Association des manufacturiers canadiens.

À la mi-août 1918, la décision est prise. Le Canada enverra des troupes en Russie. Le brigadier général J. H. Elmsley commandera le contingent de Sibérie, qui se composera de 4000 hommes. Une vive controverse s'engage entre Ottawa et le War

Office sur la question de savoir qui aura le contrôle ultime sur les troupes canadiennes : le gouvernement canadien ou le War Office. Le gouvernement Borden tranche la question : « Pas de contrôle, pas de troupes[15]. » Le War Office capitule. C'est la Russie du Nord qui reçoit les premiers éléments canadiens. Une centaine d'hommes s'embarquent à Leith, en Écosse, le 17 septembre, à destination de Mourmansk. Quatre jours plus tard, une brigade de 497 hommes quitte également l'Écosse pour la même région[16]. Il s'agissait uniquement de volontaires. La vie n'était pas très agréable en Russie du Nord où, en hiver, le temps est extrêmement froid et la clarté du jour est de courte durée. Un colonel confie à son journal, le 21 décembre : « Ce fut la journée la plus courte. Le soleil s'est levé à 9 h 30 a.m. et s'est couché à 2 h 30 p.m.[17]. »

Quant au contingent de Sibérie, les premiers éléments arrivent à Vladivostok le 27 octobre. Les premiers rapports du général Elmsley étaient déconcertants. La Sibérie n'était qu'un foyer d'intrigues. Les Américains et les Japonais se conduisaient en ennemis. Mais c'est avec le général britannique Knox qu'il eut le plus d'ennuis. Ce dernier était un belliciste et il déplorait que les troupes canadiennes et britanniques n'aient pas encore commencé à marcher sur Moscou. Le commandant des troupes canadiennes avait reçu des instructions précises. Il ne devait pas s'engager dans des opérations militaires et ne devait pas quitter Vladivostok sans le consentement d'Ottawa. Ainsi « les troupes canadiennes n'ont pas combattu et n'ont pas bougé de leur base en Sibérie[18] ».

Depuis la fin des hostilités en Europe, le 11 novembre 1918, leur présence n'était plus justifiée, les préoccupations stratégiques n'existant plus. Au Canada, un mouvement d'opinion s'est rapidement dessiné, réclamant le retrait des troupes canadiennes en Russie, notamment celles de Sibérie. Les ministres unionistes, sensibilisés à cette opposition, font pression sur Borden pour qu'il ordonne leur rapatriement. Le premier ministre estime que « l'honneur du Canada est engagé ». Il souligne que la mission économique dirigée par C. F. Just, qui a accompagné le contingent, devrait également être rapatriée et qu'une telle décision serait peut-être nuisible à nos intérêts dans l'avenir.

Au cours du mois de novembre, le ministre des Finances, Sir Thomas White, télégraphie à Borden à quatre reprises, en trois semaines, réclamant le retrait des soldats de la Russie du Nord et la cessation d'envoi de troupes en Sibérie[19]. Le 14, par exemple, White écrit: « Tous nos collègues sont d'avis que l'opinion publique... (au Canada) ne nous appuiera pas si nous poursuivons l'envoi de troupes (en Sibérie). » Le gouvernement avait déjà pressenti cette éventualité. Dès septembre, par arrêté ministériel, il avait interdit certaines organisations socialistes jugées dangereuses pour la sécurité de l'État. Des radicaux et des organisations de gauche avaient tenté d'endoctriner les troupes avant leur départ pour Vladivostok. Les autorités civiles et militaires commençaient à s'inquiéter.

La plupart des Canadiens n'étaient pas socialistes, mais nombre d'entre eux n'approuvaient pas les initiatives gouvernementales en ce domaine. Le ministre fédéral de l'Agriculture, T. A. Crerar, s'était prononcé nettement contre l'intervention dans les affaires d'un autre peuple. Le 22 novembre, il écrit à White qu'il était « absolument opposé[20] » à l'envoi d'effectifs militaires en Sibérie. Le 29 novembre, le cabinet se ravise. Il n'est plus opposé à l'envoi de renforts pourvu que les militaires puissent être rapatriés, à leur demande, au cours de l'année qui a suivi l'armistice. En décembre, le cabinet hésite de nouveau. White signale à Borden que l'intervention en Russie constitue un « facteur important dans le malaise social au Canada[21] ».

Le 23 janvier 1919, le Comité suprême interallié invite tous les gouvernements de fait se partageant le territoire de l'ancien empire tsariste à envoyer des délégués à l'île des Princes, dans la mer de Marmara, afin d'amorcer des négociations visant à mettre fin à la guerre civile. Le premier ministre d'Angleterre, Lloyd George, offre à Borden la présidence de la délégation britannique à cette conférence, mais elle n'eut pas lieu. Lénine avait accepté d'y participer, se proposant de déléguer Léon Trotsky, mais les généraux «blancs» s'y opposèrent, refusant de s'asseoir avec des « criminels ».

Au Canada, l'opinion publique ne cesse de réclamer le rapatriement des effectifs en Russie. Le gouvernement finit par céder. Le 21 avril 1919, 1076 Canadiens s'embarquent à Vladivostok à destination de Vancouver. Le 18 mai, Borden écrit au ministre britannique de la Guerre, Winston Churchill: «J'exige que les Canadiens (se trouvant à Archangel) soient rapatriés immédiatement[22].» Un peu plus de deux semaines plus tard, les Canadiens quittaient la Russie du Nord pour l'Écosse. Les derniers effectifs, encore en Sibérie, s'embarquaient pour le Canada le 5 juin. Dix-neuf Canadiens ne rentrèrent jamais au Canada. Trois étaient morts dans des accidents et les seize autres avaient succombé à la maladie[23].

À l'automne de 1919, le contingent britannique, environ 2000 hommes, suivait l'exemple du Canada. Les derniers effectifs américains ne quittaient la Sibérie que le 1er avril 1920. Il ne restait que les Japonais. Ces derniers n'ont évacué la Sibérie qu'en 1925. Ainsi se terminait l'intervention interalliée en Sibérie et en Russie du Nord où des détachements d'une quinzaine de pays avaient participé sans qu'il n'y ait jamais eu d'objectif commun. Au lieu de brusquer la chute des bolcheviks, elle n'a servi qu'à consolider le pouvoir des Soviets.

NOTES

1. *20th Century,* la contribution de Barry Turner, Milwaukee, 1979, p. 896.
2. Robert Rumilly, *Histoire de la province de Québec,* tome XXIII, Montréal, s.d., p. 116.
3. Denis Vaugeois et Jacques Lacoursière, *Canada-Québec,* Montréal, 1969, p. 482.
4. *Mémoires du sénateur Raoul Dandurand,* édités par Marcel Hamelin, Québec, 1967, p. 200.
5. François-Xavier Coquin, *La Révolution russe,* Paris, 1962, p. 123.
6. *Ibid.,* p. 124.
7. Adam B. Ulam, *Expansion and Coexistence. Soviet Foreign Policy,* New York, 1974, p. 89.
8. Roy MacLaren, *Canadians in Russia (1918-1919),* Toronto, 1976, p. 127.
9. Pierre Renouvin, *La Crise européenne et la Première Guerre mondiale,* Paris, 1948, p. 574.
10. *Ibid.,* p. 574.
11. Adam B. Ulam, *op. cit.,* p. 84.

12. George F. Kennan, *Russia and the West Under Lenin and Stalin,* Boston, 1961, p. 79.
13. Gaddis Smith, *American Historical Review,* juillet 1959, p. 867.
14. *Ibid.,* p. 869.
15. *Ibid.,* p. 872.
16. Leonid I. Strakhovsky, *Canadian Historical Review,* juin 1958, p. 126-128.
17. *Ibid.,* p. 136.
18. Gaddis Smith, *op. cit.,* p. 873.
19. Roy MacLaren, *op. cit.,* p. 156.
20. *Ibid.,* p. 159.
21. *Ibid.,* p. 163.
22. Leonid I. Strakhovsky, *op. cit.,* p. 143.
23. Roy MacLaren, *op. cit.,* p. 208.

XI

La grève de Winnipeg

Pour bien comprendre la grève de Winnipeg, il importe de placer cet événement dans le contexte politique du temps. Il est très probable que si elle était survenue à un autre moment, elle aurait été réglée assez rapidement. Mais elle s'est produite à une époque d'hystérie collective: *The Red Scare*, comme on dit en anglais. Cette terreur panique du communisme a obnubilé l'esprit des dirigeants qui ne purent comprendre les griefs formulés par les ouvriers et qui étaient, bien sûr, fondés. Les grévistes ont été les victimes de la conjoncture qui prévalait à ce moment-là. Les propos excessifs de certains leaders ouvriers ont, néanmoins, contribué à accréditer la légende selon laquelle les travailleurs cherchaient à établir à Winnipeg un Soviet, comme en Russie, et, par la suite, à l'ensemble du pays.

L'hystérie collective au Canada, comme aux États-Unis, n'est pas sans rapport avec les événements d'Europe. La victoire du bolchevisme en Russie a eu l'effet d'un cataclysme historique et le maréchal Lyautey voyait dans ce phénomène un « fléau pire que la guerre ». Trotsky, le théoricien de la révolution permanente, proclamait: « Ou la révolution russe déterminera un puissant mouvement révolutionnaire en Europe, ou les puissances européennes écraseront la révolution russe. » Ces appels à la révolte, en vue de régénérer le genre humain en le plongeant dans une guerre civile, ont produit une forte impression dans le monde occidental. Malgré ces appels incessants à la révolte, le communisme a échoué lamentablement sur le plan international. Les bolcheviks seront écrasés en Allemagne et en Hongrie.

Aux États-Unis, une vague de grèves commença quatre jours après la signature de l'armistice du 11 novembre 1918. La montée des prix explique, en partie, l'agitation qui se fit sentir en Amérique, comme dans beaucoup de pays européens, au lendemain de la guerre. « L'année 1919 ne connut pas moins de 2665 grèves qui touchaient plus de 4 millions d'ouvriers[1]. » Ces mouvements de débrayages amenèrent bien des Américains à penser que l'ordre social était menacé par des éléments subversifs d'inspiration étrangère. « À cet égard, il est certain que le triomphe de la révolution bolchevique en Russie... les mouvements communistes en Allemagne et en Hongrie, enfin la fondation de la IIIe Internationale ou Komintern dont le rôle était d'organiser la révolution mondiale, avaient beaucoup contribué à développer aux États-Unis une véritable « terreur rouge » qui culmina en 1919-1920[2]. »

Ces mouvements de grèves s'accompagnèrent d'actions terroristes. Le maire Hanson de Seattle reçut dans son courrier une bombe de fabrication artisanale. À la poste de New York, on découvrit seize paquets piégés adressés à des financiers et à des hommes politiques. Le 2 juin 1919, des bombes explosèrent dans huit villes américaines[3]. Le ministre de la Justice des États-Unis, A. Mitchell Palmer, qui aspirait à la présidence de son pays, fit entreprendre une série de raids pour écraser « les rouges ». En une seule nuit, plus de 4000 présumés communistes furent arrêtés dans trente-trois villes. En Nouvelle-Angleterre, des centaines de personnes, qui n'avaient été mêlées à aucune activité radicale, furent coffrées. À Détroit, 300 personnes furent détenues pendant une semaine et privées de nourriture pendant vingt-quatre heures. Il fallut finalement les relâcher, aucune accusation ne pouvant être retenue contre elles. À New York, on expulsa cinq membres de la Chambre parce qu'ils étaient socialistes. Pourtant le parti socialiste était légal et les expulsés n'avaient rien à se reprocher.

Palmer était allé un peu trop loin, même pour les conservateurs. Le *Chicago Tribune*, le sénateur Harding, futur président des États-Unis, et Charles Evans Hughes, ancien candidat républicain à la présidence, dénoncèrent les actions du ministre de la Justice. « Au Massachusetts, l'affaire Sacco et Vanzetti, bien qu'ayant aucun lien direct avec les raids, fut la conséquence de cette même hystérie antirouge[4]. » Dans « 28 États, déployer le drapeau rouge devint un délit[5] ». Palmer lança à plusieurs reprises l'avertissement qu'un complot révolutionnaire existait dans le pays et que ses auteurs tenteraient de renverser le gouvernement des États-Unis, le 1er mai 1920. La garde nationale fut convoquée et, à New York, la police fut mise sur un pied d'alerte jour et nuit. Le 1er mai passa, sans le moindre incident. « En conséquence, le peuple en arriva à la conclusion que Palmer avait crié au loup une fois de trop[6]. »

Le Canada n'échappa pas à la contagion. Comme aux États-Unis, une vague de grèves déferla sur le pays. Durant l'année 1918, il y eut 169 arrêts de travail. Il s'agissait d'une augmentation de près des deux tiers par rapport à l'ensemble des quatre années précédentes[7]. Des milliers d'ouvriers se plaignaient des conditions de travail: des bas salaires et des heures trop longues. Les patrons, habitués à négocier avec leurs employés individuellement, ne pouvaient admettre le principe de la convention collective qui, à leurs yeux, brisait des traditions bien établies et qui favorisait les employés. Au Manitoba, on estimait à $9,48 le salaire hebdomadaire vital d'une femme travaillant dans une buanderie. Lorsque le gouvernement proposa de fixer à $9,50 le salaire minimum hebdomadaire, l'Association des manufacturiers canadiens s'opposa à cette mesure, alléguant les coûts accrus de la production[8].

Ces mouvements de grèves inquiétaient bien des gens obsédés par le spectre du communisme. La Colombie-Britannique était un des principaux centres du radicalisme ouvrier. À la fin de 1918, le lieutenant-gouverneur de la province, Sir Francis Barnard, informait Borden, à Paris, que la situation allait de mal en pis. Il engagea vivement le premier ministre à demander au gouvernement britannique d'envoyer un croiseur sur les lieux. Borden fit parvenir une copie de la lettre à Sir Thomas White, qui agissait comme premier ministre par intérim. En avril 1919, White reprit à son compte l'idée de Barnard. La situation en Colombie-Britannique l'inquiétait fortement.

Il câblait à Borden: « Le bolchevisme a fait de grands progrès au sein des ouvriers et des soldats. Nous ne pouvons avoir de troupes sur lesquelles pouvoir absolument compter en cas d'urgence... Les dispositions sont prises pour un mouvement révolutionnaire qui, s'il réussit temporairement, entraînera des troubles sérieux à Calgary et à Winnipeg où le socialisme se déchaîne. Nous estimons très désirable que le gouvernement britannique envoie un croiseur de sa station navale de Chine à Victoria ou à Vancouver. La présence d'un tel navire et de son équipage aurait une influence favorable. La situation est indubitablement sérieuse et en train d'échapper à toute autorité...[9] » Le directeur de la Sécurité publique en temps de guerre, C. H. Cahan, avait résigné ses fonctions parce qu'il estimait que le ministère de la Justice était « mou envers le bolchevisme[10] ».

Winnipeg était peut-être, au printemps 1919, le cadre idéal pour une confrontation sociale et politique. La ville était la capitale de l'Ouest. Elle avait des syndicats bien enracinés, une classe moyenne conservatrice et trois importants journaux. Elle avait une population de quelque 200000 âmes et avait grandi énormément sous Laurier. Mais cette croissance avait entraîné de graves tensions, notamment entre riches et pauvres; entre les puissants hommes d'affaires et leurs alliés politiques et le radicalisme des chefs ouvriers et de quelques intellectuels; entre la population dominante anglo-saxonne et les immigrants de plusieurs nationalités arrivés récemment. En mai 1918, le débrayage des employés de la municipalité faillit prendre des proportions d'une grève générale. Les syndicats eurent gain de cause presque sur toute la ligne, dont le droit pour la plupart des fonctionnaires de la ville de débrayer. Quel encouragement pour d'autres syndicats à les imiter! Quelques-uns des leaders les plus dynamiques de l'évangile social résidaient à Winnipeg. Il s'agissait notamment de William Ivens, Salem Bland et J. S. Woodsworth. Grâce aux Peoples' Forums et aux Churches Labour, ils transmettaient leur message à la classe ouvrière. Les ouvriers sensibilisés à leur problème étaient prêts psychologiquement à assumer l'aventure d'une grève lorsque le mot d'ordre serait lancé.

En mars 1919 se tint à Calgary l'Interprovincial Western Labour Conference. À l'exception de deux d'entre eux, les 239 délégués étaient de l'ouest du Canada. Le ton des discours fut d'autant plus violent que le gouvernement avait sévi avec vigueur, au mois de septembre de l'année précédente, contre quatorze organisations radicales, dont les Industrial Workers of the World (qui avaient été supprimés aux États-Unis) et le parti social-démocrate, qui avaient été déclarées illégales. Les orateurs condamnèrent l'intervention alliée en Russie, réclamèrent l'abolition de la censure et la libération des « prisonniers politiques », ainsi que la journée de six heures. Ils menacèrent de recourir à la grève générale pour faire triompher leurs revendications. L'idée d'un seul grand syndicat pour les ouvriers fut aussi reprise « *One Big Union* fut le cri de ralliement; la grève générale, la tactique[11]. »

Les orateurs dénoncèrent avec violence le capitalisme et adoptèrent plusieurs résolutions qui « s'inspiraient de Marx et du communisme[12] ». Dans une résolution, les délégués se proclamaient en plein accord avec le principe de la « dictature du prolétariat[13] ». Les leaders ouvriers, qui organisèrent la réunion de Calgary, étaient soit syndicalistes, soit communistes, soit socialistes[14]. Force est de souligner qu'à l'époque bien des esprits libéraux étaient très sympathiques aux bolcheviks dans le monde occidental. Ces derniers leur apparaissaient comme de vrais démocrates disposés à établir en Russie un régime de liberté et de tolérance. Les informations en provenance de l'ancien empire tsariste étaient fort minces. Plusieurs, par la suite, perdirent leurs illusions.

Y a-t-il un lien entre la conférence de Calgary et la grève de Winnipeg? C'est une question qui a fait couler beaucoup d'encre et de salive. Certains ont soutenu que les revendications mises de l'avant par les leaders ouvriers n'étaient qu'un paravent destiné à dissimuler le véritable objectif qui était la mise en application des résolutions de Calgary, comme celle préconisant la dictature du prolétariat. Toujours est-il que deux interprétations majeures se sont dégagées de ce différend entre capital et travail. Selon la première, le but ultime du mouvement était l'établissement d'un gouvernement soviétique au Canada et la grève de Winnipeg n'était que la première étape vers cet objectif.

Selon la seconde, les grévistes se proposaient uniquement d'obtenir des relèvements de salaire, de meilleures conditions de travail et une convention collective.

Le gouvernement d'Ottawa se rallia à la première interprétation. La grève lui parut comme une conspiration séditieuse. Dans les mois précédant l'arrêt de travail, la Royal North-West Mounted Police avait mis sur pied un service de renseignements efficace. « Toutes les organisations suspectes furent percées à jour et l'on obtint assez de renseignements fiables sur les buts et les plans des leaders[15]. » Le commissaire Perry « n'avait pas découvert de dépôts d'armes, d'hommes faisant secrètement des exercices militaires ou d'agents étrangers ourdissant un complot[16] ».

Par contre « le ministre de la Justice par intérim, Arthur Meighen, apprit d'un député de l'Assemblée législative du Manitoba que les Ukrainiens dans la province avaient des armes et des munitions et étaient prêts à faire la révolution[17] ». Le commandant des forces militaires à Winnipeg déclarait « que les preuves accumulées jusqu'à maintenant montraient d'une manière concluante que de l'argent venant des bolcheviks avait été reçu des États-Unis... Qu'il y avait une sérieuse probabilité d'une conspiration dans tout l'Ouest[18]. » Borden, qui avait accès aux renseignements fournis par les services secrets britanniques, avait câblé à Ottawa, en décembre 1918, l'avertissement « que les Soviets se préparaient à lancer une campagne de propagande en Amérique du Nord[19] ».

En présence de témoignages aussi contradictoires, le comportement du gouvernement fédéral s'explique assez bien. Avec le recul, il est difficile de ne pas souscrire à la remarque de l'historien Donald Creighton: « La grève générale ne fut pas inspirée par la conférence de Calgary ou dirigée par la O.B.U.[20]. »

Le 1er mai 1919, quelque 3000 ouvriers métallurgistes, au service de trois entreprises, se mettent en grève, à Winnipeg. Ils exigent un contrat de travail uniforme pour les trois entreprises. Les employeurs refusent. Ils sont prêts à négocier une convention collective pourvu que ce soit exclusivement avec leurs ouvriers. Le même jour, les ouvriers du bâtiment débraient également pour appuyer leurs revendications salariales. La centrale syndicale, Trades and Labour Council de Winnipeg, décide de provoquer un arrêt de travail général par solidarité avec les grévistes. Les membres de cinquante-deux syndicats affiliés se prononcent par 11 112 voix contre 524 en faveur de la grève[21]. Le 15 mai au matin, quelque 35 000 personnes suivent le mouvement.

Du jour au lendemain, la troisième ville du pays en importance est à demi paralysée. Les tramways cessent de rouler. À l'exception de quelques postiers, presque tout le monde est en grève : cuisiniers, garçons de table, boulangers, laitiers, éboueurs, commis de magasin, préposés aux ascenseurs. Les policiers avaient voté pour l'arrêt de travail, mais avec « l'autorisation du comité de grève », ils restent en faction. Les livraisons de lait et de pain reprennent au bout de quelques jours, toujours avec « l'autorisation du comité de grève ». En somme, les grévistes établissent dans la ville un semi-gouvernement provisoire. C'est eux qui prennent toutes les décisions. Les dirigeants municipaux jouent désormais un rôle purement décoratif.

Cette situation provoque une réaction. Il se forme, le 19 mai, un Citizens' Committee of One Thousand, qui, éventuellement, comprendra 10 000 membres[22]. Le but de cette initiative est de réunir des volontaires qui se chargeront de faire fonctionner les services publics. Le comité se compose d'hommes d'affaires et de l'élite professionnelle ainsi que de plusieurs autres citoyens. Il a l'appui des autorités municipales, provinciales et fédérales. Les syndicats internationaux lui sont aussi sympathiques. Ils craignent qu'un succès des grévistes à Winnipeg entraîne une victoire pour l'idée d'une *One Big Union*.

Le comité publie un journal, *The Citizen*. Ce dernier imprime : « Il n'y a aucun doute que la grève générale est en réalité une révolution, ou bien une tentative audacieuse de renverser le présent système industriel et gouvernemental[23]. » Le *Manitoba Free Press* parle « du grand rêve du Soviet de Winnipeg ». De son côté, le journal des grévistes, le *Western Labour News*, prévient les ouvriers de ne pas recourir à la violence. Néanmoins, une fraction importante de la population vit dans la terreur. « Certaines personnes... dormaient dans les églises de crainte d'être assassinées dans leurs lits[24]. »

Les postiers ayant débrayé, le gouvernement fédéral décide d'intervenir craignant que le mouvement s'étende également aux communications nationales, comme le télégraphe et les chemins de fer. Meighen et le ministre du Travail, le sénateur Gideon Robertson, se rendent à Winnipeg. À Fort William, une délégation de citoyens de la capitale du Manitoba les engage vivement à prendre des mesures pour mettre fin au débrayage. Les délégués ont la conviction que la ville s'achemine vers la révolution. Pourtant, il n'y a pas encore eu de violence. À leur arrivée à Winnipeg, les deux ministres s'efforcent d'assurer la reprise du service postal. Avec l'approbation du cabinet, ils lancent un ultimatum aux postiers. Si ces derniers ne rentrent pas au travail dans quatre jours, ils seront congédiés. Cette initiative est très bien accueillie par la plupart des journaux canadiens. La *Gazette* de Montréal reproche au gouvernement d'avoir attendu trop longtemps pour agir.

Le 6 juin, les Communes adoptent un bill amendant la Loi de l'immigration. En moins d'une heure, la mesure subit les trois lectures à la Chambre et au Sénat et reçoit l'assentiment du gouverneur général. C'était probablement la première fois dans l'histoire du pays qu'un bill était adopté si rapidement. Tout sujet britannique, qui n'était pas né au Canada, pouvait être déporté par arrêté ministériel. Cette loi sera âprement critiquée par les radicaux et par les esprits libéraux. Elle sera d'ailleurs amendée en 1927 sous le gouvernement King.

Il fallait désormais procéder à des arrestations. Le 14 juin, Borden confie à son journal : « Une dépêche de Robertson nous informe de son intention de faire arrêter plusieurs leaders de la grève. Ces leaders ont comploté pour renverser le gouvernement du pays et établir un gouvernement soviétique[25]. »

Le 17 juin, tôt le matin, huit leaders de la grève, ainsi que quatre Néo-Canadiens, qui n'étaient pas anglo-saxons, étaient arrêtés, accusés de conspiration séditieuse et envoyés au pénitencier de Stony Mountain. Toutefois, aucune procédure de déportation ne sera introduite contre les inculpés. À leur procès, six des huit prévenus furent déclarés coupables par un jury. R. B. Russell, un Écossais, fut condamné à deux ans d'emprisonnement, les autres à un an. Le septième, R. E. Bray, trouvé coupable d'une accusation moindre, s'en tira avec six mois, tandis que le huitième, A. A. Heaps, fut acquitté. Fred J. Dixon et J. S. Woodsworth furent accusés de libelle séditieux. Après l'acquittement du premier, les procédures furent abandonnées contre le second.

Pour protester contre ces arrestations, une manifestation fut organisée devant l'hôtel de ville de Winnipeg. Le maire Gray avait tenté vainement de la prévenir. Il donna alors lecture de la loi d'émeute, obligeant ainsi les manifestants à se disperser. Devant leur refus, la police intervint. Des coups de feu furent tirés. « Deux hommes furent tués et un certain nombre d'autres blessés. Des policiers furent blessés par des briques et autres projectiles[26]. » Le 25 juin, le Trades Labour Council annonça la fin de la grève. Deux historiens ont écrit: « La réaction avait triomphé[27]. »

En raison de l'importance de l'événement, le gouvernement du Manitoba créa une commission royale d'enquête, présidée par l'avocat A. H. Robson, de Winnipeg, en vue de faire la lumière sur les causes de la grève. L'augmentation du coût de la vie et des salaires inadéquats en sont les causes principales. Le commissaire ajoute: « La classe ouvrière s'est rendu compte que des manufacturiers et des marchands avaient prospéré pendant la guerre... tandis que les conditions de la classe ouvrière, essentielle à cette prospérité, au lieu de s'améliorer, se sont aggravées... Winnipeg, par malheur, offre un exemple marquant de ces extrêmes[28]. »

Une des conséquences du débrayage fut l'adoption par les Communes, le 7 juillet, d'un amendement au code pénal, mieux connu sous le nom de « section 98 ». L'amendement déclare illégale toute organisation dont le but avoué est de provoquer par la violence des changements « gouvernementaux, industriels et économiques ». Celui qui adhère à une telle organisation est passible d'une peine maximale de vingt ans d'emprisonnement.

En imposant à l'accusé l'obligation de faire la preuve de son innocence, cette loi va à l'encontre des traditions du droit britannique[29].

L'échec de la grève ne semble pas avoir découragé les ouvriers. Plusieurs d'entre eux se lancent dans la politique dans le dessein évident de faire prévaloir leurs revendications. En 1920, ils créent le parti ouvrier indépendant. Des leaders ouvriers se font élire au conseil municipal de Winnipeg, d'autres à l'Assemblée législative du Manitoba. En 1921, J. S. Woodsworth devient le premier socialiste à siéger aux Communes. Il avait obtenu près du double des voix de son plus proche adversaire. Rappelons incidemment que deux députés ouvriers avaient siégé aux Communes au début du siècle. Il s'agissait de A. W. Puttee, de Winnipeg, et d'Alphonse Verville, de Montréal.

NOTES

1. Yves-Henri Nouailhat, *Les États-Unis (1898-1933),* Paris, 1973, p. 296.
2. *Ibid.,* p. 298.
3. John W. Caughey et Ernest R. May, *A History of the United States,* Chicago, 1965, p. 484.
4. Samuel Eliot Morison, *The Oxford History of the American People,* New York, 1965, p. 884.
5. Yves-Henri Nouailhat, *op. cit.,* p. 299.
6. Samuel Eliot Morison, *op. cit.,* p. 884.
7. Ralph Allen, *Ordeal by Fire,* Toronto, 1961, p. 176.
8. *Ibid.,* p. 176.
9. Robert Craig Brown et Ramsay Cook, *Canada (1896-1921),* Toronto, 1974, p. 311.
10. Davi J. Bercuson, *Canadian Historical Review,* juin 1970, p. 165.
11. Brown et Cook, *op. cit.,* p. 311.
12. A. J. Lower, *Canada: An Outline History,* Toronto, 1973, p. 163.
13. Ivan Avakumovic, *The Communist Party in Canada,* Toronto, 1975, p. 10.
14. Kenneth McNaught, *A Prophet in Politics. A Biography of J. S. Woodsworth,* Toronto, 1967, p. 103.
15. S. W. Horrall, *Canadian Historical Review,* juin, 1980, p. 184.
16. *Ibid.,* p. 185.
17. *Ibid.,* p. 185.
18. *Ibid.,* p. 186.
19. *Ibid.,* p. 186.
20. Donald Creighton, *Canada's First Century,* Toronto, 1970, p. 159, 160.
21. W. L. Morton, *Manitoba. A History,* Toronto, 1967, p. 365.

22. Ralph Allen, *op. cit.*, p. 179.
23. Brown et Cook, *op. cit.*, p. 313.
24. Kenneth McNaught, *op. cit.*, p. 105.
25. Brown et Cook, *op. cit.*, p. 313.
26. D. C. Masters, *The Coming of Age,* Montréal, 1967, p. 21.
27. Brown et Cook, *op. cit.*, p. 314.
28. D. C. Masters, *op. cit.*, p. 22.
29. Grace MacInnis, *J. S. Woodsworth,* Toronto, 1953, p. 136.

XII

King succède à Laurier

Après sa défaite aux élections générales de décembre 1917, Mackenzie King avait repris ses fonctions à la fondation Rockefeller. Ses adversaires lui reprocheront âprement, à la fin des hostilités, d'avoir travaillé aux États-Unis plutôt que de contribuer à l'effort de guerre au Canada. À ses détracteurs, il fit observer que, pendant le conflit, il n'avait jamais abandonné sa résidence canadienne et qu'il avait aidé énormément la cause des Alliés en prévenant des grèves dans les grandes industries américaines.

Il avait été le conseiller de plusieurs entreprises géantes, dont la Bethlehem Steel et la General Electric. Il rappela également qu'au début de la guerre, il était dans la quarantaine et qu'il avait des responsabilités familiales. Son père, invalide, mourut en 1916, et sa mère le lendemain de sa défaite électorale. Il se garda bien, cependant, de mentionner que ses fonctions de conseiller lui rapportèrent des sommes d'argent très importantes. En novembre 1918, il nota dans son journal qu'il gagnait $1 000 par semaine[1]. C'était un revenu fort élevé pour l'époque. En comparaison, le salaire d'un député à la Chambre des communes n'était que de $2 500 par année.

Le 19 novembre 1918, Laurier participa à London, en Ontario, à « l'assemblée libérale la plus nombreuse tenue dans la province depuis les élections[2] ». Le vieux chef, toujours sur la brèche, fit part de son intention de céder à un autre la direction du parti libéral et annonça que ce dernier tiendrait un congrès, à Ottawa, l'année d'après. King n'avait pu assister à cette réunion, étant retenu par ses fonctions au Colorado. Le 17 février 1919, Laurier meurt, laissant ainsi à un autre la tâche de réconcilier les libéraux unionistes avec le parti, profondément divisé par la crise de la conscription. King se trouvait à Youngstown, en Ohio, lorsqu'il apprit que Laurier avait été terrassé par une hémorragie cérébrale. Il prit immédiatement le premier train pour Ottawa. C'est à Buffalo qu'il lut dans un journal que Sir Wilfrid était mort.

Qui revêtira le manteau de Laurier? Le bruit se répandit assez rapidement que quatre noms figuraient en tête de liste. Il s'agissait de W. S. Fielding, W. M. Martin, premier ministre de la Saskatchewan, George Graham et Mackenzie King, tous deux anciens ministres dans le cabinet Laurier. Entre-temps, il fallait que le parti se donne un chef par intérim. Les députés se réunirent et fixèrent leur choix sur D. D. McKenzie, député d'une circonscription de la Nouvelle-Écosse, mais anticonscriptionniste. Dans les circonstances, c'était le candidat idéal pour plaire au Québec et aux autres provinces. McKenzie était un homme aimable et terne qui avait « plus de talent pour l'intrigue que pour la politique[3] ». Il « possédait une éloquence plus facile que solide, toute fleurie de citations bibliques. Il tiendrait, à la rigueur, en face de Borden, mais non pas en face de l'intelligent, ardent et documenté Meighen. Nul ne songeait sérieusement à consacrer D.D. comme chef définitif[4]. » Fielding était sans l'ombre d'un doute le plus qualifié pour assumer l'intérim, mais, ayant flirté avec les unionistes, il n'avait pas la confiance des anticonscriptionnistes.

La première entrée de King, dans son journal, pour l'année 1919, se lit comme suit: « Année de décisions importantes en ce qui me concerne[5]. » Il avait bien prévu l'avenir. Encore quelques mois et il sera élu chef du parti libéral, succédant au grand disparu. Le gouvernement unioniste était très impopulaire, ayant perdu l'adhésion de presque toutes les classes de la société. Obtenir la direction du parti libéral, c'était pratiquement une garantie de devenir premier ministre du pays à la prochaine consultation populaire.

Trois possibilités s'offraient à King au début de 1919. Il pouvait poursuivre son travail à la fondation Rockefeller à laquelle il était attaché depuis plus de quatre ans. Il jouissait déjà d'une grande renommée comme conciliateur dans les conflits de travail. Il pouvait compter sur un revenu annuel de $30000.On lui avait proposé la direction de la fondation Carnegie, oeuvre philanthropique, disposant d'un capital de $150 millions. Ses appointements seraient d'au moins $25000. Un supplément de $100000 lui serait attribué s'il était prêt à écrire la biographie d'Andrew Carnegie, surnommé « le roi du fer ». Il fixa son choix sur la troisième possibilité, la politique.

En s'engageant dans cette voie, il était assuré d'y perdre matériellement, mais « la politique était son premier amour[6] ». Un facteur qui a donné du poids à sa décision, c'est que ses investissements pouvaient désormais lui assurer une certaine indépendance financière. D'ailleurs, depuis la mort de ses parents, ses charges étaient de beaucoup moins lourdes. La perspective d'une victoire lui parut encourageante. Il était convaincu que ses chances étaient aussi bonnes que celles de ses concurrents.

N'était-il pas le choix de Laurier? Il en avait la certitude. Il écrit dans son journal: « Deux fois, Sir Wilfrid m'a dit qu'il désirait que je sois son successeur[7]. » Après la fête de Noël de 1918, Laurier aurait également dit à King: « Si vous étiez membre du Parlement, j'abandonnerais la direction tout de suite[8]. » Ce n'était pas un engagement compromettant. Le bruit courut, après la mort de Laurier, que Sir Wilfrid avait exprimé à sa femme sa préférence pour Fielding qui pouvait ramener au sein du parti les conscriptionnistes libéraux. Moins d'une semaine avant sa mort, Sir Wilfrid avait écrit à un ami de la Saskatchewan que « le choix du parti sera absolument libre[9] ».

Il ne semble pas qu'il était dans les intentions de Laurier de donner son appui à tel ou tel candidat. Il est vraisemblable que Laurier ne prit jamais d'engagements explicites envers King et que les prétentions de ce dernier n'étaient que des déductions. Toujours est-il que la plupart des historiens inclinent à croire que Fielding, dans l'esprit de Laurier, était le plus apte à lui succéder. Les acteurs étant morts, il est presque certain que cette question ne sera jamais éclaircie.

En janvier 1919, King est l'invité du Club de Réforme, à Montréal. Il traite des relations du capital et du travail, sujet qui lui tient à coeur. N'a-t-il pas publié l'année précédente *Industry and Humanity?* Dans ce livre, il estime qu'on pourrait résoudre par la conciliation aussi bien les différends internationaux qu'industriels. Mais sa pensée est parfois très obscure. Bien de ses lecteurs n'ont pas eu la patience de le lire jusqu'au bout. Toujours est-il qu'il a eu un franc succès à Montréal. Grâce au Club de Réforme de Québec qui l'invite à son tour, il donne une série de conférences auprès de divers organismes. C'est encore un succès.

Le lieutenant-gouverneur de la province de Québec, Sir Charles Fitzpatrick, s'efforce de ménager une rencontre tripartite entre King, le premier ministre de la province, Sir Lomer Gouin, et lui-même. King, qui se méfie et se méfiera toujours des grands milieux d'affaires, refuse l'invitation. Gouin est l'homme de la rue Saint-Jacques et ses vues sur la politique tarifaire ne sont pas celles de King. Ce dernier est moins protectionniste que ne le sont les milieux financiers de Montréal et de Toronto. Il est convaincu qu'une entrevue avec Gouin fera plus de mal que de bien à sa cause.

Le congrès de leadership du parti libéral se tiendra, à Ottawa, dans la première semaine d'août. King, qui se proposait depuis quelques mois d'entreprendre un voyage en Europe en vue de parfaire ses connaissances sur le problème des relations de travail en Grande-Bretagne, décide de donner suite à son projet. L'approche du congrès, qui risque de lui faire perdre un temps précieux pour mettre en valeur sa candidature, ne semble pas le préoccuper. Nombre de ses partisans l'engagent vivement à rester au pays. King, qui sans l'ombre d'un doute aspire à la succession de Laurier, n'a nullement l'intention de faire quoi que ce soit pour accroître ses chances. Il ne met sur pied aucune organisation et ne demande à personne de s'occuper de sa publicité en son absence. Bien de ses amis sont déçus. Ils se demandent s'il posera ou non sa candidature.

Le 15 mai, King s'embarque, à New York, pour l'Ancien Continent. Il ne rentrera, à Ottawa, que vers la fin de juillet. Comment expliquer l'attitude de l'homme politique qui, pourtant assez expérimenté, coupe tout contact avec ses partisans pendant près de deux mois, au moment où ses chances de cueillir le leadership de Sir Wilfrid paraissent excellentes?

King est calviniste et il croit en la prédestination. « Les revers temporaires n'ont jamais ébranlé la conviction intime de King que la divine providence guidait sa carrière vers quelque grande et utile fin[10]. » Il a toujours cru que son existence était déterminée par des forces invisibles sur lesquelles les êtres humains n'ont aucune emprise. Dieu l'avait prédestiné à accomplir une mission qui consistait à jouer un rôle important dans la vie politique du pays, à être un leader et, éventuellement, à devenir premier ministre du Canada. À maintes reprises, il avait réaffirmé sa confiance en sa destinée, voyant dans chaque progression une manifestation de la providence de Dieu et dans chaque échec l'intervention de Dieu qui éprouvait sa foi.

Prédestiné à la victoire, pourquoi se serait-il alors livré à des manoeuvres pour l'obtenir? C'est ce qui explique très probablement son départ pour l'Europe et son peu de souci de s'occuper activement de sa campagne au leadership.

King est le candidat du Québec. Ce qui fait sa force, en 1919, c'est qu'il n'a pas lâché Laurier. Aux élections de 1917, il a été « le candidat de Laurier, le candidat libéral et anticonscriptionniste dans un comté ontarien, à l'heure où il fallait un certain courage[11] ». King était persuadé que ni Graham ni Fielding n'étaient des rivaux sérieux et qu'il avait sur eux un avantage important. Il avait l'assurance que « les libéraux du Québec ne prendraient jamais pour chef un homme qui avait trahi Sir Wilfrid aux dernières élections[12] ».

Si la grande majorité des délégués canadiens-français sont pour King, il y a, néanmoins, une fraction, dirigée par Lomer Gouin, qui favorise Fielding. Ce dernier et Gouin sont deux réactionnaires. Ils s'entendent comme larrons en foire. Mais ceux qui dirigent la délégation du Québec, ce sont Jacques Bureau et Ernest Lapointe. Ils réussissent sans peine à faire pratiquement l'union des délégués du Québec autour de Mackenzie King. Le député de Nicolet, Arthur Trahan, propose une motion visant à répudier la candidature de Fielding. La motion reçoit un accueil enthousiaste, ce qui dispense de voter. Pour atténuer l'effet produit, Lomer Gouin intervient. Il souligne qu'il faut être pratique dans la vie et que King est jeune. Trahan réplique: « King a exactement l'âge qu'avait Laurier quand il a accédé à la direction du parti libéral. » Une nouvelle explosion d'enthousiasme retentit dans la salle.

Le congrès s'ouvre, à Ottawa, le 5 août. Quelque 1200 délégués y assistent. Pour la première fois dans l'histoire du Canada, le chef d'un parti politique sera choisi par des délégués, venant de tous les points du pays, et non pas par les parlementaires comme autrefois. Le programme du parti tient compte, dans une large mesure, du malaise social et économique qui prévaut au Canada depuis l'armistice. Sur les instances de King, les libéraux ont adopté des résolutions qui prévoient la journée de huit heures, l'assurance-chômage, les pensions de vieillesse. C'était, pour l'époque, une plate-forme électorale progressiste. Certains la qualifièrent de radicale. Des délégués du Québec présentent une résolution anti-impérialiste: « Aucun changement organique dans la constitution canadienne relativement aux relations du Canada avec l'Empire ne devra entrer en vigueur sans avoir été adopté par le Parlement et ratifié par un référendum du peuple du Canada[13]. » Les représentants de l'Ontario présentent un texte encore plus énergique: « Résolu que nous nous opposons vigoureusement à toute tentative de centralisation du contrôle impérial[14]. »

Quatre candidats briguent les suffrages à la succession de Laurier. Ce sont: D. D. McKenzie, George Graham, W. S. Fielding et Mackenzie King. Le premier ministre Martin de la Saskatchewan, que des délégués de l'Ouest favorisaient, ne pose pas sa candidature. McKenzie, qui n'a pas de panache, est âgé de soixante ans. Il siège aux Communes comme député. Son seul actif, c'est d'avoir succédé à Laurier à la tête du parti libéral à titre intérimaire.

George Graham, âgé de soixante ans également, est un ancien chef de l'opposition à l'Assemblée législative de Toronto. Il a été ministre des Chemins de fer et des Canaux dans le cabinet Laurier de 1907 à 1911. Il a voté en faveur de la conscription, mais refusé d'entrer dans le gouvernement d'union. C'est un homme fort sympathique, mais il n'a pas l'étoffe d'un chef de gouvernement. La rumeur circule, avant et pendant le congrès, qu'il est poussé par Clifford Sifton, un des architectes du gouvernement d'union[15]. Il nie ce bruit, mais, malgré ses nombreuses dénégations, bien des gens y croient.

W. S. Fielding est le plus prestigieux des candidats, mais il est âgé de soixante et onze ans. Il a été premier ministre de la Nouvelle-Écosse pendant douze ans. De 1896 à 1911, il a été le ministre des Finances de Laurier. C'est un excellent administrateur et un orateur hors pair. Dans les débats à la Chambre, il brille par son éloquence et son argumentation. Il n'a pratiquement pas d'égal. Ses chances d'accéder à la direction du parti libéral sont très bonnes, mais il est peu disposé à poser sa candidature. Il sait que les sentiments anticonscriptionnistes sont encore puissants en Nouvelle-Écosse et surtout au Québec et qu'à cause de son attitude passée, il ne peut compter sur l'appui de ces deux provinces. Cédant aux pressions, il entre dans la course, mais fait savoir expressément que s'il est élu, il exigera, avant d'accepter l'investiture, que des modifications importantes soient apportées à la plate-forme électorale. Comme c'est un réactionnaire, son attitude ne surprend personne.

D'autre part, « il était resté, dans toute la force du terme, un *colonial.* Il ne comprenait pas nos aspirations vers une plus grande autonomie. Il se disait parfaitement heureux d'appartenir à la firme John Bull & Sons, et même d'en être le *silent partner,* l'associé anonyme[16]. » Le sénateur Raoul Dandurand ajoute : « Si Fielding fût demeuré fidèle à Laurier durant la crise de 1917, il lui eût succédé, sans aucun doute, comme chef du parti libéral en 1919. La province de Québec lui fut à peu près entièrement hostile à l'exception de quelques amis qui suivirent, alors, le premier ministre de la province, Sir Lomer Gouin[17]. »

Fielding avait un adversaire coriace en la personne d'Allan Aylesworth, ancien ministre de la Justice dans le cabinet de Sir Wilfrid. Il avait affirmé catégoriquement que si Fielding était élu, il abandonnerait le parti libéral. Il ne pourrait reconnaître pour chef un homme qui avait « trahi » Laurier au moment de la crise de la conscription. Il donna, par contre, un appui sans réserve à King.

Ce dernier est le benjamin des candidats. Il n'a pas encore quarante-cinq ans. Il a déjà la réputation d'être un conciliateur-né. Ce qui est un atout, le parti libéral étant très divisé. Ce n'est certes pas un foudre d'éloquence, mais il peut parfois être convaincant. C'est un spécialiste en matière ouvrière, avantage important à un moment où le Canada est le théâtre d'une épidémie de grèves. À l'automne de 1918, un journaliste du *Devoir*, Ernest Bilodeau, avait tracé de King un portrait peu élogieux: « On lui chercherait en vain une popularité ou une influence appréciables. Ce n'est qu'un jeune homme de compétence générale, avec une taille plutôt courte et un petit chapeau rond sur un visage rasé[18]. » Un historien, qui lui était hostile, a écrit qu'il avait « le torse comme un baril[19] ».

Le 7 août, les délégués prennent le vote. Fielding avait l'appui de sept premiers ministres provinciaux, dont celui du Québec, Lomer Gouin. Au premier tour de scrutin, King obtint 344 voix; Fielding, 297; Graham et McKenzie, 153 chacun. Personne n'ayant recueilli la majorité absolue, on procède à un second tour. King accentue son avance. Il obtient 411 suffrages; Fielding, 344, Graham, 124, et McKenzie, 60. Ces deux derniers retirent leur candidature. Au troisième tour, King l'emporte par 476 voix contre 438, soit une majorité de 38 voix.

Quand les scrutateurs procédèrent au dépouillement des bulletins, le vainqueur ne manifesta pas la moindre anxiété. Lorsque l'un d'eux lui siffla à l'oreille qu'il avait gagné, « King n'exprima pas plus d'émotion que si quelqu'un lui avait fait observer qu'il faisait beau[20] ». La certitude qu'il avait Dieu de son côté explique sans doute la grande sérénité dont il a fait preuve au moment du scrutin. Après sa victoire, King nota dans son journal: « Je n'ai rien recherché. Elle est venue, elle est venue de Dieu[21]. »

Les historiens sont généralement d'opinion que les provinces de l'Atlantique ont donné à Fielding une légère majorité; l'Ouest, autant à l'un qu'à l'autre; l'Ontario, une majorité considérable à Fielding; les quatre cinquièmes des délégués du Québec ont voté pour King. Le facteur déterminant, qui a décidé de l'élection, c'est l'appui massif du Québec en faveur de King et l'échec subi par Fielding en Nouvelle-Écosse. Les libéraux, élus ou vaincus, n'avaient pas pardonné à Fielding d'avoir eu recours à son influence exceptionnelle dans la province pour les combattre aux élections générales de 1917[22].

Le nouvel élu était sans mandat parlementaire. Le gouvernement fixa au 20 octobre 1919 la tenue d'élections partielles. King pouvait briguer les suffrages dans Glengarry-Stormont, en Ontario; dans Québec-Est, circonscription de Laurier, ou dans Prince, dans l'île du Prince-Édouard. Il opta pour cette dernière. Il fut élu par acclamation. Il avait prévenu les électeurs qu'il ne les représenterait que pour la durée du présent Parlement. Il se proposait, aux prochaines élections générales, de contester la circonscription de York-Nord, où il avait obtenu l'investiture en septembre.

Glengarry-Stormont était un comté peu sûr. King aurait eu à affronter un unioniste et un fermier-ouvrier. Il était d'ailleurs impopulaire en Ontario, où il avait été battu aux élections législatives de 1911 et 1917, et les délégués de cette province avaient voté massivement pour Fielding au congrès d'Ottawa. Québec-Est était une circonscription sûre, mais risquée pour ses chances électorales dans le Canada anglophone. Il aurait été trop identifié avec le Québec qui venait de lui donner un appui précieux. En optant pour le comté de Prince, il avait pris une sage décision.

NOTES

1. C. P. Stacey, *Mackenzie King and the Atlantic Triangle*, Toronto, 1976, p. 8.
2. Joseph Schull, *Laurier*, Toronto, 1966, p. 617.
3. H. S. Ferns et B. Ostry, *The Age of Mackenzie King*, Londres, 1955, p. 307.
4. Robert Rumilly, *Histoire de la province de Québec*, tome XXIV, Montréal, 1952, p. 98.
5. J. L. Granastein, *Mackenzie King. His Life and World*, Toronto, 1977, p. 7.
6. Joseph Schull, *op. cit.*, p. 617.
7. F. A. McGregor, *The Fall and Rise of Mackenzie King*, Toronto, 1962, p. 318.
8. *Ibid.*, p. 320.

9. H. S. Ferns et B. Ostry, *op. cit.*, p. 289.
10. Donald Creighton, *Canada's First Century*, Toronto, 1970, p. 163.
11. Robert Rumilly, *op. cit.*, p. 67.
12. F. A. McGregor, *op. cit.*, p. 323.
13. Robert Rumilly, *op. cit.*, p. 108.
14. *Ibid.*, p. 108.
15. H. Reginald Hardy, *Mackenzie King of Canada*, Toronto, 1949, p. 79.
16. *Mémoires du sénateur Raoul Dandurand*, édités par Marcel Hamelin, Québec, 1967, p. 264.
17. *Ibid.*, p. 265.
18. Robert Rumilly, *op. cit.*, p. 66.
19. Donald Creighton, *op. cit.*, p. 174.
20. H. Reginald Hardy, *op. cit.*, p. 84.
21. F. A. McGregor, *op. cit.*, p. 344.
22. R. MacGregor Dawson, *William Lyon Mackenzie King (1874-1923)*, Toronto, 1958, p. 307.

XIII

La révolte de l'Ouest

Après sa victoire, King a beaucoup de pain sur la planche. L'union n'est pas encore refaite au sein du parti libéral. Quelques unionistes libéraux ont participé au congrès de leadership, qui a élu King, mais d'autres n'ont pas encore réintégré les rangs du parti. Dans les milieux ruraux de l'Ontario et dans les provinces de l'Ouest, le mécontentement ne cesse de grandir. Les fermiers menacent de se lancer dans la politique pour combattre les deux grands partis traditionnels, si l'on ne satisfait pas à leurs revendications. Le nouveau leader réussira à ramener dans le giron du parti la plupart des déserteurs, mais il échouera lamentablement dans sa tentative de se concilier les dirigeants des mouvements agraires.

Il alla d'abord au plus pressé. Il fallait apaiser ses concurrents. King prie D. D. McKenzie de continuer à agir comme leader parlementaire pendant la session d'automne. Il persuade Fielding, non sans peine, de siéger sur les premiers rangs des bancs de l'opposition aux Communes avec McKenzie. Quand il prit la direction parlementaire de son parti, Fielding devint son principal collègue à la Chambre. Avec Graham, que Laurier aimait comme un frère[1], les rapports étaient excellents. La grande majorité des libéraux approuvèrent son indulgence envers les transfuges.

Quelques-uns ne partagèrent pas les dispositions de leur chef à pardonner généreusement. Leur opposition s'inspirait parfois de mobiles mesquins. La perspective d'une victoire libérale aux prochaines élections législatives paraissait certaine en raison de l'impopularité du gouvernement. Certains libéraux, qui étaient dévorés par l'ambition et aspiraient à des postes importants, songeaient à écarter les conscriptionnistes qui risquaient de nuire à leur avancement, en prenant les premières places. Un des irréconciliables fut Charles Murphy, ancien secrétaire d'État dans le cabinet Laurier. Il avait préparé un long dossier, à l'intention de son chef, et le pressait de sévir contre les « traîtres ». King ne céda pas. Il savait que la rancune ne menait nulle part, surtout en politique.

Une autre question qui préoccupait King, c'était le radicalisme agraire de l'Ouest qui risquait de lui faire perdre l'appui électoral de cette région du pays. Au temps de Laurier, la Prairie canadienne était généralement favorable aux libéraux, mais l'Ouest a toujours reproché au gouvernement fédéral d'avoir été injuste à son endroit afin de favoriser l'Ontario et le Québec[2]. Cette attitude s'explique assez facilement: près des trois quarts des circonscriptions électorales se trouvaient dans ces deux provinces. Laurier avait tenté d'apaiser l'Ouest par son accord de réciprocité avec les États-Unis en 1911, mais cette mesure n'avait pas reçu l'approbation de la population.

Un des porte-parole du mouvement protestataire, E. A. Partridge, s'écriait: « L'histoire du Canada depuis la Confédération, c'est une histoire de vols sans merci des habitants des provinces maritimes et de celles de la Prairie par les gros intérêts des provinces centrales qui sont plus fortes politiquement et financièrement[3]. » Cette explosion de colère était prévue, mais elle avait été retardée par le boom de la guerre de 1914, dont les cultivateurs avaient bénéficié largement. Avec la fin des hostilités en Europe et la chute des prix des céréales, les fermiers avaient recommencé à se plaindre. Pour satisfaire aux demandes de leurs produits, ils avaient agrandi leur domaine. Avec la baisse des prix, ils n'étaient plus en mesure de payer leurs créanciers de l'Est du Canada. Ils s'étaient également déchaînés contre le gouvernement d'union qui leur avait promis de ne pas mobiliser leurs fils s'ils votaient pour la conscription. Ces promesses ne furent pas tenues et les fils de cultivateurs furent conscrits comme les autres. Il faut reconnaître, cependant, qu'une fraction importante des fermiers anglophones avaient cédé au mouvement sentimental en faveur de l'Angleterre et avaient préconisé la conscription.

En décembre 1916, le Canadian Council of Agriculture publiait le programme revendicatif des fermiers. Il s'agissait d'une étape importante sur la voie de l'action politique. Les fermiers réclamaient une réduction des tarifs afin de pouvoir importer leurs machines agricoles (notamment des États-Unis où les prix étaient moins élevés) et vendre davantage de céréales sur les marchés étrangers. Ils exigeaient également une diminution des tarifs des chemins de fer ainsi que la nationalisation des sociétés ferroviaires. Pour que le gouvernement récupère les pertes qu'encouraient ces mesures, ils suggéraient l'établissement d'un impôt progressif sur le revenu des particuliers et des sociétés.

Deux ans plus tard, le Canadian Council revenait à la charge. Il présenta une version modifiée de sa plate-forme de 1916 qu'il intitula: *The New National Policy.* « C'était un défi catégorique à la *National Policy,* en vigueur depuis 1879, et qui consistait à utiliser les pouvoirs gouvernementaux en vue de développer le secteur manufacturier aux dépens de l'agriculture et du consommateur[4]. » L'essentiel de la nouvelle plate-forme, comme celle de 1916, consistait en la réciprocité avec les États-Unis des produits agricoles et l'introduction du libre-échange avec la Grande-Bretagne d'ici cinq ans. Le programme des fermiers était l'antithèse de la politique nationale de John A. Macdonald qui permit à l'Ontario et au Québec de développer leurs industries, à l'abri de barrières douanières.

Dès 1879, le chef conservateur « fait voter par le Parlement une politique tarifaire qui réservera le marché canadien aux producteurs canadiens. Le marché canadien devient un élément d'autant plus important qu'en 1885 un transcontinental réunira toutes les régions du pays... Ce sont là de puissants facteurs qui stimulent l'économie du Québec. Le secteur secondaire profite à plein des possibilités nouvelles du marché canadien d'où sont exclus les producteurs américains et anglais. Des entrepreneurs montréalais commencent à bâtir une industrie textile, d'autres s'intéressent à l'industrie de la chaussure, du tabac... Les manufacturiers délèguent à travers le pays des commis voyageurs qui ont mission de découvrir des marchés[5]. »

En décembre 1918, les United Farmers of Ontario adoptent le programme du Canadian Council. Au début de l'année suivante, les Grain Growers of Manitoba, les Saskatchewan Grain Growers et les United Farmers of Alberta font de même. Le gouvernement cédera-t-il à ces revendications? Impossible, à moins qu'il soit disposé à affronter une levée de boucliers au Québec et en Ontario. D'ailleurs, il est aux prises avec des difficultés financières. La dette nationale, qui était de $336 millions en 1914, avait presque septuplé au moment de l'armistice. Le service de la dette, les pensions à verser aux veuves et aux anciens combattants vont alourdir les charges de l'État. À cela s'ajoutent les compensations que le gouvernement devra verser aux actionnaires des sociétés ferroviaires nationalisées. Dans les circonstances, le gouvernement ne peut réduire sensiblement les droits de douane qui procurent un revenu et protègent l'économie nationale. Les fermiers n'ont d'autre solution de remplacement que de descendre dans l'arène politique.

Les United Farmers of Ontario sont les premiers à accepter le défi. Leurs chances de vaincre sont excellentes. « Les prix des produits agricoles tendaient à redescendre vers les niveaux d'avant-guerre. Les cultivateurs vendaient leurs produits aux prix d'avant-guerre majorés de dix à vingt pour cent, et payaient leurs fournitures à des prix majorés de cinquante à soixante pour cent[6]. » Les conservateurs, qui sont au pouvoir, ne semblent pas comprendre l'étendue du malaise rural.

En Ontario, les élections provinciales sont fixées au 20 octobre 1919. La campagne électorale atteint un rare degré de violence et de graves accusations sont portées. Un candidat ouvrier accuse le gouvernement d'avoir cédé « aux grandes sociétés les ressources de nickel et de bois de la province[7] ». Le chef des libéraux provinciaux, Hartley Dewart, s'en prend notamment au ministre des Terres, des Forêts et des Mines, G. Howard Ferguson, futur premier ministre de l'Ontario. Il lui reproche d'être « l'influence la plus corruptrice du gouvernement... Y a-t-il un ministère qu'il administre honnêtement[8]? » Un des chefs du mouvement agraire, E. C. Drury, prend la parole dans la circonscription de Grenville, où Ferguson brigue les suffrages. Il prend l'engagement que si les U.F.O. accèdent au pouvoir, ils feront une enquête sur les activités du ministre. Mais c'est surtout le gouvernement fédéral qui est en butte aux attaques des candidats fermiers. Ces derniers s'inspirent des arguments puisés dans le programme du Canadian Council of Agriculture. « Selon le secrétaire des U.F.O., les deux tiers des candidats fermiers sont d'anciens conservateurs[9]. »

Le soir du scrutin, les conservateurs subissent une lourde défaite, à la surprise des électeurs de l'Ontario et même d'ailleurs au Canada. Les fermiers remportent la majorité relative des sièges. Les conservateurs tombent de 78 à 25; les libéraux se maintiennent, 29 sièges au lieu de 30; l'Independent Labour Party, qui n'était pas représenté, s'empare de 11 sièges et les U.F.O. de 45[10]. Un candidat ouvrier bat le premier ministre, Sir William Hearst. Quant à Ferguson, il triomphe de justesse, n'ayant qu'une majorité de 62 voix.

Les candidats fermiers élus n'ont aucune expérience parlementaire, à l'exception de deux qui ont siégé à l'Assemblée législative de Toronto avant la consultation populaire. Chaque candidat, ayant fait une campagne autonome, sans recevoir de directives d'un chef, ne se sent lié qu'envers ses électeurs. Le lieutenant-gouverneur n'a d'autre choix que de confier le pouvoir aux U.F.O. Les élus se réunissent et élisent E. C. Drury comme leader. Ce dernier s'allie à l'I.L.P. et constitue un ministère fermier-ouvrier.

Les fermiers décident désormais de s'engager sur la scène politique fédérale. Le 6 janvier 1920, le Canadian Council of Agriculture tient un congrès à Winnipeg en vue d'étudier le problème de l'avenir politique des agriculteurs. Une centaine de délégués, venant de l'Ontario et des provinces de l'Ouest, y assistent. Il est convenu de fonder un nouveau parti politique qui portera le nom de National Progressive Party. T. A. Crerar, ministre de l'Agriculture du cabinet unioniste, qui avait démissionné au mois de juin précédent pour protester contre le budget qu'il qualifiait de protectionniste, assumera la direction du mouvement. En février, Crerar et dix autres parlementaires, qui avaient décidé de se joindre aux progressistes, forment un groupe indépendant aux Communes.

Une forte personnalité, qui prit une part active à la formation du parti progressiste, fut Henry Wise Wood. Originaire du Missouri, aux États-Unis, il avait acheté une ferme en Alberta, en 1905. Onze ans plus tard, il devint président des United Farmers de la province. Wood se proposait de faire de la formation progressiste un mouvement essentiellement voué à la classe agricole.

La plupart de ses adeptes étaient de l'Alberta. Crerar était nettement aux antipodes de Wood. Bien qu'il se souciât des intérêts des cultivateurs, il songeait à faire appel à toutes les classes de la société. Il ne considérait pas les progressistes comme un parti exclusivement fermier. Il se proposait d'organiser les progressistes comme les deux grands partis fédéraux qui ont un leader et tiennent des réunions régulières avec leurs députés. Dès le début, la nouvelle formation avait du plomb dans l'aile. Les divergences entre Crerar et Wood divisaient sérieusement le parti.

L'apparition des progressistes, avec leur plate-forme libre-échangiste, constituait une grave menace pour les conservateurs et les libéraux. Depuis la fin de la guerre, les deux grands partis avaient de nouveaux leaders. Meighen avait succédé à Borden, tandis que King avait remplacé Laurier. Les deux chefs étaient très différents et leur façon d'aborder la question du radicalisme agraire le sera également. Meighen se comportera en piètre stratège politique. Son attitude lui coupera les ponts et lui sera fatale. King, par contre, ménagera l'avenir et il en tirera d'impressionnants dividendes politiques.

Le nouveau premier ministre passe à l'attaque dès l'automne de 1920. Il prend la parole au Québec et au Nouveau-Brunswick. Son gouvernement préconise le maintien de la politique nationale (celle de Macdonald), favorise un tarif protecteur modéré et s'oppose aux revendications du mouvement progressiste. Le gouvernement n'est au service ni d'une classe, ni d'une région, mais il est national[11]. « Meighen dénonce le mouvement politique des fermiers qui favorise non seulement le libre-échange, mais aussi la domination d'une classe[12]. » Il accuse les fermiers d'avoir fait alliance avec « les séditieux de Winnipeg et de Vancouver[13] » qui ont déclenché des grèves générales dans ces villes, en 1919.

King est plus souple que Meighen dans ses prises de position au sujet des progressistes, mais sa pensée est de beaucoup moins claire, ce qui sera, d'ailleurs, la note dominante de son gouvernement. Au cours d'une tournée dans l'Ouest, il dénonce « le gouvernement invisible des gros intérêts, dont Meighen et son cabinet ne sont que l'incarnation visible[14] ». Quant à la question tarifaire, il est d'une imprécision renversante. Il se borne à déclarer « qu'il est catégoriquement en désaccord avec Meighen et moins catégoriquement avec Crerar[15] ». Un gouvernement libéral ne sera pas partisan du *free trade,* mais du *freer trade.* Le thème de King : « Réduction tarifaire si nécessaire, mais pas nécessairement le protectionnisme[16] » est devenu celui qui a eu le plus de succès. « Les fermiers étaient trop engagés dans l'action politique pour céder aux attaques de Meighen ou aux cajoleries de King[17] ».

La vague progressiste, qui semble sur le point de submerger l'Ouest, plonge dans l'inquiétude le premier ministre libéral de la Saskatchewan, W. M. Martin. En mai 1921, il réaffirme sa séparation d'avec les libéraux fédéraux qui sont deux formations différentes et dont les objectifs ne sont pas les mêmes. Le 23 mai, J. A. Maharg, président de la Grain Growers' Association, devient ministre de l'Agriculture. Martin s'efforce de persuader les organisations agricoles que son gouvernement n'est nullement favorable au libéralisme préconisé par les fédéraux. La situation lui paraît si grave qu'il brusque des élestions générales fixées en juin. Cette mesure était évidemment destinée à prévenir l'entrée des fermiers en politique. « Le gouvernement Martin remonta au pouvoir, mais le danger fut si sérieux qu'un retard d'un mois aurait pu signifier la défaite[18]. »

Si la confiance des électeurs dans les deux grands partis traditionnels avait été ébranlée en Saskatchewan, elle sera détruite en Alberta. Le 27 juin, une élection partielle fédérale se tient dans le comté de Medicine Hat. Quelle belle occasion pour les fermiers de mettre à l'épreuve l'électorat afin de savoir si l'on peut compter sur lui, à trois semaines des élections législatives dans la province! Les United Farmers choisissent Robert Gardiner. Les libéraux s'abstiennent, mais les conservateurs présentent un candidat. Le progressiste, qui avait reçu l'appui des ouvriers de la circonscription, remporte une victoire sans précédent de près de 10000 voix de majorité. Ce fut une défaite humiliante pour le gouvernement.

Les fermiers n'ont plus aucun doute sur l'issue de la consultation provinciale. Ils avaient décidé de se présenter aux élections malgré les avis contraires du président des United Farmers, Henry Wise Wood[19]. Ils font élire 39 candidats. La nouvelle Chambre se composera également de 4 libéraux, de 4 ouvriers, de 3 indépendants et de 1 conservateur. Cette fois, ce fut une humiliation pour les libéraux. Les fermiers, comme en Ontario, avaient mené une campagne autonome dans chaque circonscription et n'avaient pas choisi de chef. Ils offrent à Wood de prendre la direction du gouvernement, mais il refuse[20]. Sur la recommandation de Wood, Herbert Greenfield, vice-président des U.F.A., qui n'avait contesté aucun siège, devient premier ministre de l'Alberta. Le nouveau chef se fera élire assez facilement à une élection partielle.

Au Manitoba, en 1922, les United Farmers de la province s'emparent du pouvoir. Le premier ministre libéral, T. C. Norris, comme celui de la Saskatchewan, s'était dissocié des libéraux fédéraux avant le scrutin pour ne pas nuire à ses chances. Cet acte de prudence ne donna pas de grands résultats. Les fermiers firent élire 27 candidats, tandis que les libéraux, 7, dont Norris et un autre ministre. Les conservateurs, avec 6 élus, firent également piètre figure. Les fermiers, comme ailleurs, avaient fait la campagne électorale sans organisation de parti et sans leader.

Ils se donnèrent un chef en la personne du président du Manitoba Agricultural College, John Bracken. Ce dernier n'avait aucune expérience politique et il reconnut qu'il n'avait jamais voté aux élections[21]. Quand il forma le gouvernement, il ne nomma comme ministres que des presbytériens comme lui[22], ce qui fit murmurer, comme on peut se l'imaginer, bien des adeptes des autres confessions protestantes. Néanmoins, il se révéla un excellent administrateur. Les électeurs le réélirent à toutes les élections pendant vingt ans, jusqu'au moment où il assumera la direction des conservateurs fédéraux.

NOTES

1. H. S. Ferns et B. Ostry, *The Age of Mackenzie King*, Londres, 1955, p. 230.
2. Peter Ward, *Britannica Book of the Year*, Chicago 1979, p. 239.
3. D. C. Masters, *The Coming of Age*, Montréal, 1967, p. 24.
4. W. L. Morton, *The Progressive Party in Canada*, Toronto, 1967, p. 62.
5. Jean Hamelin et Yves Roby, *Histoire économique du Québec (1851-1896)*, Montréal, 1971, p. 91, 92.
6. Robert Rumilly, *Histoire de la province de Québec*, tome XXIV, Montréal, 1952, p. 132.
7. Peter Oliver, *G. Howard Ferguson*, Toronto, 1977, p. 88.
8. *Ibid.*, p. 88.
9. W. L. Morton, *op. cit.*, p. 84.
10. Peter Oliver, *op. cit.*, p. 88.
11. W. L. Morton, *op. cit.*, p. 104.
12. *Ibid.*, p. 104.
13. *Ibid.*, p. 105.
14. Robert Craig Brown et Ramsay Cook, *Canada (1896-1921)*, Toronto, 1974, p. 334.
15. *Ibid.*, p. 334.
16. *Ibid.*, p. 334.
17. W. L. Morton, *op. cit.*, p. 106.
18. *Ibid.*, p. 110.
19. James G. MacGregor, *A History of Alberta*, Edmonton, 1972, p. 253.
20. *Ibid.*, p. 253.
21. W. L. Morton, *Manitoba: A History*, Toronto, 1967, p. 383.
22. J. W. Pickersgill, *Canadian Historical Review*, septembre 1980, p. 408.

XIV

King, premier ministre

Depuis la fin des hostilités en Europe, le premier ministre du Canada, Sir Robert Borden, était déjà un homme usé. Les nombreux soucis, qui l'avaient accablé au cours de la guerre, avaient ravagé sa santé. Il avait fait plusieurs cures de repos, dont la dernière avait duré six mois. Il avait manifesté à maintes reprises son intention de se retirer de la vie politique, mais ses partisans le pressaient de ne pas donner suite à son projet. En juin 1920, Borden décide de résigner ses fonctions. Réunis à Ottawa, le 1er juillet, les parlementaires acceptent avec regret la démission de leur chef, âgé de soixante-six ans.

Borden était un homme intègre. On peut discuter les mesures qu'il fit voter, mais sa sincérité ne peut être mise en doute. L'homme ne s'est jamais conduit comme un satellite de la Grande-Bretagne. C'était un partisan de l'unité diplomatique de l'Empire. Il était prêt à participer aux guerres impériales, mais à condition que le Canada ait voix au chapitre sur un pied d'égalité avec l'Angleterre. Il s'est comporté parfois comme le premier ministre d'un pays souverain, notamment à la conférence de la Paix, à Paris, en 1919 (question qui sera traitée dans un autre chapitre). Si le Canada a accédé à la souveraineté internationale, en 1931, il le doit à Borden, comme à son prédécesseur, Laurier, qui ont posé les premiers jalons. King terminera leur oeuvre. Ces trois hommes d'État nous ont acheminés vers l'indépendance, tout en faisant l'économie d'une révolution, contrairement à bien d'autres pays.

Qui sera le successeur de Borden? C'est ce dernier qui décidera. Il n'y aura pas de congrès de leadership, comme chez les libéraux, l'année précédente. Si le choix était laissé aux députés, c'est Meighen qui recueillerait la majorité des suffrages. Bien des membres du cabinet, qui ont plus le sens des réalités, lui sont hostiles. Ils préfèrent Sir Thomas White, ministre des Finances de Borden, mais ce dernier, qui avait abandonné la politique pour les affaires, décline le poste. Il ne reste que Meighen. Les opposants à ce choix font valoir de graves objections : Meighen a défendu aux Communes les lois les plus impopulaires adoptées par le gouvernement unioniste, comme la conscription, la loi des élections en temps de guerre et la nationalisation des sociétés ferroviaires.

Il n'était pas plus responsable de ces mesures que les autres membres du cabinet, mais, aux yeux de l'opinion publique, c'est lui qui en aurait pris l'initiative. Meighen s'est mis à dos le Québec et les milieux ruraux des autres provinces. Les cultivateurs anglophones, comme ceux du Québec, ne lui pardonnent pas d'avoir envoyé leur fils sur les champs de bataille de l'Europe, contre leur gré. Les Néo-Canadiens, qui avaient été privés de leur droit de vote aux élections générales de 1917 à cause d'une mesure discriminatoire, ne donneront pas leur appui à un tel chef. Les milieux financiers de Montréal lui sont hostiles en raison de sa politique de nationalisation. Au départ, ses chances de faire réélire le gouvernement sont très minces.

Toujours est-il que le 10 juillet, Meighen prête serment devant le gouverneur général, le duc de Devonshire, et devient le successeur de Borden à la tête du gouvernement canadien. À contrecoeur, de nombreux ministres acceptent le nouveau leader. « C'était inévitable et, toutefois, dans une certaine mesure, un choix malheureux[1]. » Le nouveau premier ministre avait quarante-six ans, quelques mois de plus que King. Comme le chef libéral, il était presbytérien. Les deux hommes, qui avaient été confrères à l'Université de Toronto, avaient été élus aux Communes pour la première fois en 1908. Là s'arrête la comparaison entre les deux hommes, qui sont bien différents et le seront toujours.

Meighen était doué d'une mémoire phénoménale, faculté précieuse pour un homme politique qui, parfois, doit fournir des renseignements détaillés sur certains faits. Ayant pratiqué les grands classiques anglais, il possédait très bien la langue et s'exprimait avec une précision remarquable. Dans les discours de Meighen, il n'y avait presque jamais un mot de trop. Il y avait toujours une conclusion et elle était exposée de la manière la plus claire possible. C'était d'ailleurs un esprit clair qui savait où il allait. « Amis et adversaires également, qu'ils soient ou non d'accord avec lui... sont disposés à reconnaître que, intellectuellement, Meighen était un homme supérieur[2]. »

Il ne tournait jamais autour du pot. Il était sûr que deux et deux font quatre et que la ligne droite est le chemin le plus court d'un point à un autre. Il n'avait pas peur de dire ou de faire des choses impopulaires s'il était convaincu qu'elles étaient dans l'intérêt du pays. Personne n'a pu dire honnêtement qu'il n'avait pas le courage d'afficher publiquement ses convictions. Il manquait parfois de souplesse. Ce fut un de ses graves défauts. Il ne faisait aucun effort pour se concilier ses adversaires et s'en faire des amis. Il n'est jamais passé maître dans l'art de se faire des amis.

« Avec ses adversaires, il lui arrivait d'être sarcastique et même cruel. Envers Laurier, toutefois, il était toujours courtois et respectueux[3]. » Par contre, il avait pour King un mépris souverain et ses réponses ambiguës l'enrageaient. King avait également un profond mépris pour Meighen et il le craignait. Il savait que son adversaire, dans l'argumentation, lui était supérieur. Meighen, qui était un tory jusqu'aux moelles, considérait « tous les libéraux comme des enfants du diable[4] ».

Un journaliste a tracé de Meighen un portrait assez juste: « Il a fait face aux hommes et aux événements avec un entêtement sombre, tenace, pessimiste. Il a toujours eu plus de fiel que d'humour, plus d'esprit combatif que d'adresse. Il lui a manqué la souplesse féline d'un Howard Ferguson, la cordialité trompeuse d'un R. B. Bennett, la patience calculatrice d'un Mackenzie King. Il préférait affronter les obstacles plutôt que de les contourner. Sa roideur d'esprit le rendait désagréable. Et dans sa hâte de toucher le but, il négligeait la préparation nécessaire, méprisait les lenteurs réfléchies[5]. »

Le nouveau premier ministre s'attelle à la tâche. Il est bien au courant des exigences des diverses régions du pays, notamment en matière tarifaire. L'Ouest est libre-échangiste, ou presque. Le Québec et l'Ontario, protectionnistes. Va-t-il louvoyer entre ces deux extrêmes ou épier les courants de l'opinion publique avant de prendre position? Meighen n'hésite pas. Il épouse la cause du Québec et de l'Ontario, où se trouvent la majorité des circonscriptions. S'il réussit à en faire la conquête électorale, il est assuré de faire réélire son gouvernement aux prochaines élections législatives qui ne tarderont pas à venir. Il a des arguments de poids pour faire valoir son attitude. Si le tarif est maintenu, les industries des provinces centrales continueront à fonctionner à plein et le chômage ne risque pas de s'étendre. L'Ouest, qui est une chasse gardée pour l'Est, continuera à absorber l'excédent de la production du Québec et de l'Ontario.

Le premier ministre estime que les barrières douanières sont moins élevées au Canada qu'en aucun autre pays, à l'exception de la Grande-Bretagne. Malgré l'impopularité suscitée par la *Old National Policy* de John A. Macdonald dans la Prairie, Meighen est déterminé à en faire l'élément principal de son programme, sans y apporter de modifications. Il n'ignore pas les risques de sa position, mais il refuse, néanmoins, toute concession, advienne que pourra. Comme on peut le constater, l'homme est d'une franchise brutale. Il perd ainsi tout contact avec l'Ouest et les progressistes. Aucun rapprochement entre les deux formations ne paraît possible. C'est la lutte à mort entre progressistes et conservateurs.

Meighen était disposé à faire certaines concessions à l'Ouest, mais, dans l'espoir de gagner le Québec à son parti, il maintint les droits protecteurs. Il commit ainsi une grave erreur de perception. Les passions anticonscriptionnistes étaient encore trop fortes au Québec pour que les Canadiens français lui donnent leur appui. Prenant la parole à Sherbrooke, le premier ministre opposa un démenti catégorique aux insinuations et aux accusations selon lesquelles il était l'ennemi du Canada français. Il exprima le désir d'accroître la représentation canadienne-française au sein du cabinet si les électeurs du Québec lui en fournissaient les moyens, ajoutant «que l'unité nationale doit être restaurée et que cette unité doit se faire dans la diversité et non dans l'assimilation[6] ».

Le parti conservateur est complètement désorganisé au Québec. Pour le remettre sur pied, il faut presque partir de rien, de nombreux partisans l'ayant quitté à cause de son impopularité. Le gouvernement ne compte qu'un Canadien français, Pierre-Édouard Blondin, ministre des Postes, qui est également sénateur. Ayant voté pour la conscription, Blondin est discrédité aux yeux de l'opinion canadienne-française. Il n'est pour Meighen qu'un fardeau politique. Au niveau provincial, les conservateurs, qui sont très faibles, n'osent se compromettre avec Meighen de crainte de perdre l'estime de l'électorat.

Pour ressusciter le parti au Québec, le premier ministre n'a d'autre choix que de s'entourer de Canadiens français qui ont l'oreille du peuple. Il aurait aimé s'adjoindre Albert Sévigny, ancien président de la Chambre des communes et, pendant quelque temps, ministre de Borden, mais Sévigny, comme Blondin, n'est pas mieux considéré par ses compatriotes à cause de son attitude conscriptionniste.

Il y a Esioff Patenaude. Il a démissionné du cabinet Borden afin de protester contre la conscription et s'est remis à la pratique du droit, à Montréal. Son prestige n'est pas entamé en raison de son hostilité à la conscription. Patenaude est habile et intègre. Il jouit du respect des deux principales communautés ethniques de la province. Meighen le sonde et les deux hommes ont une série d'entretiens. C'est un échec. Patenaude, politique prudent, décline l'invitation. Il a sans doute acquis la conviction que le moment n'est pas mûr pour affronter les libéraux dans la province avec un homme aussi peu populaire que le premier ministre. Il attendra son heure.

Des libéraux sont alors pressentis pour être ministres. Des officieux sondent l'Acadien P. J. Veniot, ministre des Travaux publics dans le gouvernement du Nouveau-Brunswick. Veniot déclare à un journaliste qu'il a été invité à se joindre au cabinet Meighen, mais le premier ministre nie catégoriquement cette affirmation aux Communes, ajoutant qu'aucune approche ne lui a été faite et qu'il n'avait autorisé personne à en faire.

Le seul libéral canadien-français que Meighen voudrait s'adjoindre au Québec, c'est Georges Boivin, député de Shefford et vice-président des Communes. Bon orateur et plein de ressources, il serait un rival capable de tenir tête à Ernest Lapointe, l'étoile montante de son parti et qui est à la veille de devenir le chef incontesté des libéraux fédéraux dans la province. Boivin est encore jeune. Il n'a que quarante ans et il est très ambitieux. Il a assumé la vice-présidence des Communes avec l'appui des conservateurs et des libéraux. Tout le monde est d'accord pour reconnaître son impartialité dans l'exercice de ses fonctions et son bon sens.

Il était connu que Boivin avait en aversion Mackenzie King, qu'il craignait le radicalisme des progressistes et qu'il était un ardent protectionniste. Le premier ministre ne pourrait avoir de meilleur lieutenant au Québec. Au printemps de 1921, il offre à Boivin un ministère. Ce dernier, le jour où il devait prêter serment, se ravise, ayant été convaincu au dernier moment qu'une alliance avec Meighen mettrait fin à sa carrière politique[7]. Un des organisateurs du député de Shefford, Ludger Bernard, lui avait dit: « Ne faites pas le plongeon, les électeurs ne vous suivront pas[8]. »

King, mis au courant des pressions exercées sur Boivin, le fait venir et lui demande des explications. Séance tenante, il fait publier ce communiqué: « Je crois qu'il est tout à fait vrai que des propositions avantageuses ont été faites à M. Boivin, vice-président de la Chambre des communes, pour qu'il devienne ministre du cabinet. M. Boivin m'assure que la rumeur publiée aujourd'hui n'est pas fondée, et qu'il n'a pas l'intention de devenir un des membres de l'administration de M. Meighen[9]. » Néanmoins, le chef du gouvernement a cru, pendant quelque temps, que Boivin s'allierait, tôt ou tard, aux conservateurs. Cet espoir ne prendra jamais corps.

Il ne reste au premier ministre qu'à choisir au Québec comme lieutenants canadiens-français des conservateurs de second plan. Rodolphe Monty, qui avait la réputation d'être un excellent avocat montréalais, devient ministre. Le docteur Louis-Philippe Normand, maire de Trois-Rivières, accepte, non sans hésitation, de faire partie du cabinet conservateur. À Québec, le premier ministre fixe son choix sur Louis de Gonzague Belley, qui avait siégé aux Communes de 1892 à 1896, et qui pratiquait le droit dans la capitale provinciale. Sur les instances de Monty, le chef du gouvernement accorde un ministère à André Fauteux, avocat et assez bon orateur. Aucun des nouveaux ministres canadiens-français n'a d'expérience parlementaire, à l'exception de Belley. Quant à leur influence sur la province, elle était très mince. À côté de Gouin, Lapointe et Lemieux, on peut affirmer sans trop d'exagération qu'ils n'étaient que des pygmées.

Le 21 septembre 1921, Meighen annonce la formation de son cabinet qui compte douze nouvelles figures. Pour les provinces anglophones, il n'y en a que trois qui joueront un rôle important dans l'avenir. Ce sont: H. H. Stevens, R. B. Bennett et R. J. Manion. Le Québec a cinq ministres, dont un anglophone et quatre francophones. Charles C. Ballantyne, député d'une circonscription de Montréal, devient ministre de la Marine et de la Pêche; Rodolphe Monty, secrétaire d'État; Louis de Gonzague Belley, ministre des Postes; Louis-Philippe Normand, président du Conseil privé, et quelques jours plus tard André Fauteux est nommé solliciteur général.

Au tout début de septembre, Meighen avait annoncé à London, en Ontario, que les électeurs seraient conviés aux urnes prochainement. C'était le début de la campagne électorale. Jusqu'au jour du scrutin, fixé au 6 décembre suivant, le premier ministre prononcera quelque 250 discours. Il néglige passablement sa circonscription de Portage la Prairie, au Manitoba, où il ne passera que deux à trois jours, laissant à ses organisateurs le soin de s'en occuper.

Au Québec, les libéraux font porter la campagne électorale presque exclusivement sur le thème de la conscription. Certains orateurs, pour apeurer les électeurs, prédisent que d'ici à deux mois, il y aura une guerre et ils préviennent les mères et les soeurs que leurs fils et leurs frères seront conscrits de nouveau. D'autres dénoncent « l'antéchrist » Meighen, le père de la conscription. J'ai tout lieu de croire que bien des gens au Québec ont cru à cette allégation. Le jour du scrutin, le quotidien libéral de

Montréal, *le Canada*, imprime en grosses manchettes: « Écrasons Meighen, c'est le temps. » Mackenzie King, au cours de sa tournée à travers le pays, parle souvent de l'unité nationale, tandis qu'au Québec les libéraux exploitent à fond la conscription, question qui a le plus divisé le pays.

Meighen ne craignit jamais de prendre la responsabilité des actions qu'il avait défendues. Ainsi, prenant la parole à Shawinigan Falls, il avoue sans ambages: « J'ai favorisé la conscription. J'en ai parlé à maintes reprises à la Chambre des communes, dans chaque province du pays. Je l'ai fait parce que je croyais que c'était juste. La conscription fut appliquée dans ma province de la même façon que dans les autres provinces du pays[10]. »

Beaucoup de partisans de Meighen furent choqués par cette déclaration qui leur semblait inopportune, notamment au Québec où le sentiment anticonscriptionniste était si enraciné. Le premier ministre ne voyait pas les choses dans la même perspective. Il avait la certitude qu'une prise de position honnête et courageuse recevrait l'approbation de la masse canadienne-française. D'ailleurs, il ne pouvait éluder cette question dans le Québec, les libéraux l'abordant dans toutes les assemblées.

Au Manitoba, Meighen fit preuve d'autant de franchise. Il n'hésita pas à se porter à la défense du protectionnisme dans une province libre-échangiste. Il affirma sans détour: « Je suis pour un tarif protecteur... Je suis pour les mesures protectionnistes que j'ai appliquées. Des réductions tarifaires sensibles mettraient en danger l'indépendance du Canada, augmenteraient le chômage, mettraient en péril les industries naissantes, détruiraient la confiance des hommes d'affaires et paralyseraient les industries[11].» Cette déclaration ne fit qu'accentuer le fossé qui séparait les conservateurs des progressistes.

Pour sa part, King fut sur la corde raide durant toute la campagne électorale. Sur la nationalisation des chemins de fer, il adopta une position ambiguë. Une fraction très importante du Québec était hostile à cette mesure, tandis que l'Ontario et l'Ouest canadien lui étaient favorables. Sa répugnance à prendre des engagements catégoriques s'explique par son insécurité à la tête du parti. Certains libéraux doutaient de ses aptitudes à les diriger. À la session, qui a précédé les élections générales, il n'avait étonné personne. Son échec à se concilier les progressistes contribua à confirmer la conviction que certains savaient qu'il n'avait pas les qualités d'un leader. S'il prenait une position tant soit peu favorable aux revendications de l'Ouest, il risquait d'avoir des ennuis avec un groupe de protectionnistes libéraux du Québec. Ce groupe, dirigé par Sir Lomer Gouin, comprenait Rodolphe Lemieux et les sénateurs Raoul Dandurand et F.-L. Béique. Par contre, l'aile gauche du parti libéral au Québec, dirigée par Ernest Lapointe, manifestait moins d'antipathie envers les revendications des provinces de la Prairie. Elle comprenait, d'ailleurs, la majorité des députés.

Le bruit courut, dès le milieu de 1920, que Gouin et ses partisans pourraient s'associer aux conservateurs fédéraux, formant ainsi une alliance Meighen-Gouin. Les deux hommes étant en communauté de pensée en matière tarifaire, leur union semblait toute naturelle. Malgré les réserves qu'entretenaient les milieux financiers de Montréal envers le premier ministre, il paraît qu'ils étaient peut-être plus sympathiques à Meighen qu'à King. Celui-ci louvoyait tandis que celui-là avait pris position nettement en matière de tarifs. Lorsque Gouin accepta l'investiture libérale dans la circonscription de Laurier-Outremont, le 20 octobre, tout espoir d'une alliance Meighen-Gouin s'évanouit.

Une semaine avant les élections législatives, une rumeur circulait à l'effet que des libéraux du Québec conspiraient contre le leadership de King. Lemieux fit savoir à son chef que la rumeur était sans fondement. Dans une lettre qu'il lui fit parvenir et qu'un quotidien montréalais publia, Lemieux écrit: « En mon nom et au nom de mes collègues et des candidats libéraux du Québec, je déclare que nous n'avons qu'un leader et c'est Lyon Mackenzie King[12]. » Ce dernier se méfiait toujours de Sir Lomer Gouin et s'efforçait de lui arracher une déclaration de loyauté qui serait publiée dans la presse. King n'obtint qu'une assurance indirecte. Le député de Montréal-Cartier, Samuel Jacobs, affirma que Gouin était d'accord avec la déclaration de Rodolphe Lemieux[13].

Pour faire diversion à la question tarifaire, King concentra ses attaques sur l'administration du gouvernement, mettant l'accent évidemment sur les mesures impopulaires qu'il avait fait adopter. C'est en Ontario que King consacra le gros de son temps, cette province étant la clé des élections. Il y passa trente-quatre jours et Meighen, trente et un. Le Québec semblait nettement assuré aux libéraux, tandis que les provinces de l'Ouest inclinaient fortement en faveur des progressistes. C'est l'Ontario qui décidera lequel des trois partis aurait le plus grand nombre de candidats élus. Avant le scrutin, il semblait clair qu'aucun parti n'aurait la majorité absolue.

Au Québec, le leader nationaliste Henri Bourassa se prononça contre les conservateurs, sans nécessairement appuyer les libéraux. À la fin d'octobre, il déclara, à Montréal, que « le parti conservateur fédéral, dirigé par Arthur Meighen, mérite une défaite écrasante. Aux anciens et nombreux griefs que nous avons accumulés contre lui s'en ajoute un autre : le ministre du Travail, Robertson, est inféodé au syndicalisme international[14]. »

À l'approche du scrutin, il donna aux électeurs la consigne suivante : « La conclusion, nous n'en voyons pas d'autre que celle qui s'est imposée à notre esprit dès le début de la campagne électorale. Partout où se porte un candidat indépendant, il faudra voter pour lui. Ailleurs, il faudra donner la préférence au candidat libéral[15]. »

Le 6 décembre, les libéraux remportent 117 sièges ; les progressistes, 64 ; les conservateurs, 50 ; les ouvriers indépendants, 2 ; libéral-ouvrier, 1, et libéral indépendant, 1. Meighen et neuf de ses ministres sont battus. Crerar obtient une majorité de 5 500 voix, tandis que King, dans une lutte tripartite, 1 055. Il ne manque aux libéraux qu'un siège pour obtenir la majorité absolue, mais avec l'appui des indépendants, ils peuvent l'obtenir.

Les libéraux avaient fait élire des candidats dans toutes les provinces, sauf l'Alberta. Au Québec, en Nouvelle-Écosse et dans l'Île-du-Prince-Édouard, ils avaient pris tous les sièges. Les conservateurs ne formaient plus un parti national, au niveau de la représentation aux Communes. Leurs candidats élus se bornaient à trois provinces, dont 37 en Ontario. Les progressistes et les libéraux se partageaient les autres circonscriptions, soit respectivement 24 et 21. Au niveau des électeurs, les libéraux avaient recueilli 1297000 voix; les conservateurs, 972000, et les progressistes, 769000.

C'était la première fois depuis la Confédération qu'un gouvernement minoritaire accédait au pouvoir au Canada. C'était aussi la première fois qu'un tiers parti devançait l'une des deux grandes formations politiques traditionnelles. Les libéraux remontaient à la direction du gouvernement après avoir passé plus de dix ans dans l'opposition. Et King devenait premier ministre après n'avoir été leader de son parti que depuis un peu plus de deux ans.

NOTES

1. Donald Creighton, *Canada's First Century*, Toronto, 1970, p. 168.
2. Roger Graham, *Arthur Meighen*, Ottawa, 1965, p. 4.
3. Normand Ward, *The Memoirs of Chubby Power*, Toronto, 1966, p. 71.
4. Robert Craig Brown et Ramsay Cook, *Canada (1896-1921)*, Toronto, 1974, p. 332.
5. Léopold Richer, *Silhouettes du monde politique*, Montréal, 1940, p. 40.
6. Roger Graham, *Arthur Meighen*, tome II, Toronto, 1963, p. 8, 9.
7. *Ibid.*, p. 21.
8. Robert Rumilly, *Histoire de la province de Québec*, tome XXV, Montréal, 1952, p. 145.
9. *Ibid.*, p. 145.
10. Roger Graham, *op. cit.*, p. 143.
11. R. MacGregor Dawson, *William Lyon Mackenzie King (1874-1923)*, Toronto, 1958, p. 351.
12. *Ibid.*, p. 354.
13. *Ibid.*, p. 354.
14. Robert Rumilly, *op. cit.*, p. 203.
15. Robert Rumilly, *Henri Bourassa*, Montréal, 1953, p. 634.

XV

Le premier gouvernement King

Assuré de former le prochain gouvernement, King confie à son frère, vers la mi-décembre, que sa seule préoccupation est le « peuple » et qu'il n'est pas disposé à compter sur « les gros et puissants intérêts ». Il ajoute qu'il chercherait à « effectuer, non une coalition, mais une fusion des forces libérales et progressistes[1] », ce qui veut dire l'absorption des progressistes par les libéraux. Cette fusion lui paraît d'autant plus naturelle que les progressistes, comme il disait souvent, ne sont que des « libéraux pressés[2] ». Mais les fermiers ne sont pas dupes.

Une autre de ses préoccupations, dans l'intérêt de l'unité nationale, c'est que toutes les provinces et toutes les classes soient représentées dans son gouvernement. Il se propose aussi de réduire le nombre des ministres à seize. Le cabinet de son prédécesseur en comptait vingt et un. À l'exception du Québec et de l'Ontario, chaque province aura un représentant. King se fixe également pour but de maintenir un équilibre entre catholiques et protestants. Évidemment, tous ces objectifs ne seront pas atteints.

Avant de former son cabinet, King se proposa de sonder les dispositions des progressistes dans le but d'engager leurs leaders à faire partie de son gouvernement. Il fallait d'abord que ses principaux lieutenants acceptent. Le premier parlementaire convoqué à Ottawa par le premier ministre nouvellement élu fut Ernest Lapointe, l'homme en qui King avait la plus grande confiance. Au mois de septembre, avant les élections, il avait promis à Lapointe qu'il aurait le choix de son ministère.

Lors de leur entretien, le 10 décembre, dans la capitale fédérale, King réaffirma son engagement. Lapointe réclama le ministère de la Justice parce qu'il estimait que ce portefeuille lui donnerait le prestige dont il avait besoin dans le Québec. King nota dans son journal qu'il jugeait Lapointe digne du portefeuille de la Justice et qu'il l'aurait, ajoutant que Lapointe était « *a beautiful Christian character*[3] ». La conversation se poursuivit sur la formation du ministère et Lapointe fit quelques suggestions, dont certaines coïncidaient avec celles du premier ministre.

En ce qui a trait aux progressistes, Lapointe se déclara en parfait accord avec son chef sur l'ouverture de négociations avec les fermiers. Il était d'ailleurs assez sympathique aux revendications des ruraux, ayant été député de Kamouraska de 1904 à 1919, circonscription composée en majorité de cultivateurs. Il s'était fait élire, à une élection partielle, dans le comté de Québec-Est, celui de Sir Wilfrid Laurier, après la mort de ce dernier, dans le dessein d'accroître son prestige dans la province. Ayant l'appui de son principal lieutenant au Québec, King chargea Andrew Haydon, secrétaire de l'organisation libérale nationale, d'entamer des pourparlers, à Winnipeg, avec T. A. Crerar et A. B. Hudson, libéral indépendant, mais à fortes tendances progressistes.

Le soutien de Lapointe pour l'ouverture de ces entretiens était d'autant plus important que les francophones étaient en majorité dans le parti libéral. Il aurait été difficile de s'engager dans cette voie si les Canadiens français y avaient été opposés. Ce n'est que par la suite que King obtint l'approbation de Fielding et de Gouin. Ces derniers ont sans doute compris que la fusion avec les libéraux équivaudrait, à plus ou moins brève échéance, à la disparition des progressistes comme entité distincte. Au Québec, il n'y eut qu'une voix discordante contre la poursuite des négociations avec Crerar, celle du premier ministre libéral, Louis-Alexandre Taschereau[4].

De son côté, King s'entretint, à Toronto, avec le chef du gouvernement fermier de l'Ontario, E. C. Drury. Ce dernier manifesta l'intention de faire partie du cabinet si on pouvait lui trouver un successeur. Il déclina, par la suite, l'invitation, ses partisans ayant refusé de le libérer de ses responsabilités gouvernementales jusqu'aux prochaines élections générales. Drury avait été le premier à préconiser une coalition avec les libéraux fédéraux. King lui opposa un refus catégorique. Ce n'était pas une question négociable.

Aux conversations de Winnipeg, par contre, ni Crerar ni Hudson n'avaient parlé de coalition. Les progressistes de l'Ouest, à l'exception de ceux de l'Alberta, où il y avait de nombreux dissidents, donnèrent le feu vert à Crerar, à condition qu'il entre au cabinet en son nom personnel, n'engageant en rien le parti. En revanche, ceux de l'Ontario désapprouvèrent l'initiative de leur leader. D'ailleurs King avait toujours refusé de donner aux progressistes des garanties écrites sur sa politique éventuelle et avait refusé certaines de leurs revendications. Si King avait accepté les exigences des progressistes, il aurait perdu l'appui du Québec et de l'Ontario qui comprenaient les trois quarts des députés libéraux aux Communes. Avec le refus de Crerar, ce fut la fin des négociations. Ce fut un demi-échec, les progressistes ayant donné l'assurance tacite de soutenir les libéraux à la Chambre.

Dès le début, une fusion avec les progressistes paraissait invraisemblable. Les fermiers avaient mené une vive campagne contre les deux grands partis qu'ils accusèrent d'être inféodés aux grands milieux financiers du Québec et de l'Ontario et d'être les ennemis des ruraux. Était-il possible que, quelques jours après leur triomphe aux élections, les fermiers consentissent à fusionner avec les libéraux dont l'intention était nettement de les absorber? Il ne restait désormais à King qu'à poursuivre ses entretiens en vue de la formation de son gouvernement. Il dut agir prudemment car son autorité n'était pas encore bien établie. Pour prévenir une levée de boucliers, il confia des ministères à des hommes sur la loyauté desquels il ne pourrait trop compter.

Pour la Nouvelle-Écosse, le choix de Fielding était prévu d'avance. Il obtint le portefeuille des Finances, mais King ne le consultait presque jamais sur le choix des autres membres du cabinet. Il le tint à l'écart à cause peut-être parce qu'il avait été son principal rival au congrès de leadership d'Ottawa et aussi parce qu'il éprouve un sentiment d'envie envers lui. En effet, dans l'art d'argumenter aux Communes, Fielding s'est toujours montré supérieur à son chef. À cela s'ajoute une autre raison: King est favorable à l'indépendance politique du Canada, alors que Fielding, au contraire, n'a jamais manqué une occasion de s'opposer publiquement aux initiatives de Borden visant à obtenir pour le Canada une plus grande indépendance. En d'autres termes, Fielding voulait que le Canada ne soit qu'une colonie de la Grande-Bretagne, ce qui risquait d'embarrasser King et de provoquer des frictions avec les Canadiens français.

Depuis la Confédération, la Nouvelle-Écosse, à l'exception d'une fois, a toujours eu deux ministres. Aux dernières élections législatives, les libéraux, pour la première fois depuis 1867, se sont emparés de tous les sièges. L'occasion ne paraît pas favorable pour répéter l'exception. A. K. Maclean ferait un excellent ministre, mais il a été ministre sans portefeuille dans le cabinet unioniste. King appréhende que la nomination d'un second conscriptionniste libéral lui causerait des ennuis dans la province[5]. Une fraction importante de l'électorat néo-écossais avait condamné l'envoi des conscrits outre-mer. C'est D. D. McKenzie qui reçut l'investiture ministérielle. C'était le premier et le dernier accroc à la décision de King de ne nommer qu'un ministre par province, sauf pour le Québec et l'Ontario.

Au Nouveau-Brunswick, les libéraux avaient fait élire 5 candidats sur 11. Aucun n'est vraiment ministrable. Un avocat de Sackville, A. B. Copp, devient secrétaire d'État. C'était un homme bien vu et qui n'avait pas d'ennemis politiques importants. À l'Île-du-Prince-Édouard, pour la première fois depuis 1887, les électeurs n'avaient élu que des libéraux. John E. Sinclair, un jeune cultivateur prospère, se voit confier un ministère sans portefeuille.

C'est au Québec que King s'est trouvé en présence des plus grandes difficultés. Sir Lomer Gouin était la recrue parlementaire la plus importante aux élections générales de 1921. Il avait été quinze ans premier ministre de la province. Il avait résigné ses fonctions, en 1920, à l'âge de cinquante-neuf ans. Il conservait encore beaucoup de prestige au Québec. King ne l'estimait guère. Il s'en méfiait pour plusieurs raisons. Gouin avait d'abord épousé la cause de Fielding au congrès de leadership d'Ottawa et était associé aux milieux financiers de Montréal.

À la fin de septembre, alors que King faisait campagne dans les provinces de l'Atlantique, il apprit que des dirigeants des deux partis, dont Meighen, Gouin et Lord Atholstan, propriétaire du *Montreal Star*, s'étaient entretenus, dans la métropole canadienne, en vue de former une alliance. L'information était-elle fondée? Nous ne le savons pas. Toujours est-il que le leader libéral la prit au sérieux. Il songea même à retirer sa candidature de la circonscription de York-Nord, en Ontario, pour un comté plus sûr à l'Île-du-Prince-Édouard, de crainte que s'il était battu son leadership serait mis en cause.

Après les élections, Gouin posa ses conditions. Le Québec doit avoir six ministres, dont quatre francophones et deux anglophones, soit J. A. Robb et Walter Mitchell, ce dernier pendant six ans trésorier dans le cabinet de Gouin. Rodolphe Lemieux doit être au nombre des ministres. Gouin demande avec insistance pour lui-même le ministère de la Justice ou la présidence du Conseil privé.

King lui fait savoir qu'il a promis à Ernest Lapointe le ministère de la Justice. Gouin ne renonce pas à sa prétention et propose à son chef de confier à Lapointe un autre ministère. King cède sur ce point, mais ce n'est qu'un recul temporaire. Il craint Gouin et préfère le voir au sein de son cabinet qu'à l'extérieur. Il craint également Rodolphe Lemieux en qui il voit un conspirateur contre son leadership. Il est disposé à lui accorder néanmoins un ministère, mais Lemieux se contenterait de la présidence de la Chambre. La nomination est faite immédiatement.

Pour que l'harmonie règne dans le parti, King persuade Lapointe, le 23 décembre, de renoncer à la Justice et d'accepter le ministère de la Marine et de la Pêche. Lapointe fait contre mauvaise fortune bon coeur, mais il pose également des conditions. Il insiste pour que la représentation du Québec soit de six membres, dont cinq francophones et un anglophone. King est d'autant plus heureux de céder à cette exigence qu'il ne veut pas de Walter Mitchell, candidat de la Banque de Montréal et de la Banque Royale du Canada.

Quand la nouvelle se répandit aux environs de Noël que le Québec n'aurait qu'un ministre anglophone, ce fut la consternation dans les milieux financiers de Montréal. L'administrateur-gérant de la Banque Royale téléphone de Montréal à Peter Larkin, financier de Toronto et ami personnel de King, qui a financé en partie la campagne électorale du chef libéral aux élections de 1917. Il le prie de convaincre King de nommer deux ministres anglophones au Québec, dont Walter Mitchell, mais le premier ministre ne cède pas[6]. Gouin intervient de nouveau pour Mitchell, mais il n'a pas plus de succès.

Six ministres du Québec sont donc nommés : le sénateur Raoul Dandurand, ami de Laurier qui l'avait nommé à la Chambre haute, devient ministre sans portefeuille ; Jacques Bureau, bon organisateur électoral, surnommé le « boss » de Trois-Rivières et qui a guidé les premiers pas de Lapointe dans la politique, reçoit le portefeuille des Douanes ; le docteur Henri-S. Béland, qui a été trois ans prisonnier de guerre en Allemagne, prend celui de la Santé et du Rétablissement des soldats ; J. A. Robb, député de Huntingdon, est nommé au Commerce et à l'Industrie, ministère important, ce qui est de nature à apaiser la communauté financière de Montréal, ainsi que Gouin et Lapointe. Georges Boivin, qui a été sur le point de faire défection aux libéraux pour passer dans le camp conservateur avec Meighen, restera simple député.

Comme le Québec, l'Ontario a six ministres, dont Mackenzie King qui, en plus de la direction du gouvernement, assume le ministère des Affaires extérieures et la présidence du Conseil privé. George Graham, que King soupçonne d'être trop favorable aux gros intérêts[7], devient, néanmoins, ministre de la Milice ; Charles Murphy, Irlandais catholique, reçoit le portefeuille des Postes ; W. C. Kennedy, autre Irlandais catholique, ancien maire de Windsor, qui s'est fait élire comme candidat de Laurier, en 1917, prend le ministère des Chemins de fer et des Canaux ; James Murdock, qui a été battu aux dernières élections législatives, devient ministre du Travail, et T. A. Low, ministre sans portefeuille.

Dans les provinces de l'Ouest, où il y avait très peu de libéraux, le choix des ministres n'a suscité aucune difficulté. Au Manitoba, deux libéraux avaient résisté à la vague progressiste, dont A. B. Hudson, ancien procureur général de la province, qui s'était fait élire comme libéral indépendant. King ne nomma aucun ministre, espérant sans doute que Hudson, qui avait refusé un ministère, se raviserait.

En Saskatchewan, le choix de King se porta sur W. R. Motherwell, le seul libéral élu. Ancien ministre de l'Agriculture dans le gouvernement provincial, Motherwell reçut le même portefeuille dans le cabinet fédéral. C'était un homme compétent, mais il avait mené une vive campagne contre le mouvement des fermiers. Cette désignation laissait un sentiment de déception dans la province, ce qui risquait d'éloigner davantage les progressistes des libéraux.

En Alberta, les libéraux n'avaient fait élire aucun candidat. King confia le portefeuille de l'Intérieur, des Affaires indiennes et des Mines à l'ancien premier ministre de la province, Charles Stewart, dont le gouvernement avait été battu par les United Farmers aux élections générales, tenues cinq mois plus tôt. Dans le comté d'Argenteuil, où le candidat libéral était mort au lendemain de la dernière consultation fédérale, Stewart posa sa candidature et fut élu par acclamation.

Il semble que personne ne s'est rendu compte, au Québec, que Stewart avait été un ardent partisan de la conscription dans sa province. Grâce au Québec, l'Alberta était indirectement représentée au sein du gouvernement fédéral. En Colombie-Britannique, aucun des trois candidats élus n'avait l'envergure suffisante pour entrer au gouvernement. Mackenzie King choisit le ministre provincial des Travaux publics, le docteur J. H. King, à qui il confia le même portefeuille dans son cabinet. Il n'y avait aucun lien de parenté entre les deux hommes.

Le cabinet de King se composait de dix-neuf ministres, et non de seize, comme il se l'était proposé. Il confia des ministères à des personnes en qui il n'avait pas confiance et qu'il ne tenait pas à avoir dans son gouvernement. Dans les circonstances, il ne pouvait faire autrement. Quand son autorité serait mieux établie, il ferait preuve de plus d'audace. Par contre, il résista parfois aux pressions. Walter Mitchell, par exemple, ne reçut aucun ministère. King posa un geste assez inhabituel. Il exigea de cinq de ses ministres l'engagement écrit de démissionner quand il le jugerait nécessaire. Il s'agissait de McKenzie, Robb, Copp, Graham et Motherwell[8]. King se réservait ainsi toute liberté d'action s'il décidait plus tard d'introduire dans son cabinet des éléments plus jeunes et même des progressistes.

Le 27 décembre 1921, deux jours avant l'accession de King à la tête du gouvernement canadien, un incident constitutionnel se produisit touchant la fonction du gouverneur général. Lord Byng de Vimy, dont le choix avait été recommandé au gouvernement britannique par Meighen[9], était arrivé à Ottawa au mois d'août précédent. Il n'avait aucune expérience politique et, au témoignage de sa femme, « détestait la politique[10] ». C'était un curieux état d'esprit pour un homme qui devait vivre dans ce milieu pendant quatre ou cinq ans.

À la fin de décembre, Meighen, avant de remettre la démission de son gouvernement, conseille à Lord Byng de nommer à un poste de la fonction publique au salaire mensuel de $50, A. C. Casselman, nouvellement élu député conservateur de Grenville, en Ontario. La nomination est faite et une élection partielle est fixée au 26 janvier dans cette circonscription. En acceptant un poste dans l'administration fédérale, qui comporte un salaire, Casselman perdait automatiquement son droit de siéger au Parlement et son comté devenait sans titulaire.

Meighen, qui avait été battu aux élections générales, avait pris cette initiative afin d'être en mesure de siéger aux Communes dès la prochaine session. Il se fit d'ailleurs élire à la consultation partielle. King dénonça le geste du chef conservateur en le qualifiant d'autoritaire, d'injustifié et de moralement indéfendable. Il est vraisemblable que le leader libéral avait prévu la manoeuvre de son adversaire. Il lui avait écrit, après les élections, pour l'avertir que, son gouvernement ayant perdu la confiance du pays, aucune nomination ne devait être faite, précisant que si de tels actes étaient posés, ils ne seraient pas respectés par un gouvernement qu'il dirigerait. Néanmoins, King accepta le fait accompli.

Selon la version de King, le gouverneur général aurait hésité avant de signer l'arrêté ministériel que lui avait présenté Meighen et en aurait fait part à King à qui il aurait dit: « I did not like it[11]. » Par contre, Meighen donne de l'incident une version diamétralement opposée: « Je dis sans la moindre hésitation que Lord Byng n'a jamais exprimé de doute ou ne m'a fourni la moindre raison de croire qu'il hésitait[12]. » Quoi qu'il en soit, le Canada et la Grande-Bretagne fournissent nombre de précédents, soutenant l'attitude de Meighen aussi bien que celle du gouverneur général[13].

Dans des circonstances similaires, Lord Aberdeen, vingt-cinq ans auparavant, avait adopté une position tout à fait opposée à celle de Lord Byng. Après la défaite des conservateurs aux élections générales de 1896, Charles Tupper avait soumis au gouverneur général pour approbation deux nominations que le vice-roi refusa de sanctionner. « Tupper était furieux et laissait clairement entendre que l'affaire n'en resterait pas là. Tous les journaux conservateurs protestèrent avec véhémence[14]. » Le secrétaire aux Colonies, Joseph Chamberlain, et, quelques années plus tard, Meighen approuvèrent la décision de Lord Aberdeen[15].

Après la prestation de serment des membres du gouvernement King, il fallait choisir un chef de l'opposition. On était en présence d'une situation sans précédent au Canada. La coutume a toujours voulu, dans les pays de l'Empire, que le parti qui fait élire le plus de candidats après celui au pouvoir devienne l'opposition officielle. Cette fois, la question fut rapidement tranchée. Le jour de l'ouverture du Parlement, le 8 mars 1922, les progressistes se réunirent et décidèrent de refuser l'opposition et de la laisser au leader des conservateurs, Meighen.

Ils avaient reculé devant les responsabilités. Cette attitude s'explique. À l'exception de huit députés, dont Crerar, la grande majorité des progressistes, qui étaient des fermiers, n'avaient aucune expérience parlementaire. Le parti n'était pas structuré comme celui des libéraux et des conservateurs et n'avait aucune discipline. Crerar, qui n'était que chef nominal, n'avait qu'une emprise assez limitée sur son groupe, d'ailleurs fort divisé sur le plan idéologique.

Pour King, le maintien de bonnes relations avec les progressistes s'imposait. Il avait reçu des renseignements qui lui laissaient entendre qu'il pourrait compter sur une fraction du parti. Crerar avait indiqué que les progressistes étaient désireux de soutenir son gouvernement s'il présentait des mesures favorables à leurs revendications. Bien avant l'ouverture de la session, il avait reçu indirectement l'assurance que plusieurs progressistes étaient disposés à appuyer son ministère si ce dernier risquait d'être renversé.

Le premier ministre se trouvait dans une situation embarrassante: plus il ferait de concessions aux progressistes, plus il se les attachera. Ainsi, les progressistes se persuaderont que leur existence comme formation politique distincte est inutile. Par contre, s'il leur faisait trop de concessions, notamment en matière tarifaire, il risquait de s'aliéner l'aile droite de son parti, surtout Gouin et Fielding. Dans les circonstances, le premier ministre ne pouvait se permettre de déplaire aux libéraux, qui constituaient un bloc solide, afin de satisfaire les progressistes, qui constituaient un soutien plus ou moins fiable. Son leadership n'étant pas encore établi, il préféra attendre encore quelque temps. Les progressistes ne semblaient pas comprendre la position de King. Ce qu'ils cherchaient, c'était surtout de provoquer une division au sein du parti libéral. Ils pourraient ainsi faire alliance avec les libéraux les plus radicaux.

King se méfia toujours de l'aile droite de son parti. Le mouvement contre son leadership s'était temporairement évanoui. Dès l'ouverture de la session, Gouin rassura son chef. Il déclara que « le parti libéral n'avait qu'un chef et un chef seulement... Il peut compter sur le loyal soutien de tous ses collègues, de tous les libéraux de cette Chambre et de tous les libéraux du Canada[16]. » À plus d'une occasion, Gouin avait manifesté l'intention de résigner ses fonctions, apparemment parce qu'il ne pouvait obtenir du premier ministre tout ce qu'il demandait. Mais le prestige de Gouin au sein des libéraux du Québec déclinait.

Beaucoup de députés libéraux au Québec, aussi bien chez les jeunes que chez les plus âgés, comme Lapointe, Chubby Power, Andrew McMaster et Lucien Cannon, étaient hostiles à Gouin, notamment pour des raisons personnelles et idéologiques. Ils estimaient qu'il avait « trahi » Laurier en donnant son appui à Fielding, en 1919, et ils détestaient ses tendances autocratiques et ses relations trop étroites avec les grands milieux financiers de Montréal.

McMaster présenta, en avril 1922, une motion destinée à interdire aux ministres de faire partie des conseils d'administration des grandes sociétés. Il était évident que la motion visait Lomer Gouin. Le gouvernement se vit contraint de combattre la proposition. Les progressistes, qui n'aimaient pas Gouin, interprétèrent la manoeuvre ministérielle comme une preuve supplémentaires selon laquelle les deux partis traditionnels n'étaient que les laquais de la haute finance.

Power et quelques libéraux du Québec s'opposent aux prévisions budgétaires pour la milice qu'ils jugeaient trop élevées. Le gouvernement s'incline et les réduit sensiblement. Il est évident que si le gouvernement pouvait rester au pouvoir avec l'appui des progressistes, il risquait aussi de le perdre si certains libéraux faisaient défection. King n'était pas toujours dans une situation enviable.

Par contre, les divisions au sein des progressistes étaient bien plus sérieuses. En novembre 1922, Crerar démissionne. Le parti n'a jamais résolu le différend qui opposait Crerar à Henry Wise Wood pour qui les progressistes étaient voués exclusivement à la défense des agriculteurs. Crerar a déclaré nettement qu'il serait resté à la tête de la formation si les progressistes avaient affirmé leur hostilité à un parti de classe[17].

Robert Forke, qui n'a pas l'envergure du leader démissionnaire, lui succède. L'ancien chef garde, toutefois, son siège aux Communes et continue à être le progressiste le plus écouté de sa formation. Quand King voudra négocier avec les progressistes, c'est toujours Crerar qui sera son interlocuteur. Pour l'instant, c'est l'influence manitobaine qui prévaut.

En Ontario, les United Farmers, qui avaient pris le pouvoir en 1919, étaient écrasés aux élections législatives de 1923. Leur administration n'avait pas été un succès qu'explique leur inexpérience en politique. Les U.F.O. ne firent élire que 15 candidats contre 43, quatre ans plus tôt. Les conservateurs de G. Howard Ferguson formèrent le gouvernement. En 1924, les progressistes se fractionnent en deux. Les plus radicaux, ceux de l'Alberta, forment un nouveau mouvement connu sous le nom de Ginger Group. C'est le commencement de la fin pour les progressistes. Les libéraux ne tarderont pas à les absorber.

King perd deux ministres. En novembre 1923, Fielding est terrassé par la maladie. Moins de deux mois après, Gouin résigne ses fonctions et abandonne la politique, ce qui était déjà prévu. J. A. Robb devient ministre des Finances, tandis que Lapointe obtient enfin le ministère de la Justice. Le successeur de Lapointe à la Marine est P. J. A. Cardin, député de Richelieu depuis 1911, orateur volubile et bon organisateur politique. Avec le départ de Fielding et de Gouin, deux ardents protectionnistes, le premier ministre aura désormais une plus grande liberté de manoeuvre.

Dans son premier discours du budget, en 1924, Robb annonce que, pour la première fois depuis 1913, le gouvernement a enregistré un excédent des revenus sur les dépenses et qu'il a réduit la dette nationale[18]. Pour plaire à l'Ouest, les droits de douane sur certains instruments aratoires étaient réduits ou éliminés. Le ministre annonçait également qu'il « portait de $300 à $500 par enfant l'exemption d'impôt sur le revenu... concession au Québec, province des familles nombreuses[19] ».

NOTES

1. R. McGregor Dawson, *William Lyon Mackenzie King (1874-1923)*, Toronto, 1958, p. 358.
2. Donald Creighton, *Canada's First Century*, Toronto, 1970, p. 174.
3. R. McGregor Dawson, *op. cit.*, p. 362.
4. *Ibid.*, p. 365.

5. *Cabinet Formation and Bicultural Relations*, la contribution de Frederick W. Gibson, Ottawa, 1970, p. 104.
6. *Ibid.*, p. 96.
7. R. McGregor Dawson, *op. cit.*, p. 359.
8. *Ibid.*, p. 373.
9. Robert Rumilly, *Histoire de la province de Québec*, tome XXV, Montréal, 1952, p. 178.
10. R. McGregor Dawson, *op. cit.*, p. 374.
11. *Ibid.*, p. 376.
12. Roger Graham, *Arthur Meighen*, tome II, Toronto, 1963, p. 173.
13. R. McGregor Dawson, *op. cit.*, p. 375.
14. Peter B. Waite, *Arduous Destiny: Canada (1874-1896)*, Toronto, 1971, p. 277.
15. Eugene Forsey, *Freedom and Order*, Toronto, 1974, p. 58.
16. R. McGregor Dawson, *op. cit.*, p. 387.
17. W. L. Morton, *Progressive Party in Canada*, Toronto, 1967, p. 161.
18. Bruce Hutchison, *The Incredible Canadian*, Toronto, 1970, p. 70.
19. Robert Rumilly, *op. cit.*, tome XXVII, p. 165.

XVI

King et le monde visible et invisible

Mackenzie King a tenu un journal s'étendant sur une période de cinquante-sept ans, dont les premières entrées remontent à 1893 et les dernières à trois jours avant sa mort, en juillet 1950. C'est un document d'une ampleur que probablement aucun homme d'État n'a laissé. Il compte près de 25 000 pages réunies en une centaine de cahiers[1]. C'est un document politique et social d'une importance capitale sur l'histoire du Canada durant la première moitié du vingtième siècle. Grâce à ce journal, il est désormais plus facile de comprendre certains hommes politiques et événements. King a confié presque journellement à son journal ses impressions et ses secrets, sans quoi il nous aurait été totalement méconnu. Il avait une passion pour le détail et l'exactitude et il craignait toujours de faire la moindre erreur de fait. C'est un document d'une grande fiabilité.

Les jugements de King sur les hommes politiques qu'il a connus sont généralement justes. Sans ce journal, bien des aspects de sa vie auraient été complètement ignorés. Désormais, nous connaissons mieux le personnage. Nous pouvons très souvent suivre sa pensée et connaître les raisons pour lesquelles il a pris en telle ou telle circonstance telle décision plutôt qu'une autre. King notait presque tout ce qu'il voyait et entendait. Il nous fournit parfois des renseignements sans importance, sinon insignifiants, comme ses troubles de l'intestin[2]. Quoi qu'il en soit, King a rendu un immense service à la postérité et à l'histoire, peut-être sans le savoir.

King était un ambitieux qui a cherché toute sa vie à atteindre les sommets. C'est un trait de caractère qu'on ne peut lui reprocher. Il était d'autant plus justifié qu'il était convaincu que la Providence l'avait prédestiné à de hautes fonctions, qui étaient la direction du gouvernement canadien. Là-dessus aucun doute n'a jamais effleuré son esprit. À chaque étape de sa carrière politique, il voyait l'action de Dieu qui le menait vers sa destinée. Sa formation calviniste l'aidait à ne pas douter de sa prédestination politique.

C'était aussi un grand timide, ce qui était un handicap politique. Il n'était pas toujours à l'aise en société. Il lui arrivait souvent de donner l'impression de ne savoir que faire de ses mains. Il n'avait pas l'entregent d'un John A. Macdonald, qui savait serrer les mains et donner une tape sur l'épaule d'un partisan afin de se l'attacher davantage. Il n'avait pas également le charme ou l'éloquence d'un Sir Wilfrid Laurier, qui savait subjuguer les foules. King était indéniablement un piètre orateur, mais il savait manier son entourage grâce à son habileté et à ses dons de conciliateur.

L'homme ne fumait pas et n'avait jamais fumé. Il ne buvait pratiquement pas. À l'occasion, il prenait un verre de vin ou un cocktail, probablement pour faire comme les autres. Il détestait ceux qui s'adonnaient à la boisson. Au cours de la Seconde Guerre mondiale, il a songé à expulser de son cabinet son ministre de l'Air, Chubby Power, parce qu'il buvait trop. Chubby était un bon Irlandais de Québec, qui se piquait le nez un peu trop souvent, ce qui agaçait King. Sans l'intervention d'Ernest Lapointe, qui était plus large d'esprit que son chef à ce chapitre, Power aurait été contraint de quitter le cabinet.

King, qui était de petite taille, avait une tendance à l'embonpoint. Vers 1926, il pesait aux environs de 200 livres. Pour perdre du poids, il suivit un régime. Cette privation de nourriture pour un bon mangeur comme lui fut assez dure. Il maigrit d'une quinzaine de livres. En 1934, il lui fallut de nouveau veiller à son embonpoint et il perdit une quarantaine de livres.

Il était d'une apparence peu impressionnante et il le savait: « Je n'aime pas de toute façon mon physique de petit homme, gros et rond. » Le député progressiste, Agnes Macphail, la première femme à siéger aux Communes, le qualifiait de « gros homme plein de mots[3] ». Il avait aussi une tête trop grosse qui n'était pas en harmonie avec le reste de son corps. Il tenait de son grand-père, qui avait une tête d'une grosseur excessive. Pour suppléer à ce manque d'apparence, King portait toujours des vêtements de bonne coupe, généralement de couleur sombre.

King se levait le matin vers neuf heures. Après avoir fait sa toilette, il lisait un passage de la Bible. Son petit déjeuner terminé, il prenait connaissance de son courrier. Vers onze heures, il assistait à un conseil des ministres ou bien recevait des visiteurs. Son déjeuner, il le prenait généralement seul, après quoi il faisait une sieste. « Il pouvait s'étendre n'importe où et s'endormir immédiatement[4]. » Ce n'était certes pas un homme souffrant de stress. Dans l'après-midi, il dictait à ses secrétaires sa correspondance et était presque toujours le dernier à quitter le bureau. Il ne se mettait pratiquement jamais au lit avant d'avoir fait de la lecture. Les livres qui retenaient son attention traitaient de choses spirituelles, ou bien étaient des biographies d'hommes d'État anglais.

King avait deux résidences, l'une à Ottawa, et, la seconde, à Kingsmere, dans la région de la Gatineau. Mme Laurier, à sa mort, en 1921, lui avait laissé sa maison, mais non le mobilier, qui était destiné à d'autres héritiers. Il fallut la meubler et entretenir un personnel, ce qui était une charge assez onéreuse pour son propriétaire. Peter Larkin, qui avait aidé King financièrement dans ses campagnes électorales dans le passé, vint à son secours. En 1925, il créa un fonds pour assurer une certaine sécurité à King et le libérer des soucis d'argent pour le reste de ses jours. Il déposa un montant initial de $25000. Trois ans plus tard, ses amis et lui avaient amassé une somme de $177500 qui fut déposée, non au Canada, mais au Old Colony Trust Company, à Boston. Le montant total s'éleva, par la suite, à $225000[5]. Le premier ministre n'avait plus à s'inquiéter pour l'avenir.

Quatre jours après la victoire des libéraux, en 1921, King avait dit à Peter Larkin qu'il aurait le poste de haut-commissaire en Grande-Bretagne, s'il le désirait. Le grand financier de Toronto accepta. Sir Lomer Gouin avait également son candidat pour ce poste, Sir Charles Gordon, vice-président de la Banque de Montréal. Mais, passant outre au désir de Gouin, King annonce à celui-ci, en février 1922, que c'était Peter Larkin qui représenterait le Canada à Londres.

Kingsmere était la résidence d'été de King. Dès qu'il avait vaqué à ses occupations dans la capitale fédérale, il revenait dans la Gatineau, où il pouvait se reposer, loin du bruit et des solliciteurs. Durant les sessions et à l'automne, quand le temps était froid, il ne passait que les fins de semaine à Kingsmere, mais s'il faisait beau en semaine, il y faisait de brefs séjours. C'était toujours avec tristesse que King quittait sa résidence d'été, tard à l'automne, pour n'y revenir qu'au printemps. C'est à Kingsmere qu'il recevait généralement les visiteurs importants avec lesquels il songeait à s'entretenir dans le plus grand secret. S'ils restaient quelques jours, il était presque toujours content de les voir partir, même s'il s'agissait de ses bienfaiteurs, comme ce fut le cas de Violet Markham, qui lui avait rendu visite avant la Seconde Guerre mondiale. Il n'éprouvait pas toujours de la reconnaissance envers les personnes qui lui avaient rendu de grands services à certains moments.

King avait parfois des idées baroques. En 1941, il apprit que Westminster Hall avait été bombardé. Collectionneur de ruines, il câbla à Lester B. Pearson, conseiller au haut-commissariat du Canada à Londres, lui demandant de se procurer des débris de l'immeuble et de les lui envoyer au Canada. Les Britanniques se rendirent à l'étrange requête de Pearson et les pierres aboutirent finalement au domaine de Kingsmere[6].

King était un patron presque insupportable. Jamais satisfait du rendement de ses subalternes, il ne se souciait en outre nullement de la vie sociale de ses secrétaires et leur imposait souvent de longues heures de travail. Il fut stupéfié lorsqu'une secrétaire lui demanda un jour d'avoir la soirée libre afin d'assister à une joute de hockey. Les sports ne l'ont d'ailleurs jamais intéressé. Les compétitions pour l'obtention de la coupe Grey ou de la coupe Stanley, par exemple, le laissaient indifférent.

Il n'y avait pas de repos pour ses assistants le samedi après-midi, alors que tous les bureaux de la Fonction publique étaient fermés. Si le premier ministre dînait à l'extérieur, il lui arrivait de convoquer à son retour un de ses assistants, en plein milieu de la nuit, le priant de venir travailler à la Maison Laurier. Il ne se souciait guère de la vie privée de son personnel, qui devait être prêt à répondre à ses convocations à toute heure du jour ou de la nuit.

Un secrétaire, attendant le retour de King qui assistait à un banquet, se permit un jour de donner congé à une sténographe. Furieux de cette initiative prise en son absence, il garda le malheureux au travail jusqu'à trois heures du matin[7]. Au Parlement, le garçon d'ascenseur était en poste jusqu'au départ de King, parfois jusqu'à minuit, même s'il n'y avait qu'un étage à descendre. Avec Louis Saint-Laurent, ce fut différent. Voyant le garçon d'ascenseur, qui l'attendait tard le soir, le nouveau premier ministre lui demandera: « Que faites-vous là?

—Je vous attendais, comme je le faisais avec votre prédécesseur.

— Désormais, vous partirez à cinq heures comme les autres, je suis capable de descendre l'escalier. »

King avait de la difficulté à garder son personnel et il fut obligé de le changer constamment.

King a toujours voulu donner l'impression qu'il ne dilapidait pas personnellement les fonds de l'État. Quand il prenait un taxi, il le mettait sur le compte de son fidèle valet, John Nicol, qui était payé par le gouvernement. Ainsi, les dépenses du premier ministre, qui paraissaient dans les comptes publics, étaient toujours peu élevées[8]. En bon Écossais, King était assez avare. Dans les années 30, il fut question de démolir la maison de son grand-père, William Lyon Mackenzie, à Toronto. La société historique locale lui demanda de faire un don afin de soustraire l'immeuble à la pioche des démolisseurs. Au solliciteur, King fit cette réponse: « Si j'étais un homme riche, rien ne me donnerait plus grande satisfaction que d'être en mesure d'acheter la maison et de la remettre à la York Pioneer and Historical Society[9]. » Il ne versa pas un cent. La maison a échappé à la destruction, mais sans l'appui financier du petit-fils de William Lyon Mackenzie.

Avec ses ministres, il leur faisait sentir qu'il était le chef, notamment vers la fin de son premier mandat, alors que son autorité était établie. Aux réunions du cabinet, il écoutait les arguments de tous les intervenants, engageait ceux qui n'avaient pas pris la parole à exprimer leur opinion, puis résumait les diverses prises de position, après quoi la politique du gouvernement était décidée. Ses ministres se querellaient souvent et il entretenait tacitement ces divisions. Ainsi son leadership était d'autant moins menacé. Dans ce domaine, il n'avait rien inventé.

Son attitude envers le parti conservateur était dictée par des raisons familiales. « Pour lui, le parti conservateur n'a jamais cessé d'être le Family Compact du Haut-Canada que son grand-père avait combattu... et qui l'avait vaincu, et que lui devait combattre et vaincre[10]. » King détestait tout particulièrement deux chefs tories, Meighen et R. B. Bennett, qui sera premier ministre du Canada de 1930 à 1935. À la mort de Bennett, en juin 1947, il confia à son journal: « Je peux dire honnêtement que je n'éprouve aucun sentiment de rancoeur, bien que j'imagine qu'il y a peu d'hommes dans la vie publique, s'il en est, qui aient pris à mon endroit une attitude plus méprisante et plus arrogante[11]. »

En Chambre, les discours de King étaient remarquables par leur longueur et leur verbosité. À soixante ans, il était encore en bonne santé, bien qu'il souffrît d'arthrite, et pouvait rester debout pendant quatre heures pour débiter son discours. Il consacrait ensuite de cinq à six heures à corriger son texte avant qu'il ne paraisse dans le journal des débats[12].

Si l'on en juge par son journal, King était assez vaniteux. Il n'omettait pas de mentionner tous les éloges qui lui étaient adressés. Ainsi il souligne que Laurier, parlant de lui à une assemblée, « a énuméré tous ces prénoms: William Lyon Mackenzie ». Avant d'abandonner la direction du parti libéral, à la fin de 1948, il s'était entretenu avec Winston Churchill. Ce dernier lui avait dit: « Vous avez eu une grande carrière. » King ajoute: « Il l'a répété une fois ou deux[13]. »

King a toujours été convaincu qu'il avait toujours travaillé toute sa vie pour le bien de son parti, de son pays et de l'humanité. En 1925, il écrivait: «Je désire surtout être un brave homme[14].» Il était profondément religieux. Après avoir rencontré certaines personnes, les expressions: *beautiful Christian woman* ou *man*, ou bien *beautiful Christian character*, revenaient souvent sous sa plume. Il était protestant, sans être fondamentaliste. « Il avait la profonde méfiance du protestant envers l'Église catholique et le cléricalisme en politique[15]. »

Il était membre de l'église presbytérienne St. Andrew à Ottawa. S'il était presbytérien, ce n'était pas pour des raisons théologiques, mais simplement parce que ses parents appartenaient à cette secte religieuse. À ses yeux, toutes les sectes protestantes étaient sur un pied d'égalité. Certain d'être dans la bonne voie, il n'a jamais douté de ses convictions religieuses, et personne ne l'aurait fait dévier.

King n'étalait jamais publiquement ses sentiments religieux. Il lisait la Bible et faisait ses prières tous les matins. Il assistait régulièrement aux offices religieux, mais sans ostentation. Quand les journaux signalaient sa présence à l'église, cela l'indignait. À ses yeux, la religion représentait quelque chose de trop grand pour être exploité à des fins politiques. Jamais il n'aurait demandé aux électeurs de voter pour lui parce qu'il était chrétien.

Chez King, il n'y avait pas une once de méchanceté. L'affection qu'il avait pour son chien en est une preuve. Celui qui s'attache à nos modestes frères inférieurs ne peut être méchant. King a consacré des pages et des pages, écrites à la main, sur la dernière maladie de son terrier irlandais, Pat, sur sa mort, aux petites heures du matin, le 15 juillet 1941, et sur son inhumation. Pat était le compagnon idéal qui ne lui demandait rien d'autre que sa nourriture. Il dormait dans un panier, dans la chambre de son maître. Il mangeait en même temps que lui. Quand il rentrait chez lui, son chien était toujours à la porte pour l'accueillir.

À l'été de 1941, Pat était âgé de dix-sept ans, malade, sourd et presque aveugle. De retour d'une tournée dans l'Ouest, King rentre à Kingsmere, dans l'après-midi du 12 juillet. Pat est gravement malade. La maladie de son chien lui rappelle celle de sa mère, en 1917, et il dresse un parallèle entre les deux. Il se demande s'il n'est pas responsable de l'état de son chien. S'il avait écourté son voyage dans l'Ouest, il aurait été à Kingsmere plus tôt.

Le 14, les membres du cabinet, qui font partie du Comité de guerre, doivent se réunir dans l'après-midi. Il fait ajourner la réunion au lendemain et se presse de se rendre à Kingsmere, où Pat est à l'agonie. Il prend son chien dans ses bras et se met à chanter à haute voix: *Safe in the arms of Jesus,* tout en regardant le portrait de sa mère. La pauvre bête meurt et King l'embrasse. Elle fut inhumée à Kingsmere.

« La mort de Pat non seulement a créé un grand vide dans sa vie solitaire, mais le fit réfléchir beaucoup au sujet de son avenir et, notamment, sur l'emploi de son temps lorsqu'il prendrait sa retraite et sur ce qu'il ferait de son domaine[16]. »

King a toujours apprécié la compagnie des femmes, surtout de celles qui étaient jolies, énergiques et intelligentes. S'il l'avait voulu, il aurait pu se marier assez facilement, mais il n'aurait proposé le mariage qu'à une seule femme, Jean Greer, fille d'un évêque protestant de New York, en 1918. Mais Jean Greer refusa et épousa l'année suivante un professeur de musique. Par contre, il aurait pu épouser Julia Grant, petite-fille du président américain Ulysses S. Grant, qui était une adepte du spiritisme comme lui. Il l'avait rencontrée quelques années avant qu'elle lui rende visite à Kingsmere, en juillet 1939. King lui dit alors qu'étant âgé de soixante-cinq ans, il ne songeait pas au mariage, mais que s'il changeait d'idée, il épouserait une Canadienne[17]. Laurier lui avait déjà dit que s'il épousait une étrangère, les Canadiennes ne le lui pardonneraient jamais.

Deux autres femmes ont tenu une place assez importante dans sa vie. Il s'agit d'abord de Violet Markham, riche Britannique qu'il avait rencontrée, en 1905, à Ottawa. Ils restèrent amis pendant quarante-cinq ans. L'autre est Joan Patteson, femme d'un banquier d'Ottawa, qui passait l'été à Kingsmere. King avait fait connaissance du couple Patteson dans la capitale fédérale, au cours de la Première Guerre mondiale. Joan, qui était une femme sympathique et discrète, faisait souvent office d'hôtesse aux deux résidences de King quand ce dernier recevait des invités.

King était un grand solitaire. Il ne voyait personne en qui il puisse confier ses espoirs et ses craintes. Son besoin d'affection n'était jamais satisfait. Il s'efforçait toujours de se convaincre que des hommes éminents recherchaient son amitié, non pas à cause des hautes fonctions qu'il occupait, mais pour lui-même. Des doutes effleuraient constamment son esprit, ce qui le rendait malheureux. Il était très sensible aux moindres affronts personnels. Ainsi, il notait dans son journal, en 1926, que le gouverneur général du Canada, Lord Byng de Vimy, ne lui avait pas envoyé de carte de Noël. Le comportement de King, lors de la « crise constitutionnelle », quelques mois plus tôt, explique sans doute l'attitude de Lord Byng. Pourtant, King n'oubliait jamais d'adresser ses bons voeux à ses quelques amis pour leur anniversaire. S'ils étaient plongés dans le deuil, il ne manquait pas de leur faire parvenir une lettre olographe.

Son besoin de signes visibles d'affection était insatiable. Il savait pertinemment qu'il n'était pas aimé, mais il était incapable de le reconnaître. Ce manque d'affection et sa solitude, qui lui pesait, s'accentuèrent avec la disparition de ses parents, ainsi que de son frère et de sa soeur. La famille King était très unie. Il essaya vainement de se faire aimer. Il semble que son échec de communiquer avec le monde visible l'ait poussé vers le monde invisible afin de se libérer de ce fardeau terrible qui était pour lui la solitude et le manque d'affection. Voilà ce qui paraît être l'explication fondamentale de son attirance vers le monde supraterrestre.

On a souvent dit et écrit que King n'avait pas d'amis. Cette affirmation contient une part d'exagération. Il avait un petit cercle d'amis, mais fort restreint. Sa méfiance instinctive ne l'aidait pas à se lier d'amitié avec les gens qu'il fréquentait. Ses ministres et ses députés le respectaient, mais ne l'aimaient pas.

En 1925, c'était une année d'élections générales au Canada. Que King remonte au pouvoir, personne n'en était certain. Pour lui, la seule façon de le savoir, c'était de consulter Mme Bleaney, diseuse de bonne aventure, de Kingston, en Ontario. C'était apparemment la première fois qu'il la rencontrait, mais ce n'était pas la première fois qu'il consultait une personne qui prédisait l'avenir. Il eut une longue conversation avec Mme Bleaney, qui l'avait impressionné, si l'on en juge par son journal. Ce fut « l'un des plus remarquables entretiens que j'ai eus, sinon le plus remarquable[18] ». Mme Bleaney lui avait prédit qu'il épouserait une veuve et qu'il gagnerait ses élections. La dernière prédiction se réalisa de justesse, mais non la première.

Durant la campagne électorale, King eut un rêve qu'il ne pouvait interpréter. Il en fit part à la voyante de Kingston pour qu'elle lui en donne l'explication. Il rêvait de deux à trois fois par semaine. Ces activités psychiques étaient notées dans son journal dès le lendemain matin. Il croyait que les rêves étaient des messages d'outre-tombe, et d'autant plus fiables qu'il n'y avait pas d'interlocuteur, donc aucun risque d'intervention mauvaise. Dans un de ses rêves, il vit un jour le visage de Mme Etta Wriedt, médium de Détroit, se transformer en celui de sa mère.

Toujours est-il qu'avant de commencer la campagne électorale en vue de la consultation électorale de 1926, il invita Mme Bleaney à lui rendre visite à la Maison Laurier. Comme elle avait vu juste au scrutin précédent, King tenait à connaître son opinion sur le second. Encore une fois, elle lui prédit la victoire et ne se trompa pas. Au cours de l'entretien, elle lui parla de sa mère et de son père et lui dit même qu'elle avait eu une vision d'eux.

En novembre 1933, Arthur Doughty, érudit et archiviste du Canada, qui était l'invité de King à la Maison Laurier, l'avait initié au spiritisme au moyen d'une table tournante. Les mouvements de cette table sont censés transmettre un message des esprits des morts. C'était la première fois que King voyait une table tournante. Il affirme dans son journal avoir reçu des messages de son père, de sa mère, de son frère Max et de sa soeur Bella, tous quatre décédés. Il précise même « qu'il ne peut y avoir l'ombre d'un doute quant à leur authenticité[19] ». Ces communications avec l'au-delà l'ont tellement intéressé qu'il a qualifié la soirée « d'étonnante ».

Sa mère, qu'il adorait presque, son grand-père, William Lyon Mackenzie, et Sir Wilfrid Laurier seront toujours ses principaux inspirateurs. En juin 1934, l'*Ottawa Journal* rappelle que, voilà vingt-cinq ans, Mackenzie King prêtait serment comme ministre du cabinet Laurier. King, qui avait oublié cet événement, écrit dans son journal: « Je suis maintenant convaincu que c'est chère maman qui a pris les dispositions pour me faire savoir à l'occasion de cet anniversaire qu'elle est près de moi[20]. »

En 1934 également, à l'issue d'une conférence que King venait de donner à Toronto, il éprouve la sensation que son discours a été un fiasco. Le lendemain, il prend le train pour Ottawa. En arrivant dans la capitale fédérale, il se rend au domicile des Patteson. Il est minuit. Joan et King dressent la table tournante. King tient à savoir ce que le monde invisible pense de son discours du vendredi soir. À sa grande satisfaction, c'est Laurier qui apaise son angoisse. Sir Wilfrid lui dit qu'il avait fait « extrêmement bien la nuit dernière[21] ». Il ne pouvait entendre de propos plus rassurants.

Toujours en 1934, Joan Patteson et King participent à une séance de spiritisme avec leur table tournante. Ils apprennent de Laurier que les conservateurs remonteraient au pouvoir, en Ontario, avec une légère majorité. Cette information ne surprend nullement King. Elle correspond à ses prévisions. Dès lors, il ne doute plus de la défaite des libéraux ontariens. Il en fait part à Ernest Lapointe, mais se garde bien de lui révéler la source de son renseignement. La « prophétie » de Laurier ne se réalise pas. C'est l'inverse qui se produit. Les libéraux écrasent les conservateurs. King trouve néanmoins une explication pour justifier l'erreur de Sir Wilfrid, « c'est qu'il n'avait pu obtenir toutes les informations qu'il fallait ».

Le 13 octobre 1935, King et Joan Patteson sont attablés pour entendre un message de l'au-delà. C'est une importante séance. Le lendemain, l'électorat canadien va aux urnes pour se choisir un gouvernement. King, dont le parti a été battu à la consultation populaire de 1930, est convaincu qu'il sera porté au pouvoir. Les observateurs le croient également. « Sir Wilfrid Laurier, parlant par la bouche du père de King, l'assure qu'il remportera une victoire éclatante. Bien que la plupart des autres informations, fournies à l'avance par Laurier sur le scrutin, se fussent révélées inexactes, il avait raison sur ce point principal[22]. » Dix jours plus tard, King prêtait serment comme premier ministre du Canada, ayant remporté une victoire sans précédent.

En communiquant avec le monde invisible, King avait l'assurance qu'il pouvait ainsi obtenir des renseignements sur l'avenir que le monde visible ne pouvait lui fournir. King croira jusqu'à sa mort aux prophéties des diseuses de bonne aventure et aux messages émanant des tables tournantes, même s'ils se sont révélés parfois faux.

Quant à l'authenticité des voix supraterrestres, nous laissons aux lecteurs la liberté d'y croire ou de ne pas y croire. Cette question, comme celle du surnaturel, est extra-historique; l'histoire la moins philosophique d'allure doit être explicative, mais dans la mesure où elle entre dans les attributions de l'historien. Tel n'est pas le cas.

NOTES

1. Agence La Presse Canadienne, 21 juillet 1980.
2. *Ibid.*
3. Doris French Schackleton, *Tommy Douglas,* Toronto, 1975, p. 94.
4. Bruce Hutchison, *The Incredible Canadian,* Toronto, 1970, p. 85.
5. C. P. Stacey, *A Very Double Life. The Private World of Mackenzie King,* Toronto, 1976, p. 131.
6. Robert Botwell, *Pearson, His Life and World,* Toronto, 1978, p. 30.
7. Bruce Hutchison, *op. cit.,* p. 85.
8. *Ibid.,* p. 83.
9. C. P. Stacey, *op. cit.,* p. 128.
10. *Mackenzie King: Widening the Debate,* la contribution de J. W. Pickersgill, Toronto, 1977, p. 16.
11. J. W. Pickersgill et D. M. Forster, *The Mackenzie King Record,* tome IV, Toronto, 1970, p. 56.
12. H. Blair Neatby, *William Lyon Mackenzie King,* tome III, Toronto, 1976, p. 70.
13. Pickersgill et Forster, *op. cit.,* p. 422.
14. H. Blair Neatby, *op. cit.,* tome II, p. 204.
15. Bruce Hutchison, *op. cit.,* p. 75.
16. J. W. Pickersgill, *op. cit.,* tome I, p. 228.
17. H. Blair Neatby, *op. cit.,* tome III, p. 319, 320.

18. C. P. Stacey, *op. cit.*, p. 163.
19. *Ibid.*, p. 173.
20. *Ibid.*, p. 161.
21. H. Blair Neatby, *op. cit.*, p. 74.
22. C. P. Stacey, *Mackenzie King and the Atlantic Triangle*, Toronto, 1976, p. 46.

XVII

Les élections de 1925

Jusqu'en 1923, King avait agi en conciliateur plus qu'en chef de parti. Il avait prouvé qu'il était passé maître en ce domaine, ayant réussi à maintenir l'unité d'un parti qui se composait de factions rivales. Deux ans après son accession au pouvoir, son autorité s'était affermie. Ses partisans ne songeaient plus à mettre en cause son leadership et commençaient à le considérer comme leur chef.

En 1924, il avait réduit les tarifs. Cette concession aux provinces de l'Ouest avait été acceptée par l'aile droite de sa formation, mais non sans peine. Quand les progressistes réclamèrent un abaissement des tarifs ferroviaires, le premier ministre ne put satisfaire à leur requête, car il se serait aliéné bien de ses partisans. En conséquence, les prochaines élections générales seront encore une lutte tripartite, du moins dans un important secteur du pays.

Avant de s'engager dans une aventure électorale, il importait de tâter le pouls de l'opinion publique. Une occasion se présenta au début de décembre 1923. Une élection partielle se tenait dans la circonscription d'Halifax. Le candidat libéral fut battu. C'était la première défaite du parti depuis la consultation populaire de 1921. La popularité des ministériels était donc en baisse en Nouvelle-Écosse qui n'avait élu que des libéraux aux dernières élections. Pour le gouvernement, dont la majorité en Chambre était toujours incertaine, ce fut un dur coup. Deux semaines plus tard, les libéraux subissaient une seconde défaite, cette fois dans le comté de Kent, au Nouveau-Brunswick. La situation du gouvernement devenait encore plus précaire.

Il était évident depuis quelque temps que les conservateurs

remontaient la pente. Aux Communes, c'est Meighen qui dominait les débats et non le premier ministre qui n'était pas de taille avec son adversaire. Le comportement de King en Chambre avait été médiocre, tandis que le chef de l'opposition couvrait de sarcasmes les ministériels et les écrasait, grâce à sa supériorité intellectuelle. La session de 1925 fut un échec. Présage inquiétant pour une année d'élections législatives. En raison de l'impopularité des libéraux dans les provinces de l'Atlantique, King fit un nouvel effort pour se réconcilier l'Ouest en vue du prochain scrutin. Les provinces de la Prairie obtinrent une satisfaction partielle en matière de tarifs ferroviaires.

Le premier ministre n'a pas tenu son engagement de 1924 visant à une réforme du Sénat. Il semble que l'opposition des libéraux canadiens-français au projet en soit l'explication. Le budget de 1925 n'a eu pratiquement aucun impact sur l'électorat. Pour la seconde fois en deux ans, les progressistes se divisent et 17 d'entre eux approuvent le budget. L'imminence d'élections générales a sans doute décidé certains progressistes à soutenir le gouvernement dans l'espoir qu'ils n'auraient pas d'opposants libéraux lors du scrutin. D'ailleurs, des 17 progressistes qui ont voté avec le gouvernement, 3 se présenteront comme libéraux, 6 n'eurent pas d'adversaires ministériels et 5 ne demandèrent pas le renouvellement de leur mandat.

À la fin de la session, King était convaincu de la popularité de son parti dans le pays et de l'impopularité de ses adversaires. Il allait bientôt perdre ses illusions. En juin 1925, les libéraux de Charles Dunning remportent une victoire impressionnante en Saskatchewan. Ils recueillent 52 des 63 sièges. À la fin du même mois, les électeurs étaient convoqués aux urnes en Nouvelle-Écosse, où les libéraux étaient au pouvoir depuis quarante-trois ans. À la dissolution de l'Assemblée législative à Halifax, les conservateurs n'avaient que 2 sièges. Ils en auront désormais 39 et les libéraux, 3. Ce fut un désastre.

King fut secoué par cette grave défaite, mais il ne jugea pas nécessaire d'ajourner les élections générales à l'année suivante. Le 27 juillet, réunion du cabinet à Ottawa. La majorité des ministres se déclarent favorables à la tenue d'élections générales à l'automne. Le 10 août, les libéraux, qui étaient au pouvoir au Nouveau-Brunswick, sont également battus. En deux ans, l'Ontario, la Nouvelle-Écosse et le Nouveau-Brunswick sont passés aux mains des conservateurs. Ces victoires conservatrices n'augurent rien de bon pour les libéraux fédéraux.

Au début de septembre 1925, King annonce la tenue d'élections générales fixées au 29 octobre. Avant le scrutin, il procède à un remaniement ministériel. Dès la fin du mois de mars précédent, il notait dans son journal que son cabinet était faible et qu'il avait besoin d'éléments plus jeunes et plus compétents. Sa grande préoccupation, c'est le ministère des Douanes que dirige Jacques Bureau. Les grossistes canadiens se plaignent depuis quelque temps d'être les victimes d'une concurrence déloyale. De grandes quantités de marchandises américaines entrent au Canada en contrebande et inondent le marché. Il paraît certain que des douaniers sont de connivence avec les contrebandiers. À une réunion du cabinet, King avait exprimé l'avis qu'il fallait procéder au licenciement du personnel indésirable au département des Douanes, mais il ne fit rien.

Jacques Bureau était un administrateur médiocre et il semble peu vraisemblable qu'il n'ait pas été au courant de ce qui se passait dans son ministère. Son état de santé laissait à désirer et il avait fait une cure de repos de quelques mois. Il fut nommé au Sénat ainsi que le docteur Henri S. Béland, ministre du Rétablissement civil des soldats.

Une autre préoccupation de King était de renforcer sa position dans l'Ouest, où les progressistes avaient encore assez d'emprise sur l'opinion publique. Charles Dunning, bien vu des fermiers et qui vient de remporter une victoire retentissante aux élections législatives en Saskatchewan, est invité à faire partie du cabinet. Il ajourne sa réponse, mais le 22 août, il refuse le portefeuille des Chemins de fer et des Canaux que le premier ministre lui avait offert. Quant aux raisons de son refus, nous en sommes réduits aux conjectures. Il semble, selon King, qu'il n'était pas certain de la réélection du gouvernement. Il y avait encore T. A. Crerar et A. B. Hudson. Le premier était indécis sur son avenir politique et le second avait décidé de ne pas demander le renouvellement de son mandat. King n'aura donc aucun lieutenant de premier plan dans les provinces de la Prairie. Ses chances de faire des gains dans ce secteur du pays sont d'autant plus amoindries.

Cette situation l'inquiète au moment où les conservateurs lui reprochent d'avoir fait trop de concessions aux progressistes. Ils affirment que la politique du gouvernement a contraint des centaines de manufactures à fermer leurs portes, tandis que des milliers de travailleurs émigraient aux États-Unis à la recherche d'un emploi. Pour pallier les effets de cette propagande dans les provinces centrales, King n'a d'autre choix que de renforcer les éléments protectionnistes au sein de son cabinet.

Vincent Massey, de Toronto, président de la compagnie Massey-Harris, fabricant de machines agricoles, devient ministre sans portefeuille. Il n'était pas député, mais il était naturellement protectionniste. Il n'avait pas été favorable aux modifications tarifaires contenues dans le budget de 1924.

Herbert Marler, député d'une circonscription de Montréal et riche financier, obtient également un ministère sans portefeuille. Ses inclinations protectionnistes étaient si évidentes qu'il avait voté contre le budget, en 1924, et, partant, contre son parti. King était ainsi convaincu qu'il avait asséné un dur coup aux tories. Georges Boivin, considéré comme protectionniste, succède à Jacques Bureau aux Douanes, tandis que Lucien Cannon, député de Dorchester, devient solliciteur général.

Le départ de Fielding avait laissé un grand vide dans le cabinet et privé les Maritimes d'un homme compétent qui pouvait se faire le porte-parole de cette région du pays. Pour combler ce vide, King réussit à convaincre l'ancien premier ministre du Nouveau-Brunswick, W. E. Foster, à faire partie du gouvernement. Foster succède au secrétariat d'État à Copp qui devient sénateur. À l'approche des élections, il y avait peu de chances que la nomination de Foster puisse permettre aux libéraux de reprendre le dessus dans les provinces de l'Atlantique que King avait négligées. Le premier ministre était partiellement responsable si sa formation était en perte de vitesse dans cette région.

La campagne électorale de 1925 fut terne[1]. King demanda à

être jugé sur ses réalisations: les impôts avaient été réduits de 25 p. 100, le budget avait été équilibré et la dette nationale légèrement réduite; le commerce du Canada s'était accru et le pays prospérait dans un monde pacifié. Faute de programme précis, il avait adopté comme slogan: « Unité, modération et progrès[2]. » Il fit savoir qu'il fallait trouver une solution moyenne entre les deux positions extrêmes: protectionnisme et libre-échange. Sa solution fut *a common sense tarif*. Il estimait que la politique des conservateurs en matière tarifaire divisait le pays et opposait l'Est à l'Ouest. On lui a reproché son ambiguïté. Pouvait-il faire autrement? Certes non. Malgré ses dons de conciliateur, il n'a pu concilier les deux grandes régions antagonistes. Partisan de l'unité nationale, il ne pouvait maintenir cette unité qu'en épousant partiellement l'une ou l'autre des thèses opposées. C'est ce qui expliquera, par la suite, certaines déclarations équivoques du premier ministre.

Meighen, par contre, s'est comporté en leader régional et non en chef national comme King. En se faisant, comme en 1921, l'ardent défenseur du protectionnisme, il épousait presque exclusivement les aspirations du Québec et de l'Ontario. Dans cette conjoncture, il était plus facile pour lui que pour King de faire des déclarations explicites. Il avait encore la conviction que sa plate-forme électorale donnerait d'excellents résultats, en ce sens que bien des libéraux protectionnistes feraient défection. Il se faisait des illusions.

Dans presque tous ses discours, Meighen dénonçait le gouvernement King qui, en réduisant les droits de douane, risquait de provoquer un « désastre national ». Par son attitude rigide, il s'était attiré le mécontentement de beaucoup de ses partisans. C. H. Cahan, influent conservateur de Montréal, reprochait à son chef de ne voir dans le protectionnisme qu'un « dogme de foi politique qui ne laissait place... à aucune révision[3] ». D'ailleurs, son biographe reconnaît que sur cette question « Meighen était un doctrinaire[4] ».

Les progressistes firent des revendications qui n'avaient pas été soulevées au cours de la campagne électorale de 1921, dont la principale fut l'achèvement des travaux du chemin de fer de la baie d'Hudson[5]. Le coût du transport ferroviaire serait ainsi réduit si les importations et exportations passaient par cette nouvelle voie plutôt que par le port de Montréal.

La construction du chemin de fer avait commencé sous Laurier peu avant sa chute et s'était poursuivie sous le gouvernement Borden. La guerre avait interrompu les travaux, les ressources nationales devant être utilisées à d'autres fins. Le conflit terminé, partiellement à cause du manque d'argent, partiellement en raison de l'indifférence ou de l'hostilité au projet, les travaux ne furent pas repris. Beaucoup de gens dans les provinces de la Prairie se persuadèrent que l'intervention des milieux financiers de l'Est auprès du ministère motivait l'inaction gouvernementale. Dès 1924, la *On-the-Bay Association* était formée en vue de promouvoir la reprise des travaux du chemin de fer. En 1925, il ne restait à poser des rails que sur une longueur d'une centaine de milles pour achever la voie ferroviaire.

Quelle serait l'attitude des deux chefs des grands partis? Meighen s'était toujours déclaré favorable à la construction du dernier tronçon, mais il estimait que les travaux ne pourraient être entrepris qu'au moment où la situation financière du pays le permettrait. Ces déclarations furent interprétées par les gens de l'Ouest comme un prétexte pour ne rien faire.

King donna au projet une approbation prudente. Il déclara nettement que si les provinces de l'Ouest désiraient obtenir quelque chose, elles devaient envoyer un fort contingent de libéraux à Ottawa, où ils se feraient les défenseurs des intérêts de leur région. Quelques jours plus tard, Meighen s'engagea d'une manière plus explicite que naguère. Il affirma que s'il était possible, comme certains le pensaient, qu'un investissement de $300 millions pouvait mettre le chemin de fer en exploitation, il le ferait terminer avant les prochaines élections, s'il était porté au pouvoir.

Meighen a besoin d'un lieutenant d'envergure au Québec s'il veut faire élire des candidats. Monty n'est pas l'homme qu'il lui faut. Il est déconsidéré auprès de ses partisans. Ce qu'il lui faut, c'est un Lapointe conservateur. Il n'y a qu'Esioff Patenaude, homme intègre et bon orateur, mais qui manque d'agressivité. Patenaude est député à l'Assemblée législative et principal lieutenant d'Arthur Sauvé, chef de l'opposition à Québec. Si les conservateurs ont fait une remontée spectaculaire aux élections provinciales de 1923, ils le lui doivent en partie.

Dès 1924, à la requête de Meighen, l'ancien premier ministre du Canada, Sir Robert Borden, s'entretient avec Patenaude en vue de sonder ses dispositions. Patenaude doute que les Canadiens français soient plus sympathiques à Meighen qu'ils ne l'étaient en 1921. Un ancien ministre unioniste, R. J. Manion, le rencontre également, mais Patenaude se réserve. Il a la confiance des milieux financiers de la rue Saint-Jacques. Si l'on en croit Armand Lavergne, Patenaude serait l'homme du Canadien Pacifique.

Après la dissolution des Chambres, le 27 juin 1925, Patenaude s'enferme encore dans le mutisme et refuse de faire connaître ses intentions. Monty et André Fauteux, ayant eu vent qu'on voulait les remplacer, continuent à tenir des assemblées publiques dans la province dans l'espoir sans doute de se rendre indispensables. Ils n'ont pas l'envergure voulue pour faire remonter la pente aux conservateurs dans la province.

Le 13 septembre, Patenaude fait remettre à la presse un communiqué annonçant sa décision de prendre part à la lutte électorale. Il n'est pas question de Meighen dans le document. Il précise qu'il s'expliquera davantage au cours d'une assemblée publique, à Saint-Laurent, le dimanche suivant. La nouvelle est bien accueillie par Meighen, qui se trouve à Halifax. Il déclare: « La rentrée de M. Patenaude dans la politique fédérale est un événement d'une grande importance pour tout le Dominion. M. Patenaude est un homme d'un caractère franc et d'une habileté remarquable. Il jouit à un degré exceptionnel de la confiance, non seulement de sa propre province, mais des Canadiens de partout, soit français, soit anglais. Il sera chaleureusement accueilli par ceux qui portent si vaillamment le drapeau conservateur dans la province de Québec[6]. »

Le 20 septembre, Patenaude se déclare « libre de Meighen et de King », dénonce le gouvernement libéral, mais se défend de former un troisième parti. Le premier ministre du Québec,

Louis-Alexandre Taschereau, enferme Patenaude dans un dilemme: « M. Patenaude blâme M. King, et ne forme pas un troisième parti; donc, il est avec M. Meighen, quoi qu'il en dise[7]. » Meighen se trouve donc dans l'impossibilité de se montrer au Québec. Les assemblées auxquelles il devait participer sont annulées.

Tous les candidats qui se réclament de Patenaude ne sont plus des conservateurs, mais des candidats de Patenaude. Toute la documentation publicitaire distribuée aux électeurs vise à exalter Patenaude et à faire oublier Meighen, dont le nom est tabou, du moins pour la durée de la campagne électorale. Les candidats et les organisateurs conservateurs qui ont trop frayé avec Meighen sont tenus à distance. Monty, notamment, s'en plaindra après les élections. Il faut évidemment donner l'impression qu'un abîme sépare Patenaude de Meighen.

Meighen déplore qu'on ait mis entre lui et les conservateurs francophones du Québec une barrière presque infranchissable. Le moment ne lui semble pas opportun. Il se croit un peu plus estimé des Canadiens français qu'auparavant. Le problème a néanmoins un côté positif. Il pourra consacrer plus de temps dans les autres provinces où la perspective de gains importants paraît encourageante. Il en est de même en Colombie-Britannique où les conservateurs semblent vouloir faire encore meilleure figure qu'en 1921. Dans les provinces de l'Atlantique, il n'y a aucun doute que les candidats de Meighen ont le vent dans les voiles.

Le Devoir accuse Patenaude, qui a le soutien du *Star* de Montréal, de vouloir créer un parti québécois qui serait tout à fait hostile à l'unité nationale. Henri Bourassa a posé sa candidature dans son ancienne circonscription de Labelle comme indépendant, mais il ne tient pas la balance égale dans ses discours, sinon dans ses articles dans *Le Devoir.* Il est systématiquement tout miel pour King et tout fiel pour Meighen, au mépris de la plus élémentaire probité intellectuelle. Patenaude ne lui fait pas opposition, mais il menace au cours de la campagne de lui susciter un adversaire s'il continue à faire preuve de partialité.

Patenaude a l'appui des deux grands quotidiens anglophones de Montréal, le *Star* et la *Gazette*. Le premier le soutient à fond de train, tandis que le second manifeste plus de discrétion. Les deux quotidiens s'efforcent de donner l'impression qu'il s'agit d'une lutte entre King et Patenaude. Les discours de Meighen sont relégués au second plan, comme si le chef de l'opposition officielle, à Ottawa, ne jouait qu'un rôle insignifiant dans la campagne électorale.

Le propriétaire du *Star*, Lord Atholstan, homme immensément riche et très hostile à Meighen, est le principal bailleur de fonds de Patenaude. Il essaye, par des intermédiaires, de convaincre Patenaude d'affirmer davantage son indépendance de Meighen en le dénonçant publiquement. Patenaude refuse de se plier à cette suggestion. Le leader des conservateurs du Québec, le titre en moins, tient des assemblées nombreuses et enthousiastes. Ses chances de succès semblent excellentes. Les pessimistes lui donnent une quinzaine de sièges et les optimistes, de 25 à 30. Patenaude était convaincu, dès le début, que pour faire élire des candidats au Québec, il fallait se dissocier de Meighen, qui était on ne peut plus impopulaire dans la province en raison de sa prise de position lors de la conscription, en 1917. Son appréciation de la situation était juste.

Ses bailleurs de fonds avaient également, et sans l'ombre d'un doute, des arrière-pensées. Ils étaient certains que Patenaude serait le maître de la situation. Le *Star* l'avait laissé clairement entendre: « Personne n'imagine que Meighen — ou un autre premier ministre — sera en mesure de prendre le pouvoir sans le consentement de Patenaude[8]. » La question ferroviaire préoccupait les milieux financiers de Montréal. Ces derniers tenteraient peut-être d'utiliser Patenaude pour obtenir la fusion du Canadien Pacifique et du Canadien National, en se fondant sur les recommandations soumises par un comité du Sénat au cours de la session de 1925. Il importe de signaler, toutefois, que Patenaude ne proposa jamais publiquement la fusion des deux réseaux, mais ses vues étaient généralement similaires à celles de la haute finance de Montréal. À une assemblée publique, il déclarait: « Le C.P.R. paie des dividendes; le C.N.R. enregistre des déficits... le pays ne peut continuer de pressurer le peuple et de dissiper l'or qu'il produit uniquement dans le but d'avoir la fausse satisfaction de posséder un réseau ferroviaire national et de l'exploiter[9]. »

Les libéraux redoutaient Patenaude. Sur le problème tarifaire, il était invulnérable. Libéraux et conservateurs au Québec étaient tous protectionnistes et cette question ne fut pas un thème de la campagne. Se disant indépendant de Meighen, Patenaude pouvait recueillir bien des voix, qu'il n'aurait pas obtenues s'il avait été associé au chef des conservateurs.

Les libéraux eurent recours à un stratagème qui eut un immense succès. Ils associèrent Patenaude et Meighen, comme s'ils étaient des frères siamois. Un vote pour Patenaude, disaient-ils, c'est un vote pour Meighen. La campagne contre le leader conservateur fédéral fut encore plus violente qu'en 1921. Elle fut, disons le mot, abjecte. On l'accusait de tous les péchés d'Israël. On le ravalait au rang d'un pestiféré. À les entendre, à la seule mention de son nom, on risquait de contracter la peste. Des propagandistes firent circuler sur le compte du chef de l'opposition officielle des slogans comme ceux-ci: « Patenaude renie Meighen en public et l'embrasse dans l'ombre » ; « grattez Patenaude et vous trouverez Meighen » ; « on se sert de Patenaude pour faire passer Meighen en contrebande ».

À Québec, le solliciteur général, Lucien Cannon, n'y alla pas de main morte: « Où était Patenaude quand vos fils étaient assassinés dans les rues de Québec? M. Patenaude, peureux et craintif, se tenait les mains derrière le dos dans un coin, regardant les autres commettre un crime qu'il n'avait pas le courage de commettre lui-même... Meighen a péché par action et Patenaude par omission[10]. »

Le Soleil de Québec a adopté l'attitude la plus méprisable de tous les quotidiens de la province. Il écrivit, le 13 octobre, sous la manchette «La paix ou la guerre»:

La conscription! Arthur Meighen!
Du sang versé! Le sang de nos fils...
...La guerre à propos de tout et à propos de rien!

La guerre parce que l'Angleterre a des intérêts d'argent à protéger dans les puits de pétrole de la Mésopotamie!
Le sang de nos fils versé en Mésopotamie pour du pétrole!
Qui veut tout cela l'aura avec Arthur Meighen...
...Veux-tu la paix ou la guerre?
Choisis entre King et Meighen!...

Le 19 octobre, le même journal publie cette « rumeur » sensationnelle: « Une rumeur veut que par l'intermédiaire d'une grande institution financière canadienne-anglaise, des Anglais de Londres qui veulent faire battre King à tout prix ont fourni des fonds considérables à M. Patenaude. Il s'en sert[11]. »

Le 24 octobre, *Le Soleil* récidive. Il publie une caricature représentant Meighen comme un « trafiquant de chair humaine ». Selon le quotidien *Le Canada*, le premier ministre du Québec, Louis-Alexandre Taschereau, aurait déclaré que Meighen « avec sa loi de conscription avait rempli les cimetières des Flandres de 60000 Canadiens[12] ». Après les élections, Taschereau a prétendu qu'il avait été mal cité par le journal libéral de Montréal. Henri Bourassa, qui reçoit l'appui des libéraux, renchérit sur Taschereau: « L'opposition nationaliste a retardé la conscription de trois ans. Sans les campagnes nationalistes, ce ne serait pas 60000, mais 300000 Canadiens qui dormiraient dans les Flandres[13]. » Quelle démagogie!

Par ailleurs, Bourassa, comme Taschereau, enferme Patenaude dans un dilemme: « Si vous êtes élu, et qu'il dépende de votre voix d'accorder le pouvoir à M. King ou à M. Meighen, pour qui voterez-vous, monsieur Patenaude? » Cette sommation produit un effet écrasant, tant le nom de Meighen inspire d'horreur. Tous les orateurs et cabaleurs libéraux la reprennent: « Si vous êtes élu et qu'il dépende de votre voix d'accorder le pouvoir à M. King ou à M. Meighen, pour qui voterez-vous, monsieur Patenaude[14]? »

Le soir du 29 octobre, « pour la première fois dans les annales électorales de la province, des milliers de personnes apprirent les résultats par la T.S.F.[15] ». Quatre conservateurs sont élus au Québec, tous dans des circonscriptions anglophones, et un indépendant, Henri Bourassa. Les 60 autres sont des libéraux. À l'échelle nationale, les conservateurs ont fait une remontée spectaculaire. Ils ont fait élire 116 candidats contre 50 en 1921, tandis que les libéraux sont tombés de 116 à 101. King et 8 de ses ministres sont battus. Quant aux progressistes, ils ont dégringolé de 64 à 24 députés. Deux circonscriptions de Winnipeg ont élu des candidats ouvriers.

Les conservateurs, qui n'avaient de représentants que dans trois provinces, en 1921, en ont, cette fois, dans huit. Seule la Saskatchewan a fait défection. En comparaison de 1921, ils ont obtenu 46 p. 100 des voix exprimées contre 31 ; les libéraux, 40 contre 41, et les progressistes, 9 contre 25. En Ontario, les conservateurs ont presque doublé leur représentation, tandis que les libéraux sont tombés de 21 à 11. Si le Québec avait élu 15 conservateurs, comme le prévoyaient les moins optimistes, Meighen aurait obtenu une légère majorité absolue. Dans presque toutes les circonscriptions du Québec, la majorité des libéraux, par rapport à la consultation populaire précédente, a été sensiblement réduite.

L'écart entre conservateurs et libéraux n'était pas élevé. Ce sont les progressistes qui décideront lequel des chefs des deux partis dirigera le gouvernement. Idéologiquement, ils sont plus près de King que de Meighen. « Quelques journaux, dont le *Citizen* d'Ottawa, expriment l'opinion que bien que Meighen disposât du groupe le plus nombreux en Chambre, King, avec l'appui presque certain des progressistes, avait autant le droit de tenter de former un gouvernement que Meighen, mais la plus grande partie de la presse estimait que King devait démissionner[16]. »

NOTES

1. Bruce Hutchison, *The Incredible Canadian*, Toronto, 1970, p. 98.
2. *Ibid.*, p. 98.
3. Roger Graham, *Arthur Meighen*, tome II, Toronto, 1963, p. 295.
4. *Ibid.*, p. 295.
5. W. L. Morton, *The Progressive Party in Canada*, Toronto, 1967, p. 242.
6. Robert Rumilly, *Histoire de la province de Québec*, tome XXVIII, Montréal, 1956, p. 53.
7. *Ibid.*, p. 56.

8. Roger Graham, *op. cit.*, p. 337.
9. *Ibid.*, p. 339.
10. Robert Rumilly, *op. cit.*, p. 73.
11. *Ibid.*, p. 79, 80.
12. Roger Graham, *op. cit.*, p. 343.
13. Robert Rumilly, *Henri Bourassa,* Montréal, 1953, p. 668.
14. *Ibid.*, p. 669.
15. Robert Rumilly, *op. cit.*, p. 92.
16. H. Reginald Hardy, *Mackenzie King of Canada,* Toronto, 1949, p. 107.

XVIII

La « crise constitutionnelle »

Après les élections générales, Meighen était persuadé que King, bien qu'en minorité, se proposait de garder le pouvoir et d'obtenir, dès l'ouverture de la session, un vote de confiance de la Chambre. Il fit parvenir un télégramme à tous les leaders conservateurs du pays pour prévenir cette initiative. Il leur conseilla vivement de faire pression sur les journaux de leur province pour qu'ils réclament la démission du gouvernement et de leur faire comprendre qu'une seconde dissolution des Chambres serait un scandale.

Toujours est-il que c'est King qui exploitera le mieux la situation. En moins d'un an, son leadership ne sera plus contesté, son gouvernement aura une majorité suffisante pour gouverner et la carrière politique de Meighen sera terminée.

Les résultats des élections ont déçu le premier ministre. Le matin du vote, il notait dans son journal qu'il aurait une majorité absolue de 10 à 15 sièges et, avec les progressistes, de 40 à 50. Après le scrutin, King eut plusieurs entretiens avec le gouverneur général. Il lui fit part que ni Meighen ni lui n'avaient la majorité absolue. En conséquence, il estimait que c'était le Parlement qui devait décider lequel des deux chefs avait la confiance de ses membres. Constitutionnellement, la position de King était irréprochable. Il pouvait s'appuyer sur un précédent relativement récent pour justifier son attitude. « Aux élections générales de 1892, en Grande-Bretagne, les conservateurs de Lord Salisbury avaient été mis en minorité par la coalition des libéraux et des nationalistes irlandais. Lorsque Salisbury se présenta devant les Communes, il fut battu par une majorité de quarante voix et remit sa démission[1]. »

Lord Byng de Vimy lui dit qu'il avait le choix entre trois partis: convoquer les Chambres dans le plus court délai possible; résigner ses fonctions ou rester au pouvoir jusqu'à ce que les Communes prennent une décision. Quant à une dissolution des Chambres, Byng fit clairement entendre qu'il n'en était pas question à ce moment-là, que le peuple ne voulait pas d'une nouvelle consultation populaire immédiatement. Byng s'évertua à convaincre King de démissionner parce qu'il jugeait que Meighen, ayant fait élire le plus grand nombre de candidats, devait assurer la direction du gouvernement.

Avant de prendre une décision définitive, King préfère consulter ses ministres. Il compte d'ailleurs sur le soutien des progressistes, dont plusieurs n'avaient pas eu d'opposants libéraux, et qui sont tous contre les tarifs trop élevés. Comme les progressistes ne partagent pas les opinions de Meighen en matière tarifaire, il ne peut compter sur eux. Les renseignements que King obtient de l'Ouest sont favorables. Bien des libéraux influents l'engagent vivement à rester au pouvoir. Charles Murphy et Ernest Lapointe déconseillent à leur chef de résigner ses fonctions. À une réunion du cabinet, tous les ministres, à l'exception de Vincent Massey, qui avait été battu, engagent le premier ministre à garder le pouvoir.

King informe le gouverneur général de la décision de son cabinet et exprime l'opinion que ce sont les représentants du peuple qui doivent trancher cette question. Lord Byng s'incline à regret. Il aurait préféré confier le pouvoir à Meighen. Se rendait-il compte que les chances du chef des conservateurs de se maintenir au pouvoir étaient très minces? Nous en doutons. Quoi qu'il en soit, l'attitude de Byng, comme celle de King, sur le plan constitutionnel était irréprochable. Là-dessus, partisans et adversaires des deux hommes sont d'accord.

« Lord Byng, dans des conversations privées presque un an plus tard, a soutenu que la question du droit de dissolution avait été discutée et qu'il y avait eu un accord. Il a rappelé avoir dit à King qu'il ne devait pas demander une dissolution jusqu'à ce que Meighen ait d'abord eu la chance de gouverner et que King avait donné son assentiment. King a qualifié catégoriquement cette affirmation, à la fois privément et publiquement, de fabrication pure et simple[2]. »

En janvier 1926, le secrétaire du gouverneur général, Arthur Sladen, avait préparé un mémorandum résumant les entretiens entre Byng et King, et qui avait été transmis au secrétaire aux Dominions, L. S. Amery[3]. Dans cette note adressée au gouvernement britannique, il n'est nullement fait mention des affirmations de Lord Byng au sujet de Meighen. Dans l'état actuel des choses, il est impossible de se prononcer sur la question de savoir qui a dit la vérité, le gouverneur général ou le premier ministre. Cette question est très importante à cause de ce qui va se produire dans quelques mois.

Meighen réagit avec véhémence à la décision de King de rester au pouvoir. Il lui reproche de se cramponner à son poste au mépris d'un verdict très défavorable du peuple du Canada. Il affirme, en outre, que King n'a pas le droit d'attendre la convocation du Parlement et qu'il doit démissionner sur-le-champ. Un mois après le scrutin, le chef du gouvernement annonce que les Chambres se réuniront le 7 janvier suivant.

Bien des libéraux mettent de nouveau le leadership de King en cause. Ils lui reprochent son manque de fermeté et d'attirance populaire. Ils songent à le remplacer par un homme qui pourrait rallier l'Est et l'Ouest. Ils estiment que dans les provinces de la Prairie, leur chef a échoué. Après des années de négociations, il n'a pas réussi à absorber les progressistes. Ce qui est plus grave, c'est que les conservateurs ont fait des gains dans l'Ouest. Selon eux, c'est l'inverse qui aurait dû se produire. Après une défaite aux urnes, il faut toujours un bouc émissaire et, généralement, c'est le chef du mouvement qui est accusé d'avoir mal conduit la barque.

Des libéraux pensent à Charles Dunning pour succéder à King. Le premier ministre de la Saskatchewan est bien vu des fermiers. Il s'est fait réélire, voilà quelques mois, à la tête du gouvernement de la province avec une forte majorité. Aux dernières élections fédérales, il a contribué énormément à faire élire 15 libéraux en Saskatchewan, tandis que les conservateurs n'ont remporté aucun siège. Dunning est encore jeune et très ambitieux. Dès le 4 novembre, Dunning, qui avait déjà été sollicité par le premier ministre, lui fait savoir qu'il se joindrait au cabinet fédéral. C'est avec un immense soulagement que King apprend la décision de son homologue de la Saskatchewan. C'est sans doute un rival, mais dans les circonstances, il pourrait sauver King en l'aidant à rallier les progressistes.

J.-W. Dafoe et Robert Forke préconisent une coalition des libéraux et des progressistes. A leurs yeux, c'est la seule façon de sauver le gouvernement. King, qui s'était opposé à une coalition, en 1921, maintient sa position. L'entrée de Dunning dans le gouvernement va permettre un rapprochement entre les deux groupes rivaux, sans qu'il soit nécessaire de faire une coalition. King en est certain. D'ailleurs, il n'a rien à craindre, car il a désormais l'assurance que « chère maman, papa, Bell(a), et Max, toute la famille au ciel, me guident et me dirigent ». C'est sans doute ce qui explique le rejet par le premier ministre de toutes les suggestions qui lui sont faites par ses partisans.

Si le leadership de King est mis en cause, il en est de même de celui de Meighen. Beaucoup de ses partisans ont la conviction que les conservateurs ne reprendront jamais le pouvoir sous la direction de Meighen. Ce dernier, qui n'a pas l'habileté politique du chef des libéraux, ne fait aucune tentative pour amorcer des négociations avec les progressistes. Pourtant, sans leur appui, il ne pourra jamais devenir premier ministre. Son comportement nous paraît assez illogique. Il recherche ardemment le pouvoir et ne fait aucun geste qui lui permettrait de l'obtenir et de s'y maintenir. D'ailleurs, il laisse clairement entendre qu'il n'est pas disposé à faire de compromis sur sa politique tarifaire.

Meighen a le sentiment aigu qu'il ne pourra jamais devenir de nouveau premier ministre du Canada, s'il n'a pas l'appui du Québec, du moins en partie. Il décide de frapper un grand coup dont l'objectif est en vue de la prochaine consultation du suffrage universel. Les libéraux lui ont fait une réputation de belliciste dans la province. Pour combattre cette propagande, qui lui a nui énormément auprès de l'électorat francophone du Québec, il faut qu'il précise sa position dans l'éventualité d'une nouvelle guerre à laquelle le Canada serait appelé à participer.

Une occasion se présenta de faire connaître sa nouvelle politique. Les électeurs du comté de Bagot avaient été convoqués aux urnes, le 7 décembre, le député de la circonscription depuis 1898, Joseph-Édouard Marcile, étant mort quelques jours après sa réélection. Le 16 novembre précédent, Meighen prit la parole à un banquet conservateur à Hamilton, en Ontario. Il déclare: « Je crois qu'il serait préférable non seulement que le Parlement soit convoqué, mais que la décision du gouvernement qui, bien entendu, devrait être donnée rapidement, soit soumise au jugement du peuple au moyen d'élections générales avant que les troupes quittent nos rives. Cette attitude contribuerait à l'unité de notre pays dans les mois qui suivront et nous donnerait davantage la possibilité de faire notre devoir. »

Avant de faire cette déclaration, Meighen avait consulté plusieurs conservateurs importants, dont l'ancien premier ministre du Canada, Sir Robert Borden, qui lui avaient donné le feu vert. Il avait aussi consulté le premier ministre de l'Ontario, G. Howard Ferguson. Ce dernier manifesta immédiatement son opposition et exprima l'avis que l'endroit pour un tel discours était Bagot et non Hamilton[4]. Ce qui est le plus important, c'est que les tories s'étaient emparés de tous les sièges, sauf 14, aux dernières élections fédérales et que le prestige de Meighen n'était pas entamé en Ontario. Aux yeux de Ferguson, il ne fallait pas troubler cette situation par une déclaration, non seulement inopportune, mais dangereuse[5]. C'était aussi un « affront à la vision impériale de Ferguson[6] ». Comme Meighen était résolu à faire sa déclaration malgré tout, le premier ministre de l'Ontario s'abstint d'assister au banquet de Hamilton.

R. J. Manion, qui deviendra vers la fin des années 30 chef des conservateurs fédéraux, félicita Meighen: « Tu es un chef. » Par contre, un journaliste estime que ce fut « la déclaration la plus idiote de sa carrière[7] ». Un impérialiste, orangiste, orateur ennuyeux comme la pluie et député conservateur d'une circonscription de Toronto, Thomas L. Church, qui vécut jusqu'à sa mort dans un autre siècle, s'écria: « Je ne crois pas à la doctrine de Meighen. Nous sommes partie intégrante de l'Empire britannique... » Quant aux journaux anglophones du pays, ils étaient passablement divisés sur cette question.

Dans Bagot, les conservateurs présentaient André Fauteux qui se réclamait, cette fois, non de Patenaude, mais de Meighen. Le leader conservateur prit la parole à plusieurs assemblées et répéta l'essentiel de son discours de Hamilton. Les libéraux refirent la campagne électorale sur le thème de la conscription, qui a donné de si bons résultats. Ils ne pouvaient se permettre de perdre une circonscription dans les circonstances actuelles. Les principales vedettes du parti prirent part aux réunions électorales. Le 7 décembre, les électeurs de Bagot fixaient leur choix sur le candidat libéral. Fauteux, qui avait été battu par une majorité de presque 800 voix en octobre, le fut cette fois par une majorité de moins de 500 voix, mais la participation électorale avait été moindre également.

La nouvelle doctrine du leader conservateur, mise à l'essai, avait subi son premier échec. Elle n'avait pas créé d'impact. Le *Globe* de Toronto fit remarquer que « Meighen avait troqué son droit d'aînesse pour un plat de lentilles[8] ».

Le 7 janvier 1926, un mois jour pour jour après l'élection partielle de Bagot, la session débute à Ottawa. Ce sera l'une des plus animées dans les annales politiques du pays, celle où les passions et les préjugés se seront le plus manifestés. Le souci de rechercher la vérité sera souvent relégué au second plan.

Ernest Lapointe dirige les travaux parlementaires, en l'absence de King, battu aux dernières élections. Il propose la réélection de Rodolphe Lemieux comme président de la Chambre. Arthur Meighen approuve la proposition « que M. Lapointe vient de faire comme simple député, non pas comme chef de gouvernement, car il n'y a pas de gouvernement[9] ». Lapointe présente une motion. Il estime que « le gouvernement était en droit de rester en fonction et de convoquer le Parlement, et que le gouvernement est habilité à rester au pouvoir, à moins qu'il ne soit renversé par un vote de cette Chambre, ce qui serait l'équivalent d'un vote de non-confiance ».

Meighen présente un amendement à la motion Lapointe qui stipule que les candidats ministériels ont été battus dans la majorité des circonscriptions, que neuf ministres, dont le premier ministre, ont été battus, que le parti conservateur a obtenu la pluralité des voix et qu'il a fait élire le plus grand nombre de députés; qu'en conséquence, le gouvernement n'est pas habilité à diriger le pays. Rester au pouvoir constituerait, selon lui, « une violation des principes et des coutumes du gouvernement constitutionnel britannique ».

Avant que l'amendement de Meighen ne fût mis aux voix, il importait pour les libéraux et les conservateurs de s'assurer l'appui des progressistes et des indépendants. King obtint plus de succès que son adversaire, mais pour obtenir le soutien de certains députés, il dut satisfaire à leurs exigences.

Les deux députés ouvriers de Winnipeg, J. S. Woodsworth et A. A. Heaps, obtinrent de King l'engagement écrit qu'un projet de loi visant à l'établissement de pensions de vieillesse au pays serait présenté aux Communes. Cette mesure correspondait au sentiment du premier ministre. Il était d'autant plus heureux de se faire forcer la main qu'il disposait désormais de plus d'atouts pour convaincre ses collègues du cabinet d'accepter les pensions de vieillesse, sans quoi le gouvernement risquait de perdre le pouvoir.

King était sans doute le plus progressiste des membres de son ministère. En 1924, un comité des Communes avait recommandé une pension mensuelle de $20 à toute personne dans le besoin, ayant atteint l'âge de soixante-dix ans. Le coût devait être partagé également entre le gouvernement fédéral et les provinces. À l'exception de la Colombie-Britannique, les provinces ne manifestèrent aucun intérêt. La grande majorité des députés libéraux francophones du Québec étaient opposés à la mesure. Il y avait une notable exception, J.-E. Fontaine, député libéral de Hull. Dès 1922, Fontaine avait fait adopter par les Communes une résolution favorable à un système de pensions de vieillesse[10]. Henri Bourassa formulait des objections d'ordre constitutionnel et d'ordre social. Il n'appréciait guère « le principe de l'assistance d'État; Bourassa préférerait des assurances sociales, avec contribution des individus[11] ».

À la fin de janvier, Ernest Lapointe déclare à la Chambre

des communes que le gouvernement présenterait un projet de loi instituant les pensions de vieillesse. En mars, le bill était soumis aux Communes où les conservateurs n'osèrent s'y opposer. Par contre, le Sénat le rejeta. Quinze sénateurs conservateurs prirent la parole, dont quatorze manifestèrent leur opposition au bill. Ce n'était que partie remise. Ce ne fut pas une défaite pour les libéraux, mais pour les conservateurs qui en subiront le contrecoup aux prochaines élections générales, perdant ainsi une fraction importante de l'électorat. Les sénateurs conservateurs auront donc contribué à la ruine de la carrière politique de Meighen.

King ayant maintenant satisfait aux exigences des deux députés ouvriers, il lui fallait également faire des concessions aux progressistes. Le 12 janvier, le premier ministre informa Robert Forke que, si le ministère était maintenu au pouvoir, les progressistes pourraient participer à la préparation des mesures gouvernementales.

Le 15 janvier fut le jour fatidique. À une heure du matin, les députés, par une majorité de 123 à 120, repoussaient l'amendement Meighen. Cinq progressistes, persuadés que Meighen avait raison sur le plan constitutionnel, votèrent avec l'opposition. Le gouvernement avait survécu, mais par une faible majorité. Personne désormais ne pourrait lui contester le droit de gouverner le pays. La voix de la majorité avait parlé.

Un mois plus tard, jour pour jour, King était élu dans la circonscription de Prince-Albert, en Saskatchewan. Il avait battu un candidat indépendant, soutenu officieusement par les conservateurs, par plus de 5 000 voix. Le 16 mars suivant, Charles Dunning était élu par acclamation dans une circonscription de Regina.

Avant la tenue des élections partielles, le 2 février, Ernest Lapointe présenta une motion en vue d'ajourner les travaux de la Chambre jusqu'au 15 mars. Le député conservateur de Vancouver, H. H. Stevens, « le plus habile des détectives privés en politique[12] », se livra à une attaque à fond de train contre le ministère des Douanes. Il présenta un amendement à la motion Lapointe selon lequel la Chambre ne serait pas ajournée avant la nomination d'un comité spécial qui sera chargé de faire la lumière sur de présumées irrégularités.

King savait depuis quelque temps qu'il y avait quelque chose d'anormal aux Douanes, mais il ne fit rien. Ce n'est qu'après les élections qu'il commença à s'inquiéter. Un haut fonctionnaire l'avait informé que la contrebande entre le Canada et les États-Unis, et vice versa, se poursuivait et que « plusieurs, qui étaient protectionnistes le jour, étaient libre-échangistes la nuit ». La Commercial Protective Association, organisation formée de commerçants, déplorait l'inertie gouvernementale. Bien des entreprises risquaient de péricliter en raison de la concurrence des marchandises de contrebande. En mars 1925, King était disposé à former une commission royale d'enquête si le président de l'organisation portait des accusations contre certains individus, mais aucune action ne fut intentée.

Cette contrebande n'était que le contrecoup inévitable de la loi de prohibition des boissons alcooliques aux États-Unis, entrée en vigueur en 1920. Les Américains étaient désormais divisés en deux fractions: les « secs » et les « mouillés », notamment dans les villes. Des Canadiens, des Mexicains, des Cubains et des habitants d'autres îles des Antilles s'empressaient donc de satisfaire les besoins de ces derniers en spiritueux, eux qui n'avaient pas perdu du jour au lendemain le goût de boire en raison d'une interdiction.

Au cours de la première année de l'entrée en application de la loi *Volstead*, les importations de whisky au Canada s'accrurent de $5500000 à $23 millions[13]. Inutile d'ajouter qu'une grande quantité de cette eau-de-vie franchissait la frontière américaine. Dès 1923, les États-Unis demandaient au Canada de prendre les mesures qui s'imposaient pour enrayer ce trafic. Il n'était pas facile pour un pays, qui a une faible population et une frontière aux dimensions continentales, de surveiller étroitement les contrebandiers.

Ce commerce allait s'amplifiant. Les contrebandiers, qui utilisaient des navires, des bateaux de petites dimensions, des camions ou des automobiles pour le transport des spiritueux, trouvèrent qu'ils pourraient doubler leur chiffre d'affaires si le trafic se faisait dans les deux sens. Si les États-Unis étaient inondés de spiritueux canadiens, le Canada était inondé de produits américains. Ainsi Stevens estimait à $200 millions la valeur des marchandises américaines qui étaient entrées illégalement au Canada au cours de l'année précédente. Le gouvernement accepta de former un comité parlementaire qui se composerait de 9 membres, dont 4 libéraux, 4 conservateurs et un progressiste. Ainsi la motion de Lapointe pour l'ajournement de la Chambre jusqu'au 15 mars fut adoptée par une majorité de 8 voix.

Le comité parlementaire, qui siégea quatre mois et demi, se réunit 115 fois, fit témoigner des dizaines de personnes. Le 18 juin, il présenta son rapport, qui constituait un dossier lourdement chargé pour le département des Douanes. Un incident mis à jour par le comité révéla l'ampleur du trafic des spiritueux.

La police provinciale du Québec avait saisi, à Saint-Sulpice, une péniche, connue sous le nom de « barge à Tremblay ». À l'arrivée des policiers, huit camions étaient sur les lieux et l'on s'apprêtait à décharger 16000 gallons d'alcool, provenant apparemment de Saint-Pierre-et-Miquelon et sur lesquels aucun droit n'avait été payé. L'alcool fut saisi et l'embarcation remonta le Saint-Laurent jusqu'à Montréal. Au quai se trouvait Joseph-Edgar Bisaillon, chef du service de prévention aux Douanes. Il informa les policiers provinciaux qu'il leur était supérieur en autorité, étant fonctionnaire fédéral, et qu'il se chargerait de toute cette affaire. La péniche fut saisie, mais les contrebandiers à bord disparurent. Bisaillon fut accusé par la police d'être de connivence avec les contrebandiers. Traduit devant les tribunaux, il fut acquitté, faute de preuves.

Bisaillon possédait une ferme, dans les Cantons de l'Est, qui était à cheval sur la frontière américaine. Les mauvaises langues disaient que cet emplacement facilitait très bien ses affaires. Bisaillon, que King avait accusé en privé d'être un escroc, jouit de la confiance de Jacques Bureau jusqu'en septembre 1924. Le comité parlementaire prouva qu'il avait pris des dispositions pour que le chauffeur de Bureau puisse acheter une voiture de contrebande et que Bureau avait souvent reçu des caisses de spiritueux[14]. John Diefenbaker a écrit sans doute avec raison que Bureau, « au lieu d'être envoyé en prison, a été nommé au Sénat[15] ». Stevens avait accusé Bureau d'avoir emporté, à Trois-Rivières, neuf classeurs pleins de documents appartenant au ministère des Douanes.

Les Maritimes étaient également le théâtre d'un important trafic de boissons alcooliques. Le schooner *Dorin*, par exemple, quitta le port d'Halifax, le 17 septembre 1925, avec une cargaison de spiritueux pour le Pérou. Quatre jours plus tard, la même goélette rentrait à Halifax et prenait une cargaison similaire, cette fois pour La Havane. Le schooner *Eva A. Moulton* fit trois voyages aller et retour entre Halifax et Nassau en onze jours, dont l'un en deux jours. Le *Ellice B.* fit quatre voyages aller et retour entre Halifax et deux ports des Antilles, en deux mois, transportant plus de 40000 caisses de spiritueux[16].

Les conservateurs étaient déterminés à faire censurer le gouvernement. La majorité des membres du comité parlementaire, 4 libéraux et 1 progressiste, s'étaient bornés à recommander des réformes au sein du ministère des Douanes, mais avaient refusé de blâmer le gouvernement. Quand le président du comité engagea la Chambre à accepter le rapport, Stevens présenta un amendement prescrivant aux membres du comité de censurer dans leur rapport le gouvernement, le premier ministre et le nouveau ministre des Douanes, Georges Boivin.

Boivin, qui avait succédé à Bureau, n'était pas sans reproche, mais il avait hérité d'une succession difficile. Il avait fait congédier Bisaillon et avait commencé à effectuer des réformes au ministère des Douanes. Mais il avait été très imprudent, notamment dans le cas de Moses Aziz, de Caraquet, au Nouveau-Brunswick, qui avait été condamné à trois mois de prison pour avoir été trouvé en possession de boissons alcooliques de contrebande.

En septembre 1925, le candidat libéral dans le comté de Gloucester, au Nouveau-Brunswick, J.-G. Robichaud, avait demandé à Boivin de faire surseoir à l'exécution de la sentence prononcée contre Aziz, le mois précédent. Dans sa lettre, il précisait notamment: « J'attache la plus grande importance à cette affaire, puisque dans les circonstances actuelles, j'ai besoin de tous mes amis... M. Aziz est l'aide la plus précieuse durant cette campagne et nous ne pouvons nous dispenser de ses services[17]. » En l'absence du ministre de la Justice, Ernest Lapointe, Boivin, qui était avocat, fit ajourner l'exécution de la sentence. Robichaud fut élu aux élections de 1925, le seul libéral au Nouveau-Brunswick.

Ce qui importait pour King, c'était de prévenir un vote de blâme dans le rapport contre son gouvernement. Il multiplia les démarches auprès des progressistes pour que D. M. Kennedy, le seul membre du mouvement au sein du comité, se rallie aux libéraux. Il eut gain de cause, mais Kennedy, toutefois, qualifia l'attitude de Boivin d'injustifiable.

Le 22 juin, Stevens présenta un amendement censurant le gouvernement. J. S. Woodsworth proposa la création d'une commission royale d'enquête sur le département des Douanes afin que cette question fût abordée sereinement et sans passion. Il savait qu'avec l'amendement Stevens, les députés voteraient selon leur allégeance politique. Woodsworth déplorait la grave situation qui régnait au ministère des Douanes et désapprouvait la nomination de Bureau au Sénat, mais il n'était pas disposé à renverser le gouvernement. C'était sa principale préoccupation, parce qu'il préférait King à Meighen, qui était beaucoup moins progressiste que le premier ministre en matière sociale. Mis aux voix, l'amendement Woodsworth fut battu par 2 voix, 5 progressistes ayant voté avec les conservateurs. Comme le faisait remarquer King dans son journal, si l'un d'eux s'était rallié aux libéraux, le vote aurait été égal, et le président de la Chambre aurait voté en faveur de l'amendement. C'eût été une victoire pour les libéraux. L'amendement Stevens n'aurait plus eu sa raison d'être.

Le 26 juin, King, assuré de la défaite, était résolu à demander au gouverneur général de dissoudre les Chambres. Dans l'après-midi, il tint un conseil des ministres. Tous ses collègues étaient d'accord avec lui qu'une dissolution s'imposait. Lord Byng refusa la requête du premier ministre. L'attitude de King nous paraît on ne peut plus illogique. Lui, qui avait toujours soutenu que le Parlement devait décider, tentait maintenant de se soustraire à une décision du Parlement en réclamant une dissolution. Le chef du gouvernement eut d'autres entretiens avec le vice-roi mais ce dernier maintint son refus.

Pour le convaincre de revenir sur sa décision, il fit une dernière tentative. Il proposa à Byng de demander conseil au gouvernement britannique. Étrange suggestion pour un homme qui s'était toujours fait le champion de l'indépendance canadienne. Assuré que Meighen ne serait pas en mesure de former un gouvernement ayant l'appui de la Chambre, King demanda alors à Byng s'il le convoquerait à nouveau pour lui offrir le pouvoir, si Meighen échouait, et s'il lui accorderait une dissolution. Le gouverneur général refusa de prendre cet engagement. King remit sa démission le 28 juin, laissant le pays sans gouvernement. Byng convoqua Meighen et le chargea de former un ministère.

Pour bien comprendre cette prétendue « crise constitutionnelle », il importe de mettre l'accent sur certains points. King, en demandant au gouverneur général une dissolution des Chambres avant le vote de la motion de censure, adoptait une attitude sans précédent[18]. Il n'avait pas le droit d'en appeler au tribunal suprême, c'est-à-dire le peuple, avant que le tribunal d'instance inférieure, le Parlement, ait rendu sa décision. Le gouverneur général avait parfaitement le droit de refuser une dissolution. Il existait au moins une cinquantaine de précédents dans le Commonwealth, dont plusieurs remontaient à une date récente[19].

Il semble clair comme le soleil en plein midi que Lord Byng n'avait qu'une préoccupation, confier le pouvoir à Meighen. Il n'avait pas modifié son opinion depuis 1925. Il avait déploré que King reste au pouvoir parce qu'il avait fait élire moins de candidats que Meighen et il aurait préféré que le premier ministre résignât ses fonctions pour faire place au chef de l'opposition. Il n'avait jamais voulu prendre l'engagement envers King que si Meighen, après avoir accédé au pouvoir, était battu, il lui accorderait une dissolution.

Lorsque le premier ministre, pour convaincre le vice-roi de se rendre à sa requête, invoquait des arguments constitutionnels, Byng semblait très peu intéressé. Son seul souci, qui primait les questions constitutionnelles, était de donner une chance à Meighen. Néanmoins, le gouverneur général prit une décision qui, sur le plan constitutionnel, était irréprochable, mais les raisons données pour motiver sa décision étaient on ne peut plus discutables. Lord Byng, quoi qu'on en dise, n'a pas outrepassé ses attributions. Il n'y a donc pas eu de « crise constitutionnelle ».

Le gouverneur général, inconsciemment, a signé l'arrêt de mort politique de Meighen en lui confiant la charge de former le ministère, et Meighen, assoiffé de pouvoir, l'a contresigné en l'acceptant. Les deux hommes ont fait le jeu de King et ce dernier saura l'exploiter à fond aux prochaines élections générales.

NOTES

1. Goldwin Smith, *A History of England,* New York, 1974, p. 661.
2. H. Blair Neatby, *William Lyon Mackenzie King,* tome II, Toronto, 1963, p. 84, 85.
3. Roger Graham, *Arthur Meighen,* tome II, Toronto, 1963 p. 353, 354.
4. Peter Oliver, *G. Howard Ferguson,* Toronto, 1977, p. 264.
5. *Ibid.*, p. 264.
6. *Ibid.*, p. 264.
7. Bruce Hutchison, *The Incredible Canadian,* Toronto, 1970, p. 103.
8. Mason Wade, *The French Canadians,* Toronto, 1956, p. 799.
9. Robert Rumilly, *Histoire de la province de Québec,* tome XXVIII, Montréal, 1965, p. 195.
10. Kenneth McNaught, *A Prophet in Politics,* Toronto, 1967, p. 216.
11. Robert Rumilly, *op. cit.*, p. 204.
12. Bruce Hutchison, *op. cit.*, p. 104.
13. Ralph Allen, *Ordeal by Fire,* Toronto, 1961, p. 253.
14. H. Blair Neatby. *op. cit.*, p. 133.
15. John Diefenbaker, *One Canada,* tome I, Toronto, 1975, p. 146.
16. Roger Graham, *op. cit.*, p. 394.
17. Ralph Allen, *op. cit.*, p. 266.
18. Eugene Forsey, *Freedom and Order,* Toronto, 1974, p. 84.
19. *Ibid.*, p. 34.

XIX

King reprend le pouvoir

Le 28 juin, dans l'après-midi, King se lève à l'ouverture de la Chambre et annonce qu'il a une très importante déclaration à faire. Il ajoute que dans l'intérêt public, une dissolution des Chambres s'imposait, mais que le gouverneur général avait refusé de se rendre à sa requête. En conséquence, il a remis sa démission. Ce fut presque la consternation aux Communes.

Avant d'accepter le pouvoir, Meighen s'entretint avec Sir Robert Borden. Plus tôt, le greffier des Communes, Arthur Beauchesne, fit part à deux députés conservateurs, R. B. Hanson et E. B. Ryckman, du danger politique que prendrait le chef de l'opposition en succédant à King. Les deux parlementaires en parlèrent à Borden et à Meighen. Ces derniers exprimèrent l'opinion qu'un refus mettrait Lord Byng dans une situation presque intenable et le contraindrait probablement à résigner ses fonctions[1]. R. B. Bennett, qui faisait campagne en vue des élections provinciales, en Alberta, déclarera plus tard que, s'il avait été à Ottawa, Meighen aurait refusé de former un gouvernement[2].

Le 29 au matin, Meighen prêtait serment et devenait de nouveau premier ministre du Canada. En assumant cette responsabilité, il perdait automatiquement son droit de siéger aux Communes tant que les électeurs de sa circonscription ne lui auraient pas renouvelé son mandat lors d'une élection partielle. Il forma un gouvernement de six membres qui furent nommés par arrêté ministériel. Il s'agissait de Sir Henry Drayton, H. H. Stevens, Hugh Guthrie, R. J. Manion, Sir George Perley et W. A. Black. Ces six ministres sans portefeuille ne recevraient aucune autre indemnité que celle de député. Ainsi ils n'auraient pas à abandonner leur siège et ne priveraient pas le parti de 6 voix au cours de la session. Ce cabinet, qui était sans précédent au Canada, fut qualifié par des adversaires de «cabinet fantôme» et par Henri Bourassa de «ministère bâtard».

À la reprise des travaux de la Chambre dans l'après-midi, King occupait le siège qui était celui de Meighen la veille. Sir Henry Drayton devint le leader parlementaire en l'absence de son chef. C'était un brave homme, mais il n'avait pas l'envergure intellectuelle du premier ministre.

King était résolu à renverser le gouvernement. Le député de Montréal-Saint-Jacques, Fernand Rinfret, présenta un amendement visant à la nomination d'une commission royale d'enquête qui serait chargée non seulement de faire la lumière sur l'administration de Jacques Bureau, mais aussi sur celle de ses prédécesseurs conservateurs au ministère des Douanes. L'amendement Rinfret fut battu par une majorité de 12 voix, tandis que celui de Stevens était adopté par une majorité de 10. Le gouvernement précédent était donc censuré.

King revint à la charge. Il présenta un amendement de censure sur la future politique tarifaire du nouveau ministère qui serait, selon lui, préjudiciable à la prospérité du pays et à l'unité nationale. Il était évident que le leader libéral croyait ainsi rallier les suffrages des progressistes. Mis aux voix, l'amendement fut repoussé par 7 voix.

Le leader libéral s'engagea alors sur un autre terrain. Il contesta la constitutionnalité du nouveau gouvernement. Ses adversaires lui firent observer que E. M. Macdonald avait été ministre par intérim de la Défense nationale pendant quatre mois, en 1923, et qu'il n'avait pas prêté serment comme ministre. Aussi bien, le sous-ministre de la Justice avait fait savoir que Meighen avait le droit de former un gouvernement constitué de ministres sans portefeuille.

Le 1er juillet, J. A. Robb présentait une motion qui enfermait le gouvernement dans un dilemme: si les ministres administrent légalement leur département, ils doivent, conformément à la loi, renoncer à leur siège et se soumettre à la réélection; s'ils n'occupent pas leur charge légalement, ils n'ont pas le droit de gouverner. La motion était subtile, mais elle faisait abstraction des personnes qui occupaient un ministère par intérim, comme dans le cas du gouvernement Meighen. Toujours est-il que bien des progressistes se persuadèrent que le gouvernement n'avait pas le droit de diriger le pays.

Le 2 juillet, aux petites heures du matin, les députés votèrent sur la motion Robb. Le gouvernement était renversé par 1 voix de majorité. Un incident assez cocasse amena la chute du ministère. Le député progressiste T. W. Bird avait convenu, avant le vote, avec son collègue, D. M. Kennedy, qui avait dû s'absenter, qu'il ne prendrait pas part au scrutin. (C'est une coutume qui existe depuis bien longtemps aux Communes, mais qui n'a aucune valeur légale. Si un député viole son engagement, son vote est valide.) Bird s'était assoupi dans son fauteuil. Quand la cloche a sonné, il s'est réveillé brusquement et il a voté, par inadvertance. C'est du moins la version qu'il donna aux Communes après le vote pour se justifier, mais pratiquement personne ne le crut.

Le gouvernement Meighen était battu après avoir accédé au pouvoir moins de trois jours auparavant. C'était la première fois depuis la Confédération qu'un ministère avait une durée aussi brève. Pour trouver un exemple analogue, il faudrait remonter aux années antérieures à 1867. En effet, le 2 août 1858, George Brown et Antoine-Aimé Dorion prêtaient serment, tous deux comme premiers ministres. Deux jours plus tard, le ministère avait cessé d'exister[3].

C'était la fin de la carrière politique d'Arthur Meighen. Il ne siégera plus aux Communes. Après la mise en minorité de son gouvernement, il rendit visite au gouverneur général et lui demanda une dissolution des Chambres, ce qui lui fut accordé. Des élections générales furent fixées au 14 septembre, les secondes en moins d'un an.

En accordant une dissolution au premier ministre et en la refusant à King, le vice-roi fournissait au leader libéral les armes dont il avait besoin pour combattre son adversaire. Pour faire oublier le scandale des douanes, King fit porter la campagne sur le terrain constitutionnel. Pour lui, c'était la question essentielle.

Il ne douta jamais que Lord Byng avait eu tort en lui refusant une dissolution. Il se garda bien, toutefois, de s'en prendre personnellement au gouverneur général. Par bonheur pour lui, Meighen assuma l'entière responsabilité des décisions prises par le vice-roi. King dénonça le premier ministre pour avoir mal conseillé le représentant du roi.

Aux yeux de l'opinion publique, Lord Byng s'était immiscé dans les affaires intérieures du Canada, ce qui eut pour effet de susciter une réaction nationaliste aussi bien chez les anglophones que chez les francophones. Malgré les conseils de prudence et les instructions de King, bien des orateurs libéraux assimilèrent Meighen à Byng. Circonstance aggravante, «Byng était un Anglais et un lord... Des Canadiens, sensibles sur cette question en raison du nationalisme naissant, furent facilement persuadés qu'ils avaient été traités comme des coloniaux... la réponse fut immédiate et décisive[4] ».

Dans ses discours, King démentit toujours catégoriquement avoir demandé une dissolution pour pouvoir se soustraire à une motion de censure. Il affirmait que s'il n'avait pas résigné ses fonctions, l'amendement Stevens aurait été battu parce que les progressistes auraient appuyé les libéraux. Il soutenait aussi que l'amendement Stevens ne pouvait être assimilé à une motion de censure. C'était évidemment jouer avec les mots.

Pour sa part, Meighen déclarait partout qu'il n'y avait pas de crise constitutionnelle, ajoutant sur un ton humoristique que «chaque fois que King n'est pas au pouvoir, la constitution est en danger». Il accusa King d'avoir imaginé une crise constitutionnelle afin de faire oublier le scandale des douanes. Selon lui, les libéraux n'étaient pas aptes à diriger le pays parce qu'ils étaient corrompus. Il rappela que les progressistes s'étaient dissociés des libéraux et avaient voté pour la motion de censure à cause du scandale des douanes. Il demanda aux électeurs de voter pour un gouvernement honnête.

Au Québec, Meighen offrit de faire alliance avec Esioff Patenaude. Ce dernier, après avoir conféré avec Lord Atholstan, accepta l'invitation du premier ministre. Contrairement à 1925, les candidats conservateurs dans la province ne seront plus les candidats de Patenaude, mais ceux de Meighen. Ce dernier constitua un cabinet provisoire. Esioff Patenaude devint ministre de la Justice et Sir George Perley, député d'Argenteuil, secrétaire d'État. Par la suite, Meighen fit entrer au cabinet Eugène Paquet, ministre du Rétablissement civil des soldats, et André Fauteux, solliciteur général.

En Ontario, le docteur Raymond Morand, de Windsor, se vit confier un ministère sans portefeuille. C'était la première fois depuis la Confédération qu'un Franco-Ontarien accédait à un ministère fédéral. Pour plaire au Québec, le premier ministre écarta du cabinet l'orangiste J. W. Edwards, qui était ministre en 1921. Pour expliquer son ralliement à Meighen, Patenaude déclara que le discours de Hamilton avait mis fin à son différend avec le leader conservateur. Mais ni au Québec, ni ailleurs au Canada, le premier ministre ne fit allusion à la doctrine de Hamilton au cours de la campagne électorale. L'explication paraît bien simple. Le discours de Hamilton avait été très mal accueilli dans les milieux impérialistes conservateurs. Cette allocution, qui avait entamé son prestige dans certaines parties du Canada anglophone, ne l'avait nullement aidé auprès de l'électorat francophone du Québec.

Selon le journal de Sir Lomer Gouin, il avait été pressenti par des conservateurs pour se rallier à Meighen, mais il aurait répondu: « Je crois aux partis et j'entends rester du mien[5]. » Les libéraux, dans leurs discours, agitèrent de nouveau le spectre de la conscription et de l'impérialisme, ainsi que la question constitutionnelle qui était au Québec un excellent thème à exploiter.

En ce qui a trait au scandale des douanes, les conservateurs commirent la grave maladresse de porter des accusations qui étaient sans fondement. Le député acadien, J.-A. Doucet, affirma que Jacques Bureau et Ernest Lapointe avaient fait une croisière sur un navire douanier, bien approvisionné en whisky, ce qui était une déformation complète des faits.

Henri Bourassa, qui était de nouveau candidat indépendant dans Labelle, se fit l'ardent défenseur des libéraux. Pour le tribun nationaliste, le scandale des douanes n'était que des « peccadilles[6] », une « vétille[7] ». En pleine campagne électorale,

Georges Boivin meurt d'une attaque d'appendicite à un congrès des Chevaliers de Colomb à Philadelphie. Dans *Le Devoir*, Georges Pelletier osa pousser la démagogie jusqu'à émettre «l'hypothèse que Boivin aurait survécu à sa maladie sans la férocité de ses adversaires. Bourassa dit la même chose en ouvrant sa campagne, à Mont-Laurier[8]. »

Sur la question constitutionnelle, Bourassa prend position nettement en faveur de King. À chacun de ses discours, le ton monte. Le 18 juillet, il déclare: «Quand M. Meighen a été appelé à prendre le pouvoir, il se savait en minorité. La première chose qu'il eût dû faire, c'eût été de demander un ajournement. Il ne l'a pas fait parce qu'il craignait un vote défavorable. C'est donc qu'il se savait en minorité. De deux choses l'une: M. Meighen a odieusement trompé Son Excellence ou Son Excellence s'est constitué l'agent d'élection de M. Meighen[9]. »

Le 18 août, Bourassa dénonce « le spectacle d'un général britannique se constituant le docile agent d'élection du malin petit avocat des plaines de Portage[10] ». Le 9 septembre, il déclare qu'il « faut rétablir sur sa base l'ordre social et politique ébranlé par l'acte arbitraire du gouverneur général, dont Meighen et ses collègues ont assumé la pleine responsabilité[11] ».

Le parti pris de Bourassa envers King nous paraît clairement motivé par le canadianisme foncier de ce dernier. Là-dessus, il a parfaitement raison. Bourassa déclare que King « est essentiellement Canadien. Ses adversaires l'accusent de tendances américaines. C'est la vieille rengaine tory contre tout Canadien qui ne veut pas servir l'Angleterre aux dépens de son pays[12]. »

Le 14 septembre, les électeurs vont aux urnes. Les libéraux font élire 116 candidats, soit un gain de 15 par rapport à la consultation populaire précédente. Les libéraux progressistes, sous la direction de Robert Forke, qui s'était rallié à King, prennent 10 sièges. Ainsi King a la majorité absolue. Il peut d'ailleurs compter sur les candidats indépendants et ouvriers ainsi que sur les 12 autres progressistes. En Alberta, les progressistes se sont présentés sous l'étiquette des United Farmers of Alberta. Ils se sont emparés de 11 sièges.

Les conservateurs, par contre, ne font élire que 91 candidats, soit 25 de moins qu'en 1925. Le premier ministre est battu dans Portage-la-Prairie par Ewan A. McPherson, qui avait été son premier associé professionnel, vingt ans auparavant, au Manitoba. En 1925, c'était King qui avait été battu, mais cette fois il a défait John Diefenbaker, futur premier ministre du Canada, dans Prince-Albert, en Saskatchewan. Dans les provinces de l'Ouest, il n'y a qu'un conservateur élu, R. B. Bennett, en Alberta. « Pour le mouvement progressiste, les élections de 1926 ont été la fin décisive[13]. » Au Québec, les libéraux recueillent 60 sièges, tandis que les conservateurs en récoltent 4, tous dans des circonscriptions anglophones. Henri Bourassa était réélu dans Labelle.

Après cinq ans d'instabilité parlementaire, les Canadiens portaient au pouvoir un gouvernement majoritaire. Les libéraux avaient des candidats élus dans les neuf provinces du pays, tandis que les conservateurs étaient présents dans sept. Trois causes essentielles semblent expliquer la défaite du gouvernement Meighen: la question constitutionnelle, la popularité du budget Robb, qui avait annoncé des dégrèvements d'impôts, et le discours de Meighen à Hamilton. En Ontario, les conservateurs avaient perdu 15 sièges par rapport aux élections précédentes. Le premier ministre de la province, G. Howard Ferguson, avait vu les conséquences d'une manière plus lucide que Meighen.

Quelques semaines après les élections, Meighen abandonna la direction des conservateurs. Le 11 octobre, les députés et les candidats conservateurs défaits se réunirent, à Ottawa, pour lui désigner un successeur par intérim d'ici le congrès de leadership, qui devait se tenir l'année suivante. Hugh Guthrie, ancien libéral qui s'était dissocié de Laurier, en 1917, sur la question de la conscription, fut choisi.

King, qui était presque aussi satisfait de la défaite personnelle de Meighen que de la victoire de son parti, se mit à la tâche pour la formation de son cabinet. Il y eut peu de changements. Pour remplacer Boivin dans le ministère, il confia à Fernand Rinfret le poste de secrétaire d'État. Bon orateur, mélomane, journaliste et peu ambitieux, Rinfret ne sera pas une acquisition importante pour le gouvernement. King accorda le ministère de l'Immigration à Robert Forke, qui se fera au sein du cabinet le porte-parole des libéraux progressistes.

Il attribua le ministère de la Défense nationale à J. L. Ralston, qui avait été battu dans une circonscription de la Nouvelle-Écosse, et celui des Postes à l'Acadien J. P. Veniot, ancien premier ministre du Nouveau-Brunswick. Tous les membres du nouveau cabinet prêtaient serment le 25 septembre.

Près de trois mois plus tard, le 9 décembre 1926, la session débuta à Ottawa. Le gouvernement présenta de nouveau, au mois de mars suivant, le projet de loi sur les pensions de vieillesse que le Sénat avait repoussé, l'année précédente. Le bill prévoyait une mensualité de $20 à tous les vieillards dans le besoin ayant atteint l'âge de soixante-dix ans. Le coût serait partagé également par les deux niveaux de gouvernement. Comme la question avait été soulevée au cours de la dernière campagne électorale, il semblait évident que la population était sympathique à cette mesure. La Chambre, comme en 1926, adopta le projet de loi. Le Sénat, cette fois, se prononça majoritairement en sa faveur.

Ce sont les provinces, à l'exception de la Colombie-Britannique, qui manifestaient la plus vive opposition aux pensions de vieillesse. Pendant assez longtemps, le parti libéral fédéral eut un différend assez sérieux avec le premier ministre du Québec, Louis-Alexandre Taschereau, qui s'opposait à cette mesure sociale qu'il jugeait «très mauvaise[14]». Taschereau estimait, «à la manière des esprits les plus conservateurs, qu'une telle loi mine la charité privée et risque d'encourager l'irresponsabilité des individus face à leur avenir et face à l'obligation des enfants d'aider leurs parents[15]».

Taschereau soutenait également que les pensions de vieillesse étaient de compétence provinciale. «Mais derrière la sauvegarde de l'autonomie provinciale se trouve un profond conservatisme social. Bon nombre de critiques autonomistes estiment qu'une loi prévoyant un don à chaque vieillard encouragera l'imprévoyance et la paresse des plus jeunes. La *Gazette* de Montréal, quotidien anglophone, dénonce vertement ce projet qui, à son avis, risque de diminuer le désir de l'épargne et vient en conflit avec les devoirs d'assistance que les enfants doivent à leurs parents. Déjà, la défense de l'autonomie provinciale signifie, du même coup, la défense du *statu quo* social[16]. »

En 1929, les vieillards de toutes les provinces canadiennes, à l'ouest du Québec, recevront une mensualité de $20, mais ceux du Québec, à cause d'un gouvernement réactionnaire, devront attendre 1936. Ce retard était d'autant moins justifié que, dès 1931, la participation fédérale aux pensions de vieillesse était de 75 p. 100.

En octobre 1927, quelque 2500 délégués et substituts conservateurs, dont 267 délégués du Québec[17], se réunirent à Winnipeg pour désigner un leader permanent à la direction du parti. Trois premiers ministres provinciaux, G. Howard Ferguson, de l'Ontario, Edgar Rhodes, de la Nouvelle-Écosse, et J. B. M. Baxter, du Nouveau-Brunswick, assistaient à ce congrès.

Arthur Meighen, qui a toujours eu un faible pour les causes impopulaires, avait résolu de profiter de l'occasion pour se porter à la défense de la doctrine de Hamilton. À son arrivée à Winnipeg, plusieurs délégués le prièrent vivement de ne pas soulever cette question qui risquait de diviser le parti. Il ne céda pas aux supplications. Homme courageux, il était bien décidé à répéter ce qu'il avait dit deux ans auparavant.

Dès que Meighen s'approcha du micro, la salle l'ovationna chaleureusement pendant plus de deux minutes. Les délégués canadiens-français semblaient les plus enthousiastes et ils chantaient: « Il a gagné ses épaulettes. » L'ancien chef conservateur, qui parla pendant une heure vingt minutes, dut faire plusieurs pauses en raison des applaudissements, provenant notamment des délégués du Québec.

G. Howard Ferguson rongeait son frein, tandis que Meighen défendait son discours de Hamilton. Il prit la parole après l'ancien premier ministre et déclara: « Je me propose d'exposer clairement ma position. Si le congrès décide d'endosser l'attitude de M. Meighen, je me dissocierai complètement des activités de ce congrès[18]. » La «délégation québécoise, et nombre de délégués ontariens, conspuèrent Ferguson, lui crièrent de se taire, de s'asseoir et, de fait, l'empêchèrent de parler[19] ».

Les délégués canadiens-français votèrent, pour la plupart, pour C. H. Cahan, anglophone de Montréal, qui leur était sympathique. Ils voulaient ainsi lui exprimer leur reconnaissance. Cahan, toutefois, n'avait aucune chance. Il était mal vu des milieux financiers de Toronto et était impopulaire dans l'Ouest à cause de ses penchants protectionnistes.

Au premier tour de scrutin, R. B. Bennett était en tête, mais il n'avait que la majorité relative. Il fallut procéder à un second vote. Bennett obtint la majorité absolue, mais avec seulement 2 voix. Il avait recueilli 780 suffrages; Hugh Guthrie, 320; Cahan, 266; R. J. Manion, 148; Bob Rogers, 37, et Sir Henry Drayton, 3.

Le nouveau leader était un ardent partisan de l'Empire britannique, mais, quand il deviendra chef du gouvernement, il ne sacrifiera jamais les intérêts du Canada à ceux de l'Empire. C'était aussi un raciste. En 1943, Bennett, devenu lord, s'écriera en Grande-Bretagne: « Je ne crois pas que l'Empire britannique soit un accident. Je crois aux miracles de cette guerre qui sont, en effet, des miracles. Et nous avons survécu et nous continuerons à le faire parce que nous avons la mission divine de dominer le monde[20]. » Il n'en était pas à sa première déclaration raciste. Rien d'étonnant à ce que le congrès de Winnipeg, qui l'avait désigné, ait inscrit à son programme l'exclusion de l'immigration asiatique[21].

Ses héros étaient Cecil Rhodes, Joseph Chamberlain et Rudyard Kipling, coryphées de l'impérialisme britannique. Bennett, comme King, était très religieux et comme celui-ci également, il aimait l'argent. Avant de devenir chef du parti, il était déjà millionnaire. Il était propriétaire de la manufacture d'allumettes E. B. Eddy, à Hull. En 1921, à la mort de son amie, Jennie Eddy, il avait hérité de ses actions, et, en 1926, de celles de son frère, J. T. Shireff, devenant ainsi le principal actionnaire de l'entreprise.

Né au Nouveau-Brunswick, il s'était établi à Calgary, en Alberta, où il avait une importante étude, étant l'avocat de plusieurs grandes sociétés. Son revenu annuel, en 1929, qui fut une année record, s'était élevé à $269000, mais, dans les années subséquentes, il ne fut jamais inférieur à $150000[22]. Ses dons aux organisations charitables se chiffraient annuellement à $25000. Il payait les études d'une vingtaine de jeunes gens, dont plusieurs étaient les fils d'organisateurs. En 1944, il fit un don de $750000 à l'Université Dalhousie, en Nouvelle-Écosse, où il avait étudié le droit[23]. À sa mort, en 1947, il laissait environ $40 millions[24], somme énorme pour l'époque.

Bennett était un gros travailleur et ses connaissances générales étaient assez étendues. Il pouvait parler, par exemple, avec assez d'autorité de la céramique au temps de la dynastie des Ming, en Chine, de l'histoire de Rome ou de la vie de Disraéli, premier ministre conservateur britannique vers la fin du XIXe siècle. Servi par une mémoire phénoménale, qui étonnait son entourage, il pouvait citer des chiffres des heures durant avec une grande précision. Selon Tommy Douglas, il pouvait à la fois écrire des lettres et suivre les débats aux Communes[25]. Bennett, comme son prédécesseur Meighen, n'était pas passé maître dans l'art de se faire des amis. Il était hautain et arrogant, ce qui est un grave inconvénient en politique.

Comme King, Bennett aimait la compagnie des femmes, mais il est mort célibataire comme lui. Comme King, il ne fumait pas et buvait très peu. Comme King, il aimait la bonne table. En plus, il était gros mangeur de chocolat riche. Comme King, il aimait être bien vêtu. Après son arrivée dans l'Ouest, il avait continué pendant quelques années à s'habiller au Nouveau-Brunswick. Il lui arrivait, parfois, d'envoyer des lettres de réprimande à son tailleur parce qu'il n'avait pas suivi dans les moindres détails ses instructions[26]. Bennett n'eut qu'une auto dans sa vie, qu'il acheta en 1911. Lorsqu'il se mit au volant pour la première fois, il faillit renverser un cycliste à Calgary. Pour éviter ce dernier, il fit une fausse manoeuvre et heurta un poteau, causant ainsi des dommages à la voiture. Quant au chauffeur, il s'en sortit indemne. Bennett décida alors de ne plus jamais conduire une voiture, et tint sa promesse[27].

En 1927, il n'y avait aucun consensus au sein de la population canadienne au sujet de l'immigration. Depuis 1921, cette question faisait l'objet de vives controverses. Les manufacturiers et les hommes d'affaires étaient favorables à la reprise d'un vaste mouvement d'immigration afin de stimuler l'économie. Comme le disait un fabricant de chaussures, il y a « trop de chaussures et pas assez de pieds[28] ». Les milieux financiers soutenaient que l'accroissement de la population rendrait moins lourde pour chaque contribuable la dette nationale.

Les sociétés ferroviaires souhaitaient la reprise de ce courant qui leur avait rapporté tant de bénéfices au temps de Laurier. Par contre, les syndicats ouvriers s'y opposaient vivement. Les immigrants, notamment ceux de l'Europe méridionale, qui vivaient de peu, se contentaient de faibles salaires. Ils devenaient ainsi des concurrents redoutables pour les Canadiens qui étaient habitués à un niveau de vie plus élevé. La Colombie-Britannique réclamait la fin de l'immigration asiatique. King lui donna satisfaction en réduisant à un nombre symbolique les entrées d'Orientaux.

Les églises protestantes, sans s'opposer au principe de l'immigration, la jugeaient discriminatoire. De 1921 à 1931, les immigrants catholiques, qui n'étaient ni d'extraction britannique, ni d'extraction française, s'accrurent de presque 100 p. 100[29].

De leur côté, les Canadiens français réclamaient plus d'immigrants francophones pour contrebalancer l'immigration anglophone, mais les Belges, et les Français surtout, émigraient peu. Au temps de Laurier, les agents canadiens, qui faisaient du recrutement en France, eurent maille à partir avec les autorités françaises. Ces dernières engageaient les préfets de département à décourager la population à quitter la France pour le Canada.

Néanmoins, pour maintenir l'équilibre culturel au pays, le gouvernement d'Ottawa envoya des agents aux États-Unis afin d'inciter les Franco-Américains à rentrer au Canada. « On estime que de 1900 à 1940 le gouvernement du Canada a réussi à rapatrier plus de 400000 Canadiens auxquels s'ajoutent quelques dizaines de milliers d'immigrants américains nés de parents canadiens. Cependant, nous savons que parmi les immigrants américains recensés en 1931 au Canada, 55 000 sont d'origine française[30].»

Sur le plan économique, cette politique d'immigration fut nuisible. Ce dont le Canada avait besoin, c'étaient des ouvriers agricoles. Or, les Britanniques ne faisaient que grossir le prolétariat urbain, tandis que les Franco-Américains, dont la plupart travaillaient notamment dans l'industrie textile de la Nouvelle-Angleterre, n'étaient pas disposés à aller travailler sur les fermes de l'Ouest canadien. Eux également grossissaient le prolétariat urbain.

Pour que les immigrants fussent un actif pour le pays, il aurait fallu que les considérations raciales, ethniques et religieuses fussent complètement ignorées.

NOTES

1. Roger Graham, *Arthur Meighen,* tome II, Toronto, 1963, p. 421.
2. Bruce Hutchison, *The Incredible Canadian,* Toronto, 1970, p. 122.
3. Donald Creighton, *John A. Macdonald, The Young Politician,* Toronto, 1966, p. 267, 268.
4. W. L. Morton, *The Progressive Party in Canada,* Toronto, 1967, p. 259.
5. Robert Rumilly, *Histoire de la province de Québec,* tome XXVIII, Montréal, 1956, p. 234.
6. Robert Rumilly, *Henri Bourassa,* Montréal, 1953, p. 683.
7. *Ibid.,* p. 684.
8. Robert Rumilly, *op. cit.,* p. 239.
9. Henri Bourassa, *Le Canada, nation libre?,* Montréal, 1926, p. 18.
10. *The Memoirs of Vincent Massey,* Toronto, 1963, p. 105.
11. Henri Bourassa, *La Politique et les Partis,* Montréal, 1926, p. 26.
12. *Ibid.,* p. 39.
13. W. L. Morton, *op. cit.,* p. 263.
14. Norman Ward, *The Memoirs of Chubby Power,* Toronto, 1966, p. 377.
15. Linteau, Durocher et Robert, *Histoire du Québec contemporain (1867-1929),* Montréal, 1979, p. 503.
16. *Histoire du Québec,* la contribution de Richard Jones, Saint-Hyacinthe, 1976, p. 440
17. Marc La Terreur, *Les tribulations des conservateurs au Québec,* Québec, 1973, p. 5.
18. Roger Graham, *op. cit.,* p. 497.
19. Marc La Terreur, *op. cit.,* p. 10.
20. *The Winnipeg Free Press,* 16 décembre 1943. Cité par A. R. M. Lower, *Colony to Nation,* Toronto, 1957, p. 442.

21. H. Blair Neatby, *William Lyon Mackenzie King,* tome II, Toronto, 1963, p. 239.
22. L. M. Grayon et Michael Bliss, *The Wretched of Canada,* Toronto, 1971. p. 23.
23. *Encyclopedia Canadiana,* Richard Bedford Bennett, Toronto, 1975, p. 370.
24. A. J. P. Taylor, *Beaverbrook,* Londres, 1974, p. 37.
25. Doris French Schackleton, *Tommy Douglas,* Toronto, 1975, p. 93.
26. Ernest Watkins, *R. B. Bennett,* Londres, 1963, p. 38.
27. *Ibid.*, p. 73.
28. H. Blair Neatby, *op. cit.*, p. 239.
29. A. R. M. Lower, *op. cit.*, p. 490.
30. Linteau, Durocher et Robert, *op. cit.*, p. 48.

XX

La grande dépression

Au Canada, comme aux États-Unis, 1928 fut une année d'euphorie. La récolte de blé avait atteint le chiffre record de 567 millions de boisseaux. La participation canadienne aux exportations mondiales de cette céréale s'était accrue de près de cinquante pour cent[1]. De 1926 à 1931, la population des provinces de la Prairie avait augmenté de 300000 âmes[2]. L'Ouest contribuait énormément à la prospérité canadienne, grâce aux devises étrangères qu'il obtenait par ses exportations de céréales. L'industrie, très prospère, produisait notamment pour le marché intérieur, qui absorbait plus des quatre cinquièmes de la production.

Aux États-Unis, les cours de la bourse grimpaient en flèche. « De 1928 au plus haut en 1929, la United Steel montait de 146 à 259, la General Motors de 30 à 90. Toutefois, tandis qu'entre 1923 et 1928 l'indice des salaires avait grimpé de 100 à 112, celui des gains à la spéculation passait de 100 à 410[3]. » Cette situation créait un climat d'optimisme et l'on croyait que la prospérité durerait indéfiniment.

Mackenzie King inclinait à croire que 1929 serait aussi prospère que l'année précédente. De son côté, le nouveau président des États-Unis, Herbert Hoover, affirmait: « Bientôt avec l'aide de Dieu, le temps sera proche où la pauvreté sera éliminée de la nation. »

Au début de février 1929, c'est l'ouverture de la session à Ottawa. Le gouvernement n'annonce que des mesures législatives sans importance, mais fait état de ses réalisations et de la prospérité qui règne au pays. Le 1er mars, le ministre des Finances, J. A. Robb, présente son budget qui ne prévoit pas d'augmentations de tarifs, ni de concessions aux autres pays. En dépit des réductions d'impôt de l'année précédente, les revenus de l'État se sont accrus et il enregistre un excédent record de $70 millions. La taxe de vente est de nouveau réduite, tombant, cette fois, de 3 à 2 p. 100. Robb prévoit encore pour l'année suivante un excédent budgétaire.

En juin, des élections générales se déroulaient en Saskatchewan. La religion fut le thème principal de la campagne. Les préjugés anticatholiques étaient bien enracinés dans cette province où le Ku Klux Klan aida puissamment à accroître leur intensité. Des membres de cette organisation baroque, venant de l'Indiana, avaient fondé, vers la fin de 1926, des filiales à Regina, Moose Jaw et autres centres de moindre importance[4]. Des ministres anglicans et d'autres protestants épousaient leur cause. Le but du Klan était de conserver à la Saskatchewan son caractère anglo-saxon et protestant « contre le gros afflux continuel d'immigrants européens, dont plusieurs étaient catholiques[5] ».

La controverse sur l'immigration fut reprise. Les libéraux fédéraux avaient souvent été accusés de vouloir peupler le Canada avec des immigrants catholiques. On reprocha au gouvernement libéral du premier ministre J. G. Gardiner d'avoir autorisé des religieuses à porter le costume religieux dans des écoles publiques.

Gardiner, court de taille, mais courageux et agressif, dénonça avec véhémence le Ku Klux Klan et s'engagea à extirper cette organisation du pays. Le chef des conservateurs, J. T. M. Anderson, eut recours à des tactiques aussi méprisables que celles du Klan. Il fit appel aux préjugés des protestants en dénonçant l'influence cléricale dans les écoles. Bien des conservateurs marchaient la main dans la main avec le Ku Klux Klan. Une semaine avant le vote, Gardiner était convaincu que les libéraux, qui étaient au pouvoir depuis l'entrée de la Saskatchewan dans la Confédération, en 1905, seraient reportés au pouvoir. Ce fut Anderson qui, avec l'appui des progressistes et des indépendants, forma le gouvernement.

Les élections générales devant avoir lieu en 1930 ou, au plus tard, en 1931, King réorganisa son cabinet. Pour renforcer la position de son parti dans l'Ouest, il invita le premier ministre de l'Alberta, J. E. Brownley, à remplacer Charles Stewart au sein du cabinet. Ce dernier, ancien premier ministre libéral de la province, avait moins de prestige en Alberta que le chef des U.F.A. Browley refusa l'offre, mais assura King qu'il était personnellement libéral en politique fédérale.

Entre-temps, le ministre des Finances, J. A. Robb, meurt subitement. Cet événement va simplifier la tâche du premier ministre. Depuis assez longtemps, King estimait que Robb n'était pas l'homme qu'il fallait à ce poste. Son choix était Dunning, mais il ne l'aimait guère. Dunning, qui était un homme très ambitieux, avait déjà manifesté le désir de succéder au leader libéral. Ce dernier le trouvait arrogant et vaniteux, mais pour les prochaines élections générales, il pouvait être un atout très important pour les libéraux en Saskatchewan. Dunning devint donc ministre des Finances.

Au Manitoba, c'était Robert Forke qui représentait la province au sein du cabinet, mais il s'était révélé un piètre administrateur au ministère de l'Immigration. De plus, son influence sur les progressistes était très mince. King sonda de nouveau les dispositions de T. A. Crerar qui, cette fois, accepta. L'ancien chef des progressistes exigea, toutefois, un ministère plus important que celui de l'Immigration. King lui confia le département des Chemins de fer que dirigeait Dunning.

Vers la fin de 1929, le monde s'achemine vers une crise économique d'une ampleur sans précédent. « Jusqu'à septembre ou octobre 1929, le déclin de l'activité économique fut très modéré... Il n'y avait aucune raison de s'attendre à un désastre[6]. » Le 15 octobre, le célèbre économiste américain, Irving Fisher, prévoyait que « d'ici à quelques mois, le marché financier atteindrait un niveau beaucoup plus élevé qu'aujourd'hui[7] ».

De son côté, le sociologue et économiste français André Siegfried écrivait : « J'étais aux États-Unis pendant l'été de 1929; pas un interlocuteur ne me disait: « Ça ne peut pas durer comme ça ! » On sait que la crise éclata subitement, en octobre, comme un orage dans un ciel serein. Il y avait eu quelques mauvaises bourses au début du mois, mais ce n'était, disait-on, que des dents de scie sans portée dans la cote[8]. »

À la fin d'octobre, c'est la fin de l'euphorie générale. Les cours de la bourse de New York s'effondrent. Le 24, près de 13 millions de titres sont vendus[9]. Le 29, 16 millions de titres sont jetés sur le marché. Le 13 novembre, les pertes s'élèvent à $30 milliards et, à la mi-1932, à $75 milliards[10].

La crise, de simplement boursière, devient économique. De 1929 à 1932, on estime que la production mondiale a décliné de 38 p. 100[11]. Durant la même période, la valeur du commerce international est tombée de $68 milliards à $28 milliards[12]. « Le premier secteur de l'économie mondiale à souffrir du blizzard économique fut l'agriculture américaine et canadienne[13]. »

Cette crise entraîne un chômage quasi universel. « En 1932, au comble de la crise, le monde compte 30 millions de chômeurs, trois fois plus qu'en 1929; chiffre énorme qui ne comprend ni les fourmilières humaines de l'Asie où n'est dressée aucune statistique de chômage, ni la légion des chômeurs partiels qui conservent leur emploi en pratiquant le *short time* ou en travaillant dans des entreprises fermées plusieurs jours par semaine. Les familles de ces miséreux et toutes les personnes qui se trouvent à leur charge, par dizaine de millions, mènent une existence de demi-famine[14]. »

Dès le début de la crise boursière, il semble que Mackenzie King n'ait pas réalisé l'ampleur du phénomène. Prenant la parole à Winnipeg, à la fin d'octobre, le premier ministre affirma que le Canada ne faisait face à aucun problème grave. Il ne fit aucune allusion à la chute des cours à la bourse de New York dans les jours précédents. N'étant pas un spéculateur, King n'était pas touché par cet événement. Son argent était placé presque en totalité dans des obligations du gouvernement canadien. C'était des investissements sûrs. Il valait à ce moment environ $500000, ce qui pouvait lui assurer une grande sécurité si son avenir politique prenait fin brusquement. En vrai Écossais, il n'était pas enclin à la dépense. Il avait d'ailleurs des goûts modestes. Pour l'époque, il était un homme riche.

Au début de 1930, King ne semble pas encore se rendre compte que l'ère de la prospérité agonisait. Il raisonnait comme le président républicain des États-Unis, Herbert Hoover, qui disait souvent: « La prospérité est au premier tournant. » L'effondrement des cours du blé, base essentielle de la prospérité canadienne, ne paraissait pas le préoccuper. Cette situation lui semblait temporaire. Le chômage, qui commençait à s'étendre, n'était pas, selon lui, de la responsabilité du gouvernement central. King donnait l'impression d'un homme éloigné de la réalité.

À Ottawa, la session débuta au commencement de février. D'après le discours du trône, le volume de l'emploi, en 1929, avait atteint un niveau sans précédent, mais personne ne pouvait contester que le chômage s'accroissait à un rythme inquiétant depuis la fin de cette année-là. Aucune statistique n'étant alors dressée, il était impossible de connaître l'étendue du chômage. Par contre, tout le monde se rendait compte que le nombre de chômeurs allait en augmentant.

Le chef de l'opposition, R. B. Bennett, demanda au premier ministre que le gouvernement fédéral aide les provinces et les municipalités qui pourvoyaient aux besoins des sans-travail. King persista à dire que ce problème n'était pas de la responsabilité du gouvernement fédéral. Harcelé de questions par des députés de l'opposition, le premier ministre perdit patience et s'écria: « Je ne donnerais pas un cent à un gouvernement tory. » Des députés crièrent: « Honte, honte! » King revint à la charge et répéta « qu'il ne donnerait pas une pièce de 5 cents à ces gouvernements conservateurs ».

King s'était emporté et avait fait une déclaration qu'il n'aurait pas dû faire. C'était la première et dernière fois qu'il faisait un faux pas de cette gravité. Il avait déjà cédé, par cette gaffe, bien des points à son adversaire en vue de la prochaine consultation du suffrage universel. Homme intelligent, King ne tarda pas à regretter son erreur, mais il était trop tard.

En mars 1930, le Sénat américain adopta le tarif Hawley-Smoot, qui consolidait une protection douanière déjà élevée, ébranlant ainsi l'équilibre des échanges internationaux. « Les droits sur les produits protégés étaient de 59 p. 100 en moyenne. Le fait que les États-Unis étaient les plus grands créanciers du monde et par conséquent devaient, pour accroître leurs chances de recouvrer leurs créances, favoriser l'entrée des produits étrangers, échappa complètement aux auteurs de la loi. Les pays étrangers répondirent aussitôt par des mesures discriminatoires de toutes sortes[15]. » Le Canada usera également de mesures de représailles contre les droits de douanes les plus élevés dans l'histoire des États-Unis. King avait tenté vainement de prévenir l'adoption de cette loi ultra-protectionniste qui risquait d'aggraver la situation économique au Canada et de provoquer une vague d'antiaméricanisme. À la demande du chef du gouvernement, le ministre américain à Ottawa, William Phillips, rendit visite au président Hoover et expliqua le point de vue du Canada aux membres de la commission des finances du Congrès.

Les membres de la commission avaient une connaissance tellement vague du Canada qu'il avait fallu faire venir de la bibliothèque du Congrès ùn atlas. Ainsi Phillips put leur montrer l'emplacement de chacune des provinces canadiennes[16]. Cette tentative fut un échec. En juin, le président Hoover, en dépit des protestations de plus d'un millier d'économistes américains, signa le projet de loi. Selon Felix Frankfurter, futur juge à la Cour suprême des États-Unis, le secrétaire d'État, Henry L. Stimson, tenta vainement pendant deux jours de convaincre le chef de l'Exécutif d'opposer son veto[17].

Le 1er mai 1930, le nouveau ministre des Finances, Charles Dunning, présente son budget aux Communes. Il annonce un autre excédent budgétaire qui s'élève à $47 millions. La taxe de vente est de nouveau réduite. Elle tombe de 2 à 1 p. 100. Le ministre, qui semble conscient de la situation économique qui prévaut au pays, ne fournit aucune estimation sur les revenus et les dépenses de la prochaine année financière.

Le Canada adopte des mesures de représailles envers les États-Unis. Pour ne pas soulever l'ire de nos puissants voisins, on a recours à un euphémisme et on les qualifie de tarifs compensateurs. Certains produits américains sont frappés de droits douaniers égaux à ceux auxquels nos produits étaient soumis aux États-Unis.

Dunning laisse clairement entendre que le Canada n'a pas

l'intention de s'engager dans une guerre douanière avec les États-Unis, mais il précise que ceux qui frappent nos produits de droits prohibitifs peuvent s'attendre à ce que le Canada accorde désormais des avantages à nos bons clients plutôt qu'à eux.

C'est la Grande-Bretagne qui va en bénéficier. Les droits seront réduits sur 270 produits britanniques. Le ministre déclare que « ces faveurs à ceux qui donnent la préférence à nos produits ne sont pas le résultat d'une entente avec un autre pays, mais d'une attitude dans nos relations internationales qui sera, croyons-nous, d'un avantage mutuel et donnera une idée de l'esprit avec lequel le Canada se présentera à la conférence économique impériale qui aura lieu dans quelques mois. En d'autres termes, nous ne voulons pas nous présenter devant les autres pays du Commonwealth britannique d'une façon mesquine, mais plutôt bien disposés à devenir de meilleurs clients pour ceux qui sont prêts à nous accorder la même générosité. C'est dans cet esprit que nous désirons traiter avec toutes les autres nations, mais nous croyons que dans le Commonwealth britannique nous avons toutes les facilités voulues d'augmenter le volume de notre commerce mutuel, vu notre héritage commun, nos institutions similaires et notre patriotisme commun[18]. »

À la fin de mai, les Chambres sont dissoutes et les élections fixées au 28 juillet. Le 8 février précédent, King avait eu un entretien avec Mme Bleany, diseuse de bonne aventure de Kingston, en Ontario, qui lui avait prédit en 1925 et en 1926 qu'il gagnerait les élections. Cette fois encore, la voyante lui prédit la victoire, mais ce sera son adversaire qui triomphera. Elle croit que des influences favorisent 1930 et 1931 pour la tenue d'élections, mais elle incline à penser que les influences seraient plus favorables pour 1930. Le 11, King dit en confidence à Lapointe et à Dunning qu'il a pratiquement pris une décision. Il demande à Dunning de préparer un budget qui serait pré-électoral.

Au moment où débute la campagne électorale, King est convaincu de remporter la victoire. Aucun doute n'effleure son esprit. Les réalisations de son gouvernement, après neuf ans de pouvoir, lui semblent assez impressionnantes. Les électeurs ne peuvent faire autrement que de réélire les libéraux. La crise économique, qui s'installe graduellement au Canada, et le dynamisme du chef de l'opposition, R. B. Bennett, ne paraissent pas le préoccuper.

Pour lui, Bennett n'est qu'un démagogue. Il y a une grande part de vérité dans cette affirmation, mais, en temps de chômage, les démagogues sont extrêmement dangereux. Ils ont généralement une large audience, surtout s'ils sont bons orateurs. C'est le cas de Bennett. Il parle avec tant de conviction que cette conviction devient contagieuse. De plus, il n'y a au Canada que deux gouvernements provinciaux, ceux du Québec et de l'Île-du-Prince-Édouard, qui ont des libéraux à leur tête.

Dès le début de la campagne, G. Howard Ferguson, qui avait été reporté au pouvoir aux élections générales de 1929 avec une majorité accrue, décide de combattre King. Il donne pour raison ou pour prétexte de son intervention la déclaration du premier ministre aux Communes selon laquelle il ne donnera pas 1 cent ou 5 cents aux provinces conservatrices pour lutter contre le chômage. Les chefs de gouvernement de la Nouvelle-Écosse, Rhodes, du Nouveau-Brunswick, Baxter, et de la Saskatchewan, Anderson, imitent leur collègue de l'Ontario.

Le leader conservateur, qui aspire à devenir premier ministre du Canada, y va de son argent personnel pour atteindre son objectif. Il met $600000 dans la caisse du parti[19]. Certains ont même prétendu qu'il y aurait versé $1000000. Bennett a soixante ans et il est encore vert. Il fait le tour du Canada et prend la parole à des assemblées plusieurs fois par jour. Il « a parcouru 14000 milles et prononcé 105 discours[20] ».

L'homme n'est pas avare de promesses. Il connaît le secret de la réussite en politique, mais la démagogie ne donne des résultats qu'à court terme. Il estime que, grâce à la Providence, le Canada a prospéré malgré la négligence du gouvernement. Ce qui le préoccupe, ce sont les chômeurs du Canada et non ceux de la Grande-Bretagne ou d'autres pays.

Il affirme: « Mackenzie King vous promet des conférences, je vous promets de l'action. Il promet d'envisager le problème du chômage, je promets de mettre fin au chômage[21]. » À travers le pays, il promet de faire la conquête des marchés mondiaux, grâce à sa politique tarifaire, ou « de périr dans la tentative[22] ».

Le 26 juin, il déclare à Montréal : « Admettons l'affirmation de M. Mackenzie King et de M. Charles Dunning : les tarifs préférentiels rendront la Grande-Bretagne plus prospère et accroîtront son pouvoir d'achat; mais est-ce que MM. King et Dunning ont pris des mesures pour que la Grande-Bretagne dépense son argent au Canada ? » Il promit « d'obtenir du Royaume-Uni des faveurs équivalentes à celles que le Canada accordait à la métropole[23] ».

Ailleurs, il déclare : « Je place l'Empire britannique après le Canada, la seule différence étant que certains libéraux sont pour les États-Unis avant le Canada. Je suis en faveur de l'Empire britannique après le Canada[24]. » Il emploiera souvent comme slogan, au cours de la campagne : « Canada d'abord ! » De son côté, le docteur R. J. Manion soutient que les électeurs ont le choix « entre M. Bennett, qui a été toute sa vie un admirateur de l'Empire britannique, ou M. King, qui soudainement découvre qu'il y a un Empire britannique[25] ».

Bennett, qui a une panacée pour guérir les maux, annonce pour résorber le chômage « un programme ambitieux de grands travaux publics : achèvement du chemin de fer de la baie d'Hudson; construction d'une route carrossable transcanadienne; canalisation du Saint-Laurent... Il promettait, promettait, promettait, d'un ton catégorique qui emportait la conviction[26]. »

King est horrifié de l'irresponsabilité de Bennett, mais il ne s'inquiète pas. Il croit toujours à la victoire. Depuis le commencement de la campagne, les libéraux sont sur la défensive. Ils sont obligés de s'expliquer constamment. Au Québec, surtout dans les comtés ruraux et particulièrement dans les Cantons de l'Est, le beurre de la Nouvelle-Zélande, qui fait concurrence à l'industrie laitière, est exploité par les candidats conservateurs.

En 1926, le gouvernement King avait conclu un accord en vertu duquel la Nouvelle-Zélande achetait du papier journal au Canada et lui vendait du beurre. Des tarifs préférentiels s'appliquaient à ces produits dans les deux pays. Cet accord était très favorable au Québec. À cette époque, les cultivateurs avaient réduit leur production de beurre pour vendre leur lait et leur crème aux États-Unis. Pour satisfaire aux besoins de la consommation, il fallait importer du beurre, mais depuis l'entrée en vigueur de la loi Hawley-Smoot, les produits laitiers canadiens étaient frappés de droits à l'entrée aux États-Unis. Pour plaire aux cultivateurs, Dunning, dans son discours du budget, avait annoncé que l'accord avec la Nouvelle-Zélande serait renégocié et qu'il avait, conformément à l'entente, donné un préavis de six mois. Dans l'intervalle, le beurre de la Nouvelle-Zélande continuait à concurrencer celui des cultivateurs canadiens. Au Québec, le thème majeur de la campagne électorale fut le beurre de la Nouvelle-Zélande[27].

Au Québec également, comme au temps de Meighen, certains libéraux firent appel aux préjugés pour détruire la réputation du leader conservateur. Le solliciteur général, Lucien Cannon, aurait décrit Bennett comme « un fanatique, un ennemi de notre race et de notre religion... qui a ouvert la voie à la conscription et déçu le peuple du Canada[28] ». Le premier ministre Taschereau s'écria: « Nous ne pouvons pas nous confier à M. Bennett, le bras droit de M. Anderson, qui enlève le crucifix dans les écoles et interdit aux bonnes soeurs d'enseigner en costume religieux[29]. »

Bennett ne peut laisser passer sous silence de telles accusations, qui risquent de lui nuire auprès de l'électorat francophone et catholique. « Il se défend d'être un ennemi des Canadiens français et repousse avec véhémence les allégations libérales — propagées dans le Québec — voulant qu'il soit disposé à dépêcher des troupes aux Indes; du même souffle, il nie catégoriquement les insinuations de Taschereau sur l'appui accordé aux menées d'Anderson en Saskatchewan[30]. »

Le 27 juillet, veille du scrutin, King confie à son journal: « Bennett pas si bon leader que Meighen... Contre nous: organisation supérieure des tories, les importations de beurre de la Nouvelle-Zélande et le chômage... Je crois que nous gagnerons avec une bonne majorité[31]. »

Les conservateurs accèdent au pouvoir, faisant élire 138 candidats contre 91 en 1926. Les libéraux, par contre, ne recueillent que 87 sièges et les libéraux-progressistes, 3. Les candidats ouvriers et fermiers s'emparent de 15 sièges. Les conservateurs avaient une majorité absolue de 30 sièges. Ce sont les résultats du Québec qui furent les plus surprenants. La forteresse libérale avait été entamée. Les conservateurs avaient fait une percée dans la province francophone, faisant élire 24 candidats et les libéraux, 40. Henri Bourassa, qui s'était représenté comme indépendant, avait été élu par acclamation. C'est dans les Cantons de l'Est et dans les environs que les conservateurs au Québec firent la plus grande partie de leurs gains.

Le 7 août, Bennett prêtait serment comme premier ministre du Canada, ministre des Affaires extérieures et ministre des Finances. Hugh Guthrie obtint le portefeuille de la Justice; H. H. Stevens, qui avait été battu après avoir siégé aux Communes pendant dix-neuf ans, celui du Commerce et de l'Industrie. Stevens se fit d'ailleurs élire à une élection partielle.

La représentation du Québec dans le cabinet se limita à cinq, dont deux anglophones et trois francophones. C. H. Cahan, que le nouveau premier ministre n'aimait guère, fit savoir à son chef qu'il entrerait dans le gouvernement si on lui confiait le département de la Justice. Bennett, homme autoritaire et qui n'aimait pas qu'on lui présente d'ultimatum, lui dit: « Acceptez le secrétariat d'État d'ici à vingt-quatre heures ou restez simple député. » Cahan accepta sur-le-champ[32].

Sir George Perley devint ministre sans portefeuille; Arthur Sauvé, ministre des Postes; Alfred Duranleau, ministre de la Marine, et Maurice Dupré, solliciteur général. Les trois francophones qui accédaient au gouvernement n'avaient aucune expérience parlementaire à Ottawa. Sauvé et Duranleau, par contre, avaient déjà siégé à l'Assemblée législative du Québec, dont le premier en tant que chef de l'opposition.

NOTES

1. W. T. Easterbrook et Hugh G. J. Aitken, *Canadian Economic History*, Toronto, 1970, p. 490.
2. *Ibid.*, p. 491.
3. André Siegfried, *Tableau des États-Unis*, Paris, 1954, p. 177.

4. Doris French Schackleton, *Tommy Douglas*, Toronto, 1975, p. 41.
5. *Ibid.*, 41.
6. J. K. Galbraith, *The Great Crash 1929*, Londres, 1961, P. 112, 113.
7. *Ibid.*, p. 116.
8. André Siegfried, *op. cit.*, p. 177.
9. J. K. Galbraith, *op. cit.*, p. 121.
10. Richard B. Morris, *Encyclopedia of American History*, New York, 1976, p. 399.
11. R. R. Palmer, *A History of Modern World*, New York, 1956, p. 780.
12. William L. Langer, *Western Civilization*, tome II, New York, 1968, p. 709.
13. *The New Cambridge Modern History*, tome XII, Londres, 1960, p. 561.
14. Maurice Baumont, *La faillite de la paix (1918-1939)*, Paris, 1946, p. 391.
15. Yves-Henri Nouailhat, *Les États-Unis (1898-1933)*, Paris 1973, p. 377.
16. Samuel Eliot Morison, *The Oxford History of the American People*, New York, 1965, p. 931.
17. Elting E. Morison, *Turmoil and Tradition*, Boston, 1960, p. 312.
18. Léopold Richer, *Le Canada et le bloc anglo-saxon*, Montréal, 1940, p. 38, 39.
19. Richard Wilbur, *The Bennett Administration (1930-1935)*, Ottawa, 1969, p. 3.
20. Robert Rumilly, *Histoire de la province de Québec*, tome XXXI, Montréal, 1959, p. 239.
21. H. Blair Neatby, *William Lyon Mackenzie King*, tome II, Toronto, 1963, p. 334.
22. *Ibid.*, p. 334.
23. Léopold Richer, *op. cit.*, p. 41.
24. Bruce Hutchison, *Mr Prime Minister*, Toronto, 1964, p. 243.
25. Mason Wade, *The French Canadians*, Toronto, 1956, p. 816.
26. Robert Rumilly, *op. cit.*, p. 224.
27. Marc La Terreur, *Les tribulations des conservateurs au Québec*, Québec, 1973, p. 23.
28. *Ibid.*, p. 20.
29. Robert Rumilly, *op. cit.*, p. 230.
30. Marc La Terreur, *op. cit.*, p. 21.
31. H. Blair Neatby, *op. cit.*, p. 338.
32. Richard Wilbur, *op. cit.*, p. 4.

XXI

Les mouvements protestataires

Le nouveau premier ministre du Canada n'était pas plus apte que King à trouver une solution aux grands maux économiques qui frappaient le pays. Il n'avait cessé de croire, pendant tout son mandat, que, par le jeu du tarif, il résorberait le chômage et remettrait sur pied l'économie canadienne. Il se faisait des illusions et il ne réussit pas à sortir le pays de la dépression.

Bennett avait promis de convoquer une session extraordinaire pour aborder la question du chômage. Elle ne durera qu'une quinzaine de jours, débutant le 8 septembre. Les Communes votèrent des crédits de $ 20 millions destinés à atténuer le chômage, soit sous forme de secours aux sans-travail, soit sous forme de travaux publics. L'argent serait administré par les provinces ou les municipalités. À ce moment, le gouvernement n'était pas en mesure de dire à l'opposition comment les fonds seraient distribués et quel genre de travaux publics serait entrepris.

La mesure la plus importante présentée à la session fut la révision du tarif. Les droits augmentèrent de près de 50 p. 100[1]. « Bennett introduisait cent trente changements[2]. » C'était la première fois depuis l'inauguration de la National Policy de John A. Macdonald que les tarifs faisaient un tel bond. Le premier ministre estimait que cette mesure donnerait du travail à quelque 25 000 personnes. Ainsi le Canada passait d'un déficit commercial de $ 125 millions en 1930, en un excédent de $ 187 millions en 1935[3]. Par contre, les industries, qui se livraient à l'exportation, furent gravement touchées par l'initiative gouvernementale. Globalement, le nationalisme économique de Bennett rendit plus pénible la condition de centaines de milliers de gens vivant de secours ou de revenus sensiblement réduits.

Après la session, le premier ministre se rend à Londres pour participer à la conférence impériale. Bennett offre à l'Angleterre et aux pays de l'Empire des tarifs préférentiels sur le marché canadien si, en contrepartie, ses interlocuteurs sont disposés à accorder les mêmes avantages au Canada. Les Britanniques accueillent froidement la proposition de Bennett. Le secrétaire pour les Affaires des Dominions, J. H. Thomas, la qualifie aux Communes de Londres de « fumisterie ». Les délégués britanniques acceptent, néanmoins, de discuter la proposition canadienne à la prochaine conférence économique qui doit se tenir à Ottawa.

Entre-temps, la dépression continuait à faire ses ravages. Le Canada, après les États-Unis, était le plus touché de tous les pays industrialisés[4]. Il occupait de 1927 à 1930 le cinquième rang des pays exportateurs, après le Royaume-Uni, les États-Unis, l'Allemagne et la France[5]. De 1929 à 1930, les exportations de l'Australie et du Canada étaient tombées de plus de 25 p. 100[6]. Dans les deux années qui suivirent, la réduction des exportations s'accentua, tombant de près des deux tiers. Les exportations avaient donc diminué de $ 1152 millions en 1929, à $ 489 millions en 1932[7].

C'est la crise du blé au Canada qui a été la plus tragique. Avant la grande dépression, le spectre de la surproduction commençait déjà à se manifester. Le Canada avait de puissants concurrents sur le marché mondial du froment: l'Australie et l'Argentine. En 1930, la situation s'aggravait: « Une bonne récolte... amène la réapparition des blés russes sur le marché mondial[8]. » La production de froment au Canada, qui était de 567 millions de boisseaux en 1928, tombe à 276 millions en 1934. Le blé, qui se vendait $ 1,60 le boisseau en 1928, tombe à 38 cents en 1932, ce qui ne représentait qu'une fraction du coût de revient[9]. La sécheresse contribua également à réduire la production.

Avant la crise, « le Canada exporte les deux tiers ou les trois quarts de son blé, qui joue le rôle du café au Brésil. Grand producteur, il est aussi grand exportateur. Sa consommation, quoique par habitant elle soit la plus forte au monde: plus de 250 kilogrammes par tête et par année, n'absorbe qu'une petite part de sa production[10]. »

La chute des exportations entraîne des conséquences économiques graves pour les fermiers de l'Ouest. Le revenu net des cultivateurs tombe de $417 millions en 1929 à $109 millions en 1933. Par voie de conséquence, les sociétés ferroviaires sont aussi touchées. Le Canadien National enregistre des déficits annuels supérieurs à $60 millions[11].

C'est la Saskatchewan qui devait souffrir le plus de la dépression. Selon le professeur W. A. Mackintosh, le revenu par tête des Canadiens dans l'ensemble a baissé d'un peu moins de 50 p. 100 de 1928-1929 à 1933, celui de l'Alberta, de plus de 60 p. 100, et celui de la Saskatchewan, de 72 p. 100[12]. Il n'est donc pas surprenant que de 1931 à 1941 près de 250000 personnes aient quitté les provinces de l'Ouest[13].

En 1933, le point le plus bas de la crise, « 862000 personnes, presque le quart de la main-d'oeuvre, étaient sans travail et se cherchaient un emploi[14] ». On estimait qu'au moins 1500000 personnes recevaient leur subsistance de l'État. Pour venir en aide aux indigents, on installait dans bien des municipalités des « soupes populaires ».

Dans les villes, les salariés subirent en moyenne des baisses de salaire de 10 à 20 p. 100. Pour conserver leur emploi, ils s'empressaient d'accepter des réductions. Il faut reconnaître, toutefois, que le coût de la vie avait sensiblement diminué. Un panier de denrées alimentaires, qui coûtait $4 en 1926, n'en coûtait que $3 en 1933. Le pain se détaillait à 5 cents l'unité; le boeuf haché, 10 cents la livre. Dans la banlieue, on pouvait acheter une maison en brique pour moins de $4000. Un historien cite quelques cas au Québec: « La livre de boeuf, valant 19 c. en 1929, n'en coûte que 9 en 1934. La livre de beurre baisse de 46 à 25 c. pendant la même période[15]. »

Comme les salaires diminuaient moins rapidement que les prix, celui qui conservait son emploi vivait mieux qu'auparavant. Ceux qui souffraient le plus étaient, bien entendu, les chômeurs. Celui qui gagnait de $20 à $30 par semaine vivait très convenablement. Il pouvait parfois se payer le luxe d'une automobile. Pour les sans-travail, la vie était pénible. Des pères de famille, qui ne pouvaient vêtir convenablement leurs enfants, étaient contraints de les retirer de l'école. Bien des chômeurs brûlaient les portes intérieures de leur logis pour se chauffer. Les propriétaires en étaient d'autant plus furieux que ces locataires ne payaient généralement pas leur loyer. Des sans-travail montaient à bord des trains de marchandises en direction d'endroits parfois fort éloignés dans l'intention de se trouver un emploi dans une autre province du pays. S'ils échouaient, ils revenaient par le même moyen de transport qui ne leur coûtait rien. Les autorités fédérales avaient manifesté l'intention de sévir contre ceux qui voyageaient ainsi illégalement, mais le projet fut finalement abandonné.

André Siegfried, abordant la crise économique aux États-Unis, a écrit que « l'impression fut si forte que la Seconde Guerre mondiale n'en produisit même pas de telle[16] ». La remarque s'applique également sans l'ombre d'un doute au Canada. Aux États-Unis, à la fin de 1933, presque la moitié des banques avaient fermé leurs guichets[17]. Par contre, au Canada, aucune banque n'a été en difficulté[18].

Si au Brésil, durant la dépression, on brûlait le café, au Canada, on gaspillait le gaz naturel en le brûlant. Ainsi, en Alberta, « au cours des années 30, le gaz excédentaire du Turner Valley était brûlé, et la lueur produite permettait de lire un journal à Calgary, à 20 milles de distance. À ce seul endroit, 1,000 milliards de pieds cubes de gaz furent gaspillés, soit une quantité suffisant à répondre aux besoins actuels du Canada pendant près de deux ans[19]. »

En juin 1931, un comité des Communes, composé de cinq conservateurs, trois libéraux et d'un membre des U.F.A., est chargé de faire enquête sur la Beauharnois Power Corporation qui, en mars 1929, avait été autorisée, par arrêté ministériel, à détourner du Saint-Laurent 40000 pieds cubes d'eau par seconde. Quand King autorisait l'octroi de ce privilège à la compagnie hydro-électrique, le premier ministre du Québec, Louis-Alexandre Taschereau, avait déjà donné un avis favorable.

L'enquête a révélé que la Beauharnois avait versé $600000 ou $700000 à la caisse électorale du parti libéral fédéral et que les conservateurs avaient reçu, pour leur part, $30000 avant que Bennett ordonne à ses partisans de cesser d'accepter des fonds de la compagnie. Ce qui est plus grave, c'est que l'ancien premier ministre était mis en cause dans cette affaire.

Avant les élections générales de 1930, King était allé se reposer aux Bermudes et son compte d'hôtel avait été payé par la Beauharnois. Cette révélation, comme on peut se l'imaginer, fit la manchette dans bien des journaux du pays. Cet incident risquant de porter atteinte à son intégrité, King alla voir Bennett et lui en expliqua les circonstances. Son compte d'hôtel avait été payé par son compagnon, le sénateur Wilfrid Laurier McDougald, président du conseil d'administration de la Beauharnois, mais il ignorait totalement que son ami allait se faire rembourser par la compagnie.

Comparaissant devant le comité des Communes, McDougald affirma que sa secrétaire, par inadvertance, avait inclus le compte de King dans ses frais de représentation et il jura que King n'en avait jamais été informé. L'ancien premier ministre profita de la première occasion pour s'expliquer aux Communes. Personne n'a d'ailleurs jamais cru que King se serait laissé acheter pour quelques centaines de dollars. Il devait par la suite avouer que ce fut la plus grande humiliation de sa carrière politique.

McDougald, qui était millionnaire, était un ami personnel qui avait souscrit à la caisse électorale des libéraux en 1921 et avait financé en partie les élections de King dans sa circonscription en 1925 et en 1926. Malgré sa richesse, McDougald n'était pas bien vu dans bien des milieux. Il n'avait pas été accepté dans les clubs huppés de Montréal.

À la fin de juillet, le comité des Communes remit son rapport qui condamna sévèrement les sénateurs Andrew Haydon, trésorier national du parti libéral, et McDougald pour avoir accepté de l'argent de la Beauharnois. Le rapport ne recommandait aucune sanction, mais il laissait cette responsabilité à la Chambre haute. Haydon et McDougald furent censurés par leurs collègues, mais ce dernier, le plus compromis, remit sa démission. Il perdait ainsi son siège au Sénat ainsi que l'amitié de King.

En 1932, les provinces Maritimes et celles de la Prairie étaient au bord de la faillite. Elles n'étaient plus en mesure de payer leurs policiers. Il a donc fallu que la police fédérale se charge du maintien de l'ordre dans ces provinces. Le chômage s'amplifiant, le premier ministre Bennett était convaincu que la révolution menaçait le Canada. Un défilé devait avoir lieu, à Vancouver, à l'occasion de la fête des travailleurs, en mai. Le chef du gouvernement se demanda si cette manifestation ne serait pas le début de la révolution. Il lança l'avertissement que les étrangers qui y participeraient risquaient d'être déportés. Par mesure de précaution, il envoya un destroyer dans le port de Vancouver à bord duquel se trouvait un contingent de militaires prêts à intervenir au besoin.

À l'été de 1932, quelque 2000 fermiers, réunis à Ottawa, manifestèrent le désir de présenter une pétition à Bennett. Ce dernier, qui avait tenté vainement de convaincre les dirigeants de ne pas s'assembler, refusa de recevoir les représentants des fermiers. Il leur fit répondre qu'il était au courant de leurs problèmes et qu'une entrevue était inutile.

La même année, des ouvriers sans travail s'assemblèrent également dans la capitale canadienne. On demanda au premier ministre de rencontrer quelques représentants du groupe. Il accepta, pourvu que ce soit à l'entrée du Parlement. Bennett, qui avait une méfiance instinctive des chômeurs en qui il voyait une menace potentielle, multiplia les précautions. Dès le matin, une voiture blindée se trouvait sur la colline parlementaire. Des agents de la gendarmerie royale étaient postés à tous les endroits où il pouvait y avoir risques d'affrontements. D'autres, en civil, étaient dissimulés dans l'édifice. Les délégués écoutèrent le premier ministre et quittèrent les lieux calmement. Il n'y eut pas le moindre incident.

Le 21 juillet 1932 s'ouvrait à Ottawa la Conférence économique impériale sous la présidence du chef du gouvernement canadien. C'était la première fois qu'une conférence de ce genre se tenait à l'extérieur de Londres. Bennett, qui désirait accroître les exportations canadiennes, n'atteignit que partiellement son objectif, les concessions qu'il réussit à obtenir de la Grande-Bretagne et des autres pays du Commonwealth n'étant pas suffisantes pour contrebalancer la perte presque complète de nos marchés en Europe et aux États-Unis.

Le bruit courut que le secrétaire d'État, C. H. Cahan, avait manifesté l'intention de démissionner si l'industrie textile de la région de Montréal n'était pas protégée[20]. Bennett s'est opposé carrément à avantager l'industrie textile britannique aux dépens de celle du Canada. Par contre, la Grande-Bretagne a opposé une fin de non-recevoir au Canada qui réclamait l'embargo sur le bois en provenance de l'Union soviétique. Elle a aussi refusé d'imposer des tarifs prohibitifs à l'entrée de produits autres que ceux des pays du Commonwealth en Angleterre. À un certain moment, il s'en est fallu de peu que la conférence n'échouât.

La conférence n'aboutissait donc pas à une vaste union douanière entre les neuf pays du Commonwealth, mais à la signature d'accords bilatéraux entre le Canada et les pays de la communauté britannique. L'Angleterre autorisait, pour sa part, l'entrée libre de droits à quantités de produits canadiens, allant des produits manufacturés aux denrées alimentaires et aux matières premières. En contrepartie, le Canada augmentait les tarifs préférentiels sur 233 produits britanniques. L'accord fut signé le 20 août et les Britanniques ont pu constater que le premier ministre canadien était un négociateur intransigeant.

Le même jour, le chancelier de l'Échiquier, Neville Chamberlain, confiait à son journal: « La plupart de nos difficultés ont été attribuables à la personnalité de Bennett. À l'entendre, il est dévoué corps et âme à l'Empire, (mais) il a fait peu pour mettre en application ses sentiments. Au lieu de diriger la conférence en sa qualité de président, il s'est comporté simplement comme le chef de la délégation canadienne... Nous étions à bout de patience[21]. » De son côté, un historien britannique a écrit: « Bennett s'est montré plus désireux de protéger l'industrie canadienne que de promouvoir le libre-échange au sein de l'Empire… Il a défendu les intérêts canadiens et s'est peu soucié de l'unité impériale[22]. »

De 1932 à 1938, les exportations canadiennes en direction de la Grande-Bretagne devaient passer de 28 à 38 p. 100 et pour l'ensemble de l'Empire, de 36 p. 100 à 48 p. 100. En 1938, les échanges entre les pays de l'Empire ne représentaient qu'un tiers du commerce total[23].

Les accords d'Ottawa ne satisfirent ni les provinces Maritimes, ni celles de la Prairie. Elles estimaient qu'ils ne favorisaient que le Québec et l'Ontario. Pourquoi le Canada s'est-il engagé dans la voie du nationalisme économique? Le ministre du Commerce et de l'Industrie dans le cabinet Bennett, H. H. Stevens, en a fourni l'explication aux Communes, en 1937: « Si l'on veut savoir ce qui a vraiment rendu nécessaire les accords d'Ottawa, il faut remonter à dix ans en arrière et considérer attentivement l'attitude de l'Italie, de l'Allemagne et d'autres pays qui constituaient auparavant d'excellents débouchés pour les marchandises canadiennes, mais qui ont fermé leurs portes à nos produits, surtout le blé, les produits laitiers, la viande et autres produits agricoles. L'Italie, qui admettait le blé en franchise, a frappé cette céréale d'un droit douanier d'environ 97 c. le boisseau; l'Allemagne a successivement haussé ce droit à 87 c., puis à 97 c. et enfin à $ 1 le boisseau. D'autres pays en ont fait autant[24]. »

Toujours est-il que les accords d'Ottawa « ont contribué à accentuer la dislocation du commerce mondial et la tendance à l'autarcie[25] ». En janvier 1936, l'ambassadeur du Japon à Paris, le baron Sato, exprimait ouvertement les inquiétudes des milieux industriels nippons: « Nous demandons que l'on reconnaisse notre droit… d'assurer à notre population la possibilité de vivre. Si le Vieux Monde se plaît à fermer non seulement ses territoires métropolitains, mais ses possessions d'outre-mer au trafic extérieur, cette mesure n'accroîtra pas le bien-être général et préparera un conflit[26]. »

Le grave malaise économique consécutif à la crise ne paraissant pas vouloir s'atténuer, bien des esprits s'interrogèrent sur la question de savoir si les deux grands partis traditionnels étaient en mesure de résoudre les problèmes de l'heure. D'ailleurs, la mise en cause des deux formations politiques avait commencé dès la fin de la Première Guerre mondiale. Depuis le début de la grande dépression, cette tendance s'était accentuée. Le socialisme semblait le meilleur remède pour résorber le chômage. Il paraissait avoir le vent dans les voiles. En 1930, la Colombie-Britannique avait élu un adepte du socialisme, Angus MacInnis.

Réunis à Calgary, en 1932, les membres du Ginger Group, l'aile radicale de l'ancien parti progressiste, et les deux députés ouvriers aux Communes forment alliance et donnent naissance à la Cooperative Commonwealth Federation. Ce mouvement se propose de grouper les fermiers, les ouvriers et la classe moyenne en un véritable parti socialiste démocratique. Le conseil national provisoire désigne à l'unanimité J. S. Woodsworth, député ouvrier d'une circonscription de Winnipeg depuis 1921, pour diriger la nouvelle formation. Le leader a cinquante-huit ans. Ce tiers parti s'inspire des idées lancées par les progressistes de l'Ouest et par les travaillistes britanniques. Il n'est pas exagéré d'affirmer que Woodsworth est le véritable fondateur de la C.C.F.[27].

C'était la seconde fois qu'un troisième parti prenait naissance dans l'Ouest. Si les progressistes représentaient un mouvement régional, la C.C.F. sera un mouvement national, mais son influence à l'est d'Ottawa, à l'exception de Montréal et de l'île du Cap-Breton, sera très limitée. Il n'est pas surprenant que l'Ouest soit à l'origine de cette formation. C'est dans cette région du pays, notamment en Saskatchewan, que la crise avait touché le plus durement la population.

Plusieurs journaux, dont le *Telegram* de Toronto, accueillent défavorablement la nouvelle formation. Woodsworth est représenté comme un démon déguisé en saint[28]. Le *Mail and Empire* de Toronto intitule un éditorial: « Les U.F.O. vendus aux rouges[29]. »

En 1933 se tient à Regina, en Saskatchewan, le premier congrès de la C.C.F. Les congressistes adoptent le programme du parti, désormais connu sous le nom de « manifeste de Regina », établissant les principes d'un nouvel ordre social en quatorze points. Le programme recommandait entre autres : « La socialisation de tout l'organisme financier : banque, monnaie, crédit et assurance ; le Canada doit refuser d'être mêlé dans toute autre guerre qui aura pour but de sauver le capitalisme dans le monde... aucun gouvernement C.C.F. ne se tiendra pour satisfait avant d'avoir extirpé le capitalisme...[30] » Cette plate-forme, qui survient au moment où la dépression a atteint le point le plus bas, risque de faire bien des adeptes et d'effrayer les dirigeants des grands partis.

King est convaincu que dans une lutte à deux, la victoire des libéraux est assurée. Par contre, dans un affrontement tripartite, les chances sont moindres. C'est ce qui le préoccupe. La philosophie socialiste lui répugne. Il n'a jamais été socialiste et le socialisme n'a jamais exercé d'attrait sur lui. Si King considère Bennett comme un étroit d'esprit et un démagogue, il a, en revanche, de l'estime pour Woodsworth. Il n'a jamais mis en doute l'intégrité et la sincérité du chef de la C.C.F. en qui un historien voyait « une sorte de saint politique[31] ».

L'apparition d'un tiers parti socialiste a surtout effrayé les conservateurs. Plusieurs orateurs de cette formation ont dénoncé la C.C.F., la jugeant une grave menace à la démocratie. D'autres l'ont assimilée au communisme. Bennett a laissé clairement entendre, sous une forme déguisée, que C.C.F. et communisme étaient synonymes.

En 1933, deux élections générales provinciales ont lieu au Canada, l'une en Nouvelle-Écosse et l'autre en Colombie-Britannique. Dans la province de l'Atlantique, les libéraux triomphent assez facilement des conservateurs. Une grande partie du succès est attribuable au jeune leader des libéraux, Angus L. Macdonald, qui avait mené une campagne vigoureuse, se portant constamment à l'attaque de ses adversaires. Il importe de souligner, toutefois, que l'impopularité des conservateurs fédéraux, notamment de Bennett, qui avait promis de mettre fin au chômage, a été une alliée puissante pour Macdonald. Deux candidats C.C.F. avaient brigué les suffrages, mais ils ont perdu leur dépôt. Au prochain scrutin fédéral, les chances des libéraux dans les provinces Maritimes paraissaient donc encourageantes.

En Colombie-Britannique, ce fut une lutte tripartite. Pour la première fois, la C.C.F. participait activement à une campagne provinciale. Le véritable thème des élections était le socialisme contre le capitalisme. Les socialistes adoptèrent comme slogan: « L'humanité d'abord! » et préconisèrent un vaste programme de nationalisation[32].

Les libéraux de Dufferin Pattulo furent portés au pouvoir, faisant élire 35 candidats, tandis que la C.C.F., avec 7 élus, devenait le parti officiel de l'opposition. Les conservateurs, qui avaient remporté 35 sièges au scrutin de 1928, disparaissaient de la carte électorale. Le nouveau premier ministre et King, qui étaient des amis d'enfance, avaient un trait commun: ils étaient tous deux vaniteux[33].

Pattulo, qui était plus à gauche que le chef des libéraux fédéraux, avait soumis aux électeurs un programme élaboré de planification économique et avait adopté comme slogan: « Travail et salaire. » King n'avait pas apprécié cette plate-forme qui lui semblait presque socialiste. Quand il écrivit à Pattulo pour le féliciter de sa victoire, il se garda bien de faire allusion à son programme électoral[34]. Pour couper l'herbe sous les pieds des socialistes, le leader libéral de la Colombie-Britannique pouvait-il faire autrement? Nous en doutons.

Au début de 1934, King envisageait l'avenir avec confiance. Les succès des libéraux aux deux élections générales provinciales de l'année précédente, ainsi qu'au cours d'élections fédérales partielles, l'avaient comblé de joie. Il croyait que Bennett convoquerait les électeurs canadiens aux urnes cette année-là, mais il se trompait. Quoi qu'il en soit, l'ajournement de la consultation populaire n'était que l'ajournement d'une défaite inévitable pour les conservateurs. Dans son esprit, il n'y avait plus de doute. Deux autres élections générales provinciales, en 1934, devaient lui confirmer davantage que le parti de Bennett avait perdu sa popularité dans le pays et qu'il ne pourrait plus remonter la pente.

Le 19 juin, les électeurs de l'Ontario et de la Saskatchewan allaient aux urnes pour se choisir un nouveau gouvernement. En Ontario, les conservateurs avaient été reportés au pouvoir en 1929, avec une majorité sans précédent et, en 1930, plus des deux tiers des candidats élus aux Communes étaient conservateurs. Mais depuis, la situation a changé. Les deux partis ont de nouveaux leaders. George Henry a succédé à G. Howard Ferguson à la tête du gouvernement, tandis que les libéraux sont dirigés, depuis 1930, par un jeune leader agressif et démagogue, Mitch Hepburn. L'impopularité de Bennett en Ontario aussi bien qu'en Saskatchewan allait jouer un rôle important.

Quelques jours avant le vote, la question des écoles catholiques devint un des thèmes de la campagne électorale. Un leader catholique avait fait publier dans un journal de Toronto une lettre dans laquelle il prescrivait à ses coreligionnaires de voter contre le gouvernement parce qu'Henry les « avait trahis ». Le *Telegram* de Toronto et les loges orangistes exigèrent qu'on leur dise si le chef libéral avait été « vendu aux catholiques[35] ». Hepburn ne fut pas pris de panique par cet ultimatum. Il reconnut qu'il était protestant, franc-maçon, mais qu'il croyait dans l'honnêteté de ses amis catholiques. Il affirma qu'ils ne lui avaient demandé aucune concession, mais que, le moment venu, ils seraient traités avec justice[36].

En six semaines, Hepburn parcourut plus de 7 000 milles et fit plus d'une centaine de discours. Ses efforts furent couronnés de succès. Il remporta une victoire sans parallèle dans les annales libérales de l'Ontario. Il fit élire 66 candidats, tandis que les conservateurs, 17. George Henry fut réélu, mais 8 de ses 12 ministres mordirent la poussière. Le nouveau premier ministre, qui n'avait que trente-sept ans, était le plus jeune dans l'histoire de la province.

Plusieurs dirigeants conservateurs ont prétendu que le vote catholique avait porté les libéraux au pouvoir. L'un d'eux a exprimé l'opinion que les catholiques avaient voté pour les libéraux dans une proportion de 98 p. 100 et que, par leur attitude, ils avaient privé les conservateurs de 30 sièges[37]. La question religieuse n'a joué qu'un rôle secondaire dans les élections. L'envergure trop limitée de Henry, la grande dépression, l'impopularité croissante des conservateurs fédéraux et le dynamisme de Hepburn expliquent mieux la défaite des conservateurs ontariens.

La C.C.F. ne fit élire aucun candidat. Le parti était divisé. La fraction ouvrière du mouvement était à couteaux tirés avec les United Farmers. Les mécontents, au lieu d'appuyer la nouvelle formation politique, votèrent pour les libéraux.

La victoire des libéraux donna beaucoup de joie à King, mais il se proposa de garder ses distances avec le nouveau premier ministre dont les réactions étaient parfois imprévisibles. Hepburn n'avait jamais été l'homme de King. Ce dernier le trouvait irresponsable. King n'avait pas participé au congrès de leadership de 1930, qui avait désigné Hepburn, mais il avait laissé entendre à certains membres de son entourage que celui-ci n'était pas l'homme qu'il fallait à la direction du parti libéral de l'Ontario. Les sentiments de Hepburn envers King étaient bien différents. Dans son discours d'acceptation au congrès de leadership, il avait déclaré : « J'aime cet homme. »

En même temps que ceux de l'Ontario, les électeurs de la Saskatchewan allèrent aux urnes le 19 juin. La victoire des libéraux fut moins surprenante, mais elle fut écrasante. Les conservateurs de J. T. M. Anderson, qui s'étaient maintenus au pouvoir depuis 1929 avec l'appui des progressistes, ne firent pas élire un seul candidat. Les libéraux prirent 50 sièges, tandis que la C.C.F., qui accédait automatiquement à l'opposition officielle, fit élire 5 députés.

Le nouveau premier ministre, J. G. Gardiner, organisateur hors pair, avait mené la campagne avec brio. Il n'avait pas préconisé de mesures radicales, mais il avait attaqué constamment le gouvernement, l'obligeant à se replier sur la défensive. Comme la politique tarifaire avait été un des thèmes principaux de la campagne, la victoire des libéraux augurait bien pour les prochaines élections fédérales. Il était incontestable que la défaite conservatrice, aussi bien en Ontario qu'en Saskatchewan, était également celle de Bennett. En septembre, cinq élections fédérales partielles se tenaient en Ontario. Les libéraux s'emparèrent de 4 des 5 sièges, une circonscription de Toronto votant pour le candidat conservateur.

À l'été de 1935, l'Alberta était embrasée par la voix d'un étrange messie, qui croyait avoir trouvé la solution pour régénérer la province grâce à l'application des théories de l'Écossais C. H. Douglas. William Aberhart, instituteur et évangéliste, avait la certitude que le crédit social du major Douglas était la panacée pour sortir la province de la grande dépression. Né en Ontario, en 1878, d'un père allemand et d'une mère anglaise, il s'était établi en Alberta, où il avait fondé le Calgary Prophetic Institute.

Il acquit rapidement une grande renommée dans la province et à l'extérieur de celle-ci grâce à ses causeries religieuses, à la radio. En l'espace de dix ans, sa cote d'écoute était passée de 50000 à 300000 auditeurs environ. Il était alors plus populaire que Jack Benny dont le programme suivait le sien, le dimanche.

C'était un fondamentaliste. Il préconisait une foi rigide et une morale austère en bon baptiste qu'il était. Comme tous ceux qui adoptèrent cette attitude d'esprit, il s'en tenait à l'interprétation littérale de la Bible. Abordant l'espace de temps de la création du monde, son explication était simple et claire: « Elle eut lieu en six jours de 24 heures chacun et Adam a été créé dans l'après-midi du sixième jour[38]. »

C'est en 1932 qu'Aberhart adopta les théories de l'ingénieur Douglas selon lesquelles les banques et les financiers étaient responsables des difficultés économiques de l'heure. Douglas était un ardent antisémite, mais Aberhart ne le fut jamais. Ce n'était pas son intention de former un parti politique. Au cours de l'hiver 1933-1934, Aberhart s'efforça de créer des groupes de pression afin de contraindre le gouvernement des United Farmers de l'Alberta à mettre en application les théories du crédit social. Ce fut peine perdue.

Il n'avait d'autre choix que de se lancer dans la politique et de tenter de renverser le gouvernement qui était au pouvoir depuis 1921 et qui était en perte de vitesse. Le premier ministre Brownlee était accusé d'avoir séduit une jeune secrétaire et un de ses ministres avait été impliqué dans une affaire de divorce qui avait fait passablement de bruit. Quelle belle occasion pour Aberhart de les dénoncer et de leur accoler les épithètes de « fornicateurs » et de « dépravés ».

De fil en aiguille, Aberhart identifia le crédit social au christianisme. Il affirma que « le crédit social reposait sur des principes éternels. Ils ne pourront jamais être détruits ; ils sont vrais pour tous les hommes en tous lieux et en tout temps[39]. » Quelques semaines avant les élections, il s'écriait : « Mesdames et messieurs, soyons tout de suite assurés que le Dieu du ciel est derrière la grande croisade que nous voyons se manifester dans notre province[40]. »

Bien des protestants n'apprécièrent guère que la chaire soit utilisée à des fins politiques. Certains soutinrent que « quand le crédit social entre par la porte centrale de l'église, le Saint-Esprit la quitte par la porte de derrière[41] ». Ces protestations ne semblent pas avoir donné de grands résultats. À ses adversaires politiques, qui l'accusaient de ne pas vouloir coopérer, Aberhart leur donnait raison en ajoutant : « Je ne coopérerai pas avec le diable. » Parfois, il aimait à se comparer aux grands personnages bibliques, comme Joseph, Daniel et même au Christ. Dans ses attaques contre les banques, il s'identifiait avec le Christ chassant les vendeurs du temple.

Pour capter les suffrages des électeurs, Aberhart utilisa un argument de grand poids. Il prit l'engagement solennel que si le crédit social était porté au pouvoir, chaque citoyen recevrait mensuellement un dividende de $25. Qui aurait pu résister à cet attrait ? Très peu.

Un historien de l'Alberta a écrit avec raison « que les enseignants, les fermiers les plus démunis, les propriétaires de petites entreprises quasiment au bord de la faillite et d'une façon générale les ouvriers furent complètement emballés par cette proposition[42] ».

Pouvait-il en être autrement à un moment où des dizaines de milliers de personnes étaient réduites à la pauvreté, sinon à la misère. Cet argument paraît l'élément décisif qui a porté les créditistes au pouvoir.

Le 22 août 1935, une heure avant l'ouverture des bureaux de

scrutin, les électeurs faisaient la queue afin de se prévaloir de leur droit de vote[43]. Le nombre de votants avait presque doublé par rapport aux élections précédentes, passant de 182 000 à 302 000[44]. Les créditistes obtinrent 54 p. 100 des suffrages exprimés[45]. Ils firent élire 56 candidats, dont aucun n'avait d'expérience parlementaire, les libéraux, 5 et les conservateurs, 2. Les United Farmers, qui étaient au pouvoir depuis quatorze ans, disparurent de la carte électorale. Quant au fameux dividende, les électeurs n'en entendirent plus parler. C'était une promesse électorale que le gouvernement n'était pas en mesure de respecter.

« L'élection d'un gouvernement créditiste en Alberta, en 1935, a soulevé une curiosité mondiale. La presse américaine et européenne a redécouvert le Canada... Des bataillons de journalistes furent envoyés à Edmonton pour savoir ce qui s'était passé[46]. »

À l'été de 1935, deux autres élections provinciales eurent lieu, l'une au Nouveau-Brunswick et la seconde à l'Île-du-Prince-Édouard. Les conservateurs furent battus par les libéraux. En conséquence, à l'approche du scrutin fédéral, il n'y avait pas une seule des neuf provinces canadiennes à avoir un gouvernement conservateur. Il était déjà évident, même pour les esprits les moins avertis, que les conservateurs de Bennett sombraient dans l'opinion publique et qu'il n'y avait plus aucune solution pour les empêcher de couler.

Au Québec, la grande dépression avait intensifié le nationalisme canadien-français, qui avait connu une renaissance après l'application de la conscription au cours de la Première Guerre mondiale. Elle « met en évidence, avec une acuité nouvelle, l'infériorité économique des Canadiens français. La grande entreprise leur échappe presque entièrement et ils sont cantonnés, en général, dans les petites entreprises de caractère familial. Par contre, ils détiennent une sorte de suprématie en tant que petits propriétaires fonciers ou comme ouvriers non spécialisés. À ce titre, ils constituent le groupe le plus vulnérable à la dépression économique. Ainsi le problème social se double d'un problème ethnique[47]. »

Les nationalistes accusent les capitalistes étrangers d'être les grands responsables du chômage qui frappe durement des dizaines de milliers de familles. On reproche au gouvernement libéral de Louis-Alexandre Taschereau, qui est au pouvoir depuis 1920, d'être le protecteur des trusts qui exploitent les Canadiens français. Dès 1921, le chef du gouvernement avait invité les capitalistes à venir exploiter nos ressources naturelles. « En réponse, entre 1921 et 1929, grâce surtout au capital américain, il se fonde 27 usines dans la seule région du Saguenay et des villes nouvelles comme Arvida et Dolbeau[48]. »

Contre ses détracteurs, « Joseph Frigon, député de Saint-Maurice, défendit la politique industrielle, l'appel aux capitaux étrangers, sans lesquels n'existeraient pas, dans son comté, les villes de Shawinigan, Grand'Mère, Cap-de-la-Madeleine et La Tuque[49] ».

Quand la prospérité régnait, on prêtait beaucoup moins d'attention aux investissements étrangers qui procuraient de l'emploi, mais, depuis la grande dépression, il fallait trouver un bouc émissaire pour expliquer le chômage. Des hommes politiques, trouvant là leur compte, exploitaient les slogans nationalistes qui étaient électoralement rentables.

En 1934, Paul Gouin, fils de Sir Lomer Gouin, fonde l'Alliance libérale nationale, dont le premier but était de relibéraliser le parti libéral. Son programme était nettement contre la haute finance : « Briser, par tous les moyens possibles, l'emprise... des grandes institutions financières, le trust de l'électricité et celui de l'industrie du papier... Combattre les cartels du charbon, de la gazoline et du pain, en leur faisant une concurrence d'État si nécessaire. »

Maurice Duplessis, qui depuis 1933 était chef des conservateurs provinciaux, se livra également à une campagne contre les trusts, comme ses prédécesseurs, Arthur Sauvé et Camillien Houde. « Duplessis et ses lieutenants dénoncent l'aliénation des ressources naturelles... et les faveurs accordées au trust de l'électricité[50]. » Il affirma aussi que « nos ressources naturelles, aux mains de l'étranger, sont souvent employées à notre détriment[51] ». Duplessis n'était pas nationaliste, mais il exploita le nationalisme à des fins politiques pour renverser Taschereau. En novembre 1935, il s'allia à Paul Gouin pour fonder l'Union nationale qui devait accéder au pouvoir l'année suivante.

NOTES

1. Kenneth McNaught, *The Pelican History of Canada*, Londres, 1969, p. 248.
2. Robert Rumilly, *Histoire de la province de Québec*, tome XXXII, Montréal, p. 11.
3. Kenneth McNaught, *op. cit.*, p. 248.
4. L. N. Grayson et Michael Bliss, *The Wretched of Canada*, Toronto, 1971, p. VIII.
5. R. A. MacKay et E. B. Rogers, *Canada Looks Abroad*, Toronto, 1938, p. 14.
6. *20th Century*, Milwaukee, 1979, p. 1259.
7. *The Canadians (1867-1967)*, la contribution de Kenneth McNaught, Toronto, 1967, p. 239.
8. Maurice Baumont, *La faillite de la paix*, Paris, 1946, p. 496.
9. Edgar McInnis, *Canada*, Toronto, 1969, p. 519.
10. Maurice Baumont, *Le Blé*, Paris, 1949, p. 55.
11. Edgar McInnis, *op. cit.*, p. 519, 520.
12. W. T. Easterbrook et Hugh G. J. Aitken, *Canadian Economic History*, Toronto, 1970, p. 493-494.
13. *Ibid*, p. 493.
14. Donald Creighton, *Canada's First Century*, Toronto, 1970, p. 205.
15. *Histoire du Québec*, la contribution de Richard Jones, Montréal, 1977, p. 421.
16. André Siegfried, *Tableau des États-Unis*, Paris, 1954, p. 180.
17. John Kenneth Galbraith, *Money*, Boston, 1975, p. 192.
18. A. R. M. Lower, *Colony to Nation*, Toronto, 1957, p. 507.
19. *Canada (1867-1967)*, Ottawa, 1967, p. 170.
20. Richard Wilbur, *The Bennett Administration*, Ottawa, 1969, p. 9.
21. Keith Feiling, *The Life of Neville Chamberlain*, Londres, 1946, p. 213.
22. A. J. P. Taylor, *Beaverbrook*, Londres, 1974, p. 424.
23. Goldwin Smith, *A History of England*, New York, 1974, p. 756.
24. Léopold Richer, *Le Canada et le bloc anglo-saxon*, Montréal, 1940, p. 34, 35.
25. Edgar McInnis, *op. cit.*, p. 523.
26. Pierre Renouvin, *La question d'Extrême-Orient*, Paris, 1946, p. 350.
27. Kenneth McNaught, *A Prophet in Politics*, Toronto, 1967, p. 255.
28. *Ibid.*, p. 256.
29. *Ibid.*, p. 262.
30. David Lewis et Frank Scott, *Un Canada nouveau*, Montréal, 1944, p. 253, 259, 261, 265.
31. A. R. M. Lower, *op. cit.*, p. 513.

32. Margaret A. Ormsby, *Canadian Historical Review,* décembre 1962, p. 29.
33. *Ibid.,* p. 31.
34. *Ibid.,* p. 29.
35. Neil McKenty, *Mitch Hepburn,* Toronto, 1967, p. 56.
36. *Ibid.,* p. 56.
37. *Ibid.,* p. 59.
38. Harold J. Schultz, *Canadian Historical Review,* septembre 1964, p. 189.
39. *Ibid.,* p. 194.
40. David R. Elliott, *Canadian Historical Review,* mars 1978, p. 52.
41. *Ibid.,* p. 49.
42. James G. MacGregor, *A History of Alberta,* Edmonton, 1972, p. 265.
43. Ralph Allen, *Ordeal by Fire,* Toronto, 1961, p. 333.
44. James G. MacGregor, *op. cit.,* p. 266.
45. David R. Elliott, *op. cit.,* p. 53.
46. J.R. Mallory, *Canadian Historical Review,* juin 1976, p. 216.
47. Jean Hamelin et autres, *Canada : Unité et Diversité,* Montréal, 1968, p. 490.
48. Gustave Lanctot, *Les Canadiens français et leurs voisins du sud,* Montréal, 1941, p. 284.
49. Robert Rumilly, *op. cit.,* p. 105.
50. *Ibid.,* tome XXXIV, p. 49.
51. *Ibid.,* p. 146.

XXII

King ou le chaos

Au cours de la grande dépression, Bennett a reçu des milliers de lettres de Canadiens dans le besoin, lui demandant de les aider. Ses secrétaires, qui répondaient aux solliciteurs, mettaient assez souvent dans les enveloppes des billets de $2, $5 et parfois $20. À l'approche des élections générales de 1935, les billets de 5$ étaient plus fréquents. Le premier ministre, qui connaissait sans l'ombre d'un doute la vertu électorale de l'argent, achetait, de cette façon, des voix en vue de la prochaine consultation de l'électorat.

Les bénéficiaires étaient notamment les jeunes. Le chef du gouvernement manifestait aussi une certaine prédilection pour les gens de l'Ouest. Il était d'ailleurs député d'une circonscription de l'Alberta et les provinces de la Prairie étaient celles qui avaient le plus souffert de la crise économique. Un garçon de quatorze ans, qui désirait se procurer un costume de baseball pour la prochaine saison, écrivit à Bennett. Il reçut $5 pour défrayer une partie de l'achat.

Une femme a donné naissance à des triplés, dont l'un a été baptisé Warner Bennett. Une voisine en fait part au premier ministre et souligne que le couple est d'allégeance conservatrice. Si l'on en juge par la réponse, le chef du gouvernement sembla avoir été touché du fait qu'on ait prénommé l'un des enfants comme lui. Il envoya au couple un billet de $20[1]. La fille d'un député conservateur aux Communes, qui était en très grandes difficultés financières, demanda à Bennett de lui faire don de $50000 afin qu'elle puisse aider son père. Elle craignait que son père ne se suicidât s'il ne se libérait pas de sa situation[2].

Une fillette de treize ans, qui demeurait en Saskatchewan, devait parcourir quatre milles et demi, matin et soir, pour se rendre à l'école. Elle n'avait pas de manteau pour l'hiver et demanda de l'argent pour s'en procurer un. Bennett lui fit parvenir $5. Une jeune fille de dix-neuf ans, qui se destinait à l'enseignement, l'implora de lui prêter $400 afin de pouvoir poursuivre ses études. Elle prit l'engagement de rembourser l'argent dès qu'elle le pourrait. La secrétaire fit savoir à la jeune fille que le premier ministre avait été grandement impressionné par la façon dont elle avait fait sa demande. La requête fut agréée et l'adolescente reçut les $400[3].

Au début de la session de 1934, le gouvernement présente un projet de loi visant à l'établissement d'une banque centrale, donnant ainsi suite à une recommandation d'une commission d'enquête instituée l'année précédente. La création de la Banque du Canada devait engendrer de nouveau la question de la monnaie bilingue. Le ministre des Finances, E. N. Rhodes, propose l'émission de deux séries de billets: les uns exclusivement en anglais, les autres exclusivement en français. Pour Bennett, cette solution de compromis paraît équitable. Les libéraux du Québec n'en sont pas convaincus. Ernest Lapointe présente un amendement réclamant que les billets émis par la nouvelle banque soient libellés dans les deux langues.

Les libéraux canadiens-français reprochaient à la mesure gouvernementale de vouloir restreindre l'emploi du français à la seule province de Québec. Ils exigeaient la monnaie bilingue qui, à leurs yeux, reconnaissait l'égalité linguistique. Au cours du débat, King prit la parole et se porta à la défense de l'amendement Lapointe, lequel fut repoussé par 69 voix contre 42[4]. Quatre députés conservateurs du Québec firent défection et votèrent avec les libéraux.

Le 15 janvier 1934, Bennett devait prendre la parole à Toronto au congrès des manufacturiers de chaussures. À la dernière minute, il se fit remplacer par son ministre du Commerce et de l'Industrie, H. H. Stevens. Dans son allocution, celui-ci dénonça les grosses firmes qui profitaient de leur situation pour obtenir de leurs fournisseurs des prix très bas, contraignant ainsi les manufacturiers à payer des salaires de famine à leurs employés. Il les prévint de mettre fin à ces abus, sans quoi le système capitaliste risquait d'être détruit.

Le ministre ne désigna nommément aucune firme, mais les grands magasins T. Eaton Company et Robert Simpson Company se crurent visés. Leurs conseillers juridiques demandèrent à Bennett que Stevens se rétractât. Bennett était d'accord, mais son ministre maintint sa position et remit sa démission que le chef du gouvernement refusa. Il ne pouvait se séparer d'un homme qui, aux yeux d'une fraction importante de la population, apparaissait comme le champion des opprimés contre les puissances de l'heure. Électoralement, ç'eût été une gaffe monumentale.

Comme le discours de Stevens avait bénéficié d'une large publicité dans la presse canadienne, le premier ministre chargea son ministre du Commerce et de l'Industrie de présider le comité des Communes qui faisait enquête sur les écarts entre les prix reçus par les producteurs et ceux qui étaient payés par les consommateurs. Quelques mois plus tard, le comité se transforma en Commission royale d'enquête. Stevens en assuma la présidence.

Des abus criants devaient être révélés. À Montréal, un homme, ayant dix ans d'expérience, gagnait $7 par semaine, pour 70 heures de travail. Un autre, avec quatre ans d'expérience, gagnait 5½ cents l'heure, ce qui lui rapportait hebdomadairement $3[5]. Dans une manufacture de chaussures du Québec, 58 p. 100 des ouvriers recevaient, pour une semaine de 48 heures, $4 et parfois moins. Dans trois manufactures analogues, des adolescents de quatorze à vingt ans étaient rémunérés au taux de 2½ cents à 6 cents l'heure[6].

Dans l'industrie du tabac, les salariés recevaient, en 1933, un salaire moyen hebdomadaire de $10,67 pour 45 heures de travail environ. En 1931, l'Imperial Tobacco avait enregistré des profits nets de près de $6 millions. Par contre, les ouvriers s'étaient partagés $3430000, soit 58 p. 100 des profits nets. En 1933, les salaires versés aux ouvriers ne représentaient que 52 p. 100 des profits nets[7].

Macdonald Tobacco réalisait, en 1933, des profits de près de $600000. Le président de la compagnie, depuis 1930, touchait annuellement $260000, tandis que les 1355 salariés ne recevaient en moyenne que $12,80 par semaine, soit 8 p. 100 de moins qu'en 1929[8].

À la Butterfly Hosiery Co., Ltd., les gains annuels des ouvrières étaient tombés de $668 en 1932, à $349 en 1933. Avec la permission de la commission du salaire minimum du Québec, à la date du 11 août 1933, la compagnie était autorisée à classifier la plupart de ses ouvrières comme inexpérimentées, à l'exception de deux, et leur paya des salaires hebdomadaires de $3 et $4[9].

Le 11 mai 1934, Maxime Raymond, député libéral de Beauharnois-Laprairie, cita aux Communes d'autres exemples d'exploitation: « À Valleyfield, à l'usine de la Montreal Cottons, compagnie qui paie encore un dividende de 7 p. 100 à ses actionnaires, il y a des pères de famille qui travaillent de six heures du soir à sept heures du matin, à raison de 9 cents de l'heure. Douze heures de travail, la nuit, pour gagner $1,08. Parmi ceux-là, j'en sais un qui doit se contenter de ce salaire pour se nourrir ainsi que sa femme et ses quatre enfants[10]. »

Quelques personnes gagnaient $1,50 pour une semaine de travail de 75 heures[11]. C'étaient évidemment des cas extrêmes. La compagnie T. Eaton payait, en 1933, à chacun de ses directeurs un salaire annuel d'environ $35000, tandis que ses 25736 employés ne recevaient en moyenne que $970[12].

Au cours de l'été, Stevens prit la parole devant une quarantaine de députés conservateurs. Il dénonça quelques firmes qu'il désigna nommément. L'allocution fut tirée à quelque 3000 exemplaires et distribuée dans le pays. Les journaux lui firent une large publicité. Le président de Robert Simpson Company, C. L. Burton, informa Bennett que des poursuites seraient intentées contre son ministre, à moins qu'il ne s'excusât publiquement. Stevens ne fit pas d'excuses et les poursuites ne furent jamais intentées.

À la mi-octobre, à une réunion du cabinet, C. H. Cahan, porte-parole des milieux financiers de la rue Saint-Jacques, prit à partie Stevens et le pressa de faire des excuses à la compagnie Simpson. Bennett conserva le mutisme et le ministre du Commerce et de l'Industrie en conclut qu'il n'avait plus l'appui de son chef[13]. Il remit donc sa démission pour la seconde fois en dix mois. Elle fut cette fois acceptée par le premier ministre qui nomma un autre président à la Commission royale d'enquête sur les écarts de prix. Quand la commission reprit ses travaux, en novembre, Stevens continua à en être le principal animateur jusqu'à avril 1935, mois où le rapport fut déposé aux Communes.

Le parti conservateur et son leader sortaient diminués de cette crise. La démission de Stevens rendit celui-ci plus populaire que jamais. Le quotidien libéral de Toronto, *The Star*, imprimait que si un sondage avait lieu, Stevens obtiendrait dix fois plus de voix que Bennett. Aux yeux de l'opinion publique, le premier ministre apparaissait comme le protecteur des grandes sociétés insensibles aux malheurs des faibles, tandis que son ministre figurait comme le défenseur des opprimés.

La popularité de Stevens empêchait même certains libéraux de dormir. Plusieurs d'entre eux prévinrent King qu'une fraction importante de la population voyait en Stevens un «Sauveur». Pour King, il n'était qu'un démagogue, assoiffé de pouvoir. Bennett était de la même opinion. Il estimait en outre que son ministre l'avait trahi. Il y a tout lieu de croire que Stevens était un grand sincère qui voulait vraiment améliorer le sort des masses exploitées.

En 1935, le mandat du gouverneur général, Lord Bessborough, tirait à sa fin. Il fallait songer à lui désigner un successeur. Bennett, qui se rendait sans doute compte que son parti ne serait pas réélu aux prochaines élections législatives au pays, n'osait faire de recommandation au gouvernement britannique avant d'avoir sondé les dispositions du leader de l'opposition. King et Bennett eurent un entretien, le 21 février, et ils fixèrent leur choix sur John Buchan, le futur Lord Tweedsmuir, comme le prochain gouverneur général du Canada[14]. Selon la version de King, c'est lui qui avait proposé à Bennett de nommer John Buchan[15].

En janvier 1935, Bennett fit une tentative ultime pour regagner la faveur de l'électorat qui visiblement lui échappe. Il prononça à la radio cinq causeries d'une demi-heure chacune dans lesquelles il promit de présenter à la prochaine session un programme de réformes radicales en vue de transformer la société canadienne.

Le premier ministre avait pris cette initiative sans consulter les principaux dirigeants de son parti, ni même les membres de son cabinet. Ses ministres apprirent par la radio que leur chef était désormais disposé à s'engager dans la voie des réformes. Comment expliquer cette métamorphose? On croit savoir que c'est son beau-frère, W. D. Herridge, qui avait épousé sa soeur Mildred, ministre du Canada à Washington, qui a exhorté Bennett pendant plus de six mois à frapper un grand coup s'il voulait sauver son parti du désastre. Le New Deal du président Roosevelt, un ensemble de réformes financières et sociales, avait créé une forte impression aux États-Unis. Herridge croyait qu'un New Deal préconisé par Bennett aurait le même effet au Canada.

Bennett avait promis d'établir un système d'assurance-chômage, d'amener la journée de travail à huit heures, la durée maximale pour la semaine de travail, de créer une assurance contre les accidents et la maladie ainsi que d'autres propositions fort alléchantes qui furent présentées à l'ouverture de la session sous forme de quatorze projets de loi. Dans les années qui suivirent, ces mesures furent déclarées inconstitutionnelles par les tribunaux.

Comme le premier ministre proposait une intervention gouvernementale accrue dans les affaires économiques du pays, les milieux financiers virent d'un mauvais oeil la conversion de Bennett. Le quotidien montréalais *The Gazette*, porte-parole de la rue Saint-Jacques, ne dissimula pas son hostilité aux propositions avancées par le leader conservateur. Deux mois après la défaite de Bennett, C. H. Cahan écrivait à King: « Les résultats des élections ont montré clairement que les Canadiens n'étaient pas disposés à épouser les sophismes économiques de Karl Marx comme l'ancien premier ministre les a exposés dans ses causeries à la radio[16]. »

Pour les libéraux, les causeries de Bennett n'étaient qu'une dernière tentative d'induire le public en erreur. King estimait que le chef du gouvernement n'était qu'un démagogue irresponsable. Il écrivait à un ami que « la prétendue réforme du système capitaliste n'était qu'une autre étape vers l'établissement d'un régime fasciste au Canada[17] ».

La santé du premier ministre laissait à désirer depuis plusieurs mois, ce qui le rendait d'humeur irascible. S'étant emporté en Chambre, il avait menacé de destituer du cabinet R. J. Manion. Bennett aurait probablement abandonné la direction du gouvernement vers la fin de 1934 si la défection de Stevens ne s'était produite. Il serait resté à son poste parce qu'il avait la certitude que s'il se retirait, son successeur aurait été Stevens. Il était tellement monté contre son ancien ministre qu'il ne pouvait envisager cette éventualité. Stevens avait démissionné du cabinet, mais il était encore conservateur. Il croyait toujours que ce parti pouvait être réformé.

Si Bennett se disait désormais un réformateur, il était, toutefois, resté un ardent partisan de l'ordre public. Il allait d'ailleurs le prouver à la fin de juin. L'accroissement du chômage l'avait inquiété. Les sans-travail lui paraissaient quasiment des révolutionnaires en puissance. Pour prévenir des incidents, il avait décidé, dès 1932, de créer dans l'Ouest du pays des camps de travail où seuls les hommes pourraient vivre. Ils seraient logés, nourris, vêtus et recevraient gratuitement les soins médicaux. L'État leur verserait une allocation de 20 cents par jour.

Deux cent trente-sept camps de travail ont ainsi été établis[18]. Le ministère de la Défense nationale les prit en charge. On y fit régner une stricte discipline. Les chômeurs travaillaient huit heures par jour. Jusqu'à leur suppression en 1936 par le gouvernement King, il n'y a jamais eu dans ces camps plus de 20000 personnes en même temps.

Le mécontentement se manifesta assez rapidement dans ces camps et se traduisit par des troubles. En 1934, les communistes y revendiquèrent la responsabilité de plusieurs grèves[19]. En juin, quelque 2000 individus quittent leurs camps de la Colombie-Britannique pour se rendre à Ottawa afin de faire connaître leurs revendications. N'ayant pas assez d'argent pour payer leur voyage, ils montent à bord de trains de marchandises se dirigeant vers l'est. Ils s'arrêtent en Alberta où ils obtiennent de l'aide et profitent de l'occasion pour expliquer leur situation. À Calgary, ils doivent avoir recours à la force pour contraindre les autorités à leur donner des secours.

C'est alors que Bennett ordonna à la gendarmerie royale de les arrêter lorsqu'ils arriveraient à Regina, en Saskatchewan. Entre-temps, le chef du gouvernement avait reçu, à Ottawa, huit de leurs représentants, dont Arthur Evans, communiste notoire. L'entretien se termina brusquement lorsque Evans accusa le premier ministre d'être un menteur. Le 1er juillet, des policiers fédéraux tentèrent d'appréhender, à Regina, les chômeurs venant des camps afin de les empêcher de se rendre à Ottawa. La bagarre éclata. Un policier fut tué et des dizaines de personnes de part et d'autre furent blessées et transportées à l'hôpital. Les forces de l'ordre firent de nombreuses arrestations.

Bennett était resté au pouvoir jusqu'à l'extrême limite de son mandat constitutionnel. Il avait prêté serment comme premier ministre le 7 août 1930, et les Chambres furent dissoutes le 14 août 1935. Les élections générales furent fixées au 14 octobre suivant. La défaite du gouvernement était prévue. En juillet, Stevens annonçait la fondation d'une nouvelle formation politique, le parti de la « Reconstruction Nationale ». Quatre des ministres de Bennett renoncèrent à se porter candidats. Arthur Sauvé fut nommé au Sénat et Alfred Duranleau, juge à la Cour supérieure. Maurice Dupré, solliciteur général, par contre, briguera les suffrages de nouveau.

Avant les élections, Bennett procéda à un remaniement ministériel. Samuel Gobeil, député de Compton, conservateur partisan et borné, devient ministre des Postes ; Lucien Gendron, éminent criminaliste, ministre de la Marine, et Onésime Gagnon, ministre sans portefeuille. Le parti est « en mauvaise posture financière, car le *New Deal* a effrayé les bailleurs de fonds habituels de la caisse électorale[20] ». Huit des neuf premiers ministres provinciaux, dont John Bracken, leader des progressistes du Manitoba, se prononcèrent en faveur de King.

Bennett revendiqua le mérite d'avoir sauvé le capitalisme en l'adaptant aux besoins de l'heure. L'homme, qui avait promis de mettre fin au chômage, se glorifia du fait qu'il y avait moins d'un demi-million de sans-travail au pays. Le premier ministre, dont la santé était chancelante quelques mois auparavant, semblait complètement rétabli. Il fit le tour du Canada et prit la parole devant des foules assez nombreuses. Il montra de l'agressivité dans ses discours et rabroua vertement les interrupteurs. Ses partisans donnèrent l'impression de reprendre confiance en un tel chef. Ils adoptèrent comme slogan: « Le Canada a besoin d'un lutteur. Votez pour Bennett. »

King était, dès le début, tellement assuré de la victoire qu'il ne voyait pas la nécessité de présenter un nouveau programme et de faire des promesses. Il répéta à maintes reprises que Bennett avait presque détruit l'unité nationale et qu'il n'y avait que les libéraux pour la rétablir. Il assimila le gouvernement Bennett aux gouvernements dictatoriaux de l'Europe, où il n'y avait qu'un homme qui dirigeait. Bennett et les conservateurs étaient notamment l'objet de ses attaques. Quant aux autres partis politiques, qu'il jugeait secondaires, il n'y fit que de brèves allusions. Le thème principal de la campagne des libéraux fut: « King ou le chaos. » Ce slogan n'était pas une promesse électorale. Il signifiait clairement qu'il n'y avait pas d'autre chef que King dans les circonstances pour conduire le pays.

Le 14 octobre, les conservateurs étaient écrasés. Il paraît certain que si King avait été au pouvoir au cours des années les plus creuses de la dépression, il aurait subi le même sort que Bennett. C'était la dépression qui avait porté Bennett à la direction du gouvernement; c'était également la dépression qui avait mis fin à son gouvernement. Les libéraux remportaient une victoire sans précédent depuis la Confédération. Ils faisaient élire 171 candidats, les conservateurs, 39, soit 11 de moins qu'en 1921. Jamais le parti conservateur n'était descendu aussi bas.

Les libéraux s'emparèrent de tous les sièges des provinces Maritimes, sauf un. Au Québec, ils prirent 60 sièges; en Ontario,

56; au Manitoba et en Saskatchewan, 30; en Alberta, 1, et en Colombie-Britannique, 6.

Les tiers partis n'obtinrent que des résultats très limités. Le crédit social fit élire 17 candidats, dont 15 en Alberta et 2 en Saskatchewan. La C.C.F., qui avait contesté 119 circonscriptions, remporta 7 sièges, tous à l'ouest de l'Ontario. Stevens, dont le parti avait présenté des candidats dans 174 comtés, fut le seul élu.

Les libéraux recueillirent 45 p. 100 des suffrages exprimés, les conservateurs, 30 p. 100 contre près de 50 p. 100 en 1930. Les conservateurs et les tiers partis obtinrent donc 55 p. 100 des voix, ce qui veut dire que l'électorat canadien préférait en majorité le chaos à King, s'il avait pris au sérieux le slogan des libéraux.

Peu après les élections, le nouveau premier ministre se mit à la tâche pour la formation de son cabinet. Plusieurs questions retinrent son attention. Il voulait des ministres compétents, mais également des hommes qui ne s'adonnaient pas à la boisson ou qui ne risquaient pas de compromettre le gouvernement dans des scandales comme ceux des Douanes ou de la Beauharnois.

Le premier des élus que King convoqua à Ottawa fut Ernest Lapointe, son fidèle lieutenant qui restera jusqu'à sa mort son conseiller le plus écouté. Lapointe n'a, toutefois, jamais joué le rôle de copremier ministre. C'était King qui prenait les décisions finales. En ce qui a trait au Québec, du moins en 1935, il n'a pas passé outre aux suggestions de Lapointe. Ce dernier a été en outre consulté avant la nomination de la plupart des ministres et a pris part à maintes reprises aux entretiens entre King et les aspirants au ministère. Le nouveau chef du gouvernement avait une grande confiance dans le jugement de Lapointe et pesait sérieusement ses opinions avant de les rejeter, le cas échéant. Lapointe a été incontestablement le numéro deux dans le cabinet. King l'estimait beaucoup parce qu'il était assez libéral d'idées et nullement mêlé aux milieux financiers.

Lapointe redevint ministre de la Justice. Ce n'était pas le ministère qui avait sa prédilection. Il aurait préféré le portefeuille des Affaires extérieures, mais King lui fit comprendre qu'en raison de l'aggravation de la situation politique en Europe, il estimait que ce ministère devait être détenu par le chef du gouvernement. Lapointe n'insista pas et s'inclina devant les raisons avancées par son chef.

Le plus important portefeuille, après celui de la Justice, était celui des Finances. Le premier choix fut J. L. Ralston, qui avait été critique financier du parti libéral aux Communes de 1930 à 1935, mais Ralston n'avait pas été candidat à la dernière consultation populaire. Il s'était remis à la pratique du droit. King et Lapointe tentèrent vainement de le convaincre de revenir à la politique active.

Le second choix fut Charles Dunning, qui avait été ministre des Finances de 1929 à 1930, mais avait été battu dans sa circonscription en 1930. Depuis, Dunning s'était lancé dans les affaires et s'était créé une réputation enviable. On le tenait en haute estime dans les milieux financiers. Aux dernières élections, il n'avait pas brigué les suffrages. Il avait déjà souhaité vivement de succéder à King, mais ce dernier ne le craignait plus, se sentant bien en selle. Convoqué à Ottawa, Dunning accepta immédiatement. Il se fit élire, par la suite, dans un comté de l'Île-du-Prince-Édouard. Il représentera ainsi cette province dans le cabinet.

Pour la Nouvelle-Écosse, le premier choix de King fut Angus Macdonald, premier ministre de la province, mais ce dernier déclina l'invitation. C'est J. L. Ilsley, député depuis 1926, et qui avait fait sa marque aux Communes, qui entra au cabinet à titre de ministre du Revenu.

Pour le Nouveau-Brunswick, il y avait Peter Veniot, qui avait été ministre en 1926. Veniot, âgé de soixante-douze ans et malade, fut remplacé par J.-E. Michaud, excellent organisateur politique, qui obtint le portefeuille de la Pêche. C'était le troisième francophone, à l'extérieur du Québec, à devenir ministre à Ottawa.

Le portefeuille de la Colombie-Britannique fut confié à Ian Mackenzie. Il avait été ministre quelques semaines avant les élections de 1930. Le nouveau titulaire s'était révélé éloquent et agressif dans les débats aux Communes. King lui offrit le département de la Défense nationale, soulignant son importance en raison de la menace de guerre en Europe et de la possibilité que l'Empire y soit engagé si un conflit éclatait[21]. L'Alberta, qui n'avait élu qu'un libéral, n'eut aucun représentant au sein du cabinet. King, d'accord avec Lapointe, estimait que « c'était la seule façon de donner une leçon à cette province[22] ».

Dans l'Ouest canadien, la personnalité la plus importante pour King était James G. Gardiner, premier ministre de la Saskatchewan. Depuis longtemps, le chef du gouvernement fédéral avait les yeux fixés sur lui pour un poste dans son ministère. Gardiner était un excellent organisateur, dynamique et ardent partisan. C'était un homme sur la loyauté duquel King pouvait compter. Il y avait cependant un embarras: Gardiner et Dunning étaient à couteaux tirés. Au cours d'une conversation avec King, Gardiner n'avait cessé de dénigrer l'homme qu'il avait remplacé à la tête du gouvernement de la Saskatchewan.

King lui fit d'abord savoir qu'il aurait à accepter Dunning comme collègue. Puis, il lui dit que ce dernier, désormais un homme de l'Est, ne s'immiscerait pas dans les affaires de l'Ouest. Il ajouta qu'il serait désormais le porte-parole des provinces de la Prairie. Gardiner accepta alors le ministère de l'Agriculture.

Le choix de King comme représentant du Manitoba au sein du cabinet était John Dafoe, de la Winnipeg Free Press, mais ce dernier refusa. Dafoe proposa Crerar, qui avait été battu en 1930, mais réélu au dernier scrutin. King et Lapointe étaient d'accord que Crerar était en perte de vitesse, mais il n'y avait personne d'autre assez valable pour occuper le poste de ministre. L'ancien leader des progressistes obtint le portefeuille des Mines et de l'Immigration.

En Ontario, le premier ministre de la province, Mitch Hepburn était intervenu auprès de King pour recommander un de ses amis, Arthur Slaght. Cette intervention eut pour effet d'accroître davantage la méfiance de King envers Hepburn. Le chef du gouvernement fédéral informa son homologue qu'il ne s'était pas immiscé dans la formation du cabinet provincial, en 1934, et qu'une ingérence indue serait dommageable aux deux niveaux de gouvernement. Arthur Slaght ne fut donc pas ministre et Hepburn, qui avait pris une part active aux élections fédérales de 1935, n'a « jamais oublié ou pardonné[23] » le refus de King. C'était le commencement de l'affrontement entre les deux leaders libéraux.

W. D. Euler fut le seul député de l'Ontario dont l'entrée au cabinet était pratiquement décidée d'avance. Il reçut le ministère du Commerce et de l'Industrie. Norman Rogers, le protégé de King qu'il avait encouragé à entrer dans la politique, se vit octroyer le portefeuille du Travail. C. D. Howe, qui s'était fait élire pour la première fois, avait la réputation d'être un ingénieur professionnel compétent; il dirigera le nouveau ministère des Transports. J. E. Elliott, ancien membre du cabinet, devint ministre des Postes. King le prévint cependant qu'il aurait éventuellement à céder sa place à un plus jeune.

Ce fut le choix des ministres du Québec qui prit le plus de temps et qui fut le plus difficile. À l'exception d'une personne, King et Lapointe étaient aux antipodes. Le cas de l'ancien solliciteur général, Lucien Cannon, fut réglé assez rapidement. Brillant avocat mais assez fantasque, il ne s'était pas montré à la hauteur de sa tâche. King s'opposa carrément à la nomination de Cannon au gouvernement. Lapointe accepta la décision de son chef sans hésiter.

Chubby Power était un avocat qui siégeait aux Communes depuis 1917. Il était organisateur du parti libéral pour la région de Québec et était le député le plus populaire des Communes, du moins du côté des libéraux. C'était un homme dont on disait qu'il n'avait pas d'ennemis. Mais il avait un défaut que King ne prisait pas du tout: il s'adonnait à la boisson. Lapointe fit valoir que Power pourrait représenter les Irlandais catholiques au sein du cabinet et qu'il n'y avait pas d'autres candidats pour cette fonction. King céda, mais il prévint le nouveau ministre de faire preuve de plus de sobriété à l'avenir. Power en prit l'engagement, mais il lui arriva assez souvent par la suite de le violer. King lui confia le ministère des Pensions et de la Santé nationale.

Fernand Rinfret, qui avait déjà été secrétaire d'État, était un excellent orateur. Dans les assemblées politiques, il était généralement le meilleur. C'était probablement sa seule qualité digne de mention. On lui avait attribué en partie la responsabilité de plusieurs défaites libérales aux élections de 1930 dans la région de Montréal. Il avait été maire de Montréal de 1932 à 1934 et cette fonction n'avait pas contribué à hausser son prestige.

Ce qui était plus grave, c'est que Bennett, après le scrutin, dit à King que Rinfret avait accepté de l'argent pour laisser entrer au pays des immigrants[24]. Lapointe exprima des doutes sur la véracité du renseignement fourni par l'ancien premier ministre du Canada. Rinfret nia avoir reçu de l'argent et reprit son ancien poste.

King, qui craignait les scandales, se méfiait encore davantage de P. J. A. Cardin qui, en 1924, avait reçu le portefeuille de la Marine. C'était un homme compétent, mais il était étroitement lié aux intérêts de la famille Simard, de Sorel. Les Simard étaient d'importants actionnaires de la Beauharnois Power Corporation. C'était notamment cette liaison qui préoccupait King. Toujours est-il que King céda. Il lui offrit le secrétariat d'État, mais Cardin ne manifesta guère d'intérêt pour ce poste. Il lui offrit ensuite le ministère des Postes, que Cardin refusa. Il accepta finalement le ministère des Travaux publics.

Il ne semble pas y avoir de doute que sans l'appui de Lapointe, Power, Rinfret et Cardin n'auraient pas été membres du cabinet King, en 1935. Le sénateur Raoul Dandurand, qui avait conseillé à King de ne pas donner de ministère à Cardin, devint ministre sans portefeuille et leader du gouvernement au Sénat.

NOTES

1. L. M. Grayson et Michael Bliss, *The Wretched of Canada*, Toronto, 1971, p. 52, 53.
2. *Ibid.*, p. 26.
3. *Ibid.*, p. 168, 169.
4. Robert Rumilly, *Histoire de la province de Québec*, tome XXXIV, Montréal, 1963, p. 42.
5. *Report of the Royal Commission on Price Spreads*, Ottawa, 1937, p. 110.
6. *Ibid.*, p. 112.
7. *Ibid.*, p. 115.
8. *Ibid.*, p. 115, 116.

9. *Ibid.*, p. 119.
10. Maxime Raymond, *Politique en ligne droite*, Montréal, 1943, p. 41.
11. A. R. M. Lower, *Colony to Nation*, Toronto, 1957, p. 514.
12. Richard Wilbur, *The Bennett Administration*, Ottawa, 1969, p. 12.
13. *Ibid.*, p. 13.
14. Bruce Hutchison, *Mr. Prime Minister*, Toronto, 1964, p. 242.
15. Mark Moher, *Canadian Historical Review*, juin 1974, p. 246.
16. *Ibid.*, p. 248.
17. *Ibid.*, p. 242.
18. Margaret A. Ormsby, *Canadian Historical Review*, décembre 1962, p. 34.
19. Ivan Avakumovic, *The Communist Party in Canada*, Toronto, 1975, p. 79.
20. Marc La Terreur, *Les tribulations des conservateurs au Québec*, Québec, 1973, p. 74.
21. *Cabinet Formation and Bicultural Relations*, la contribution de Frederick W. Gibson, Ottawa, 1970, p. 130.
22. *Ibid.*, p. 118.
23. Neil McKenty, *Mitch Hepburn*, Toronto, 1967, p. 74, 75.
24. Frederick W. Gibson, *op. cit.*, p. 116.

XXIII

De l'autonomie à l'indépendance

La participation du Canada et des autres Dominions à la Première Guerre mondiale leur avait ouvert la voie à l'acquisition d'un nouveau statut international. « Les Dominions... jouissaient en 1914 d'une indépendance de fait à peu près complète. La nouveauté, c'est qu'ils entendaient désormais que cette indépendance fût officiellement reconnue, et même au regard des étrangers, c'est-à-dire qu'un statut international leur fût donné[1]. »

Avant la guerre, le premier ministre, sir Robert Borden, avait manifesté le désir que le Canada participât à l'élaboration de la politique étrangère de l'Empire. Après le commencement des hostilités en Europe, la Grande-Bretagne demanda à ses Dominions de lui accorder une assistance militaire toujours accrue. Le chef du gouvernement canadien ne manifesta aucune objection, mais à condition qu'Ottawa fût consulté sur la conduite de la guerre.

Les Britanniques n'étaient pas d'abord enclins à partager cette responsabilité, mais les Dominions, notamment le Canada, exercèrent des pressions de plus en plus grandes sur le gouvernement de Londres qui, en 1917, céda. Le cabinet de guerre impérial se composa désormais de cinq ministres du gouvernement britannique et des premiers ministres des Dominions ou de leurs représentants. Le cabinet se réunissait quotidiennement et coordonnait les efforts visant à gagner la guerre.

C'était, comme le disait Borden, un « cabinet de gouvernements ». Le premier ministre de l'Australie, W. M. Hughes, pouvait écrire : « Pour la première fois dans l'histoire, les représentants des Dominions partageaient, sur un pied de parfaite égalité avec la Grande-Bretagne, la direction du gouvernement de l'Empire[2]. » Le mot de Herbert Asquith avait cessé d'être vrai. Le premier ministre britannique disait, en effet, en 1911 : « La direction de la politique étrangère britannique ne pourrait être partagée par le Royaume-Uni avec les Dominions[3]. »

La guerre terminée, Borden réclama que le Canada prît part à la conférence de la paix et qu'il apposât sa signature sans celle de la Grande-Bretagne au traité de Versailles. Il eut gain de cause et le Canada entra à la Société des Nations à titre d'unité politique distincte. Les États-Unis manifestèrent d'abord leur opposition à l'entrée des Dominions à la S.D.N., parce qu'ils craignaient de voir l'Angleterre bénéficier d'un nombre de voix indues. Finalement, ils firent contre mauvaise fortune bon coeur. Le Canada sortit de la guerre avec un prestige accru. En 1925, le sénateur Raoul Dandurand présidera l'Assemblée de l'organisation internationale et, en 1927, il représentera le Canada, qui était devenu membre non permanent du conseil de la S.D.N.

Avant la signature du traité de Versailles, le Canada s'opposa vigoureusement à l'article 10 du pacte de la Société des Nations qui était lié au traité. Il stipulait que « les membres de la Société s'engagent à respecter et à maintenir contre toute agression extérieure l'intégrité territoriale et l'indépendance politique présente de tous les membres de la Société. En cas d'agression, de menace ou de danger d'agression, le Conseil avise aux moyens d'assurer l'exécution de cette obligation[4]. »

Cette clause risquait d'entraîner le Canada dans des conflits qui pourraient surgir dans des contrées où il n'avait pas d'intérêt ou bien pour la défense de frontières dont le tracé n'était pas toujours équitable. La guerre avait laissé une forte impression sur la plupart des Canadiens et ils étaient résolus à ne pas participer à de nouveaux conflits, notamment en Europe. Le sénateur Raoul Dandurand avait d'ailleurs résumé, en 1924 à Genève, en une formule saisissante les sentiments du peuple canadien : « Nous vivons dans une maison à l'épreuve du feu, loin des matériaux inflammables[5]. »

Le Canada, en réclamant la suppression de l'article 10, visait à la destruction de l'oeuvre du président américain Woodrow Wilson, qui considérait cette clause comme « le coeur du covenant », pilier sur lequel reposait la sécurité collective. Dès la première réunion de l'Assemblée générale de la S.D.N., le délégué canadien présenta une motion demandant le retrait de l'article 10 de la charte. Le Canada, qui répugnait à l'idée d'assumer des obligations précises au sein de l'organisation internationale, ne réussit pas à faire biffer cette clause.

Par contre, les libéraux, qui succédèrent aux conservateurs en 1921, eurent recours à une autre manoeuvre. Sachant qu'ils n'auraient pas plus de succès que leurs prédécesseurs, ils réussirent partiellement à faire donner à la clause contestée une portée plus restrictive. Ainsi, dans l'éventualité d'une crise, le conseil de l'organisation tiendra compte de la position géographique de chaque pays et chaque État décidera de l'étendue de sa participation. Avec cette interprétation assez élastique, bien des membres de la Société, dont le Canada, exprimèrent leur satisfaction.

Aux Communes, lors du débat sur la ratification du traité de Versailles en 1919, les libéraux, comme les conservateurs, se montrèrent très méfiants envers l'article 10. Les critiques contre le traité étaient notamment centrées sur cette clause. D'autre part, certains libéraux, dont Fielding et D. D. McKenzie, leader parlementaire par intérim de l'opposition, firent preuve d'une mentalité vraiment coloniale en déplorant les initiatives gouvernementales destinées à affirmer la personnalité internationale du Canada.

Fielding soutint que « le Canada n'est pas une nation, le Canada ne peut pas être une nation... Le prétexte que nous avons besoin de cette ratification ou approbation du traité par le Canada n'est qu'une fumisterie notoire. La ratification par la Grande-Bretagne est incontestablement valide... Il n'est pas nécessaire d'apporter des modifications constitutionnelles au statut du Canada d'aujourd'hui. »

Par contre, Ernest Lapointe et Andrew McMaster firent entendre un autre son de cloche qui était diamétralement opposé à celui de Fielding. Ils reprochèrent à Borden de ne pas être allé assez loin dans l'affirmation de l'indépendance canadienne.

King, qui n'était pas encore député, fut fort ennuyé par les propos de Fielding et de McKenzie. Partisan d'un Canada souverain au sein du Commonwealth, il ne pouvait que déplorer de telles déclarations. Les Communes approuvèrent néanmoins le traité de Versailles.

À l'été de 1921, les premiers ministres des Dominions et celui de la Grande-Bretagne se réunissent à Londres. Le cabinet impérial de guerre s'est transformé en « cabinet de paix ». Tous les participants à cette conférence discutent sur un pied d'égalité et veulent maintenir l'unité diplomatique de l'Empire.

Le Canada est représenté par Arthur Meighen, qui a succédé à Borden l'année précédente. Conservateur, très probritannique, impérialiste même, le nouveau premier ministre arrive dans la capitale britannique en adversaire irréductible du renouvellement de l'alliance anglo-japonaise qui vient à expiration cette année-là. Agissant en Nord-Américain, il est déterminé à faire triompher son point de vue.

Depuis la fin de la guerre, l'alliance est très impopulaire aux États-Unis. Conclue en 1902 dans le but d'endiguer l'expansionnisme russe, les Américains estiment qu'elle n'est plus nécessaire en raison de l'éclipse temporaire de l'ancien empire tsariste. Bien des journaux américains croient qu'elle vise désormais les États-Unis, et les plus pessimistes soutiennent que dans l'éventualité d'une guerre avec le Japon, les États-Unis auraient à affronter également la Grande-Bretagne.

« En mai 1921, le président de la commission sénatoriale des Affaires étrangères, Henry Cabot Lodge, exprima le désir de voir la Grande-Bretagne renoncer à l'alliance japonaise[6]. » En juin, le secrétaire d'État américain, C. E. Hughes, déclara que le renouvellement de l'alliance risquait de nuire aux intérêts américains et que son abandon ouvrirait de nouvelles perspectives à une collaboration anglo-américaine sur les questions de l'Extrême-Orient et du Pacifique.

« Sa crainte intime (Meighen) était que le Dominion ne fût impliqué dans un conflit du Pacifique, où l'Angleterre et les États-Unis ne seraient pas du même côté[7]. » Par contre, l'Australie et la Nouvelle-Zélande, qui craignaient le Japon à cause de sa proximité, étaient favorables au renouvellement. Comme on peut le constater, la politique de l'Australie, de la Nouvelle-Zélande et du Canada était dictée par la géographie. À la conférence impériale, c'est le point de vue canadien qui triompha. « Le Canada avait su prendre et imposer une décision[8]. »

En 1922 survient ce qui est communément appelé « l'incident du Tchanak ». Le Canada a montré qu'il n'était pas disposé à marcher aveuglément dans le sillage de la politique étrangère britannique. Le traité de Sèvres, qui démembrait l'Empire ottoman, avait ravivé le nationalisme turc. Mustapha Kemal, qui se fait le porte-parole de cette exaltation du sentiment national, proteste contre les avantages accordés à la Grèce et à la Grande-Bretagne.

À l'été, Kemal décide de frapper un grand coup. Le 26 août, les forces turques enfoncent les lignes grecques et entrent à Smyrne, le 9 septembre. La ville est presque détruite par un gigantesque incendie. « Le 18 septembre, il ne reste plus un soldat grec en Anatolie[9]. » L'armée turque se dirige alors vers les Dardanelles, où elle se trouve en présence, à Tchanak, d'un contingent interallié presque exclusivement britannique. Il y a risque d'affrontement.

Le premier ministre britannique, Lloyd George, lance un appel aux Dominions dans le but d'obtenir l'envoi de contingents militaires. La population canadienne est mise au courant de la demande de secours avant que le premier ministre King, qui a succédé à Meighen, ait pris connaissance de la dépêche. L'Australie et la Nouvelle-Zélande manifestent le désir de s'associer à l'action de la Grande-Bretagne. Le chef de l'opposition, Arthur Meighen, abonde dans le même sens. Il s'écrie: « *Ready, aye, ready* (nous sommes fin prêts). »

King est indigné de la façon dont les Britanniques se sont comportés. Il n'apprécie guère que la requête du gouvernement de Londres à celui d'Ottawa soit révélée à la presse avant qu'il n'en prenne connaissance. Il informe le gouvernement britannique qu'aucune décision ne sera prise par le Canada avant d'avoir reçu l'approbation du Parlement. Comme ce dernier ne siège pas à ce moment-là, King exige des précisions sur toute cette affaire avant de songer à le convoquer. À la fin de septembre, les Turcs acceptent un armistice et un nouveau traité sera négocié. Le danger de guerre était écarté.

King, qui n'avait jamais été partisan d'une politique étrangère commune aux pays de l'Empire, avait sérieusement ébranlé ce concept. Il savait que l'Angleterre avait des intérêts presque planétaires, tandis que ceux du Canada étaient fort limités. Le Canada risquait d'être entraîné dans des conflits sur tous les points du globe. À la conférence impériale de 1923, « la politique impériale unique de Lloyd George fut repoussée par King et les premiers ministres de l'Afrique du Sud et de l'État libre d'Irlande[10] ». L'unité diplomatique de l'Empire avait vécu.

En 1923 se tint, à Lausanne, une conférence en vue de négocier un nouveau traité avec la Turquie. Le Canada, qui avait participé aux négociations du traité de Sèvres et apposé sa signature, ne fut pas invité cette fois en raison de l'opposition de la France. Il y a tout lieu de croire que cette opposition n'a soulevé aucune acrimonie au sein du gouvernement canadien. À une réunion du cabinet, « un des ministres remercia Dieu pour l'absence d'invitation[11] ». Le Canada n'aurait pas à assumer de nouvelles obligations internationales. La Grande-Bretagne informa cependant Ottawa que, si un traité était signé, les Dominions seraient invités à y apposer leur signature, ce que le Canada refusa de faire.

Prenant la parole aux Communes, King exposa en ces termes la position de son gouvernement: « Le Canada n'ayant été ni invité ni représenté à la Conférence de Lausanne... nous prétendons que ce traité ne lui impose pas d'obligations et que les parties de l'Empire auxquelles il en impose sont les seules qui puissent être appelées à le signer et à le ratifier. Voilà pourquoi nous n'avons pas jugé nécessaire de le soumetttre à l'approbation du Parlement ou de signifier en son nom que nous consentions qu'il fût ratifié[12]. »

L'année 1923 devait marquer également une étape décisive dans l'évolution du statut diplomatique du Canada. En effet, depuis plusieurs années, le Canada était autorisé à signer des traités commerciaux avec d'autres pays, mais un représentant britannique devait apposer sa signature à côté de celle du représentant canadien. King décida de mettre fin à cette coutume. L'occasion se présenta lorsqu'un traité avec les États-Unis, au sujet de la pêche du flétan dans le Pacifique septentrional, dût être signé.

Vers la fin des négociations, il était évident que ni la Grande-Bretagne, ni l'ambassadeur britannique à Washington ne soupçonnaient les intentions du Canada. Ce que King voulait, c'était que son ministre de la Marine et de la Pêche, Ernest Lapointe, signât seul le traité et que le diplomate britannique ne se mêlât pas de cette affaire parce qu'elle n'intéressait que le Canada et les États-Unis et ne touchait en rien les intérêts impériaux. Il y eut échange de messages entre Ottawa et Londres. La Grande-Bretagne céda aux exigences canadiennes. Lapointe fut donc le seul à signer le traité avec le secrétaire d'État américain, C. E. Hughes.

Le Canada avait créé un précédent d'une grande portée. « À la conférence impériale de 1923, quelques mois plus tard, une résolution fut adoptée unanimement approuvant, pour l'avenir, la procédure suivie à cette occasion et reconnaissant aux Dominions le droit de négocier et signer leurs propres traités[13]. »

L'objet du traité était assez insignifiant en soi, « mais ce jour-là marquait un tournant dans l'histoire de l'Empire britannique, à tel point que, deux ans plus tard, à Locarno, une clause explicite — insérée par la suite dans tous les traités de la Grande-Bretagne — subordonna l'engagement des Dominions à une adhésion formelle de ces mêmes Dominions[14] ».

À partir de 1922, le Canada fut impliqué dans une affaire assez bizarre qui retint l'attention de la Société des Nations durant une période de deux ans. La Hollande, la Grande-Bretagne, l'Estonie, l'État libre d'Irlande, Panama, la Perse (l'Iran d'aujourd'hui) et la Suède furent mêlés à des degrés divers à cet incident.

Les Indiens des Six nations, ensemble des tribus iroquoises, de la région de Brantford, en Ontario, tentèrent de porter devant la Société des Nations leurs griefs contre le gouvernement canadien. Ce dernier estimait que ces indigènes étaient soumis aux lois canadiennes, traités comme sujets britanniques, comme les autres citoyens du pays, et que tout différend qui les séparait du gouvernement fédéral était une question interne.

Le porte-parole des Indiens, le chef Deskaheh, soutenait que les Six nations constituaient un État indépendant, lié au Canada par des traités signés par ses prédécesseurs et le gouvernement britannique. Le 15 décembre 1922, Ottawa apprit par l'ambassadeur britannique à Washington que le chargé d'affaires néerlandais, qui avait reçu une délégation d'Indiens, lui avait fait part des griefs des Six nations. Le ministre néerlandais à Londres en informa également le Foreign Office. Le 26 avril 1923, le ministre des Affaires étrangères de la Hollande, qui avait pris la chose au sérieux, chargea son ministre à Berne de transmettre au secrétaire général de la Société des Nations la pétition des Indiens.

Selon la pétition, les mesures adoptées par le Canada constituaient une menace à la paix et violaient le droit à l'indépendance des Six nations. Elle reprochait au Canada d'appliquer ses lois aux Indiens, de les traiter comme sujets britanniques, de leur faire la guerre, d'envahir leur « pays », et de projeter l'anéantissement des Six nations[15]. Le chef de la diplomatie néerlandaise se garda bien, cependant, d'émettre une opinion sur le contenu de la pétition.

Le secrétaire général de la S.D.N. fit parvenir à Ottawa la pétition des Indiens et invita le gouvernement canadien à la commenter. Le sous-ministre des Affaires extérieures, Sir Joseph Pope, après avoir reçu l'approbation de King, contesta le droit de la Hollande ou de la Société des Nations de s'ingérer dans cette affaire. Le gouvernement canadien repoussa catégoriquement la suggestion « que les circonstances étaient de nature à mettre en danger la paix du monde et qu'il fallait soumettre la situation à la compétence de la Ligne des Nations[16] ». Il qualifia d'absurde la prétention des Six nations selon laquelle elles formaient une unité politique distincte de celle du Canada.

Le Foreign Office, après avoir reçu l'assentiment d'Ottawa, éleva une protestation formelle contre le rôle joué par la Hollande dans cette affaire qu'il qualifia « d'ingérence injustifiée dans les affaires internes du Canada[17] ». Aucun membre du Conseil ne voulut se mêler de cet incident. Quant à la Hollande, elle renonça à poursuivre la discussion de cette question.

Le 27 juillet 1923, les délégués de l'Irlande, de Panama, de la Perse et de l'Estonie prièrent le président de l'Assemblée de la S.D.N. de communiquer aux membres de ce corps constitué le dernier appel des Indiens des Six nations. Il importe de souligner que deux jours auparavant, trois des quatre délégués (Panama, Perse et Estonie) avaient pris la parole devant l'Assemblée et s'étaient opposés à l'interprétation que le Canada voulait donner à l'article 10 du pacte de la Société des Nations. Par la suite, Panama, l'Estonie et la Perse décidèrent de se désintéresser de cette question. La campagne entreprise par les Six nations aboutit à un échec.

En 1924, 14 nations signèrent un document, connu sous le nom de protocole de Genève, dont le but était le règlement pacifique des conflits internationaux. En acceptant la trilogie: arbitrage, sécurité, désarmement, les signataires consentaient à se défendre mutuellement contre toute agression non provoquée. L'Angleterre, qui ne voulait pas se lier les mains, repoussa le protocole.

Le Canada, qui ne voulait pas être contraint, sur une décision de Genève, à participer à des conflits où ses intérêts particuliers ne seraient pas en jeu, refusa de signer le document. Pour le Canada, il n'y avait que des cas d'espèce. Voilà, en résumé, l'orientation de la politique extérieure d'Ottawa depuis l'accession de King à la direction du gouvernement. Le protocole de Genève devait aboutir à un échec.

L'année suivante, l'Allemagne, la Belgique, la France, l'Angleterre et l'Italie signaient le pacte de Locarno. Il prévoyait le maintien du statu quo territorial entre l'Allemagne et la Belgique, et entre l'Allemagne et la France. Les signataires garantissaient l'inviolabilité des frontières fixées par le traité de Versailles à l'ouest.

L'Allemagne, par contre, refusa de reconnaître le statu quo territorial de sa frontière de l'est. L'Angleterre abonda dans le même sens, ce qui fut, sans l'ombre d'un doute, un sujet de satisfaction pour la république de Weimar. Le Canada, qui n'avait pas participé à la conférence de Locarno, refusa de signer le traité.

Pour expliquer l'attitude du Canada à ce sujet, Ernest Lapointe déclarait: « L'Angleterre, par le pacte de Locarno, a garanti la frontière occidentale de l'Allemagne, mais elle a refusé de signer aucune garantie au sujet des frontières orientales, entre l'Allemagne et la Pologne. L'une de ces raisons était que ces frontières sont situées à une très grande distance de l'Angleterre. Puis-je souligner que la frontière occidentale est encore plus éloignée du Canada que la frontière orientale ne l'est de l'Angleterre[18]? »

Le 27 août 1928, soixante nations, dont les États-Unis et l'Union soviétique, qui ne sont pas membres de la Société des Nations, signaient, à Paris, le pacte Briand-Kellogg. Le document condamnait le recours à la guerre et proclamait « que le règlement de tous différends, ou conflits, ne devra jamais être recherché que par des moyens pacifiques ».

Ce texte d'une nudité impressionnante a été jugé assez sévèrement. Un historien de valeur n'y vit qu'une « théâtrale « victoire de la paix », bien faite pour impressionner l'imagination des foules par sa candeur...[19]»

Un diplomate perspicace écrivit, pour sa part: « Est-ce un véritable engagement? N'est-ce pas aussi bien une déclaration d'ordre général, si général, qu'en voulant tout dire, elle ne dit rien? A-t-elle plus de sens qu'une déclaration de principe par laquelle les États auraient affirmé qu'ils cultiveraient la vertu et s'écarteraient du vice? En tout cas, n'étant accompagnée d'aucune indication sur les moyens à employer pour qu'elle entre en application, ni sur les sanctions qu'auraient à subir les contrevenants, elle garde un caractère purement platonique[20]. »

Mackenzie King ne fut pas dupe. Il ne fut pas plus impressionné par le document que son sous-ministre aux Affaires extérieures, O. D. Skelton, selon lequel le pacte n'était qu'une « fioriture verbale ». Cependant, King, qui devait présider la délégation canadienne à la Société des Nations, s'était arrêté à

Paris, où il avait apposé sa signature sur le document. Pacifique, il approuvait au moins le passage du texte qui « condamnait la guerre comme instrument de politique nationale ».

Vers la fin de 1926, Londres fut le théâtre d'une importante conférence impériale. La délégation canadienne était présidée par le premier ministre du pays. King, qui n'avait pas oublié l'affaire Byng de Vimy, fit définir à cette réunion des chefs de gouvernement les fonctions du gouverneur général.

« Il fut résolu que le gouverneur général est le représentant personnel du roi et n'est plus le représentant du gouvernement britannique. Le gouverneur général ne serait plus l'intermédiaire entre le gouvernement d'un dominion et celui de la Grande-Bretagne. Les deux gouvernements, à l'avenir, communiqueraient directement l'un avec l'autre[21]. »

Le rapport de la conférence précisait qu'il était « dans la même position que Sa Majesté le Roi en Grande-Bretagne. Or, le roi, en Angleterre, doit suivre l'avis de ses ministres. Le gouverneur général doit suivre lui aussi l'avis des ministres du Dominion dont il est le gouverneur[22]. »

Plus important encore fut la déclaration Balfour qui précisait la personnalité internationale des Dominions, donc du Canada: « La Grande-Bretagne et les Dominions sont, au sein de l'Empire Britannique, des collectivités autonomes de statut égal; elles ne sont d'aucune manière subordonnées les unes aux autres à aucun point de vue domestique ou extérieur; mais elles sont unies par une allégeance commune à la même Couronne et associées librement comme membres du Commonwealth des nations britanniques. »

Commentant cette déclaration, Ernest Lapointe disait: « Cette affirmation du statut des nations britanniques n'est pas un acte unilatéral émanant de la Grande-Bretagne ou d'aucune partie de ce qu'on est convenu d'appeler l'Empire; ce n'est pas une charte octroyée par un pouvoir supérieur à des territoires subordonnés. C'est une reconnaissance par des égaux et des associés d'un état de chose accepté par tous[23]. »

Le Statut de Westminster, qui sera promulgué en 1931, ne sera que la mise en application des principes énoncés par la conférence impériale de 1926. Il ne subsiste désormais entre les deux pays que les liens d'une union personnelle sous le même souverain.

« Il n'y a plus en présence que deux États de statut égal, ainsi que le sénateur Dandurand l'a exprimé dans une formule saisissante: « Je ne consens pas à être le sujet des sujets du roi. J'entends être le sujet direct du roi, tout comme les citoyens de Londres[24]. »

Pays indépendant, il ne restait au Canada qu'à se doter d'une représentation diplomatique; mais dans les pays « où les dominions n'auraient pas de représentant officiel, ils continueraient à se servir des agents diplomatiques britanniques[25] ». En novembre 1926, King désignait Vincent Massey au poste de ministre plénipotentiaire aux États-Unis. William Philips, ancien sous-secrétaire d'État américain, devenait représentant de Washington à Ottawa. Cette initiative fut mal accueillie par certains conservateurs fédéraux. R. B. Bennett était convaincu que « l'établissement de notre mission à Washington présageait la fin de l'Empire britannique[26] ».

Deux autres légations furent ensuite établies. Depuis 1882, le Canada avait un commissaire général à Paris. Philippe Roy, qui depuis 1911 occupait ce poste, en fait diplomatique sans en avoir le statut, devint le ministre du Canada dans la capitale française. De son côté, la France transformait en légation son consulat général au Canada.

La troisième légation fut ouverte, à Tokyo, en 1929. La vive opposition de la Colombie-Britannique à l'immigration japonaise fut la principale raison de l'établissement des relations diplomatiques entre le Canada et le Japon. En nouant des rapports avec le gouvernement nippon, King espérait pouvoir régler cette question épineuse. D'ailleurs, peu après l'échange de ministres entre les deux pays, un accord était conclu visant à restreindre l'immigration japonaise au Canada. Malgré l'ouverture de ces missions, les dépenses du ministère des Affaires extérieures pour l'année financière 1929-1930 étaient encore inférieures à trois quarts de million de dollars[27].

En septembre 1931, le Japon ouvre les portes de la guerre en

Extrême-Orient. La Société des Nations, dont l'objectif est d'assurer le maintien de la sécurité collective, aura à affronter la première grande crise internationale depuis sa création. Le Canada, en tant que membre de l'organisation, prendra part aux débats, mais ne jouera qu'un rôle secondaire.

La Chine, victime de l'agression japonaise en Mandchourie, fait appel à la S.D.N., qui demande vainement aux Nippons d'évacuer les territoires occupés. En mars 1932, la Mandchourie, grossie du Jehol, devient le Mandchoukouo, véritable protectorat japonais. Les États-Unis prennent nettement position contre l'agresseur. Le secrétaire d'État américain, Henry L. Stimson, fait savoir au Japon et à la Chine que Washington ne reconnaîtrait pas les modifications territoriales découlant du conflit. C'est ce qu'on a appelé « la doctrine Stimson ». Les États-Unis se bornent donc à des moyens de pression morale pour contraindre l'agresseur à reculer. S'ils croient vraiment à l'efficacité de ces moyens, ils se font des illusions.

L'Angleterre estime que les intérêts vitaux de l'Empire britannique ne sont pas menacés par l'agression nippone. L'Union soviétique, qui avec les États-Unis a le plus d'intérêt en Chine, se montre désireuse de prévenir un conflit avec le Japon. Se relevant d'une révolution, elle n'est pas en mesure pour l'instant de s'engager dans une guerre. Comme personne n'est prêt à bouger, la confiance de l'humanité dans la sécurité collective sera fortement ébranlée. L'inaction des grandes puissances sera un encouragement à l'Allemagne hitlérienne et à l'Italie fasciste qui sauront qu'on peut désormais défier l'institution genevoise sans trop de risques.

Le Canada, comme bien d'autres puissances, n'est pas disposé à prendre d'initiative. Le sous-ministre des Affaires extérieures, O. D. Skelton, ne doute pas que le Japon soit l'agresseur, mais il est opposé à l'application de sanctions économiques et militaires. Le ministre canadien au Japon, Herbert Marler, est sympathique à l'action japonaise. Ses communications au gouvernement d'Ottawa en font foi.

Le premier ministre R. B. Bennett, qui se préoccupait beaucoup plus des questions commerciales et tarifaires, n'osa prendre position. Interrogé aux Communes, il déclara que les informations dont on disposait étaient tellement limitées qu'il n'était pas en mesure de condamner ou de justifier tel ou tel pays. Le chef de l'opposition, Mackenzie King, ne porta aucun jugement sur le conflit, mais indiqua clairement son opposition au recours à la force.

Le secrétaire d'État, C. H. Cahan, qui prit la parole à Genève devant l'Assemblée, justifia l'agression japonaise, ce qui mit dans l'embarras le gouvernement canadien. Cahan expliqua par le détail les provocations dont le Japon avait été l'objet de la part de la Chine. Il se demanda si la Chine avait satisfait aux exigences en adhérant à la S.D.N. en raison de l'absence d'un gouvernement central fort capable d'exercer un contrôle efficace sur l'ensemble du pays. Le ministre ne faisait que reprendre un des principaux arguments du Japon pour justifier son agression. Il déclara en terminant qu'il serait inopportun d'aborder la question de sanctions ou d'autres mesures contre le Japon.

Cahan avait outrepassé ses instructions, mais, étant membre du cabinet, le gouvernement ne pouvait le désavouer. À Washington, le discours de Cahan créa « une grande stupéfaction au secrétariat d'État[28] ». Le consul général de la Chine, à Ottawa, enregistra une protestation énergique. Par contre, le ministre nippon au Canada remercia chaudement Skelton de l'attitude prise par le gouvernement canadien à Genève. Herbert Marler, qui se disait d'accord avec Cahan, fit savoir à Ottawa que le discours était « commenté d'une manière très favorable au Japon[29] ». Même s'il n'avait pas été désavoué, le bruit a néanmoins couru que les vues exprimées par Cahan ne représentaient pas celles du gouvernement canadien.

Dans l'ensemble, l'opinion publique canadienne était plutôt favorable à la Chine, mais, comme l'a écrit avec raison un professeur de l'université McGill, « la ferraille et le nickel allaient au Japon[30] ».

En janvier 1933, Hitler accède démocratiquement à la direction du gouvernement de l'Allemagne. Dans les mois qui suivirent cet événement, le comportement du Reich devint de moins en moins rassurant. L'Union soviétique se croyait menacée par l'auteur de *Mein Kampf.* À la conférence économique de Londres, en juillet 1933, un mémoire allemand soumis aux délégués envisageait une expansion germanique vers l'Ukraine.

L'U.R.S.S., qui naguère se faisait le champion des revendications révisionnistes des États vaincus, se porta désormais à la défense du statu quo territorial, de la paix une et indivisible et de la sécurité collective. L'Angleterre et plus particulièrement la France, qui craignaient le nouveau Reich, souhaitaient l'entrée de l'Union soviétique à la Société des Nations où elle remplacerait l'Allemagne qui s'en était retirée, en octobre 1933.

En septembre 1934, malgré l'opposition des Pays-Bas, de la Suisse et du Portugal, l'U.R.S.S. entra à la S.D.N., organisation qu'elle avait qualifiée quelques années auparavant de « Société de brigands ». Cette adhésion jeta dans l'inquiétude certains milieux conservateurs qui ne manquaient jamais une occasion de prêter à Moscou les desseins les plus diaboliques.

Un farouche anticommuniste comme Winston Churchill, qui était assez réaliste pour comprendre que l'Union soviétique était un élément essentiel au maintien de la sécurité collective, approuva sans réserve l'adhésion de Moscou à l'organisation internationale. Il s'écria: « C'est un événement historique[31]. »

Au Canada, les informations de presse laissaient entendre qu'Ottawa voterait contre l'admission de l'U.R.S.S. à la Société des Nations en raison de l'animosité d'une fraction importante de la population envers la Russie[32]. Mais quand la question fut mise aux voix à Genève, le Canada se prononça en faveur de l'admission de Moscou.

Aux Communes, le 1er avril 1935, Henri Bourassa se rangeait nettement dans le camp de ceux qui manquaient de réalisme politique. Il déclarait: « Je serais infidèle à ma conscience et à ma responsabilité si je n'exprimais pas mon regret que le Canada ait voté pour l'admission de la Russie à la Société des Nations[33]. »

À l'été de 1935, ce qui préoccupait le plus Mackenzie King, c'était la situation internationale. L'imminence d'un conflit entre l'Italie et l'Éthiopie se dessinait à l'horizon. Au cours de la campagne électorale, en vue du scrutin du 14 octobre, aucun des chefs des deux grands partis ne prit position sur cette question.

Ernest Lapointe déclara, toutefois, que « l'Abyssinie ne valait pas la vie d'un Canadien[34] ». Le premier ministre, R. B. Bennett, donna l'assurance que le Canada ne serait pas mêlé à des querelles étrangères où les intérêts du pays ne seraient pas engagés. Mais après le déclenchement des hostilités en Afrique, ni Bennett, ni King n'osèrent faire de déclarations compromettantes. La crise européenne, résultant de ce conflit, fut ignorée jusqu'au scrutin.

Le but premier de l'Italie était de s'emparer d'une riche colonie de peuplement susceptible d'absorber l'excédent de sa population. D'autre part, Mussolini voulait venger l'humiliante défaite que les Éthiopiens avaient infligée aux Italiens, en 1896, à Adoua. Dès 1933, au point le plus creux de la grande dépression, le duce envisageait de faire passer l'Abyssinie dans l'orbite italienne, au besoin par la force.

Le 3 octobre 1935, sans déclaration de guerre, les troupes italiennes envahissaient l'Éthiopie. Le Conseil et l'Assemblée de la Société des Nations estimaient que l'Italie, en violation du pacte, s'était livrée à un acte d'agression. « Pour la première fois dans l'histoire des relations internationales, l'on allait décréter la mise en quarantaine d'un agresseur[35]. » Il est pénible de constater qu'on ait fait d'un « État esclavagiste et barbare la pierre de touche de l'organisation internationale[36] ». Une observatrice a écrit, en 1930: « Si diverses que soient les formes d'esclavage sur la planète, on les trouve toutes en Abyssinie[37]. »

Toujours est-il que la S.D.N. décréta un embargo sur les armes et munitions de guerre à destination de l'Italie; l'interdiction de tous prêts ou crédits bancaires au gouvernement italien, la prohibition d'exporter vers le pays coupable d'agression un certain nombre de produits; l'interdiction d'importer des marchandises italiennes. Quant à l'application des sanctions, il était du ressort de chaque pays agissant souverainement.

Le 25 octobre, à une réunion du cabinet canadien, la question fut abordée. Le ministère était divisé. Selon King, Ilsley et quelques autres étaient d'ardents partisans de la Société des Nations. Quant à Lapointe, Power et Cardin, ils étaient pratiquement à l'autre extrême, souhaitant engager le pays le moins possible. Mais sur un point, le cabinet était d'accord : il était opposé aux sanctions militaires.

Si le cabinet était divisé, il en était de même de l'opinion canadienne. La plupart des anglophones étaient sympathiques à la Société des Nations et à l'application de sanctions économiques. Les francophones, par contre, favorisaient plutôt l'Italie, puissance catholique. Les débats de Genève leur apparaissaient comme un reflet des rivalités impérialistes.

Avant d'annoncer à la presse l'application de sanctions économiques contre l'Italie, King eut un entretien avec Ernest Lapointe. Celui-ci lui dit que si le gouvernement décidait d'appliquer des sanctions militaires, il démissionnerait immédiatement[38]. King comprit que si la question des sanctions militaires se posait ultérieurement, le parti risquait d'être divisé comme à l'époque de la conscription. Il confia à son journal qu'il fallait faire en sorte de maintenir l'unité nationale et que c'était sa première préoccupation. D'ailleurs, il avait acquis la conviction que des hommes raisonnables pouvaient régler tous les conflits par des moyens pacifiques.

À Genève, le délégué canadien, Walter Riddell, qui voulait rendre les sanctions économiques plus efficaces, proposait, le 2 novembre, d'ajouter le pétrole et ses dérivés, le charbon, le fer, la fonte et l'acier. Riddell avait outrepassé ses instructions. Ottawa l'avait prévenu de ne prendre aucune initiative. Or, il prit une initiative très grave. Diplomate de carrière, très au fait de la pensée de King et de Skelton, il n'avait aucune excuse à sa décharge. Il n'était qu'un fonctionnaire et devait se conformer aux décisions prises par le cabinet.

La réaction à Rome fut immédiate : « L'embargo sur le pétrole, c'est la guerre. » Ce fut une réaction qui vraisemblablement impressionna King, Lapointe, Skelton et ceux qui partageaient leurs opinions...[39] Pour que ces nouvelles sanctions fussent efficaces, il eût fallu que les États-Unis, le principal fournisseur de pétrole à l'Italie, cessent d'en exporter à l'agresseur.

Le 15 novembre, le secrétaire d'État américain, Cordell Hull, plaça un embargo moral sur les exportations de pétrole. « Un embargo moral n'est effectif, à tout prendre, qu'auprès des personnes qui sont morales[40]. » Les grands pétroliers, qui plaçaient le profit au-dessus des autres considérations, ne furent pas impressionnés par la mesure proposée par le chef de la diplomatie américaine. La preuve en est que pendant une période de trois mois, « d'octobre à décembre 1935, les achats de pétrole américain par l'Italie se sont accrus de 17,8 pour cent [41] ».

King prit connaissance de la proposition canadienne, à Genève, par les journaux. Dès le 4 novembre, Riddell fut informé par télégramme que le premier ministre avait été « grandement surpris » et qu'il « avait pris une initiative sans autorisation ». King lui fit savoir qu'il était le représentant du Canada et qu'il ne pouvait prendre position sur des questions aussi importantes que celle-là sans l'assentiment du cabinet.

La presse canadienne et étrangère, notamment britannique, accorda beaucoup d'espace à la proposition de Riddell à Genève. Lapointe fut embarrassé par cette publicité. Skelton en fit part à King qui décida de désavouer publiquement Riddell. Il était évident qu'un désaveu risquait de provoquer une controverse au Canada, mais King estima que c'était moins dangereux que d'assumer la responsabilité d'une proposition qui pouvait conduire à la guerre.

Le 2 décembre, un mois jour pour jour après la déclaration de Riddell, Lapointe, en tant que premier ministre par intérim en l'absence de King, en vacances aux États-Unis, fit une déclaration à la presse, désavouant nettement Riddell. Lapointe affirma que l'opinion exprimée par le délégué canadien « représentait son opinion personnelle... et non celle du gouvernement canadien[42] ».

Dans toute cette crise, King n'eut qu'une seule préoccupation, le maintien de l'unité nationale. À ses yeux, cette question était plus importante que toutes les institutions internationales.

La guerre d'Éthiopie prit fin avec l'entrée des troupes italiennes à Addis-Abeba, le 5 mai 1936. Le roi d'Italie était proclamé empereur d'Éthiopie. L'affaire éthiopienne était grosse de conséquences qui ne tardèrent pas à se manifester. Devant l'échec de la politique des sanctions, d'autres pays se risqueront à braver l'institution genevoise, sachant à l'avance que ce n'était qu'une organisation sans pouvoir réel.

NOTES

1. André Siegfried, *Le Canada, puissance internationale*, Paris, 1956, p. 187.
2. George F. G. Stanley, *A Short History of the Canadian Constitution*, Toronto, 1969, p. 177.
3. F. H. Soward, *The Department of External Affairs and Canadian Autonomy*, Ottawa, 1965, p. 10.
4. *Traité de paix et protocole signé à Versailles*, le 28 juin 1919, Ottawa, 1935, p. 9.
5. J. B. Brebner, *North Atlantic Triangle*, Toronto, 1970, p. 288.
6. Yves-Henri Nouailhat, *Les États-Unis (1898-1933)*, Paris, 1973, p. 349.
7. André Siegfried, *op. cit.*, p. 260.
8. *Ibid.*, p. 260.
9. Robert Mantran, *Histoire de la Turquie*, Paris, 1952, p. 118.
10. Lester B. Pearson, *Memoirs*, tome I, Toronto, 1972, p. 68.
11. G. P. de T. Glazebrook, *A History of Canadian External Relations*, tome II, Toronto, 1966, p. 67.
12. Ernest Lapointe, *La situation internationale du Canada*, Montréal, 1928, p. 12.
13. *Ibid.*, p.10.
14. Jean Bruchési, *Canada. Réalités d'hier et d'aujourd'hui*, Montréal, 1948, p. 268.
15. Richard Veatch, *Canada and the League of Nations*, Toronto, 1975, p. 93.
16. *Ibid.*, p. 93.
17. *Ibid.*, p. 94.
18. Ernest Lapointe, *op. cit.*, p. 12.
19. Maurice Baumont, *La faillite de la paix (1918-1939)*, Paris, 1946, p. 314.
20. André François-Poncet, *De Versailles à Potsdam*, Paris, 1948, p. 144.
21. Lionel Roy, *La montée du Canada vers l'indépendance*, Québec, 1942, p. 12.
22. Maurice Ollivier, *Le Statut de Westminster*, Montréal, 1933, p. 7.
23. Ernest Lapointe, *op. cit.*, p. 6.
24. André Siegfried, *op. cit.*, p. 189.
25. *Mémoires du sénateur Raoul Dandurand*, édités par Marcel Hamelin, Québec, 1967, p. 310.

26. *The Memoirs of Vincent Massey*, Toronto, 1963, p. 131.
27. F. H. Soward, *op. cit.*, p. 13.
28. Richard Veatch, *op. cit.*, p. 120.
29. *Ibid.*, p. 121.
30. John J. Cooper, *Canada, Encyclopedia Britannica*, Chicago, 1946, p. 714.
31. Jacques Chastenet, *Winston Churchill et l'Angleterre du XXe siècle*, Montréal, 1956, p. 193.
32. R. A. MacKay et E. B. Rogers, *Canada Looks Abroad*, Toronto, 1938, p. 175.
33. Henri Bourassa, *Le Canada et la paix*, Montréal, 1935, p. 31.
34. Lester B. Pearson, *op. cit.*, p. 97.
35. Pierre Gerbet et autres, *Société des Nations et Organisation des Nations-Unies*, Paris, 1973, p. 129.
36. Maurice Baumont, *op. cit.*, tome II, p. 696.
37. Lady Kathleen Simon, *Esclavage*, Paris, 1930, p. 22.
38. H. Blair Neatby, *William Lyon Mackenzie King*, tome III, Toronto, 1976, p. 140.
39. Lester B. Pearson, *op. cit.*, p. 98.
40. Jean-Baptiste Duroselle, *De Wilson à Roosevelt*, Paris, 1960, p. 263.
41. Charles Callan Tansill, *Back Door to War*, Chicago, 1952, p. 239.
42. R. M. MacKay et E. B. Rogers, *op. cit.*, p. 349.

XXIV

Le Parlement décidera

À la fin d'octobre 1935, King assume de nouveau la direction du gouvernement canadien. Le fléau du chômage continue à exercer ses ravages. Dans les premiers mois de 1936, il y avait encore 1300000 Canadiens qui recevaient des secours de l'État. Ce chiffre comprenait le chef de famille et les personnes à sa charge. Par rapport à 1933, il y avait une réduction de 200000 chômeurs. King, comme les chefs de gouvernement des autres pays, n'avait pas de solution miracle pour résorber le chômage. La guerre se chargera de mettre fin à ce fléau.

Au cours de la dernière campagne électorale, les libéraux avaient pris l'engagement d'établir la monnaie bilingue. Durant la session de 1936, un projet de loi en ce sens était présenté aux Communes. Il visait à mettre fin à l'émission de billets de banque unilingues français ou anglais. R. B. Bennett, qui avait été l'auteur de cette double série de billets, s'éleva contre la proposition de loi qu'il jugeait très dangereuse. Il estimait qu'elle risquait de nuire à l'harmonie entre les deux principaux groupes ethniques du pays et de détruire la structure de la nation.

King ne partageait pas cette manière de voir de l'ancien premier ministre. Il se porta à la défense des droits des Canadiens français, qui étaient des citoyens à part entière, et déclara que les Canadiens anglais n'étaient pas des intolérants et des fanatiques. Le parti libéral vota en bloc pour la monnaie bilingue. King, qui craignait des défections, nota avec satisfaction dans son journal que la mesure avait été approuvée par tous les députés libéraux, sans exception.

À la fin de novembre 1936, King reçut un message de Stanley Baldwin. Le premier ministre britannique faisait savoir à ses homologues des Dominions qu'Édouard VIII, qui avait succédé à son père en janvier précédent, avait l'intention d'épouser une Américaine, Mme Wallis Simpson. Il leur demandait leur opinion sur les trois possibilités qui se présentaient : Mme Simpson devenait reine, ou bien femme du roi sans aucun titre, ou bien encore le roi abdiquait. King ne vit d'autre solution que l'abdication volontaire si le souverain tenait à conserver le respect de ses sujets.

Édouard VIII, ce « prince charmant », coincé entre son amour et sa fonction royale, opta pour l'abdication le 10 décembre. Personne ne contestait au roi le droit d'épouser une étrangère, mais l'opinion anglo-saxonne, encore pénétrée de la Bible, ne pouvait concevoir que le souverain unisse sa destinée à une femme deux fois divorcée. L'opinion se prononçait en faveur du foyer.

King estimait que 1936 avait été une bonne année pour lui. Il n'en sera pas de même l'année suivante, où il aura à affronter les premiers ministres de trois provinces qui lui causeront bien des ennuis. Le chef du gouvernement de l'Alberta, William Aberhart, pressé par bien de ses députés de mettre en application la doctrine du crédit social, fit adopter par l'Assemblée législative d'Edmonton plusieurs projets de loi touchant aux banques et au crédit.

Il s'agissait de domaines relevant exclusivement de la compétence du gouvernement fédéral. King informa discrètement son homologue de l'Alberta que le cabinet fédéral envisageait de désavouer les lois qu'il avait fait adopter. Aberhart n'était toutefois pas enclin à tenir compte de l'avertissement. Le premier ministre canadien ne put se soustraire à ses responsabilités. Le ministre de la Justice, Ernest Lapointe, désavoua au moins six lois albertaines et le lieutenant-gouverneur de la province refusa d'en sanctionner trois, lesquelles devaient par la suite être déclarées inconstitutionnelles par la Cour suprême du Canada.

En mars 1937, Duplessis présenta à l'Assemblée législative un projet de loi visant à « protéger la province contre la propagande communiste », connu sous le nom de « loi du cadenas ». Adoptée par les deux Chambres, la mesure interdisait la publication et la distribution de documentation communiste, sous peine d'emprisonnement. Le procureur général, Duplessis lui-même, était autorisé à faire mettre le cadenas à la porte de tout établissement communiste, pour une durée n'excédant pas une année.

« Duplessis n'ignore pas qu'une répression des menées communistes comblerait le voeu du cardinal Villeneuve, de Mgr Gauthier (archevêque coadjuteur de Montréal), de l'épiscopat et du clergé tout entiers[1]. » En bon politicien, il sait qu'une telle initiative va rapporter des dividendes politiques. En présentant le projet de loi, « le premier ministre laisse entendre qu'il répond à une invitation du cardinal[2] ». Le nationaliste René Chaloult s'empressa de féliciter le chef du gouvernement. D'ailleurs, l'immense majorité des nationalistes emboîtèrent le pas à Duplessis sur cette question.

Le premier ministre avait invoqué l'abrogation de l'article 98 du code pénal pour justifier la présentation de son projet de loi. L'article, qui avait été adopté en 1919 à la suite de la grève de Winnipeg, avait été vertement critiqué par les esprits libéraux du pays. Au cours de la campagne électorale de 1935, le parti libéral fédéral avait pris l'engagement, s'il reprenait le pouvoir, de le faire supprimer. Les conservateurs, par contre, s'étaient engagés à le maintenir. Ils avaient publié dans les journaux du Québec de nombreuses annonces publicitaires en ce sens. Une de ces annonces, publiées quelques jours avant le scrutin, se lisait comme suit : « Le péril communiste... c'est une réalité. Les conservateurs réclament le maintien de l'article 98 que les libéraux se proposent d'abroger. Ils y voient une protection contre les communistes qui ne peuvent prendre le pouvoir que par la violence[3]. » Quand l'article 98 fut révoqué, Mgr Gauthier avait protesté contre l'action d'Ottawa[4].

La mesure de Duplessis risquait d'entraîner de graves abus parce que ni le mot « communisme », ni le mot « bolchévisme » n'était défini dans la loi du cadenas. Pour expliquer son absence de définition, le premier ministre avait soutenu que cette addition à la loi n'était pas nécessaire parce que le « communisme, ça se sentait » et que toute définition « empêcherait l'application de la loi[5] ».

Au Conseil législatif, un membre avait proposé une définition qui assimilerait aux communistes « ceux qui journellement calomnient les hommes publics ». Un autre avait suggéré comme définition que le communisme signifiait « toute action qui sape les fondements de tout ce qui est cher à la province ». Un ministre sans portefeuille dans le cabinet de l'Union nationale, T. J. Coonan, avait, pour sa part, proposé de donner à la loi du cadenas une portée assez large pour englober « tous ceux qui sont communistes sans le savoir[6] ».

Duplessis, qui a exploité le communisme à des fins politiques jusqu'à sa mort, avait dénoncé la C.C.F., le pendant du parti travailliste britannique, « comme un mouvement d'inspiration communiste ». Il avait comparé un jour le communisme à la petite vérole et le définissait comme « la prostitution physique, mentale et intellectuelle », « la tuberculose du cerveau et du coeur ».

Tous les esprits libéraux, aussi bien au Québec que dans les autres provinces, dénoncèrent la loi du cadenas à cause de son caractère antidémocratique. Des pressions se firent sur le gouvernement fédéral pour qu'il la désavouât. Le ministre de la Justice, Ernest Lapointe, qui avait assez de largeur d'esprit et répugnait aux mesures arbitraires, se trouvait dans une situation assez embarrassante. Il savait que l'épiscopat du Québec, notamment le cardinal Villeneuve et Mgr Gauthier, les deux archevêques de la province, était favorable à la loi du cadenas. Comme le clergé était la puissance de l'époque au Québec, il était extrêmement dangereux politiquement d'aller à l'encontre de ses désirs. Duplessis accusait Lapointe et le gouvernement fédéral de tolérer sinon d'encourager le communisme. Beaucoup de gens ajoutaient foi à ces déclarations. La menace communiste n'existait que dans l'imagination de Duplessis, si vraiment il y croyait.

Le clergé, et notamment l'épiscopat, qui menait une ardente campagne contre le communisme, donnait d'autant plus de poids aux affirmations du premier ministre. Lapointe se trouvait dans une situation encore plus embarrassante depuis qu'il avait désavoué certaines lois albertaines. Les partisants des libertés civiles reprochaient au gouvernement d'Ottawa d'être intervenu rapidement pour protéger les banques de l'Alberta, mais d'être moins disposé à agir quand il s'agissait de protéger les libertés civiles des citoyens du Québec.

Lapointe savait que certains de ses collègues au sein du cabinet préconisaient le désaveu de la loi du cadenas. Il avait la certitude que s'il désavouait la loi de Duplessis, cette action serait politiquement désastreuse pour le parti libéral fédéral au Québec. À une réunion du cabinet en juillet 1938, le ministre de la Justice exprima l'opinion que le gouvernement ne devait pas désavouer la loi du cadenas même s'il ne la prisait guère. Il estimait que la mesure n'empiétait pas directement sur la juridiction fédérale et ne touchait pas aux droits des citoyens à l'extérieur du Québec.

King et ses collègues anglophones acceptèrent à contrecoeur les explications de Lapointe. Selon King, ils auraient tous préféré que la constitutionnalité de la loi soit soumise à la Cour suprême du Canada. Le premier ministre croyait également que, sans l'opposition de Lapointe, ils auraient été disposés à désavouer la loi du cadenas. La décision du cabinet fut exclusivement politique. King a probablement le mieux compris le comportement de Lapointe en écrivant: « La peur du cardinal et de Duplessis représente pour Lapointe une véritable terreur[7]. » Ce n'est qu'en 1957 que la Cour suprême du Canada, par 8 voix contre 1, celle de Robert Taschereau, déclarait inconstitutionnelle la loi du cadenas[8].

En Ontario, le premier ministre Mitch Hepburn suscitait à King bien plus d'embarras que Duplessis, parce qu'il était libéral. En raison de son allégeance politique, il risquait de provoquer la division au sein des militants de la province. Les relations entre les deux hommes étaient assez tendues depuis la formation du cabinet fédéral en 1935. Personnage aux réactions imprévisibles, Hepburn avait déclaré qu'il était libéral, mais non un partisan de Mackenzie King.

Après cette déclaration, il avait cessé de s'en prendre à Ottawa, mais ses sentiments envers le chef des libéraux fédéraux n'avaient pas changé. Les électeurs de l'Ontario ayant été convoqués aux urnes pour septembre 1937, il aurait été malhabile de la part du chef du gouvernement à Toronto de poursuivre ses attaques contre King. Pour ne pas gêner les députés fédéraux de l'Ontario et même ses ministres, King les laissait libres d'intervenir ou non dans la campagne électorale. Plusieurs ministres fédéraux prirent la parole en faveur des candidats de Hepburn. Dans l'espoir, sans doute, de se réconcilier avec Hepburn, dont la victoire paraissait certaine en raison de la division des conservateurs, King exprima le souhait que les libéraux fussent reportés au pouvoir, ce qui effectivement se produisit.

En décembre 1937, Maurice Duplessis et Mitch Hepburn, qui étaient tous deux à couteaux tirés avec le gouvernement fédéral, firent savoir qu'ils avaient conclu une alliance afin de combattre Ottawa. Les deux hommes avaient beaucoup en commun. C'étaient des démagogues qui exploitaient à fond la prétendue menace communiste et qui se méfiaient instinctivement des syndicats ouvriers qu'ils tentaient de juguler par tous les moyens.

En février 1937, King avait annoncé la création d'une commission royale d'enquête sur les questions fiscales et constitutionnelles, connue sous le nom de commission Rowell-Sirois. N. W. Rowell était un ancien leader des libéraux provinciaux de l'Ontario, tandis que Joseph Sirois était un notaire de Québec. La plupart des Canadiens accueillirent favorablement l'annonce de l'établissement d'une commission d'enquête. Ils estimaient qu'il y avait réellement une crise dans les relations entre le gouvernement central et les provinces.

King ne s'attendait pas à une réaction aussi favorable de la part de la population. Hepburn s'exclamait : « Nous avons formé une alliance économique avec le Québec. » Duplessis s'empressait de confirmer cette alliance et précisait que pour les deux chefs de gouvernement, Ottawa était le véritable ennemi. Le premier ministre de l'Alberta, William Aberhart, accusait la commission d'être « l'outil des banquiers internationaux ». Duplessis la soupçonnait de vouloir empiéter sur la juridiction des provinces.

Quand la commission tint ses séances, à Toronto, en mai 1938, Hepburn y comparut personnellement. Il l'accusa de tenter d'exploiter sournoisement l'Ontario avec le résultat probable que « des millions de dollars seraient pris des goussets déjà à demi vides des citoyens de cette province ». Quelques mois plus tard, il dira que l'Ontario n'avait désormais rien à voir avec la commission.

En s'en prenant à Ottawa, Duplessis et Hepburn étaient assurés d'obtenir une vaste audience auprès des éléments régionalistes. On trouve le même phénomène dans les autres provinces. En 1938, Léopold Richer faisait observer : « Dans les provinces Maritimes il est de bon ton de faire campagne contre Ottawa et le parti provincial qui en prend l'initiative est toujours sûr d'obtenir un succès électoral. D'autant plus que les griefs de ces provinces sont sérieux. Pour ne parler que de ceux de la Nouvelle-Écosse, rappelons ce que disait le rapport de la commission d'enquête nommée par Angus-L. Macdonald : Nous croyons que la politique tarifaire du Canada a une répercussion défavorable sur le progrès économique de la Nouvelle-Écosse. Elle a retardé le développement des industries d'exportation de la province sans donner lieu à des dédommagement dans d'autres domaines. Il est vrai que, grâce au tarif et aux subventions, l'on a ouvert le marché du centre du Canada à l'industrie houillère (de la province)... Il est vrai encore que le gouvernement fédéral nous a aidés d'autres manières. Quand on compare, cependant, les avantages et les désavantages, on est d'avis que la politique fiscale suivie par les gouvernements qui se sont succédé a eu de mauvais résultats au point de vue de la prospérité de la Nouvelle-Écosse[9]. »

En février 1937, le député J. G. Ross, se faisant le porte-parole des provinces de la Prairie, déclarait aux Communes : « Les habitants des régions éloignées de la zone industrielle (des provinces centrales) en ont assez de se faire saigner à blanc sans aucun dédommagement, tandis que certains privilégiés d'une partie du pays profitent de tous les avantages. Des régions considérables du pays n'ont jamais eu de liens bien forts avec cette zone. Et si l'on songe qu'elles se consacrent et ne cesseront de se consacrer à la production des produits de base et, qu'en vertu de cette politique, on les obligera toujours de payer sans rien recevoir en retour, il est évident que nous nous exposons à des difficultés[10]. »

Le député Ross faisait allusion à la National Policy de John A. Macdonald. Richer ajoutait: « Cette question du tarif, aussi ancienne que la Confédération elle-même, s'est aggravée depuis la création des provinces de l'Ouest. Elle montre la difficulté de gouverner un pays, comme le Canada, partagé en vastes régions ayant chacune ses intérêts économiques distincts. Avant l'entrée des provinces de l'Ouest dans la Confédération, le tarif protecteur soulevait les protestations des provinces Maritimes. Celles-ci ne se sont pas réconciliées avec la politique d'Ottawa. Le système des octrois, tout en calmant certaines réclamations, n'a pas complètement satisfait la population du Nouveau-Brunswick et de la Nouvelle-Écosse. Mais comment donner raison aux provinces mécontentes sans faire un tort considérable aux deux provinces centrales qui se sont industrialisées à la faveur du tarif protecteur? Évidemment, on ne sortira pas de sitôt de ce dilemme[11]. »

Au début de juillet 1938, quelques jours après l'ajournement de la session, les conservateurs fédéraux étaient réunis à Ottawa, afin de choisir un successeur à R. B. Bennett, qui avait décidé d'abandonner la direction du parti. Le départ de Bennett avait comblé de joie King. Ce dernier n'a jamais aimé l'ancien premier ministre à cause de sa fortune et de son arrogance. Il ne lui a surtout pas pardonné sa victoire sur les libéraux, en 1930, victoire qu'il avait attribuée aux déclarations démagogiques du leader conservateur.

Homme fier, Bennett avait travaillé sans relâche cinq ans durant afin de sortir le pays de la grande dépression, mais il n'avait pas réussi. Il était, toutefois, convaincu qu'il avait sacrifié sa santé pour sauver le pays. Il ne pouvait comprendre que ses efforts ne fussent pas appréciés.

Il n'avait pas réussi également à gagner la confiance des

Canadiens français. Il ne les avait pas compris et il ne semble pas qu'il se soit beaucoup efforcé de les comprendre. Dans son gouvernement, les francophones n'avaient obtenu que des portefeuilles sans prestige. Sur la question de la monnaie bilingue, il s'était montré inflexible et n'avait jamais voulu céder à leurs demandes. Il avait effectué une importante percée au Québec aux élections générales de 1930, mais, à cause de ses maladresses, il n'avait pas réussi à maintenir au moins une partie appréciable de ses positions.

Le congrès de leadership d'Ottawa n'aida nullement à ranimer la cause des conservateurs au Québec. Arthur Meighen, pilier de l'Empire, fut chargé, en tant qu'ancien leader, de prononcer le discours d'ouverture. Il « affirma on ne peut plus clairement que la défense du Canada devait s'effectuer en premier lieu en Grande-Bretagne et que, pour la sécurité du pays, il fallait de plus en plus coopérer avec la mère patrie[12] ». Le discours fut différemment apprécié. « Frénétiquement applaudi par les anglophones, le discours fut accueilli silencieusement par le Québec[13]. »

Dès le début du congrès, il semblait assuré que le docteur R. J. Manion, de Fort William, en Ontario, serait le choix des délégués. Irlandais catholique, marié à une Canadienne française, il était un ancien libéral devenu unioniste en 1917. Il avait été membre des cabinets Meighen et Bennett. Dans la course à l'investiture du parti conservateur, Manion s'était fixé deux objectifs : s'identifier aux éléments progressistes de son parti et obtenir le soutien de la délégation du Québec. Les francophones de la province se rallièrent en bloc derrière lui.

Mais Manion n'était pas le candidat de Meighen et de Bennett parce qu'il avait dans le domaine social des idées plus avancées qu'eux. Ils lui reprochaient également sa tiédeur envers l'Empire, son manque de sympathie envers les milieux financiers et son manque d'envergure pour diriger le parti. Sur ce dernier point, les deux anciens premiers ministres avaient raison.

Les adversaires de Manion se rallièrent à la dernière minute à Murdock MacPherson, ancien procureur général de la Saskatchewan, mais très peu connu en dehors de sa province. Dans son discours, MacPherson ne tarit pas d'éloges envers l'Empire. Au second tour de scrutin, Manion devint le leader des conservateurs.

King avait suivi de près le congrès de leadership de ses adversaires. Il trouva à Manion bien des défauts, mais il lui trouva néanmoins une qualité: c'était un ancien libéral. Son nouvel adversaire ne lui semblait pas une grande menace. King savait que Manion n'avait pas le soutien des principaux dirigeants conservateurs ni des milieux financiers qui alimentaient généralement la caisse du parti.

À compter de 1936, la menace d'une guerre européenne commençait à se dessiner sérieusement. En septembre, le président des États-Unis, Franklin Delano Roosevelt, déplora que « la peur de l'agression, de l'invasion, de la révolution et de la mort » planât sur la Terre. Le nazisme était devenu un facteur de trouble international. Hitler, assoiffé de pouvoir et de conquêtes, était l'animateur principal du malaise européen. « La paix ne dépend plus que de la toute-puissante volonté d'un homme qui ne connaît, entre les nations, que les relations de force et de ruse. On le laisse annuler, point par point, les traités de 1919, sans essayer de le mater; le zèle déployé pour apaiser ses appétits cruels les surexite, ses adversaires font assaut de servilité[14]. »

King suivait de très près l'évolution de la situation en Europe. Il avait comme conseiller, O. D. Skelton, sous-ministre des Affaires extérieures depuis 1925, homme modeste, effacé et très compétent. L'immense majorité des Canadiens ignoraient à l'époque son existence. Pourtant, il a été probablement le fonctionnaire le plus puissant à Ottawa. Vincent Massey affirmait qu'il « était antibritannique[15] ». L'historien C. P. Stacey abonda dans le même sens[16]. Lester B. Pearson estima que ses vues étaient « ultranationalistes[17] ». Il est généralement connu que Skelton avait une méfiance pathologique de la diplomatie britannique. Sur ce point, il avait certaines affinités avec King. Ce dernier, qui n'était pas antibritannique, n'a pas toujours suivi les conseils de Skelton. Cependant, Skelton a exercé une grande influence sur le premier ministre et a certainement contribué à accentuer son isolationnisme. Il reste un fait certain, c'est que King et Skelton étaient très souvent d'accord en politique internationale, et même en politique intérieure.

La préoccupation majeure de King, avant et pendant la Seconde Guerre mondiale, était le maintien de l'unité nationale, c'est-à-dire les bonnes relations entre les Canadiens français et les Canadiens anglais. Toutes ses décisions étaient dictées par cette préoccupation qui l'obsédait. À chaque crise internationale, il s'inquiétait des répercussions au pays si le Canada était entraîné dans un conflit à cause de la Grande-Bretagne. Il se garda de prendre des initiatives en matière de politique étrangère de crainte que le Canada ne fût entraîné dans une guerre, ce qui aurait risqué de diviser le pays si les deux principaux groupes ethniques n'avaient pas été d'accord.

Le 7 mars 1936, l'Allemagne réoccupait la Rhénanie au mépris des traités de Versailles et de Locarno. Hitler créait ainsi un *casus belli*. Le président du Conseil des ministres de France, Albert Sarraut, s'exclama: « Nous ne sommes pas disposés à laisser Strasbourg exposé au tir des canons allemands[18]. » La perspective d'une guerre européenne pointait à l'horizon. King estimait que l'Angleterre aurait à porter secours à la France si cette dernière ouvrait les hostilités contre le Reich afin de le contraindre à retirer ses troupes de la Rhénanie. Il se souciait, toutefois, des divisions qui se produiraient au Canada si la Grande-Bretagne et la France faisaient la guerre à l'Allemagne. Son inquiétude devait se dissiper quelques jours plus tard. Les deux grandes puissances occidentales n'étaient pas disposées à recourir aux armes.

À la mi-septembre, King s'embarqua pour l'Europe. Il présumait que, survenant une autre crise internationale, le Canada aurait à prendre position si la Société des Nations décidait d'appliquer des sanctions militaires contre un agresseur. Dans une telle éventualité, le pays serait divisé. Il était résolu à prendre les devants et à préciser la position canadienne, qui consistait à restreindre ses engagements envers la S.D.N.

Prenant la parole à Genève, où il dirigea la délégation canadienne, King repoussa nettement le principe de la sécurité collective. Les pays victimes d'agression ne pourront compter sur l'appui du Canada. King laissa clairement entendre que si une guerre éclatait, c'est Ottawa et non Genève qui décidera si le Canada y participerait ou non. Satisfait de son discours, le premier ministre se dit assuré d'avoir exprimé l'opinion des Canadiens. Si l'on en juge par la presse, aussi bien francophone qu'anglophone, son appréciation était juste.

King pensait aux conséquences d'une guerre européenne dans laquelle l'Angleterre serait au nombre des belligérants. L'unité canadienne serait menacée. Des Canadiens voudront absolument que leur pays participe au conflit aux côtés de la Grande-Bretagne, tandis que d'autres s'opposeront à l'intervention. Le parti libéral lui-même risquait d'éclater. Dans l'esprit de King, la seule façon de prévenir une crise politique au Canada serait que la Grande-Bretagne s'abstienne de prendre part à une guerre européenne.

Après son séjour à Genève, le premier ministre se rendit à Londres. Il prévint les autorités britanniques qu'elles ne pouvaient tenir pour certaine la participation canadienne à une guerre entreprise par la Grande-Bretagne. Il fit part au secrétaire pour les Dominions, Malcolm MacDonald, qu'il y avait une croissance du sentiment nationaliste au Québec et que beaucoup de citoyens de cette province réagissaient comme les Américains, en Nord-Américains, et n'étaient pas enclins à être attirés dans les complications de l'Europe[19].

Ces entretiens avec Neville Chamberlain et Stanley Baldwin l'ont certainement comblé de joie. Ils l'ont informé qu'ils étaient extrêmement désireux de prévenir un conflit et que la guerre était possible, mais non inévitable. King, de son côté, leur a laissé entendre que le désir du Canada était que l'Angleterre ne s'immisçât pas dans les guerres européennes[20]. Le premier ministre eut l'impression que les hommes politiques britanniques partageaient ce sentiment. Il rentra à Ottawa, au début de novembre, satisfait des résultats de son voyage.

Au début de 1937, de longs débats se déroulèrent aux Communes canadiennes portant sur les crédits affectés à la défense nationale. Le gouvernement avait décidé d'augmenter ces crédits de $20 millions à $34 millions.

C'est au cours de ce débat que le chef de la C.C.F., J. S. Woodsworth, présenta une motion réclamant la neutralité du Canada dans l'éventualité d'un conflit. Il ne faisait aucune exception, même si l'Angleterre y prenait part. Il précisait que c'était la politique officielle de son parti[21]. Comme le leader socialiste laissait entendre que l'augmentation des crédits était destinée à une participation éventuelle aux guerres de l'Europe le premier ministre contesta cette affirmation. Il déclara: « En ce qui a trait aux crédits soumis au Parlement durant la présente session, toute augmentation qui y figure s'y trouve uniquement parce que le gouvernement la croit nécessaire à la défense du Canada, et du Canada seulement. Ces crédits n'ont pas été établis avec l'idée d'une participation à des guerres européennes[22]. »

Quant à la motion de Woodsworth, elle fut repoussée par 191 voix contre 17. Trois créditistes votèrent avec les socialistes. Les libéraux et les conservateurs firent bloc contre la motion.

Le 25 mars 1937, King laissa pratiquement entendre aux Communes que la Grande-Bretagne pourrait rester neutre si un conflit éclatait en Europe continentale. Les prévisions du premier ministre se fondaient sans doute sur ses entretiens de l'année précédente, à Londres, avec les dirigeants britanniques.

Voici ce qu'il disait: « Je puis bien me tromper, mais je doute fort que le gouvernement britannique lui-même envoie jamais une autre formation expéditionnaire en Europe. Je pense qu'il est extrêmement douteux qu'un quelconque des Dominions britanniques envoie jamais une formation expéditionnaire en Europe. Si la guerre venait à éclater, nous constaterions, je le crois, que les conditions d'un conflit mondial seraient tellement différentes de ce qu'elles étaient lors de la dernière guerre qu'il faudrait réfléchir avant d'envoyer des troupes expéditionnaires d'un continent à un autre[23]. »

À la fin d'avril 1937, King s'embarquait pour Londres où il devait assister au couronnement de George VI et à la conférence impériale réunissant les chefs de gouvernement de la communauté britannique. En raison de la situation menaçante en Europe, il était évident que la Grande-Bretagne espérait que les pays du Commonwealth adopteraient une position commune en politique étrangère et collaboreraient en matière de défense.

L'Australie et la Nouvelle-Zélande, qui vivaient à l'époque dans l'inquiétude à cause de la proximité du Japon, étaient favorables à l'établissement d'un front commun. La position du Canada n'était pas la même. La géographie lui dictait une autre politique. King s'opposait vivement à toute forme de sécurité collective au sein du Commonwealth. Il estimait qu'il ne fallait pas en ce moment soulever de controverses au sujet de la politique étrangère de crainte d'aggraver les tensions qui existaient déjà au Canada. Pour ne pas diviser le pays, King refusa de prendre des engagements. Il avertit ses homologues que si les autres pays du Commonwealth étaient prêts à s'engager dans une guerre, ils ne pourraient tenir pour certain que le Canada se joindrait à eux. Il semblait évident que l'attitude adoptée à Londres par King représentait, à ce moment-là, l'opinion de la majorité des Canadiens.

Lors d'une réception au palais de Buckingham, le premier ministre du Canada rencontra l'ambassadeur allemand à Londres, Joachim von Ribbentrop, qui l'incita à rendre visite à Hitler. Neville Chamberlain, qui était à la veille d'accéder à la direction du gouvernement britannique, et Anthony Eden, chef du Foreign Office, le pressèrent d'accepter l'invitation.

King leur avait confié ce qu'il n'avait pas dit à la conférence et n'avait jamais dit aux Canadiens: « Si la Grande-Bretagne se trouvait en guerre avec l'Allemagne, le Canada se porterait certainement à son secours[24]. » Le secrétaire pour les Dominions, Malcolm MacDonald, avait informé le cabinet que King se proposait de dire à Hitler que si l'Allemagne faisait la guerre à la Grande-Bretagne, tous les Dominions seraient aux côtés de la Grande-Bretagne[25].

L'entretien de King, en Allemagne, avec le Führer dura plus longtemps que prévu, environ une heure et demie. Le premier ministre fut impressionné par le maître du IIIe Reich qui lui parut « un homme d'une profonde sincérité et un véritable patriote ». Il ajouta foi à la déclaration de Hitler selon laquelle « il n'y aurait pas de guerre en ce qui concerne l'Allemagne ». Un des aspects les plus étonnants, c'est la comparaison qu'il fit: « Comme je lui parlais, je ne pouvais m'empêcher de penser à Jeanne d'Arc. C'est clairement un mystique[26]. »

King prévint Hitler que « si la liberté d'un pays du Commonwealth était menacée par un agresseur, tous les Dominions se porteraient à sa défense[27] ». Il est incontestable que le premier ministre canadien a été fasciné par le Führer. Bien d'autres hommes politiques avant lui l'ont été également.

King était rentré d'Europe, en 1937, avec la conviction que Neville Chamberlain était un pacifique et qu'il ferait tout en son pouvoir pour que l'Angleterre s'abstienne de prendre part à un conflit. En mars 1938, Hitler annexa l'Autriche, sa patrie. Chamberlain déclara aux Communes britanniques que « les méthodes adoptées appellent la condamnation la plus sévère ». Cet événement n'a pas ébranlé le jugement de King sur le maître du IIIe Reich. Après avoir déploré les abominations du régime, comme l'oppression des Juifs, il écrit « qu'Hitler, le paysan, comptera un jour avec Jeanne d'Arc parmi les libérateurs de son peuple et que, s'il est prudent, il peut encore être le libérateur de l'Europe[28] ».

En août 1938, en pleine crise européenne, le président Roosevelt prit la parole à Kingston, en Ontario pour déclarer: « Je vous donne l'assurance que les États-Unis ne resteraient pas impassibles si jamais le sol canadien était menacé par un autre Empire. » La doctrine Monroe jouait pour le Canada comme pour les autres pays des Amériques. C'était probablement la première fois qu'un haut dignitaire américain englobait le Canada parmi les pays protégés par la doctrine Monroe. Personne, néanmoins, n'avait jamais pensé que le Canada en était exclu. « Comme prévu, l'engagement du président fut acclamé partout aux États-Unis[29]. »

Quelques semaines après l'annexion de l'Autriche, une nouvelle crise éclatait en Europe. Il s'en fallut de peu qu'elle ne déchaînât une conflagration. La presse allemande et Hitler ne cessaient de clamer que les Allemands des Sudètes, minorité de plus de 3 millions d'habitants vivant en Tchécoslovaquie, étaient molestés. Le Führer affirmait que cette situation intolérable ne saurait se prolonger. De fil en aiguille, le maître du IIIe Reich exigeait tout simplement que le pays des Sudètes soit incorporé à l'Allemagne, ce qui signifierait le démembrement de la Tchécoslovaquie.

Les informations que recevait King l'avaient rapidement convaincu que la crise était grave. Son principal conseiller en politique étrangère, O. D. Skelton, l'engageait vivement à maintenir la neutralité du Canada dans l'éventualité d'un conflit. Skelton, toutefois, n'avait aucune sympathie pour Hitler et Mussolini. Il les avait déjà comparés « à deux paranoïaques en liberté en Europe », mais il estimait que l'expansionnisme germanique en Europe orientale ne risquait pas de menacer la sécurité du Canada.

La perspective d'une guerre européenne jeta King dans la consternation parce qu'il craignait qu'un conflit ne divise le parti et la nation en deux. Il tomba malade d'une attaque de sciatique qui le confina au lit pendant deux semaines, ne dormant chaque nuit que de trois à quatre heures. « Il n'y avait aucun doute, écrit H. Blair Neatby, son principal biographe, que King fût gravement malade. Il réalisa néanmoins que sa maladie... était liée à la crise européenne[30]. »

Le 23 septembre, King, passablement rétabli, invita Skelton à convoquer une réunion spéciale du cabinet. Les ministres estimaient que, si la guerre éclatait, le Canada devrait se ranger aux côtés de la Grande-Bretagne. Lapointe et Cardin n'étaient pas présents à cette réunion. Lapointe, qui se trouvait à Genève comme chef de la délégation canadienne à la Société des Nations, abonda dans le même sens par la suite. Il déclara que si la guerre éclatait, la participation canadienne serait inévitable. Le ministre de la Justice était assez réaliste pour savoir que l'opinion anglophone céderait à un mouvement sentimental, si l'Angleterre était impliqué dans un conflit, et que le gouvernement serait contraint d'intervenir.

Le 29 septembre, jour où fut annoncée la conférence de Munich, King dormit très mal. Le lendemain, dans la soirée, il apprit qu'un accord avait été conclu et que la guerre avait été évitée. Sa première réaction fut de s'agenouiller et de prier. Il envoya ensuite un câblogramme au premier ministre britannique, Chamberlain, pour lui exprimer son admiration sans bornes pour le service qu'il avait rendu à l'humanité. Le conflit européen n'était qu'ajourné.

Depuis la crise de Munich, King était résolu à recommander au Parlement l'entrée en guerre du Canada si un conflit survenait en Europe. Comme il le disait souvent, ce sera le Parlement qui décidera. C'était le tribunal de dernière instance. Pouvait-il faire autrement? Évidemment non. Il savait d'expérience que si la Grande-Bretagne était engagée dans une guerre, où sa survivance pourrait être mise en jeu, la majorité des Canadiens exigeraient la participation canadienne aux côtés de l'Angleterre. Il savait également que les membres des Communes, aussi bien libéraux que conservateurs, réclameraient l'intervention.

Le 16 janvier 1939, il rappela une déclaration de Laurier, faite en 1910, et qu'il prit à son compte: « Quand l'Angleterre est en guerre, le Canada est en guerre. » Le 15 mars, l'Allemagne envahissait et annexait la Bohême-Moravie, au mépris des accords de Munich, signés quelques mois auparavant. Le 20 mars, King déclara aux Communes qu'il n'avait aucun doute quant à la décision des Canadiens et du Parlement, si des bombardiers semaient la mort sur Londres.

Les conversations anglo-soviétiques visant à l'élargissement du front antiallemand ne lui souriaient guère. Il appréhendait des difficultés avec les Canadiens français anticommunistes et catholiques. Le renversement de la politique étrangère britannique après l'annexion de la Bohême-Moravie et l'établissement du protectorat de Slovaquie inquiétait King. Ce dernier désapprouvait catégoriquement la décision de l'Angleterre de donner assistance à la Pologne et à la Roumanie si ces pays étaient menacés dans leur indépendance. Le premier ministre ne pouvait croire que l'expansionnisme germanique en Europe orientale constituait une menace à la sécurité de la Grande-Bretagne.

Le 30 mars, prenant la parole aux Communes, King qualifia

de cauchemar et de folie « l'idée que, tous les vingt ans, le Canada devrait automatiquement et naturellement prendre part à une guerre européenne pour le salut de la démocratie ou d'autres petites nations, qu'un pays qui a tout ce qu'il faut pour se conduire se sentirait contraint de sauver périodiquement un continent qui ne peut se conduire seul et, à cette fin, s'exposer à la faillite et à la désunion politique[31] ».

Après cette déclaration favorable à la neutralité, King prit l'engagement que s'il y avait une guerre, il n'y aurait pas de conscription pour le service outre-mer. Il précisa sa pensée en ces termes: « Le gouvernement actuel affirme sa conviction que la conscription des hommes en vue du service outre-mer ne constituerait une mesure ni nécessaire ni efficace. Laissez-moi vous dire que, aussi longtemps que le présent gouvernement restera au pouvoir, aucune mesure de ce genre ne sera adoptée. Nous avons pleinement confiance dans l'empressement des Canadiens, hommes ou femmes, à s'unir pour la défense de leur patrie et de leurs libertés, et pour la résistance à l'agression déclenchée par tout pays désireux d'établir par la force sa domination sur le monde. Il y a chez notre population, dans toutes les régions du pays, un sentiment profond du devoir, une faculté d'envisager carrément les réalités, un courage tenace qui s'élèveraient à la hauteur de tout danger[32]. »

Le premier lieutenant de King, Ernest Lapointe, prit un engagement aussi catégorique lorsqu'il déclara: « J'aborde maintenant un sujet délicat. Les Canadiens français ne conviendront jamais qu'un gouvernement, quel qu'il soit, ait le droit de leur imposer le service militaire outre-mer. Telle était mon opinion en 1917, et elle est restée la même. Je suis persuadé que la conscription fut alors une erreur d'une ampleur effroyable et que nous récoltons encore les tristes résultats de cette politique malheureuse... Tout le monde devrait se rallier à la doctrine que je viens d'exposer. Le meilleur moyen de collaborer, le moyen le plus efficace, n'est pas celui qui diviserait notre pays, qui le déchirerait[33]. »

Le chef de l'opposition et leader des conservateurs, le docteur R. J. Manion, manifesta également son opposition à la conscription. Manion rappela que « lors de la dernière guerre, l'imposition de la conscription pour service au front a fait naître de violentes luttes de races, ainsi que beaucoup de désunion, de rancoeur et de dissentiment — état de chose dont les conséquences n'ont pas encore tout à fait disparu chez nous. À tout cela, j'ajouterai, croyant exprimer ainsi l'opinion des autorités, que cette mesure n'eut à vrai dire aucune utilité militaire, au point de vue de l'Empire.

« J'ai pris récemment la peine de demander à un éminent personnage militaire quel nombre de soldats la conscription avait permis au Canada de mettre en ligne de bataille. Il m'a répondu qu'il n'existait pas de statistiques absolument sûres et incontestables mais qu'il en estimait le nombre à 10000 tout au plus.

« Le recrutement de 10000 hommes, sur le demi-million de Canadiens qui sont allés outre-mer, démontre que la conscription, qui a eu des effets si déplorables dans notre pays, n'a que peu influé sur le résultat de la guerre.

« ... La ligne de conduite que je propose, c'est celle que j'ai indiquée dans une entrevue il y a trois jours : en premier lieu, les Canadiens ne devraient pas être conscrits pour le service en dehors des frontières canadiennes ; en deuxième lieu, nous devrions apporter notre entière coopération à l'Empire britannique, mais sans aller jusqu'à la conscription pour le service en dehors de nos frontières[34]. »

Le chef de la C.C.F., J. S. Woodsworth, donnait son appui à la politique gouvernementale. Il exprimait l'opinion que « le maintien de l'unité canadienne était peut-être la plus grande contribution que le Canada pouvait faire à la paix du monde ».

Le 17 mai 1939, le roi George VI et la reine Elizabeth débarquaient à Québec, première étape d'une tournée au Canada. King, qui a accompagné le couple royal à travers le pays, savait qu'il pouvait en tirer des avantages politiques. Les monarchistes ont ainsi appris que les conservateurs n'avaient pas le monopole du loyalisme envers la Couronne. Le souverain étant à la fois roi d'Angleterre et roi du Canada, King fit en sorte qu'aucun signe de colonialisme ne paraisse. Ainsi aucun membre du gouvernement britannique n'accompagnait George VI et sa femme.

Il se produisit à Québec un incident qui choqua le premier ministre fédéral. Il apprit que les fleurs pour la réception seraient bleues. Il en arriva rapidement à la conclusion que c'était une conspiration des tories. Il donna instruction qu'on étale exclusivement des fleurs rouges.

À cette occasion, King rencontra pour la première fois son homologue du Québec, Maurice Duplessis, qui ne lui laissa pas une bonne impression. Il confiait à son journal: « Il (Duplessis) n'a rien eu d'intelligent à dire de la journée. » Quand la foule, qui faisait la haie sur le passage des souverains, applaudissait, Duplessis ne cessait de dire à King que tous ces gens allaient voter pour lui.

Depuis le mois d'avril, la tension s'accentuait en Europe. Le rapprochement entre Varsovie et Londres exaspéra Hitler qui prescrivit, le 3 avril, d'effectuer les préparatifs militaires contre la Pologne afin que les opérations pussent être entreprises « à n'importe quel moment à compter du 1er septembre ». Le 23 mai, le Führer informa les militaires de haut rang qu'il avait décidé d'attaquer la Pologne. Dantzig n'était plus au centre du différend. Il s'agissait pour le Reich d'agrandir à l'Est son « espace vital ». Au milieu d'août, le ministre des Affaires étrangères de l'Allemagne, Ribbentrop, et son homologue italien, Ciano, eurent un entretien privé. Le chef de la diplomatie italienne demanda à son collègue: « Que voulez-vous en somme, Dantzig ou le corridor? — Plus que cela, répond Ribbentrop. Nous voulons la guerre[35]. » La volonté implacable du Reich de faire la guerre était évidente. Plus on lui fera des concessions, plus il deviendra exigeant.

Le 23 août, le monde apprit avec stupeur la signature d'un pacte de non-agression entre l'Union soviétique et l'Allemagne. Les ennemis irréductibles d'hier étaient aujourd'hui amis. King comprit immédiatement les conséquences de ce pacte. Dans son esprit, il n'y avait plus de doute que la guerre était inévitable. Skelton devait dire de ce pacte que c'était « le plus grand fiasco dans l'histoire britannique ». Le 25, King lança un appel à Hitler et au président de la Pologne les engageant à avoir recours à tous les moyens pacifiques en vue de prévenir un conflit. Le Führer ne donna pas suite à cet appel.

Le vendredi 1er septembre, King fut réveillé à six heures et demie du matin. On l'informa que les forces allemandes avaient envahi la Pologne à l'aube. À neuf heures, le cabinet se réunissait. La question de l'intervention ne fut pas soulevée. Les ministres avaient décidé à l'unanimité, quelques jours plus tôt, que s'il y avait la guerre, le gouvernement recommanderait au Parlement d'approuver la participation au conflit. King fit savoir à ses collègues, comme il l'avait promis, que le Parlement serait convoqué en session extraordinaire dès l'ouverture des hostilités. La session débutera le 7.

Le 3 septembre, l'Angleterre et la France entraient en guerre avec l'Allemagne. Le lendemain, le premier ministre britannique, Neville Chamberlain, prononça un discours radiodiffusé à l'intention du peuple allemand, dans lequel il rappela les nombreuses violations des engagements contractés par Hitler.

« Il a donné sa parole, affirme Chamberlain, qu'il respecterait le traité de Locarno : il l'a violée. Il a donné sa parole qu'il ne désirait ni n'entendait annexer l'Autriche : il l'a violée. Il a déclaré qu'il n'incorporerait pas les Tchèques dans le Reich : il l'a fait. Il a donné sa parole à Munich qu'il n'avait plus d'exigences territoriales à formuler en Europe : il l'a violée. Il vous a juré pendant des années qu'il était l'ennemi mortel du bolchévisme : il est maintenant son allié. Pouvez-vous vous étonner que, pour nous, sa parole ne vaille pas le papier sur lequel elle est écrite[36] ? »

Le 7 septembre, le Parlement se réunissait. King annonçait la nomination de J. L. Ralston au poste de ministre des Finances en remplacement de Charles Dunning, qui avait démissionné au mois de juillet précédent. Ralston avait été ministre de 1926 à 1930 et, en 1935, il n'avait pas brigué les suffrages, préférant se livrer à la pratique du droit à Montréal

Le premier ministre réitéra dans son discours aux Communes l'engagement qu'il avait donné à la population canadienne, le 30 mars précédent, selon lequel il n'y aurait pas de conscription pour le service outre-mer. Il précisa qu'aucune mesure du genre ne serait présentée par son gouvernement.

Le lendemain, Ernest Lapointe fit également une déclaration anticonscriptionniste afin de rallier ses compatriotes à l'intervention. Le ministre de la Justice déclarait en effet que « la province entière de Québec — et je parle ici avec toute ma responsabilité et la solennité que je puis donner à mes paroles — ne voudra jamais accepter le service obligatoire ou la conscription en dehors du Canada. J'irai encore plus loin. Quand je dis toute la province de Québec, je veux dire que telle est aussi mon opinion personnelle.

« Je suis autorisé par mes collègues de la province de Québec dans le cabinet — le vénérable leader du Sénat (Raoul Dandurand), mon bon ami et collègue le ministre des Travaux publics (M. Cardin), mon ami, concitoyen et collègue, le ministre des Pensions et de la Santé nationale (M. Power) — à déclarer que nous ne consentirons jamais à la conscription, que nous ne serons jamais membres d'un gouvernement qui essaiera d'appliquer la conscription et que nous n'appuierons jamais un tel gouvernement. Est-ce assez clair[37] ? »

J. S. Woodsworth, pacifiste convaincu, se prononça nettement contre l'entrée en guerre du Canada. Il déclarait : « Que vous me preniez pour un idéaliste impossible ou pour un dangereux maniaque, je me range du côté des enfants et de ces jeunes gens, car ce n'est que dans la mesure où nous adopterons de nouvelles lignes de conduite que notre monde sera habitable pour nos enfants. Nous louons le courage de ceux qui font la guerre. Eh bien, j'ai des fils et j'ose croire qu'ils ne sont pas des lâches. Mais, si l'un d'eux, non pas par lâcheté mais par conviction, consent à s'affirmer nettement à cet égard et, s'il lui faut courir le risque du camp de concentration ou du peloton d'exécution, il me causera plus de fierté que s'il s'enrôlait dans l'armée[38]. »

Trois députés libéraux canadiens-français se dissocièrent de leur parti et se prononcèrent contre la participation. Il s'agissait de Maxime Raymond, Liguori Lacombe et Wilfrid Lacroix. S'il n'y avait eu d'engagements explicites contre la conscription par le gouvernement, il est très probable que presque tous les députés libéraux canadiens-français se seraient prononcés contre l'entrée en guerre du Canada. Toujours est-il que le 9, le Parlement décidait de la participation. Le 10, George VI proclamait l'existence d'un état de guerre entre le Canada et l'Allemagne. Par conséquent, pendant une semaine, George VI, en tant que roi d'Angleterre, était en guerre avec l'Allemagne; le même souverain, en tant que roi du Canada, était en paix avec l'Allemagne. L'historien J. L. Granatstein a écrit avec raison que le Canada était entré en guerre, non pas pour la défense de la démocratie, ni pour stopper Hitler, ni pour sauver la Pologne, mais parce que l'Angleterre était en guerre[39]. King et « Ernest Lapointe savaient bien que l'abstention constituerait un plus grand danger pour l'unité nationale que l'entrée dans le conflit[40] ».

NOTES

1. Robert Rumilly, *Histoire de la province de Québec*, tome XXXVI, Montréal, 1967, p. 116.
2. *Ibid.*, p. 116.
3. *Le Devoir*, 9 octobre 1935.
4. Joseph Bourdon, *Montréal-Matin*, Montréal, 1978, p. 81.
5. Eugène Forsey, *Freedom and Order*, Toronto, 1974, p. 201.
6. *Ibid.*, p. 201.
7. H. Blair Neatby, *William Lyon Mackenzie King*, tome III, Toronto, 1976, P. 233.
8. Robert Rumilly, *Duplessis et son temps*, tome II, Montréal, 1973, p. 593.
9. Léopold Richer, *Notre problème politique*, Montréal, 1938, p. 34, 35, 36.
10. *Ibid.*, p. 38, 39.
11. *Ibid.*, p. 39, 40.
12. Marc La Terreur, *Les tribulations des conservateurs au Québec*, Québec, 1973, p. 82, 83.
13. *Ibid.*, p. 83.
14. Maurice Baumont, *La faillite de la paix (1918-1939)*, tome II, Paris, 1951, p. 688.
15. *The Memoirs of Vincent Massey*, Toronto, 1963, p. 135.
16. C. P. Stacey, *Mackenzie King and the Atlantic Triangle*, Toronto, 1976, p. 26.
17. Lester B. Pearson, *Memoirs*, Toronto, 1972, p. 76.
18. André François-Poncet, *De Versailles à Potsdam*, Paris, 1948, p. 228.
19. H. Blair Neatby, *op. cit.*, p. 177.

20. *Ibid.*, p. 177.
21. Kenneth McNaught, *A Prophet in Politics*, Toronto, 1967, p. 302.
22. Maxime Raymond, *Politique en ligne droite*, Montréal, 1943, p. 57.
23. Léopold Richer, *La conscription au Canada en 1917*, Montréal, 1942, p. 39.
24. C. P. Stacey, *Canadian Historical Review*, décembre 1980, p. 505.
25. *Ibid.*, p. 505.
26. *Ibid.*, p. 506.
27. H. Blair Neatby, *op. cit.*, p. 223.
28. C. P. Stacey, *op. cit.*, p. 506.
29. William L. Langer et S. Everett Gleason, *The Challenge to Isolation*, New York, 1952, p. 40.
30. H. Blair Neatby, *op. cit.*, p. 289.
31. Jean Bruchési, *Canada. Réalités d'hier et d'aujourd'hui*, Montréal, 1948, p. 296, 297.
32. Léopold Richer, *op. cit.*, p. 36.
33. *Ibid.*, p. 36.
34. *Ibid.*, p. 37.
35. Maurice Baumont, *op. cit.*, p. 857, 858.
36. *Libre bleu anglais*, Paris, 1939, p. 182, 183.
37. Léopold Richer, *op. cit.*, p. 36, 37.
38. *Débats des Communes*, 8 septembre 1939, p. 49.
39. J. L. Granatstein, *Canada's War*, Toronto, 1975, p. 19.
40. Kenneth McNaught, *op. cit.*, p. 304.

XXV

Le Canada dans la guerre

Avec l'entrée du Canada dans la guerre, King est bien résolu à ne pas accepter la formation d'un gouvernement d'union, ni à imposer la conscription pour service outre-mer. Il n'est pas opposé en principe à la conscription. Bien au contraire. Il a toujours soutenu que c'était une mesure juste et équitable, chaque citoyen payant l'impôt du sang.

Mais il sait que les Canadiens français sont opposés à cette mesure de coercition et pour maintenir l'unité nationale — l'objectif qui a toujours été au premier plan de ses pensées durant sa carrière politique — il est prêt à la combattre. Aux élections générales de 1917, il avait proposé à Laurier de faire la campagne électorale sur l'unité nationale. Pour maintenir cette unité, il s'était présenté dans la circonscription de York-Nord avec une plate-forme anticonscriptionniste, sachant qu'elle était impopulaire. King avait été battu, mais il avait eu le courage d'afficher ouvertement ses convictions dans un comté où il y avait passablement de francophobie à cette époque.

Durant la guerre, les préoccupations de politique intérieure passent avant les préoccupations stratégiques. À ses yeux, il semble évident que le maintien de l'unité nationale est plus important que de gagner la guerre. Le Canada ne tentera jamais d'avoir voix au chapitre au sujet des grandes décisions militaires de crainte d'avoir à assumer des obligations plus grandes, risquant ainsi de susciter un mouvement favorable à l'établissement de la conscription. Toujours dans le même esprit, King s'efforcera de retarder le plus possible l'envoi de troupes sur les champs de bataille. Il se montrera durant tout le conflit avare du sang des Canadiens.

Dès le début des hostilités, des pressions s'exercèrent pour qu'il appliquât la conscription. Il leur résistera. Quand elles se feront trop fortes, il adoptera des mesures qui laisseront entendre qu'il s'apprête à l'appliquer, mais toujours avec l'arrière-pensée de ne pas avoir recours à la conscription. Ce fin manoeuvrier politique réussira à passer à travers plusieurs crises, mais à l'automne de 1944, plusieurs de ses ministres anglophones menaçant de démissionner, il se vit contraint d'appliquer partiellement la conscription. S'il n'avait cédé aux pressions, son ministère aurait été renversé. Néanmoins, l'adoption de cette mesure partielle n'a pas brisé l'unité nationale, comme cela avait été le cas en 1917.

En 1939, la population du Canada était d'environ 11 300 000 habitants. Par contre, en 1914, la population n'atteignait pas 8 millions. Le Canada n'était pas encore sorti de la grande dépression (il y avait encore 600 000 chômeurs), mais la situation économique s'était grandement améliorée. Au commencement du conflit, l'armée active ne comptait qu'un peu plus de 4000 hommes, tandis que l'armée de réserve en comptait plus de 51 000.

Le Canada était à peine entré dans le conflit qu'un mouvement se dessinait pour l'envoi d'un corps expéditionnaire en Grande-Bretagne. Politiquement, il fallait que le gouvernement cède. Le 16 septembre, il fut décidé qu'une division serait envoyée en Europe. Au cours du premier mois de la guerre, plus de 58 000 hommes s'enrôlèrent volontairement pour service outre-mer. Le général A. G. L. McNaughton, président du Conseil national de la recherche, en fut nommé commandant. À partir du 17 décembre, les premiers militaires canadiens commencèrent à débarquer en Angleterre.

Des pressions s'exerçaient constamment sur le gouvernement King pour qu'il envoie toujours plus d'hommes en Europe. De l'entrée en guerre à la fin des hostilités, la formation d'un gouvernement national et l'établissement de la conscription seront les deux questions les plus importantes qui occuperont presque exclusivement l'esprit des anglophones. Le Canada était entré dans le conflit apparemment uni, mais les événements ultérieurs montreront clairement que ce n'était qu'une unité largement superficielle.

Vers la fin de septembre, le premier ministre britannique, Neville Chamberlain, fit parvenir un message à King pour que le Canada devienne le centre principal de formation des aviateurs alliés. Ce projet, qui sera connu sous le nom de *British Commonwealth Air Training Plan,* avait d'abord été lancé par le gouvernement britannique en 1936[1]. L'idée fut reprise « en juillet 1938, lorsqu'il avait été question d'autoriser l'entraînement, au Canada même, d'aviateurs anglais, le premier ministre avait... affirmé que la chose pourrait se faire, mais dans des centres canadiens et sous l'autorité du ministre canadien de la Défense nationale[2] ».

Le premier ministre accueillit favorablement le plan de Chamberlain car il entrevoyait que, si les Canadiens concentraient leurs énergies sur les questions aériennes, il y aurait « donc moins de pression pour une plus grande armée, il y aurait aussi moins de risque d'agitation pour la conscription[3] ».

À la mi-octobre, Lord Riverdale, représentant du gouvernement britannique, s'entretint, à Ottawa, avec King. Homme de peu de tact, il semblait tenir pour certain que le gouvernement canadien accepterait toutes ses suggestions, sans discuter. Piqué par l'homme d'affaires de Sheffield, en Angleterre, King perdit son sang-froid, ce qui était excessivement rare, et lui dit : « Ce n'est pas notre guerre[4]. » Ce mot, que le premier ministre regretta, fut communiqué au gouvernement de Londres, provoquant ainsi la colère de King.

Les négociations se poursuivirent jusqu'au 16 décembre, jour de la signature de l'accord. Plus de 100000 aviateurs du Canada, de l'Australie, de la Nouvelle-Zélande, de la Grande-Bretagne et de ses colonies furent ainsi formés. Le « *British Commonwealth Air Training Plan (BCATP)* deviendrait la contribution militaire majeure du Canada à l'effort de guerre allié[5] ».

Quelques jours après l'entrée du Canada dans la guerre, King dut procéder à un remaniement ministériel. En effet, Ian Mackenzie, ministre de la Défense nationale, qui était inférieur à sa tâche, devait être remplacé. Les candidats les plus aptes à remplir la fonction étaient Norman Rogers, ministre du Travail, et Chubby Power, ministre des Pensions et de la Santé nationale. Selon King, ce dernier se désista, faisant valoir que l'attribution du portefeuille de la Défense à un Québécois ferait surgir dans la province le spectre de la conscription. C. D. Howe s'opposa au choix de Power parce qu'il buvait trop.

C'est donc à Rogers qu'échut le ministère de la Défense nationale. Il fut remplacé au Travail par Norman McLarty qui céda le ministère des Postes à Power. Ian Mackenzie prit le portefeuille de Power. La plupart des membres du cabinet au cours du conflit étaient des hommes d'assez grande envergure. Un historien a écrit que ce fut « un gouvernement compétent, peut-être le plus compétent qui n'a jamais dirigé le pays[6] ».

Le gouvernement prévoyait avoir besoin de plus en plus d'argent pour financer la guerre. Lors de la session extraordinaire de septembre, il fit voter des crédits militaires de l'ordre de $ 100 millions. Ses besoins iront croissant. En temps de guerre, le gouvernement peut empiéter sur la juridiction des provinces. « Avec raison, l'on peut dire que le Canada a deux constitutions, l'une pour la paix, l'autre pour la guerre[7]. »

Le 24 septembre, Duplessis lançait un véritable ultimatum à Ottawa. Son chef de cabinet, Georges Léveillé, remit à la presse une déclaration qui créa une très forte impression aussi bien au Québec que dans le reste du pays:

« L'Union nationale considère que l'autonomie provinciale, garantie par le pacte confédératif, est essentielle aux meilleurs intérêts de la province, conforme à ses traditions, à ses droits et à ses prérogatives indispensables.

« Invoquant le prétexte de la guerre, déclarée par le gouvernement fédéral, une campagne d'assimilation et de centralisation, manifestée depuis plusieurs années, s'accentue de façon intolérable.

« Des arrêtés ministériels ont été passés par Ottawa en vertu du « War Mesures Acts » ou « Loi des mesures de guerre » avec le désir et l'effet de centraliser à Ottawa, pour des fins de guerre, toute la finance des particuliers, des municipalités, des provinces et du pays.

« Toutes tentatives, d'où qu'elles viennent, dont l'effet et les conséquences sont de priver les provinces des revenus dont elles ont besoin et qui leur appartiennent en justice et en vertu de la constitution, afin d'assurer le plein exercice de leurs droits et pour répondre aux besoins de leur population, constituent un attentat des plus répréhensibles contre les prérogatives provinciales[8]. »

Les Chambres étaient dissoutes et les élections générales fixées au 25 octobre. Plusieurs députés de l'Union nationale, aussi bien francophones qu'anglophones, n'étaient pas d'accord et se séparèrent de Duplessis. Le député libéral de Beauharnois-Laprairie, Maxime Raymond, qui avait été à la Chambre des communes le chef de file des opposants aux crédits militaires et à la participation du côté francophone, « précise qu'il n'approuve pas la politique de M. Duplessis[9] ».

L'action de Duplessis risquait de provoquer de graves tensions ethniques au pays, s'il tentait, au nom de l'autonomie provinciale, de nuire à l'effort de guerre. King s'en rendit compte immédiatement. Il qualifia le geste du chef de l'Union nationale « d'acte diabolique[10] ». Le propriétaire du *Star* de Montréal, J. W. McConnell, rendit visite à King et lui offrit l'appui de son journal contre Duplessis.

Le gouvernement fédéral ne pouvait rester impassible devant une telle provocation. Selon le sénateur Norman Lambert, c'est Chubby Power qui, le premier, vit dans l'initiative de Duplessis un défi aux ministres fédéraux du Québec et qui jugea nécessaire de le combattre. Power craignait que « l'action insensée de Duplessis amènerait la conscription[11] ». Il s'entretint avec Lapointe et Cardin et réussit à les convaincre qu'ils devaient prendre part à la campagne provinciale contre l'Union nationale. Les trois ministres diront à l'électorat du Québec que si Duplessis était reporté au pouvoir, ils démissionneront du cabinet fédéral[12].

Ernest Lapointe, qui qualifia la décision du leader de l'Union nationale « d'acte de sabotage national[13] », rencontra

King avec Power. Les deux ministres firent savoir à leur chef qu'ils participeront à la campagne électorale au Québec contre Duplessis. Là-dessus, King était d'accord, mais désapprouva l'intention de Lapointe, Power et Cardin de démissionner du gouvernement fédéral si l'Union nationale était reportée au pouvoir[14].

Ernest Lapointe publia une déclaration qui fut remise à la presse: « ...Si la controverse était restée purement provinciale, nous nous serions strictement abstenus de toute intervention. M. Duplessis a cru, non seulement devoir précipiter une élection dans une période critique et semer la discorde au moment où l'union nationale est un devoir sacré, mais même prendre comme prétexte de cette élection la critique du gouvernement fédéral et particulièrement des mesures prises pour assurer l'efficacité et le succès de l'effort du Canada dans le présent conflit. Un verdict en sa faveur serait un verdict contre nous. »

Le 9 octobre, Lapointe prononça à la radio un important discours et affirma que ses collègues et lui ne sont nullement opposés à l'autonomie provinciale. Il ajoutait: « Je ne vous ai jamais trompés, je ne vous ai jamais menti... Nous sommes le rempart entre vous et la conscription. Si vous maintenez M. Duplessis au pouvoir, MM. Dandurand (sénateur), Cardin, Power et moi-même démissionnerons, et vous pourrez craindre le pire. Mais vous ne commettrez pas cette faute. La province de Québec ne rendra pas un verdict qui serait acclamé à Berlin et à Moscou[15]. »

Le chef des libéraux provinciaux au Québec, Adélard Godbout, prit également un engagement très précis contre la conscription. Il affirme: « Je m'engage sur l'honneur, en pesant chacun de mes mots, à quitter mon parti et même à le combattre si un seul Canadien français, d'ici à la fin des hostilités, est mobilisé contre son gré sous un régime libéral, ou même sous un régime provisoire auquel participeraient nos ministres actuels dans le cabinet de M. King[16]. »

Pour sa part, Duplessis soutint que « le gouvernement fédéral sape l'autonomie provinciale, pour priver le Québec de ses droits civils et religieux[17] ». Il déclara aussi: « M. Lapointe a dit qu'un vote pour Duplessis, c'est un votre contre sa politique... C'est vrai qu'un vote pour Lapointe, c'est un vote pour la participation, l'assimilation et la centralisation. Un vote pour Duplessis, c'est un vote pour l'autonomie et contre la conscription[18]. »

Le 25 octobre, l'Union nationale est écrasée. Dès neuf heures du soir, elle concédait la victoire à ses adversaires. Les libéraux firent élire 69 candidats, l'Union nationale, 14, dont Duplessis. Le libéral national, René Chaloult, et le maire de Montréal, Camillien Houde, qui avait brigué les suffrages comme indépendant, furent élus. King apprit avec une grande joie la défaite de l'Union nationale et compara Lapointe à Laurier.

Si au Québec, Duplessis voulut ralentir l'effort de guerre, en Ontario, c'était l'inverse. On voulait l'intensifier. Le premier ministre de la province, Mitch Hepburn, et le chef de l'opposition, George Drew, étaient d'accord pour reprocher à King ce qu'ils appelaient son manque d'enthousiasme pour la guerre.

Au cours de la session, au début de janvier 1940, Hepburn déclara que « King n'a pas fait son devoir envers son pays — jamais il ne l'a fait et il ne le fera jamais. J'ai siégé aux Communes avec lui pendant huit ans et je le connais[19] ». Puis il donna lecture d'une résolution indiquant que l'Assemblée législative s'associe à Drew et à lui « pour déplorer que le gouvernement fédéral... ait fait si peu d'efforts pour mener à bien les engagements pris par le Canada dans cette guerre de la manière vigoureuse que le peuple réclame ».

Hepburn exigea que la résolution fût mise aux voix. On a laissé entendre plus tard que 22 députés libéraux auraient refusé de rentrer à la Chambre pour répondre à la convocation du président[20]. Toujours est-il que 10 libéraux votèrent contre la résolution. 18 conservateurs et 26 libéraux votèrent en faveur du texte de Hepburn. Ainsi la résolution fut adoptée par 44 voix contre 10.

Le 23 janvier, le sénateur Norman Lambert s'entretint avec King qui lui confia qu'il avait l'intention d'annoncer la tenue d'élections générales, à l'ouverture de la session, le 25[21]. C'était sans doute la première réaction du premier ministre canadien à la résolution présentée par son homologue de l'Ontario. D'ailleurs, le mandat du gouvernement tirait à sa fin. Les libéraux étaient au pouvoir depuis octobre 1935.

C'est dans la matinée du 25, au moment où il mettait la dernière touche au programme législatif, que King pensa à un appel au peuple immédiatement. Il en fit part à Lapointe. Un peu plus tard, il lui téléphona de nouveau pour lui dire que sa décision était prise. À leur grande surprise, les députés apprirent, à l'ouverture de la session, que les Chambres étaient dissoutes et que les électeurs étaient convoqués aux urnes, le 26 mars.

Le chef de l'opposition, R. J. Manion, était furieux et pour cause. King lui avait promis au mois de septembre précédent qu'il y aurait une session, en janvier, avant l'annonce d'élections générales. King devait reconnaître plus tard que ce fut « l'un des engagements les plus stupides qu'il avait faits[22]. »

Les conservateurs, qui ne s'attendaient pas à un appel au peuple si soudain, étaient mal préparés. Chose étonnante, les journaux traditionnellement conservateurs favorisèrent King. Ils voulaient se débarrasser du catholique Manion qui était considéré trop radical sur les questions économiques dans les milieux financiers de Bay Street et de la rue Saint-Jacques. On estimait aussi qu'il avait un faible pour le Canada français[23].

Manion, comme King, avait pris l'engagement que le service militaire pour service outre-mer ne serait pas établi. Néanmoins, les Canadiens français se méfiaient du leader conservateur à cause de « sa trahison envers Laurier en 1917 ». De plus, Manion n'était pas entouré de lieutenants prestigieux au Québec, ni ailleurs au Canada. Au départ, il avait du plomb dans l'aile.

Les attaques de Hepburn et de Drew contre la politique de guerre de King n'eurent pas d'impact sérieux au Canada. La drôle de guerre se poursuivait et la population n'avait aucune raison d'exiger une accentuation de l'effort de guerre. King partait donc gagnant et il en avait la conviction profonde. Deux jours avant le scrutin, le premier ministre prévoyait une majorité pour son parti de 50 à 70 sièges.

Le 26 mars, les libéraux remportaient une victoire jusqu'alors sans précédent dans les annales politiques du pays. Ils s'emparaient de 184 sièges. Les conservateurs ne firent élire que 39 candidats, le même nombre qu'en 1935, et leur chef, Manion, était battu dans Fort William. La C.C.F. prit 10 sièges et le crédit social, 8. Au Québec, un seul conservateur fut élu, Sasseville Roy, qui avait affronté deux adversaires libéraux dans la circonscription de Gaspé. Ravi de son succès au Québec, King écrivait dans son journal : « Je pensais souvent à ce que Sir Wilfrid me disait... quand j'ai manifesté l'intention de briguer les suffrages pour lui (en 1917) dans York-Nord contre la conscription — que j'aurais la province de Québec pour le reste de ma vie[24]. »

La première préoccupation de King après les élections fut de recommander à George VI un successeur à Lord Tweedsmuir, qui avait succombé à une hémorragie cérébrale, le mois précédent. Le premier ministre fixa son choix sur Lord Athlone, dont la femme, la princesse Alice, était la petite-fille de la reine Victoria. Lapointe proposa à son chef de nommer éventuellement un Canadien à ce poste. King lui répondit que si le juge en chef de la Cour suprême, Sir Lyman Duff, avait été marié, il l'aurait recommandé au souverain. Il ajouta que si Lapointe était intéressé à devenir gouverneur général, il aurait le poste après la fin du mandat de Lord Athlone. Lapointe exprima l'opinion que ce n'était pas le meilleur moment pour nommer un Canadien à cette fonction.

Le 9 avril avant l'aube, les Allemands attaquaient le Danemark. Quatre heures plus tard, l'opération était terminée. La Norvège était également envahie, mais les troupes allemandes durent affronter une force franco-britannique. Ces deux événements ne surprirent pas King. La drôle de guerre avait pris fin. Le même jour, le premier ministre décida de la création d'un ministère des Munitions et des Approvisionnements. C. D. Howe en devint le titulaire. Le nouveau département prit rapidement une grande ampleur sous la direction de cet homme énergique et compétent. Le mois suivant, Chubby Power fut chargé d'un nouveau ministère, celui de l'Air. Angus L. Macdonald, premier ministre de la Nouvelle-Écosse, accepta de faire partie du cabinet fédéral, à titre de ministre des Services navals.

En Europe, la guerre s'intensifiait, l'armée allemande envahissait la Hollande, la Belgique et le Luxembourg, puis marchait sur la France qu'elle envahissait à son tour. Le 10 juin, l'Italie déclarait la guerre à la France. Le même jour, dans l'après-midi, King apprenait la mort de son ministre de la Défense nationale, Norman Rogers. En route pour Toronto où il devait prendre la parole, l'avion dans lequel il se trouvait s'était écrasé à Newcastle, en Ontario. J. L. Ralston succéda à Rogers, tandis que J. L. Ilsley prenait le portefeuille des Finances que détenait Ralston.

En Angleterre, depuis que Churchill a succédé à Chamberlain, le gouvernement a fait adopter des mesures radicales en vue de mobiliser toutes les ressources de la nation. King se rendit compte que des pressions allaient s'exercer au Canada pour que le gouvernement adopte des mesures analogues. Le spectre de la conscription lui apparaît déjà. À la fin de mai, au moment où la situation militaire des Alliés se détériorait en Europe, il informait les membres de son cabinet que le parti pourrait se diviser en conscriptionnistes et anticonscriptionnistes. Il les prévint qu'il démissionnerait plutôt que de s'engager dans la voie de la conscription.

Le 23 mai, il apprenait que la première division canadienne s'apprêtait à s'embarquer en Grande-Bretagne pour la France. Cette perspective l'inquiétait. D'ailleurs, les forces canadiennes étaient à peine descendues sur le sol français qu'elles se rembarquaient pour l'Angleterre avant de prendre contact avec l'ennemi.

Depuis la défaite de la France, l'opinion anglophone commençait à réclamer la conscription pour service outre-mer. King, qui avait prévu cette attitude, avait fait adopter la loi du service militaire pour la défense du pays, sans doute dans l'intention d'apaiser les conscriptionnistes. Avant l'appel des premiers conscrits, tous les citoyens canadiens, hommes et femmes, ayant atteint l'âge de seize ans, devront s'enregistrer les 19, 20 et 21 août, sous peine de sanctions.

Au tout début du mois, le maire de Montréal confie aux journalistes son opposition catégorique à l'enregistrement national qui lui paraît, sans équivoque, une mesure déguisée de conscription, au mépris des engagements contractés par les hommes publics, aux élections de mars précédent. Houde ne s'enregistra pas et il engagea la population à l'imiter.

Si le maire de Montréal s'attendait à recevoir l'appui massif de la population, il s'était fait des illusions. Le lendemain aux Communes, R. B. Hanson, qui a succédé à Manion comme leader des conservateurs à la Chambre, interpelle King au sujet de la déclaration de Houde. À une réunion du cabinet, tous les membres présents étaient pratiquement d'accord qu'il fallait sévir immédiatement contre Houde. Le 5 août, dans l'après-midi, Lapointe, qui était en repos à Kamouraska, rentre à Ottawa et signe les documents prescrivant l'arrestation et l'internement du maire de Montréal. Ce dernier est arrêté et conduit immédiatement au camp de concentration de Petawawa, en Ontario.

Devant pareille provocation en temps de guerre, le gouvernement fédéral ne pouvait agir autrement. Aucun journal francophone de la province de Québec ne s'est porté à la défense du maire de Montréal. Le quotidien nationaliste *Le Devoir* écrivait que Houde « s'était comporté comme un imbécile et méritait ce qu'il avait eu [25] ». *La Presse* exhortait les Canadiens au respect de la loi et précisait que « M. Houde a été mis en état d'arrestation et dirigé vers un camp de concentration. L'affaire est ainsi réglée, et la population oubliera vite ce malheureux et regrettable incident[26] ». Bien des gens, dont des députés, tentèrent par la suite de faire libérer Houde, mais personne n'essaya de justifier ou même d'atténuer le geste qu'il avait posé.

À la mi-août 1940, le président Roosevelt invite King à le rencontrer à Ogdensburg, dans l'État de New York, où il doit assister à des manoeuvres militaires. Le premier ministre accepte l'invitation et les deux hommes d'État ont « conclu un accord de principe pour assurer la défense en commun des deux pays, accord aussitôt complété par la création d'une Commission conjointe permanente. Pour la première fois dans son histoire, le Canada était, de son propre chef et, en droit, sur un pied d'égalité absolue, partie à un pacte défensif avec un pays non britannique[27]. »

Selon C. P. Stacey, « la chute de la France a produit une quasi-panique des deux côtés de la frontière. Adolf Hitler fut le principal architecte du rapprochement entre les États-Unis et le Canada dont le symbole fut la déclaration de Ogdensburg[28]. »

« L'accord fut accueilli avec enthousiasme des deux côtés de la frontière. Même les conservateurs canadiens et les Canadiens français, bien que craignant traditionnellement une trop grande dépendance envers les États-Unis, l'ont accepté avec gratitude, le reconnaissant comme étant nécessaire, sinon désirable[29]. »

Moins de deux mois avant la signature de l'accord, un sondage effectué par l'Institut Gallup montrait que si le Canada était envahi, les Américains, dans une proportion de 87 p. 100 contre 13 p. 100, étaient disposés à lui prêter assistance avec leur armée et leur marine[30].

Le 20 avril 1941, le président Roosevelt et King s'entretiennent de nouveau. Cette « seconde rencontre, à Hyde Park, permet le développement de l'accord d'Ogdensburg : on y organise le travail en commun, de façon à éviter les doubles emplois, à bénéficier des possibilités d'une production de masse, à travailler sur une base vraiment continentale. Dès cette époque, sans avoir cependant déclaré la guerre, les États-Unis sont en fait des alliés : ils ont proclamé le *lend lease*, ils soutiennent à fond l'Angleterre. C'est seulement après Pearl Harbor qu'ils feront ouvertement la guerre, mais on peut dire qu'à partir de Dunkerque ils la font en réalité[31]. »

Le 14 janvier 1941 s'ouvre à Ottawa une conférence fédérale-provinciale dont le but est de faire approuver par les provinces les recommandations du rapport Rowell-Sirois, qui avait été remis au gouvernement fédéral au printemps précédent. King et ses ministres étaient convaincus que le rapport serait rejeté et que la conférence prendrait fin en quelques jours, sinon en quelques heures. Leur pronostic était juste : en moins de deux jours, la conférence avait échoué.

King résuma à ses homologues le plan financier proposé par la commission : « 1.— Le Dominion se charge entièrement de la dette des provinces. 2.— Le Dominion soulage les provinces, et les municipalités aussi... du fardeau tout entier des secours aux chômeurs aptes au travail et des personnes à leur charge. 3.— Le Dominion reçoit le droit exclusif de percevoir les droits de succession ainsi que l'impôt sur le revenu des personnes ou des sociétés. 4.— Les subventions provinciales, dans leur forme actuelle, sont abolies; et, s'il le faut, le Dominion accorde aux provinces des subventions d'après la norme nationale, calculées de façon à permettre aux provinces de maintenir une norme canadienne des services essentiels moyennant un niveau moyen d'impôt[32]. »

Le premier ministre de l'Ontario, Hepburn, de l'Alberta, Aberhart, et de la Colombie-Britannique, Pattulo, se déclarèrent, dès le début, adversaires irréductibles du plan fédéral et refusèrent d'en discuter les détails. Hepburn, qui prit le premier la parole, affirma que le rapport n'était que le produit « du cerveau de trois professeurs et d'un journaliste de Winnipeg ». Il fit valoir que « le rapport... était un document de temps de paix, et qu'il ne convenait pas d'y donner suite en temps de guerre[33] ».

Hepburn déclara par ailleurs: « On entend déjà murmurer sourdement que le Québec jouit d'un traitement de faveur (d'après le plan financier du rapport). Je sais qu'il existe, dans une certaine mesure, des circonstances atténuantes, mais il n'en reste pas moins que le Québec est allégé de ses dettes municipales tandis que les autres provinces ne le sont pas. Cette province recevra une subvention annuelle irréductible de $ 8 millions tandis que d'autres, y compris l'Ontario, ne toucheront pas un sou... Le *Telegram* de Toronto a commenté avec beaucoup d'effet cet aspect du rapport Sirois... Je me contenterai de dire qu'il ne faut pas sous-estimer la puissance de la presse à ce sujet. La nouvelle question qui se pose prend la forme d'un défi pour ceux d'entre nous qui croient à l'unité nationale[34]. »

Le premier ministre du Québec répondit aux prétentions du *Telegram* auxquelles Hepburn avait fait allusion. « Je ne puis m'empêcher, a déclaré Adélard Godbout, de m'élever contre ceux qui laissent entendre que les conclusions du rapport Sirois procurent un avantage financier au Québec et que telle est la raison de notre prétendue adhésion à ce rapport. Mes conseillers financiers m'ont commmuniqué à ce sujet des avis qui sont loin de cadrer avec ces affirmations. Les dispositions financières au rapport comportent pour le Québec de gros sacrifices financiers, et j'aurais tort de ne pas corriger l'impression ainsi créée[35]. »

Pattulo, pour sa part, suggéra l'ajournement de l'étude du rapport : « On répète un peu partout que ce n'est pas le temps d'opérer des changements aussi profonds que ceux que nous propose le rapport. Nous ignorons tout des conditions qui existeront après la guerre. Le conflit terminé, nous serons plus au courant des besoins et des exigences de l'heure et nous serons bien mieux placés pour en arriver à de sages conclusions. On ne devrait pas, à mon sens, demander aux provinces d'accorder à la hâte leur assentiment à ces propositions[36]. »

La plupart des autres premiers ministres exprimèrent aussi l'opinion que le Canada étant en guerre, il était inopportun d'envisager des modifications constitutionnelles en ce moment. Il n'y eut que le Manitoba, la Saskatchewan et l'Île-du-Prince-Édouard qui acceptèrent les recommandations du rapport.

Toujours est-il que trois mois plus tard, le gouvernement fédéral annonçait qu'il prélèverait un impôt sur le revenu des particuliers et des sociétés. En contrepartie, il accordera une compensation aux provinces. Toutes les provinces acceptèrent la proposition fédérale dont la durée devait s'étendre jusqu'à un an après la fin des hostilités. C'était la seule façon pour le gouvernement d'Ottawa de se procurer des revenus pour financer l'effort de guerre.

Le 19 août 1941, King s'envola pour l'Angleterre. À soixante-six ans, il montait dans un avion pour la première fois[37]. Ce moyen de transport ne l'a jamais enthousiasmé. Le premier ministre fut très heureux d'apprendre de Churchill, sans qu'il eût soulevé la question, que la conscription n'était pas nécessaire au Canada. L'homme d'État britannique précisait sa pensée : « Ce n'est pas une guerre d'hommes, mais une guerre de machines hautement spécialisées[38]. »

King eut aussi des entretiens avec le général McNaughton, commandant de la 1re division canadienne, qui lui rappela que la conscription n'avait pas été un succès au cours de la Première Guerre mondiale. Le général donna l'impression à King qu'il ne désirait nullement l'introduction de la conscription au Canada. Le 7 septembre, le premier ministre rentra au pays.

Au début de novembre, King se sent seul. Il sait que son premier lieutenant depuis près de deux décennies, Ernest Lapointe, est gravement malade et hospitalisé à Notre-Dame, à Montréal. Il déplore de ne pas l'avoir auprès de lui comme conseiller à un moment où sa présence serait tellement nécessaire. En janvier précédent, O. D. Skelton était mort subitement. C'étaient, sans l'ombre d'un doute, ses conseillers les plus écoutés.

Le 11 novembre, le premier ministre eut un entretien téléphonique avec Lapointe, atteint d'un cancer du pancréas. Il écrivit dans son journal: « Le plus loyal et le plus fidèle de mes collègues et amis[39]. » Quelques jours plus tard, il ajouta: « Aucune perte ne pourrait être plus grande à ce moment, non seulement pour moi, mais pour le Canada et l'Empire britannique. »

Le premier ministre, qui sait que son collègue est perdu, songe à un successeur. Son premier choix fut Adélard Godbout. King, qui rendit visite au malade trois fois en l'espace de quelques jours, lui en fit part. Il confia à son journal: « Je lui ai dit que personne n'avait été pour lui un ami aussi fidèle. Sans lui, je n'aurais jamais été premier ministre et je n'aurais pas été en mesure de rester en fonction. » Le 26 novembre, dans la matinée, Lapointe rendait le dernier soupir.

Godbout fut invité par King à faire partie du cabinet. Le chef du gouvernement du Québec refusa. Il estimait que sa connaissance de la langue anglaise était trop limitée et que son départ créerait, selon toute probabilité, une division dans son cabinet. Il proposa T. D. Bouchard, membre de son ministère. Cette suggestion ne plut guère à King et lui laissa une mauvaise impression de Godbout. Le premier ministre fédéral faisait preuve de plus de flair politique que son homologue du Québec.

Le 2 décembre, le cardinal Villeneuve rendit visite à King, à Ottawa. Ce dernier lui fit savoir que, dans l'intérêt du Québec, il fallait que la province ait une forte représentation dans le gouvernement fédéral. Depuis quelques jours, un nom avait été mis de l'avant par Cardin et Power, celui de Louis Saint-Laurent, éminent avocat de Québec. Un consensus s'établit assez rapidement autour de ce second choix, à l'exception de Godbout qui fit quelques réserves.

Le premier ministre s'entretint avec Saint-Laurent, qu'il ne connaissait pas personnellement, le 5 décembre, dans la capitale canadienne. Il lui dit qu'il était désireux d'avoir quelqu'un qui serait un digne successeur de Sir Wilfrid Laurier et d'Ernest Lapointe. Impressionné par son interlocuteur, il l'invita à prendre le portefeuille de la Justice que détenait Lapointe.

Saint-Laurent fit observer qu'il était disposé à accepter l'invitation, mais qu'il doutait qu'il était l'homme qu'il fallait pour ce poste. Avant de prendre une décision finale, il préférait en parler avec Godbout et avec le cardinal Villeneuve. Il fit comprendre clairement à King avant de le quitter que s'il acceptait, ce ne serait que pour la durée de la guerre.

Quatre jours plus tard, Saint-Laurent, qui s'était entretenu avec Godbout et d'autres personnes, informait King de son acceptation. Le 10 décembre, il prêtait serment comme ministre de la Justice. Brooke Claxton, qui deviendra plus tard ministre dans le cabinet Saint-Laurent, écrira de son chef qu'il était « un homme étrangement simple, honnête et humble[40] ». Un autre ministre dans le même cabinet, J. W. Pickersgill, écrira, pour sa part, que « selon lui, Saint-Laurent fut le plus grand Canadien de notre temps ».

NOTES

1. H. Blair Neatby, *William Lyon Mackenzie King*, tome III, Toronto, 1976, p. 281.
2. Jean Bruchési, *Canada. Réalités d'hier et d'aujourd'hui*, Montréal, 1948, p. 296.
3. J. W. Pickersgill, *The Mackenzie King Record (1939-1944)*, tome I, Toronto, 1960, p. 40.
4. *Ibid.*, p. 43.
5. J. L. Granatstein, *Canada's War*, Toronto, 1975, p. 43.
6. *The Canadians (1867-1967)*, la contribution de C. P. Stacey, Toronto, 1967, p. 278.
7. Jean-Marie Nadeau, *Horizons d'après-guerre*, Montréal, 1944, p. 215.

8. Robert Rumilly, *Histoire de la province de Québec*, tome XXXVIII, Montréal, 1968, p. 35, 36.
9. *Ibid.*, p. 55.
10. J. W. Pickersgill, *op. cit.*, p. 35.
11. J. L. Granatstein, *op. cit.*, p. 30.
12. Norman Ward, *The Memoirs of Chubby Power*, Toronto, 1966, p. 347.
13. Edgar McInnis, *Canada*, Toronto, 1969, p. 575.
14. J. W. Pickersgill, *op. cit.*, p. 35.
15. Robert Rumilly, *op. cit.*, p. 48, 49.
16. *Ibid.*, p. 40.
17. *Ibid.*, p. 41.
18. Norman Ward, *op. cit.*, p. 345.
19. Neil McKenty, *Mitch Hepburn*, Toronto, 1967, p. 209.
20. *Ibid.*, p. 209.
21. *Ibid.*, p. 211.
22. J. W. Pickersgill, *op. cit.*, p. 60.
23. J. L. Granatstein, *op. cit.*, p. 80.
24. J. W. Pickersgill, *op. cit.*, p. 73.
25. Mason Wade, *French Canadians*, Toronto, 1956, p. 933.
26. Robert Rumilly, *op. cit.*, p. 197.
27. Jean Bruchési, *op. cit.*, p. 298.
28. C. P. Stacey, *Mackenzie King and the Atlantic Triangle*, Toronto, 1976, p. 51.
29. W. L. Langer et S. Everett Gleason, *Challenge to Isolation*, New York, 1952, p. 706.
30. Thomas A. Bailey, *A Diplomatic History of the American People*, New York, 1946, p. 767.
31. André Siegfried, *Le Canada, puissance internationale*, Paris, 1956, p. 247.
32. Léopold Richer, *La faillite de la conférence d'Ottawa*, Montréal, 1941, p. 6.
33. *Ibid.*, p. 11
34. *Ibid.*, p. 8, 9.
35. *Ibid.*, p. 26.
36. *Ibid.*, p. 13.
37. J. W. Pickersgill, *op. cit.*, p. 236.
38. *Ibid.*, p. 235.
39. *Ibid.*, p. 284.
40. Robert Botwell, *Pearson*, Toronto, 1978, p. 47.

La première crise de la conscription

En décembre 1941, à la suite de l'attaque sur Pearl Harbor, le Japon et les États-Unis étaient en guerre. Depuis assez longtemps, le président Roosevelt était convaincu que la guerre était inévitable, mais il s'efforçait de retarder l'affrontement tant que les États-Unis ne seraient pas mieux préparés militairement.

Depuis l'invasion de l'Union soviétique par l'armée allemande, en juin 1941, le Japon profitait de cette situation pour s'étendre vers les mers du Sud. En juillet, l'armée nippone envahissait le sud de l'Indochine. Les Philippines, la Malaisie, Singapour et les Indes néerlandaises étaient désormais menacées par le Japon. La réplique américaine ne se fit pas attendre. Les avoirs japonais furent gelés aux États-Unis et l'embargo mis sur le pétrole destiné à l'aviation. Ces mesures étaient très graves, car elles risquaient de paralyser la machine de guerre nippone, le Japon ne disposant de réserves de pétrole que pour une période de deux ans. Il se trouvait enfermé dans un dilemme : la paix ou la guerre.

« Il semble que la révélation de la duplicité ait complètement retourné le Président des États-Unis en 48 heures : il venait juste de faire proposer... une neutralisation de l'Indochine lorsqu'il apprit que les troupes japonaises s'y étaient installées avec le consentement des autorités de Vichy[1]. »

Tokyo et Washington entamèrent de nouvelles négociations. « Il est difficile de dire si elles sont sincères ou si, des deux côtés, elles n'ont pas pour but que de gagner du temps en bernant l'interlocuteur[2]. » L'amiral Nomura, qui est un pacifiste, et Kurusu, un diplomate de carrière, sont chargés de mener les négociations pour le Japon. Ils sont tous deux partisans d'un compromis avec les États-Unis.

Le 20 novembre, les deux envoyés nippons proposèrent notamment aux États-Unis de mettre fin à leur assistance à la Chine. Le secrétaire d'État américain, Cordell Hull, leur répondit « que le but de l'aide américaine à la Chine était le même que celui de l'aide américaine à la Grande-Bretagne et que l'assistance américaine à la Chine se poursuivrait tant que le Japon resterait l'allié de Hitler et qu'il continuerait à vouloir établir un ordre nouveau en Asie orientale[3] ». Le Japon demandait aux États-Unis de reconnaître sa suprématie dans le Pacifique et ne faisait à son interlocuteur aucune concession. Le lendemain, Ribbentrop promit au Japon l'appui de l'Allemagne s'il faisait la guerre aux États-Unis[4].

Les contre-propositions américaines, soumises le 26 novembre, furent jugées inacceptables. Elles prévoyaient notamment que le Japon évacuât la Chine et l'Indochine. Du 21 au 26 novembre, pour des raisons qui n'ont jamais été éclaircies, les États-Unis durcirent leur position. Si le Japon refusait d'accepter les contre-propositions américaines, les mesures de rétorsion adoptées par les États-Unis ne seraient pas levées. Or, les dirigeants nippons estimaient que la privation de dollars était l'équivalent d'un blocus et plongerait l'économie japonaise dans la faillite bien avant deux ans.

Que l'attitude américaine « soit de nature à précipiter un conflit, les milieux officiels américains ne semblent pas en douter; les États-Unis envoient un ordre d'alerte à toutes les bases militaires et navales; ils sont loin de prévoir que la menace se portera sur Pearl Harbor...; mais ils attendent dans les prochains jours une attaque nippone aux Philippines[5] ».

Hull déclara qu'il s'en lavait les mains et que l'affaire était désormais entre les mains de Stimson, secrétaire à la Guerre, et de Knox, secrétaire à la Marine[6]. Il importe de souligner que les Américains avaient réussi à déchiffrer les messages japonais. Ainsi, le 22 novembre, Tokyo faisait savoir à son ambassade à Washington que la date limite était reportée du 25 au 29 novembre et qu'après « les choses se poursuivront automatiquement ».

Quand les dirigeants nippons prirent connaissance des contre-propositions soumises par Washington, ils « furent complètement déconcertés par la sévérité des propositions américaines et estimèrent à l'unanimité qu'elles indiquaient la détermination de l'Amérique de faire la guerre au Japon[7] ». Le 1er décembre, Tokyo décidait de s'engager sur le sentier de la guerre avec les États-Unis. Le même jour, Tokyo informait Berlin que les relations nippo-américaines avaient atteint un point critique et que « la guerre pouvait être imminente[8] ».

Les dirigeants américains étaient convaincus qu'une attaque japonaise contre un territoire américain serait un suicide. Comme Churchill l'écrivait : « Les gouvernements et les peuples ne prennent pas toujours des décisions rationnelles[9]. »

Le chef d'état-major de l'armée américaine, le général George Marshall, estimait que « le canal de Panama était en plus grand danger que les îles Hawaï[10] ». Stimson et Hull ont tenu pour certain presque jusqu'au moment de l'attaque sur Pearl Harbor que le Siam serait la victime du Japon[11]. Quand la nouvelle atteignit Washington que le Japon avait attaqué Pearl Harbor, Knox s'était écrié que ce devait être les Philippines[12].

Après la guerre, le président Roosevelt a été âprement critiqué par certains historiens américains qui l'ont accusé d'avoir provoqué le Japon dans le but de faciliter l'entrée des États-Unis dans le conflit européen. L'histoire exige que des preuves ou, tout au moins, des indices sérieux, qui, dans ce cas, manquent totalement. Jean-Baptiste Duroselle a fait observer que « dans la surprise de Pearl Harbor, on peut trouver des défaillances techniques, mais certainement pas « le complot » perfide d'un gouvernement belliqueux[13].

Pierre Renouvin estime pour sa part qu'il « paraît légitime, dans l'état actuel de la documentation, d'écarter la thèse qui tend à représenter le Japon comme « acculé » à la guerre par la volonté délibérée du président des États-Unis...[14] ». William L. Langer et S. Everett Gleason, qui ont fait une étude exhaustive de cette question, ont conclu qu'il n'y avait pas de preuves « pour appuyer la thèse selon laquelle le président ou d'autres dirigeants des milieux officiels américains aient provoqué une attaque japonaise sur la base de Pearl Harbor afin de pouvoir engager le pays indirectement dans la guerre européenne par le Pacifique[15] ».

L'attaque sur Pearl Harbor, qui avait fait plus de 2000 morts du côté américain, fut un succès total pour les Japonais. Grâce à cet assaut foudroyant, la puissance navale dans le Pacifique était passée, en moins de deux heures, au Japon. Il faudra attendre plusieurs mois avant que cette hégémonie soit renversée au profit des États-Unis.

Au cours de l'année 1941, la crainte d'un conflit entre le Japon et la Grande-Bretagne, sans la participation des États-Unis, avait beaucoup préoccupé King. Cette crainte s'évanouit, le 7 décembre, lorsqu'il apprit que les Japonais avaient attaqué la flotte américaine, en rade de Pearl Harbor. Le Canada s'empressa de proclamer l'existence d'un état de guerre avec le Japon.

Le lendemain de Pearl Harbor, les Nippons commencèrent l'investissement de la colonie britannique de Hong Kong. « Les Japonais, écrit Winston Churchill, ont eu recours à une force de trois divisions contre lesquelles nous pouvions opposer six bataillons, dont deux canadiens[16]. » Après un siège de dix-sept jours, les quelque 11000 soldats britanniques, australiens et canadiens durent capituler, les assaillants leur ayant coupé l'eau.

Près de 300 Canadiens furent tués ou succombèrent à leurs blessures. C'était la première fois que les Canadiens prenaient contact avec l'ennemi depuis le début de la Seconde Guerre mondiale. Les combattants, qui faisaient partie du Winnipeg Grenadier et du Royal Riffles, furent faits prisonniers. Internés jusqu'à la fin du conflit, des dizaines et des dizaines moururent après avoir connu les horreurs des camps de prisonniers nippons. « Des 1975 soldats canadiens, qui s'étaient embarqués à Vancouver, le 27 octobre 1941, 557 ne revirent jamais le Canada[17]. »

Le 7 janvier 1941, Churchill écrivait au général Ismay : « Si le Japon nous fait la guerre, il n'y a pas la moindre chance de tenir Hong Kong ou de la secourir. Au lieu d'accroître la garnison, elle doit être réduite à un nombre symbolique[18]. » Pourtant, à l'automne 1941, les Britanniques, qui s'étaient bien gardés de communiquer au Canada l'opinion de Churchill, demandèrent instamment au gouvernement d'Ottawa de dépêcher deux bataillons à Hong Kong. Lorsque le cabinet de guerre s'est réuni le 2 octobre pour examiner la requête britannique, c'est sans grand enthousiasme que King a donné son assentiment.[19].

L'attaque de Pearl Harbor et la défaite des Canadiens à Hong Kong allaient ranimer la controverse au sujet des Japonais vivant en Colombie-Britannique. Il y avait déjà plusieurs décennies que la présence des Nippons dans cette province était plus ou moins tolérée. Le succès économique des Canadiens japonais suscitait de la jalousie[20]. Une minorité qui réussit bien provoque presque toujours l'animosité de la majorité.

C'était toujours avec répugnance que les autorités militaires acceptaient des recrues asiatiques dans l'armée. « Le premier ministre Pattulo de la Colombie-Britannique ne s'opposait pas aux recrues japonaises pourvu qu'elles soient expédiées rapidement à l'extérieur de la province[21]. » Les Chinois étaient également victimes de discrimination. « Quelques Chinois ont pu s'enrôler et certains obtinrent des grades d'officiers, mais ils ne furent pas reconnus comme des citoyens canadiens à part entière[22]. »

Après Pearl Harbor, le gouvernement King se rendit compte que de violentes manifestations antijaponaises risquaient de se produire en Colombie-Britannique. Pour éviter des incidents, il prit une mesure préventive. « Trente-huit nationaux japonais étaient internés parce qu'on estimait qu'ils pourraient constituer un danger... Sur le conseil de la police fédérale, les journaux japonais cessèrent de publier et les écoles nippones fermèrent volontairement leurs portes[23]. »

Dès le 10 décembre, des lecteurs faisaient parvenir à leurs journaux des lettres ouvertes dans lesquelles ils soulignaient la possibilité d'actions subversives de la part des citoyens japonais. De jour en jour le nombre de lettres allait croissant. Les lecteurs recommandaient généralement l'expulsion ou la détention des Japonais[24]. Dans la seconde moitié du mois, des groupes de pression prirent position et désapprouvèrent les mesures fédérales qui, à leurs yeux, n'allaient pas assez loin[25].

Après la capitulation de Hong Kong, le mouvement antinippon prit plus d'ampleur. Des informations de presse firent savoir que les prisonniers canadiens, en Asie, étaient sujets à de mauvais traitements. La pression augmenta. On affirma que la communauté japonaise mettait en danger la sécurité de la côte ouest du Canada. Au début de janvier, des sociétés patriotiques, des clubs sociaux, des conseils municipaux, dont la plupart étaient de l'île de Vancouver ou de la région de la ville de Vancouver, réclamèrent l'internement aussi rapidement que possible de tous les Japonais. Le député libéral de Cariboo, J. G. Turgeon, considéré comme un modéré, prévint King que si le gouvernement ne prenait pas des mesures énergiques, la situation deviendrait impossible[26].

Le député conservateur de Vancouver-Sud, Howard Green, futur ministre des Affaires extérieures dans le cabinet Diefenbaker, « prévoit une invasion japonaise de Prince Rupert, des îles de la Reine-Charlotte ou d'Alberni[27] ». Soulignons qu'en Colombie-Britannique, les conservateurs et les libéraux rivalisaient de zèle dans leurs déclarations antijaponaises.

Peu après l'ouverture de la session à Ottawa, Howard Green réclama, le 29 janvier, l'évacuation de tous les Japonais de la province[28]. Le lieutenant-gouverneur réclama, pour sa part, comme mesure préventive minimale, l'internement de tous les Japonais de sexe masculin. Ian Mackenzie, ministre dans le cabinet King, essuyait le plus fort de la tempête de protestations. On le trouvait trop tiède. Certains exigeaient sa démission.

« Dans l'espoir de réduire la tension sociale, le gouvernement capitula finalement devant la pression de l'opinion publique[29]. » Le 19 février, King estimait qu'il était essentiel de passer à l'action. Il notait dans son journal: « Il y a des possibilités d'émeutes. Si elles se produisent, il y aura des répercussions en Extrême-Orient contre nos propres prisonniers[30]. » C'était la seule circonstance atténuante qui expliquait en partie l'action du gouvernement canadien.

Le 27 février 1942, le gouvernement fédéral annonçait son intention d'évacuer toutes les personnes d'origine japonaise de la région côtière de la Colombie-Britannique. Durant les sept mois qui suivirent, plus de 22000 Japonais, étrangers et citoyens canadiens, furent contraints d'abandonner leurs maisons et d'aller s'établir à l'Est. La majorité des Japonais se fixèrent à l'intérieur de la province, tandis que les autres s'établirent à différents endroits au-delà des Rocheuses.

Aucune raison stratégique ne justifiait cette mesure. Les Japonais s'étaient comportés en sujets loyaux du Canada. Le gouvernement King a dû reconnaître après la guerre — ce que tous les gens dénués de préjugés savaient — « qu'il n'y avait pas eu un cas de sédition prouvé, ou même établi en partie, touchant une personne d'extraction japonaise[31] ». Le gouvernement avait tout simplement cédé à une poussée d'intolérance raciale et d'hystérie collective. Aucune minorité au Canada n'a jamais été victime de pareille discrimination.

« Le recensement de 1961, qui établissait à 29157 la population nippone du Canada, a montré qu'il y avait alors plus de Japonais en Ontario (10870) qu'en Colombie-Britannique (10424). Toronto en compte aujourd'hui plus de 8000; ils sont dispersés dans la ville[32]. »

Après sa défaite dans la circonscription de Fort William, en Ontario, aux élections générales de 1940, le docteur R. J. Manion résignait ses fonctions comme leader des conservateurs. Il fallait désormais désigner un autre chef du parti. Quelque 200 conservateurs se réunissent à Ottawa, le 7 novembre 1941, en vue de fixer la date et le lieu du prochain congrès de leadership. Le but de la convocation était abandonné et le sénateur Arthur Meighen se vit confier la direction du parti. Âgé de soixante-sept ans, l'ancien premier ministre du Canada accepta à contrecoeur de diriger les conservateurs.

La perspective d'avoir Meighen à la Chambre préoccupait King. Il écrit : « Le temps est passé où je pouvais affronter en public un homme du type de Meighen qui est sarcastique, venimeux et le type d'homme politique le plus mesquin. Ma santé et mes forces ne sont plus ce qu'elles étaient il y a quelques années... Rien ne l'arrêtera pour provoquer l'établissement de la conscription[33]. »

Les craintes de King étaient bien fondées. Meighen annonçait que ses deux priorités étaient la formation d'un gouvernement de coalition et l'établissement de la conscription. Après Pearl Harbor, l'agitation recommença pour l'établissement de la conscription pour service outre-mer. En janvier 1942, un comité pour un effort de guerre total, mieux connu sous le nom des « deux cents de Toronto », se forma. Trois hommes d'affaires très important de l'Ontario avaient pris cette initiative. Le comité, qui reçut l'appui du *Globe and Mail* de Toronto, se donna pour objectif de mobiliser l'opinion publique et d'exercer des pressions sur les députés libéraux de l'Ontario pour qu'ils abandonnent King et réclament la conscription.

Meighen était évidemment l'homme du comité. Il semble que cette action ouverte en faveur de la conscription ait été la plus grave menace au leadership de King depuis le commencement des hostilités en Europe. Le premier ministre, dont la grande priorité était toujours le maintien de l'unité nationale, songeait déjà depuis quelque temps à la tenue d'un plébiscite en vue de faire taire les conscriptionnistes et de gagner du temps.

Le gouvernement annonça la tenue de quatre élections partielles, fixées au 9 février. Arthur Meighen briguait les suffrages dans York-Sud, Louis Saint-Laurent, le nouveau ministre de la Justice, dans Québec-Est, et Humphrey Mitchell, le nouveau ministre du Travail, dans Welland. King décida de ne pas faire opposition à Meighen. Quand le docteur Manion avait été désigné à la succession de R. B. Bennett, les libéraux ne lui avaient pas suscité d'adversaire, à l'élection partielle de novembre 1938.

York-Sud était une forteresse conservatrice. Depuis sa création, en 1904, la circonscription n'avait élu que des candidats tories. Comme la C.C.F. avait manifesté l'intention de présenter un candidat, il y avait risque, dans une lutte à trois, que Meighen l'emporte. Aux élections générales de 1940, le candidat conservateur avait obtenu grosso modo 2500 voix de plus que le libéral et 10000 de plus que son adversaire socialiste, Joseph W. Noseworthy, qui sollicitait de nouveau un mandat. Au scrutin de 1940, la C.C.F. n'avait pas fait élire un seul candidat à l'est des provinces de la Prairie, sauf dans l'île du Cap-Breton, où elle avait remporté un siège. Le candidat socialiste partait donc perdant.

Meighen adopta comme plate-forme électorale la formation d'un gouvernement d'union nationale et la conscription. À ce moment-là, ce n'étaient pas des thèmes susceptibles de soulever un enthousiasme délirant au sein de l'électorat de cette circonscription. Les forces canadiennes n'étaient pas encore engagées dans des opérations qui auraient pu justifier l'établissement du service militaire pour service outre-mer. Meighen, encore une fois, s'avéra un piètre stratège politique. De plus, au lieu de s'attaquer à son adversaire socialiste, qu'il considérait comme facteur négligeable, il dénonça la politique de guerre du gouvernement King.

Dans une circonscription où il y avait une très importante classe ouvrière, les orateurs socialistes dénoncèrent avec véhémence le leader conservateur qu'ils identifièrent pratiquement à un monstre. Ils le représentèrent comme l'apologiste d'un capitalisme vorace et le symbole monstrueux des iniquités du système capitaliste[34]. Ils affirmèrent aussi que s'il fallait conscrire les hommes, il fallait également conscrire la richesse, ce que Meighen et ses partisans ne voulaient pas. À les entendre, la conscription militaire préconisée par le leader conservateur n'était qu'un écran de fumée pour dissimuler les besoins vitaux du moment: une plus grande production de guerre et la conscription de l'industrie.

La propagande socialiste accusait aussi Meighen « d'être l'ennemi implacable de la classe ouvrière et le défenseur acharné et désespéré du statu quo[35] ». Elle le représentait comme « le valet des oligarques de Bay Street[36] ». Parlant de Meighen, le chef de la C.C.F., M. J. Coldwell, aurait déclaré: « J'aimerais vivre autant sous Hitler que sous cet homme[37]. »

Devant un tel flot d'accusations plus ou moins calomnieuses, Meighen en était réduit à la défensive. Dans ses discours, il s'efforçait d'expliquer sa conduite présente et passée. C'était déjà l'attitude d'un candidat qui constatait qu'il perdait journellement son emprise sur les électeurs. Les libéraux, qui souhaitaient la défaite du leader conservateur, appuyèrent en sous-main le candidat socialiste. Brooke Claxton, député libéral d'une circonscription de Montréal et futur ministre, fit une contribution de $1000 à la caisse électorale de Noseworthy. L'argent provenait de la caisse libérale fédérale[38].

Après l'entrée du premier ministre de l'Ontario, Mitch Hepburn, dans la campagne aux côtés de Meighen, Arthur Roebuck, procureur général de l'Ontario dans le cabinet Hepburn de 1934 à 1937 et député de Toronto Trinity, dénonça âprement son ancien chef et Meighen dans deux causeries radiophoniques. Roebuck prétendit qu'il avait pris personnellement cette initiative, mais il semble qu'il ait eu l'assentiment de King[39].

Le premier ministre canadien songea de plus en plus à la tenue d'un plébiscite pour réduire au silence les conscriptionnistes, et notamment Meighen. Il doutait de la défaite de ce dernier, mais il voulait absolument le faire battre. P.J.A. Cardin manifesta d'abord son opposition, mais il céda finalement aux arguments apportés par son chef. Plus tard, Cardin dira à un député québécois qu'il avait favorisé le plébiscite parce que « il vaut mieux avoir la conscription avec M. King qu'avec un autre — Hanson ou Meighen[40] ».

Le 22 janvier 1942, jour de l'ouverture de la session, le gouvernement annonça la tenue d'un plébiscite, fixé au 27 avril, pour se faire libérer des engagements anticonscriptionnistes contractés envers le Canada. King coupait ainsi l'herbe sous les pieds de Meighen, dont le principal cheval de bataille — la conscription — n'aurait pratiquement plus d'impact. « Désormais seulement ceux qui désiraient la conscription immédiatement... se verraient obligés de voter pour Meighen[41] ». Le sénateur A. D. McRae, architecte de la victoire des conservateurs en 1930, écrivait à ce sujet : « Le premier ministre s'est révélé encore une fois l'homme politique le plus astucieux que le Canada n'ait jamais eu[42] ». En annonçant le plébiscite, King fit d'une pierre deux coups : il maintenait l'unité de son parti, pour le moment du moins, et contribuait dans une large mesure à la défaite de Meighen.

Certaines réactions à cette consultation populaire montrent que le premier ministre avait atteint son objectif. « Trahison!

s'est écrié Meighen... lâcheté, commente le premier ministre Hepburn de l'Ontario[43]. » Il semble évident que l'élément déterminant qui a poussé King à tenir un plébiscite, c'était de faire battre Meighen, sans quoi l'agitation pour la conscription aurait pu prendre des proportions dangereuses.

À l'approche des élections partielles, King ne pouvait croire que le candidat de la C.C.F. avait des chances de gagner[44]. À plusieurs occasions, au cours de réunions du cabinet, il avait dit à ses collègues que si ses nouveaux ministres étaient battus, il pourrait résigner ses fonctions[45]. Dans le comté de Welland, les conservateurs avaient présenté un candidat parce que Humphrey Mitchell avait refusé de se déclarer ouvertement pour la conscription[46]. Si le ministre du Travail avait pris un engagement en ce sens, il aurait risqué de faire battre Saint-Laurent.

Dans Québec-Est, des partisans libéraux refusèrent de donner leur appui à Saint-Laurent parce qu'il s'opposait à se déclarer ouvertement contre la conscription. Si le ministre de la Justice avait pris un engagement nettement anticonscriptionniste, il aurait facilité l'élection de Meighen dans York-Sud. Homme d'une franchise parfois brutale, Saint-Laurent « ne laissa pas douter que le gouvernement demanderait à être relevé de son engagement et qu'il s'associerait, lui-même, à cette demande[47] ».

Le ministre de la Justice eut comme adversaire un candidat nationaliste, Paul Bouchard, qui s'était décidé à poser sa candidature après l'annonce du plébiscite. Se posant en martyr, Bouchard affirmait que « Saint-Laurent était déjà membre d'un comité secret chargé d'organiser la conscription et que des dispositions avaient été prises pour l'arrêter, lui, Bouchard, parce qu'il dénonçait l'aide du Canada à l'Angleterre[48] ». Il était « appuyé en sous-main par l'Union nationale[49] ». Il accusait aussi son adversaire libéral « d'être vendu au Canada anglais, d'être l'outil des gros hommes d'affaires et d'être un conscriptionniste à tout crin[50] ».

Le 9 février, les trois candidats libéraux étaient élus et Meighen battu par son adversaire socialiste dans une circonscription qui avait toujours voté conservateur. Joseph W. Noseworthy avait obtenu une majorité de 4456 voix sur Meighen. Quant à

Saint-Laurent, il triompha de son adversaire par une majorité de 3975 voix. Les résultats des élections partielles avaient dépassé les espérances de King et il confiait à son journal que Saint-Laurent était le « digne successeur de Lapointe et de sir Wilfrid Laurier ».

Après le plébiscite, King eut un entretien avec le directeur du quotidien *Le Devoir*, Georges Pelletier. Celui-ci a laissé de cette entrevue un compte rendu circonstancié qui explique très bien les raisons qui ont poussé le premier ministre à prendre cette initiative. En voici quelques extraits: « La candidature de Meighen était affichée depuis plusieurs semaines; Meighen devait remplacer Hanson comme chef du parti Tory, et il paraissait impossible d'admettre qu'il fût bon pour le Canada de laisser entrer Meighen à la Chambre. » J'ai travaillé toute ma vie, dit M. King, pour faire l'accord entre les deux races. On m'a accusé de faire des concessions à Québec; mais, en fait, pour avoir l'accord entre les deux grandes races du pays, il faut pratiquer une politique de concessions. Or Meighen, qui est l'âme damnée d'un groupe de Toronto, fanatique et d'esprit étroit et très égoïste, aurait extrêmement compliqué la situation, à une période dangereuse, s'il était entré aux Communes. Je ne pouvais tout de même pas décider de faire des élections générales comme en 1940, pour écraser les adversaires de tous les camps.

« J'avais déjà laissé entendre à Calgary et à Victoria qu'il ne pouvait être question de conscription sans un appel au peuple. Or, s'il n'y avait pas d'élection, le seul moyen d'en appeler au peuple, c'était un plébiscite. Cela s'imposait, parce que si je n'avais pas annoncé de plébiscite, il y aurait eu toutes les chances du monde que Meighen revînt aux Communes et nous aurions alors perdu le temps de la Chambre dans des querelles interminables et des débats extrêmement acerbes et inutiles pour autant; car Meighen est d'une force considérable dans l'invective... En décidant le plébiscite et en l'annonçant avant l'élection de Meighen, j'ai cru que c'était une excellente façon de lui barrer la route...

« S'il n'y avait pas eu de plébiscite, la campagne en faveur de la conscription de la part des conservateurs et des feuilles tory aurait été en s'accroissant, et elle fut devenue un danger pour le Canada. Je me suis dit que si nous allions devant le peuple avec un plébiscite, nous obtiendrons l'avis de la masse des électeurs, la libération de nos promesses de 1939 et qu'ensuite il serait assez facile de démontrer au peuple qu'il n'y avait pas besoin de conscription, pendant plusieurs mois en tout cas, peut-être pas du tout[51]. »

La campagne du plébiscite s'engage. Dans les provinces anglaises, elle s'oriente dans le sens d'une réponse affirmative. Par contre, au Québec, dans les milieux francophones, c'est l'inverse. La population est invitée à répondre à la question suivante: « Consentez-vous à libérer le gouvernement de toute obligation résultant d'engagements antérieurs restreignant les méthodes de mobilisation pour le service militaire? »

Le 5 février, le député libéral de Beauharnois-Laprairie, Maxime Raymond, dénonce la tenue du plébiscite. Il estime que le Québec « n'aurait jamais consenti à participer à la guerre sans cette condition expresse qui est: pas de conscription pour service outre-mer durant toute la durée de la guerre. C'est donc un compromis pour toute la durée de la guerre,et l'on ne peut mettre de côté cette condition avant la fin de la guerre[52]. »

Il paraît incontestable que, sans cette réserve, bien des députés libéraux du Québec auraient voté contre la participation. L'engagement de ne jamais imposer la conscription pour service outre-mer avait été pris par les candidats libéraux de la province à toutes les élections depuis 1921. Mais en mars et septembre 1939, le premier ministre avait donné l'assurance que son gouvernement n'imposerait jamais la conscription pour service outre-mer. Le leader des conservateurs avait également donné la même assurance, mais ses engagements de King et de Manion s'adressaient à tout le Canada. Or, pour se faire délier de son engagement, King était contraint d'obtenir l'assentiment de la population du Canada. D'ailleurs, cette question n'avait qu'une importance fort secondaire puisque, dans l'esprit du premier ministre, le plébiscite visait précisément à retarder le plus possible l'application de la conscription pour service outre-mer.

Toujours est-il qu'au Québec, c'est la Ligue pour la défense du Canada qui a organisé la campagne en vue de convaincre la population de voter « non » au plébiscite. Bien des hommes politiques, dont Maxime Raymond, et de nombreuses organisations ont donné leur appui à la ligue. Dans son manifeste, la ligue a notamment fait valoir l'argument suivant pour obtenir un vote négatif: « Parce que nul ne demande d'être relevé d'un engagement s'il n'a pas déjà la tentation de le violer, et parce que, de toutes les promesses qu'il a faites au peuple du Canada, il n'en reste qu'une que King voudrait n'être pas obligé de tenir: la promesse de ne pas conscrire les hommes pour outre-mer. »

Mackenzie King ouvre la campagne sur les ondes de Radio-Canada dont les micros n'étaient accessibles qu'aux partisans du « oui ». Ses collègues francophones du Québec prient leurs compatriotes de faire confiance au gouvernement de King. Saint-Laurent s'écrie: « Si, en ce moment critique entre tous, vous ne voulez pas faire confiance au gouvernement et à votre Parlement, et croire qu'ils ne feront que ce qui est entièrement dans l'intérêt du pays, en qui ou en quoi mettrez-vous votre confiance[53]? » À un autre moment, il affirme que « la conscription ne sera peut-être jamais nécessaire[54] ».

Cardin vise au pathétique: « Je vous supplie... Vous m'entendez bien, n'est-ce pas? Répondez oui sans hésiter, avec confiance[55]. » Le premier ministre libéral du Québec, Adélard Godbout, est sur la corde raide. Il sait sans doute que le « non » va l'emporter massivement. « Il prie les Canadiens français d'y réfléchir à deux fois avant de répondre à la question posée par le gouvernement[56]. » King déplore que Godbout et ses collègues ne se soient pas déclarés ouvertement[57]. Un ministre de Godbout, Oscar Drouin, se décide tout seul. Il louange Mackenzie King parce qu'il le sait contraint de tenir le plébiscite, sous la pression de fanatiques, « pour éviter un plus grand mal[58] ». Drouin, cependant, réclame un vote négatif.

Le 27 avril, jour de la votation, King note dans son journal: « Mon opinion, c'est que nous n'aurons jamais besoin de recourir à la conscription pour outre-mer... S'il y a des pressions de la part de nos hommes pour appliquer la conscription seulement pour avoir la conscription, je combattrai cette position jusqu'au bout. Le Québec et le pays verront que j'ai tenu ma promesse de ne pas être membre d'un gouvernement qui envoie des hommes outre-mer sous le régime de la conscription[59]. »

Le résultat du plébiscite devait délier le gouvernement de ses engagements. Le « oui » l'emportait par 63,7 p. 100 pour l'ensemble du Canada contre 36,3 p. 100 pour le « non ». Le Québec votait négativement par 71,2 p. 100. « Bien que la précision statistique soit impossible, il est probable que les Canadiens anglais aient voté « oui » dans la proportion de 4 contre 1, et les Canadiens français aient voté « non » dans la proportion de quatre contre un[60] ».

À la suite des résultats du plébiscite, King se trouvait dans une situation délicate. Une crise semblait en train de prendre corps. Il sait que les députés libéraux et les membres du cabinet sont divisés en trois groupes, chacun maintenant ses positions. Cardin et la plupart des députés du Québec étaient opposés à l'abrogation de l'article 3 de la loi de mobilisation des ressources nationales, qui restreint le service militaire obligatoire au territoire national. Le deuxième groupe, formé de députés anglophones et de quelques membres du cabinet, dont Ralston, Macdonald et Crerar, réclamait la suppression de l'article 3. Les autres, comprenant des députés et la majorité des ministres, dont Saint-Laurent, étaient prêts à suivre le premier ministre.

Le 1er mai, King apprend que, la veille, ses ministres de l'Ontario se sont réunis et ont décidé de faire pression sur les députés de la province pour demander l'application de la conscription immédiatement. Il s'entretint par la suite avec chacun d'eux et eut une violente altercation avec C. D. Howe. Il leur tint des propos tellement acerbes qu'il en eut des regrets comme on peut le constater par cette remarque : « Je ne m'étais jamais comporté de la sorte avec mes collègues auparavant[61]. »

L'attitude prise par Cardin était inacceptable à la majorité des députés anglophones ; celle des ministres de l'Ontario était inacceptable au Québec. King choisit une solution intermédiaire préconisée par Ralston, Macdonald et Crerar. Ces derniers demandaient l'abrogation de l'article 3 afin d'être en mesure d'imposer la conscription pour service outre-mer, si le besoin s'en faisait sentir, mais ils n'exigeaient pas sa mise en application immédiate.

Le 5 mai, le premier ministre, sans doute dans le dessein d'apaiser le Québec, informa son cabinet que l'article 3 serait abrogé, mais que s'il fallait appliquer la conscription, il demanderait de nouveau l'assentiment du Parlement. Ralston, soutenu par Macdonald, protesta. Il se rendait sans doute compte que ce n'était qu'un moyen dilatoire. Il savait que si le Parlement était convoqué une seconde fois, il faudrait des semaines et des semaines de débats avant d'imposer la conscription. Ralston aurait préféré qu'on procédât par arrêté ministériel.

C'est le commencement d'un long différend qui ne prendra fin qu'à la mi-juillet. Le ministre de la Défense remettra sa démission, mais King refusera de l'accepter. Le chef du gouvernement gardera précieusement cette lettre dans ses dossiers qui lui sera très utile deux ans plus tard. Il réussira, grâce à l'intervention de Saint-Laurent et de Macdonald, à convaincre Ralston de rester membre du cabinet.

Cardin manifesta aussi le désir de quitter le cabinet. Il fit savoir à son chef qu'il avait perdu la confiance du Québec, les électeurs de la province et même de son comté l'ayant désavoué au plébiscite. Comme c'était un homme fier, il se sentait humilié. Il s'opposait au rappel de l'article 3. King tenta de lui faire comprendre qu'il était contraint de s'engager dans cette voie à cause de certains de ses collègues et des gens de Toronto qui exploitaient la question de la conscription. Malgré toutes les tentatives du premier ministre, Cardin remit sa démission et refusa de revenir sur sa décision.

Au cours d'un long entretien avec son chef, Cardin fit allusion à ce qui était arrivé à certains ministres canadiens-français, dans le gouvernement Borden, en 1917, dont Pierre-Édouard Blondin. King nota à ce sujet: « Il ne voulait pas être comme Blondin ou d'autres hommes qui devaient traverser la ville de Montréal accompagnés d'un policier[62]. » Ce manque de courage est probablement l'explication fondamentale de la démission de Cardin. Il ne restait désormais qu'un seul ministre canadien-français dans le cabinet, Lapointe et Dandurand étant morts.

Saint-Laurent, qui avait compris que, dans l'intérêt du Québec, il devait rester, appuya sans réserve la politique de King. Dans les circonstances, il fit preuve de courage.

Le 10 juin, King prit la parole sur le bill 80, qui supprimait l'article 3 de la loi de mobilisation des ressources nationales. Il parla plus de deux heures et lança à cette occasion son mot célèbre: « La conscription si nécessaire, mais pas nécessairement la conscription. » Ce n'était certainement pas un modèle de clarté. Le projet de loi fut adopté en deuxième lecture par une majorité de 104 voix. La plupart des députés francophones du Québec se prononcèrent contre la proposition ainsi que six députés socialistes qui s'opposaient au bill parce qu'il ne prévoyait pas également la conscription des richesses. Les autres libéraux et les conservateurs mêlèrent leurs voix en faveur du projet. Le 1er août la session était ajournée. La première crise de la conscription était terminée.

En Europe orientale, la guerre fait rage. Les Allemands et les Soviétiques sont engagés dans un affrontement gigantesque près de Stalingrad, où les sacrifices de vies humaines ne comptent pas. Les Soviétiques « ont perdu plus d'hommes à Stalingrad que les Américains dans les combats sur tous les théâtres d'opérations de la guerre[63] ». Staline, désespéré, réclame à cor et à cri l'ouverture d'un second front en Europe occidentale afin d'alléger la pression germanique.

Le 19 août, quelque 5000 Canadiens et 1000 Britanniques, accompagnés d'une cinquantaine d'Américains, effectuent un raid sur Dieppe, en Normandie, en vue de mettre à l'épreuve, selon la version officielle, les défenses allemandes. En quatre heures, ce raid expérimental se solde par un échec total, « riche seulement d'enseignements pour d'autres tentatives[64] ». Du côté canadien, le nombre des victimes s'élève à 3300, dont la plupart sont faites prisonnières.

Dès l'abord, cette entreprise paraissait suicidaire. Pour qu'elle eût la moindre chance de succès, il eût fallu que les assaillants soient appuyés par une puissance de feu d'une supériorité écrasante sur l'ennemi. Il n'y avait que l'aviation de bombardement et la Royal Navy qui pouvaient donner cette assistance, mais l'amiral-chef d'état-major de la Marine britannique, Sir Dudley Pound, était catégoriquement opposé à risquer ses grosses unités de guerre dans une entreprise aussi périlleuse. Le chef de l'aviation de bombardement, Sir Arthur Harris, ne voulait pas exposer ses appareils à des « attractions inutiles[65] ». Les assaillants n'eurent donc à leur disposition que huit petits destroyers. Que le raid ait été un échec complet, cette constatation ne doit surprendre personne.

Toujours est-il qu'après Dieppe, Winston Churchill s'envola pour Moscou pour apprendre à Staline que la création d'un second front en Europe était impossible et que ni Roosevelt ni lui ne risqueraient de vies alliées dans une attaque prématurée et téméraire. Il lui signala aussi que Dieppe avait été une expérience coûteuse qu'on en avait tiré des conclusions qui serviront à l'avenir.

Quelques semaines après le débarquement en Normandie, King apprit que les prisonniers capturés à Dieppe avaient été mis aux fers par les Allemands. Il tomba d'accord avec Churchill que des représailles étaient inévitables. Il ne tarda pas, cependant, à revenir sur sa décision. À une réunion du comité de guerre, le 10 octobre, tous les membres présents exprimèrent l'opinion qu'il ne fallait pas rivaliser avec les Allemands en brutalité. Le premier ministre britannique fut informé de cette décision.

Des incidents s'étaient produits à Bowmanville, en Ontario, où des prisonniers allemands avaient été mis aux fers. Le 22 octobre, King apprit avec stupéfaction que le magazine *Time* avait été mis au courant des incidents de Bowmanville. Craignant des représailles, il soutint que Churchill avait tort d'insister pour que les prisonniers fussent maintenus aux fers. Ce n'est qu'en décembre que tous les prisonniers furent libérés de leurs chaînes.

À la fin de 1942, près de 1 million de Canadiens s'étaient enrôlés volontairement dans les trois armes. En janvier 1943, le président Roosevelt et Winston Churchill s'entretinrent à Casablanca, au Maroc, où l'invasion de la Sicile fut décidée. Dès le mois suivant, Ottawa envisagea la possibilité d'envoyer deux divisions en Italie. La décision finale ne fut prise qu'à la fin d'avril et les premiers Canadiens débarquèrent dans l'île de la Méditerranée en juillet.

La veille de l'invasion de la Sicile, King apprit que le communiqué annonçant le débarquement ne faisait mention, « pour des raisons de sécurité », que des forces anglo-américaines. Le premier ministre fut indigné et il fit pression sur Londres et Washington pour que la présence canadienne ne fût pas ignorée. Le 9 juillet, les troupes alliées débarquaient en Sicile et le premier communiqué, en provenance de Washington, fit savoir que les forces anglo-américano-canadiennes avaient lancé une attaque sur la Sicile. Durant les vingt mois que dura la campagne en Sicile et en Italie continentale, quelque 91 000 Canadiens furent engagés dans des opérations militaires[66].

En août 1943, Churchill et Roosevelt eurent une nouvelle rencontre, mais cette fois à Québec. Les chefs d'état-major abordèrent l'étude de la stratégie militaire en Europe et en Asie. Comme l'Union soviétique n'était pas en guerre avec le Japon, Staline n'assista pas à cette conférence. L'opération « Overlord », nom de code pour l'invasion de l'Europe occidentale, fut discutée longuement. Elle fut fixée en principe au 1er mai 1944. King ne joua à cette conférence que le rôle de « brillant second » de Roosevelt et de Churchill. Ce furent les États-Unis et la Grande-Bretagne qui prirent, à cette occasion, les grandes décisions.

NOTES

1. Henri Michel, *La Seconde Guerre mondiale*, tome I, Paris, 1968, p. 362.
2. *Ibid.*, p. 361.
3. *The Initial Triumph of the Axis*, la contribution de F. C. Jones, Londres, 1958, p. 681.
4. *Ibid.*, p. 701.
5. Pierre Renouvin, *Histoire des relations internationales*, tome VIII, Paris, 1958, p. 309.
6. William L. Langer et S. Everett Gleason, *The Undeclared War (1940-1941)*, New York, 1953, p. 898.
7. *Ibid.*, p. 906.
8. Alan Bullock, *Hitler*, Londres, 1968, p. 661.

9. Winston S. Churchill, *The Second World War*, tome III, Boston, 1950, p. 603.
10. William Manchester, *American Caesar. Douglas MacArthur*, Boston, 1978, p. 196.
11. William L. Langer et Winston S. Gleason, *op. cit.*, p. 932.
12. James MacGregor Burns, *Roosevelt (1940-1945)*, New York, 1970, p. 162.
13. Jean-Baptiste Duroselle, *De Wilson à Roosevelt*, Paris, 1960, p. 332.
14. Pierre Renouvin, *op. cit.*, p. 311.
15. Langer et Gleason, *op. cit.*, p. 937.
16. Winston S. Churchill, *op. cit.*, p. 633.
17. Donald Creighton, *The Forked Road*, Toronto, 1976, p. 64.
18. Churchill, *op. cit.*, p. 177.
19. J. W. Pickersgill, *The Mackenzie King Record (1939-1944)*, Toronto, 1960, p. 315, 316.
20. John Diefenbaker, *One Canada*, tome I, Toronto, 1975, p. 223.
21. Patricia E. Roy, *Canadian Historical Review*, septembre 1978, p. 348.
22. *Ibid.*, p. 350.
23. W. Peter Ward, *Canadian Historical Review*, septembre 1976, p. 297.
24. Forrest LaViolette, *The Canadian Japanese and World War II*, Toronto, 1948, p. 35.
25. *Ibid.*, p. 36.
26. W. Peter Ward, *op. cit.*, p. 298, 299.
27. Forrest LaViolette, *op. cit.*, p. 45.
28. W. Peter Ward, *op. cit.*, p. 305, 306.
29. *Ibid.*, p. 307.
30. J. W. Pickersgill, *op. cit.*, p. 354.
31. John Diefenbaker, *op. cit.*, p. 223.
32. *Les Rameaux de la famille canadienne*, Ottawa, 1967, p. 226, 227.
33. J. W. Pickersgill, *op. cit.*, p. 276, 278.
34. Donald Creighton, *op. cit.*, p. 70.
35. Roger Graham, *Arthur Meighen*, tome III, Toronto, 1965, p. 109.
36. *Ibid.*, p. 109.
37. *Ibid.*, p. 110.
38. J. L. Granatstein, *Canadian Historical Review*, juin 1967, p. 155.
39. *Ibid.*, p. 154, 155.
40. J. L. Granatstein, *Revue d'histoire de l'Amérique française*, juin, 1973, p. 50.
41. Ralph Allen, *Ordeal by Fire*, Toronto, 1961, p. 401.
42. J. L. Granatstein, *op. cit.*, p. 153.
43. André Laurendeau, *La crise de la conscription, 1942*, Montréal, 1962, p. 70.
44. J. W. Pickersgill, *op. cit.*, p. 343, 344.
45. Neil McKenty, *Mitch Hepburn*, Toronto, 1967, p. 237.
46. J. W. Pickersgill, *op. cit.*, p. 343.
47. Dale C. Thomson, *Louis St-Laurent*, Montréal, 1968, p. 114.

48. *Ibid.*, p. 116.
49. André Laurendeau, *op. cit.*, p. 69.
50. J.W. Pickersgill, *My Years with Louis St-Laurent*, Toronto, 1975, p. 18.
51. J.L. Granatstein, *op. cit.*, p. 48, 49.
52. Maxime Raymond, *Politique en ligne droite*, Montréal, 1943, p. 186.
53. André Laurendeau, *op. cit.*, p. 114.
54. Robert Rumilly, *Histoire de la province de Québec*, tome XXXIX, Montréal, p. 225.
55. *Ibid.*, p. 225.
56. André Laurendeau, *op. cit.*, p. 89.
57. J.W. Pickersgill, *op. cit.*, p. 362.
58. Robert Rumilly, *op. cit.*, p. 217, 218.
59. J.W. Pickersgill, *op. cit.*, p. 364.
60. Donald Creighton, *op. cit.*, p. 71.
61. J.W. Pickersgill, *op. cit.*, p. 366.
62. J. L. Granatstein, *Canada's War*, Toronto, 1975, p. 231.
63. Louis L. Snyder, *The War (1939-1945)*, New York, 1960, p. 382.
64. Henri Michel, *op. cit.*, p. 257.
65. Donald Creighton, *op. cit.*, p. 75.
66. John S. Moir et D.M.L. Farr, *The Canadian Experience*, Toronto, 1969, p. 478.

XXVII

La seconde crise de la conscription

En décembre 1942, les conservateurs fédéraux tinrent un congrès de leadership à Winnipeg. Arthur Meighen, qui avait succédé au docteur R. J. Manion, avait résigné ses fonctions après sa défaite à l'élection partielle de York-Sud. Il avait réussi à convaincre le premier ministre progressiste du Manitoba, John Bracken, de solliciter l'investiture du parti.

Ce dernier avait accepté d'entrer dans la course au leadership après avoir obtenu l'assurance, s'il était élu, que le parti porterait le nom de « progressiste-conservateur » et que sa politique tarifaire serait plus acceptable aux provinces de l'Ouest[1]. Au second tour de scrutin, Bracken, qui était premier ministre du Manitoba depuis vingt ans, devint leader des tories.

Cet agronome sans couleur, qui n'avait aucun sens de l'humour, n'était pas un chef charismatique. Il était piètre orateur, mais il avait donné à sa province une administration honnête et avait été reporté au pouvoir à toutes les élections générales. Il avait été le seul des premiers ministres, aussi bien provinciaux que fédéraux, à se maintenir à la tête du gouvernement au cours de la grande dépression.

Après sa victoire à la direction des conservateurs, il refusa de briguer les suffrages à une élection partielle. Il préféra diriger le parti de l'extérieur de la Chambre et attendre la tenue d'élections générales avant de contester un siège aux Communes. King était convaincu que Bracken n'était que la marionnette de Meighen[2]. Il était aussi convaincu que les conservateurs, en fixant leur choix sur Bracken, en adoptant sa plate-forme électorale et en acceptant un nouveau nom pour leur formation, ne représentaient plus qu'un parti fini[3].

Quelques mois après le congrès de leadership, une lueur d'espoir se dessinait pour le parti. Les conservateurs accédaient au pouvoir en Ontario, le 4 août 1943. Le nouveau leader, George Drew, avait bénéficié de la division qui régnait au sein des libéraux de la province depuis la démission de Mitch Hepburn. Il avait écrasé les libéraux de Harry Nixon qui était devenu, « peut-être pour son malheur, le treizième premier ministre de l'Ontario[4] ». Les libéraux n'avaient fait élire que 15 candidats et les conservateurs 38. Il s'en fallut de peu que l'Ontario devînt la première province socialiste du Canada. En effet, la C.C.F., sous la direction d'un jeune avocat, E.B. Joliffe, s'était emparée de 34 sièges. Pour les socialistes, ce fut un immense succès, car avant le scrutin, ils ne détenaient pas un seul siège à l'Assemblée législative de Toronto. Drew formait un gouvernement minoritaire avec la C.C.F. comme opposition officielle.

King attribuait la défaite des libéraux à leur division. Tous les anciens ministres avaient été battus, à l'exception de trois, dont Nixon. Le 9 août, King perdait deux élections partielles au Québec. Dans la circonscription de Stanstead, le candidat du Bloc populaire canadien, Armand Choquette, triomphait de son adversaire libéral, malgré l'intervention de Louis Saint-Laurent. Cette nouvelle formation politique, dirigée par Maxime Raymond, avait été fondée à la suite du plébiscite pour protester contre « la politique conscriptionniste et impérialiste de King ».

Dans le comté de Montréal-Cartier, le candidat communiste Fred Rose triomphait de son plus proche adversaire du Bloc populaire par une majorité de quelque 150 voix. C'était la première fois qu'un candidat communiste était élu aux Communes. Cartier était une circonscription cosmopolite, habitée par une fraction importante d'électeurs, originaires de l'Europe centrale et de l'Europe orientale.

Le 11 janvier 1944, le cabinet décida de la création de trois nouveaux ministères, ceux de la Reconstruction, des Anciens combattants et de la Santé nationale. Mais ce n'est que deux jours plus tard que le cabinet accepta, malgré l'opposition de Ilsley, Howe et Crerar, l'un des projets de loi les plus controversés, celui des allocations familiales. On estimait que cette mesure sociale coûterait au Trésor quelque $200 millions annuellement, soit l'équivalent de la moitié du budget annuel d'avant-guerre.

À l'été de 1940, King avait fait adopter le projet d'assurance-chômage, prélude à une série de mesures sociales. Les tribunaux avaient exprimé l'opinion que les allocations familiales étaient de la compétence du gouvernement fédéral[5]. La mesure était annoncée à l'ouverture de la session, le 27 janvier.

Comme les familles nombreuses se trouvaient alors au Québec, certains députés anglophones dénoncèrent le projet de loi qui favorisait, à leurs yeux, les francophones. À une réunion des députés libéraux, George Fulford, de Brockville, en Ontario, qualifia la proposition de « corruption légale au profit du prolifique Canada français[6] ». King le rabroua vertement et il fut longuement ovationné par ses partisans.

Le leader des progressistes-conservateurs, John Bracken, avait taxé la mesure de « corruption politique ». Le premier ministre de l'Ontario, George Drew, lançait l'avertissement qu'une « province isolationniste ne doit pas être autorisée à diriger les destinées d'un Canada divisé ». L'ancien lieutenant-gouverneur de l'Ontario, Herbert Bruce, député d'une circonscription de Toronto, déclarait que « cette mesure de corruption... est destinée à une province et payée par les impôts des autres provinces[7] ».

King demanda au député de se rétracter. Le président de la Chambre fit une requête analogue. Sur son refus, Bruce fut expulsé des Communes pour une journée. Le premier ministre n'exigea pas de suspension plus longue de crainte de faire du député ontarien un martyr. Tous les conservateurs n'étaient pas opposés aux allocations familiales parce qu'ils savaient que les Canadiens étaient favorables à cette mesure sociale. John Diefenbaker et Howard Green contribuèrent à convaincre leurs collègues de voter en faveur du projet de loi en deuxième lecture. C'est King qui présenta personnellement la proposition qui fut adoptée par 139 voix. Aucun député n'osa s'y opposer.

À l'été de 1944, les électeurs allèrent aux urnes dans quatre provinces canadiennes. En Saskatatchewan, la C.C.F., sous la direction de Tommy Douglas, remportait une victoire impressionnante, s'emparant de 47 des 52 sièges. C'était le premier gouvernement socialiste en Amérique du Nord. Faisant suite au succès socialiste, en Ontario, l'année précédente, la C.C.F. croyait fermement qu'elle avait le vent dans les voiles à l'approche des élections générales au Canada.

Les libéraux furent consternés en raison de la proximité d'une consultation populaire au pays, mais les conservateurs le furent davantage. Aucun candidat tory n'avait réussi à se faire élire en Saskatchewan. En Alberta, les créditistes remontèrent au pouvoir et aucun candidat conservateur n'était élu. Pour Bracken, ce fut le comble de la déception, lui qui comptait, citoyen de l'Ouest, faire une forte poussée dans cette région du pays.

Au Nouveau-Brunswick, les conservateurs furent de nouveau battus par les libéraux et, circonstance aggravante, ils firent élire 7 candidats de moins que lors de la consultation populaire précédente. Encore un mauvais augure pour Bracken qui voyait son parti totalement rejeté dans deux provinces de la Prairie et perdre du terrain dans une des provinces de l'Atlantique.

Le 28 juin, le premier ministre du Québec, Adélard Godbout, annonce la tenue d'élections générales, fixées au 8 août. Les libéraux auront à combattre l'Union nationale de Maurice Duplessis et le Bloc populaire, dont l'aile provinciale était dirigée par un jeune journaliste de trente-deux ans, André Laurendeau.

Godbout demanda aux électeurs de le juger sur son administration provinciale. Quant à la politique de guerre du gouvernement King, dit-il, les électeurs auront l'occasion de se prononcer lors de la prochaine consultation fédérale.

Il fit grand état de la nationalisation de la Montreal Light, Heat and Power Company, qui est devenue l'Hydro-Québec. Puis il s'en prit à ses adversaires de l'Union nationale et du Bloc populaire qui représentaient « la montée redoutable de l'étroitesse d'esprit, de l'opportunisme et du fanatisme dans notre province[8] ».

Les libéraux adoptèrent comme slogan: « Notre maître, l'avenir. » À ses adversaires qui l'accusaient d'avoir sacrifié l'autonomie provinciale, Godbout répliqua: « Je suis allé... à Ottawa, à maintes reprises, pour réaffirmer la souveraineté législative du gouvernement provincial dans les matières qui sont de sa compétence. Je n'ai pas renoncé à un fragment de l'autorité et du prestige de la province; je n'ai pas abdiqué un seul droit constitutionnel; je n'ai pas sacrifié un iota de l'autonomie provinciale[9]. »

L'Union nationale et le Bloc populaire firent une campagne très nationaliste. Thème très rentable sur le plan électoral, surtout à un moment où la question de la conscription exaltait le sentiment national canadien-français. Duplessis, qui n'avait jamais été un nationaliste, mais un exploiteur du nationalisme à des fins électorales, plaça sa campagne électorale sur le terrain de l'autonomie provinciale et de la décentralisation.

Il accusa le premier ministre d'avoir trahi les intérêts de la province auprès des centralisateurs d'Ottawa. Il affirma: « Nous ne voulons pas que la législature de Québec soit à la remorque d'Ottawa. Elle doit être menée par les citoyens de Québec... M. Godbout a abandonné à Ottawa le droit de taxer les riches et n'a gardé à Québec que le droit de taxer les pauvres, avec la taxe de vente. Nous allons reprendre le droit de taxer les riches, et abolir la taxe de vente qui écrase les classes les moins fortunées[10]. »

Maurice Duplessis dénonça la nationalisation de la *Montreal Light, Heat and Power Company,* entreprise presque essentiellement anglophone, qui coûterait, selon lui, $200 millions et entraînerait de nouvelles taxes et des emprunts. Il voyait dans cette mesure un précédent dangereux. Il précisa que l'Union nationale préférait s'en tenir à l'entreprise privée et nationaliser seulement quand il y avait nécessité.

Duplessis accusa le Bloc populaire de faire le jeu des libéraux: « Le Bloc populaire a été fondé pour diviser les forces d'opposition au Québec et maintenir le gouvernement Godbout au pouvoir. »

Le Bloc dénonça avec véhémence les deux partis traditionnels qui, à ses yeux, étaient « les outils des trusts et des impérialistes[11] ». Il ne manqua aucune occasion d'exploiter le ressentiment populaire, comme l'Union nationale d'ailleurs, contre les gouvernements du Québec et d'Ottawa, notamment au sujet de la conscription.

Au scrutin, l'Union nationale reprit le pouvoir, faisant élire 47 candidats. Les libéraux conservaient 37 sièges et le Bloc populaire réussit à prendre 4 circonscriptions, dont celle de Montréal-Laurier, où Laurendeau briguait les suffrages. En apprenant les résultats des élections, King ne cacha pas sa déception. Il reprocha à certains députés fédéraux d'avoir abandonné leur siège pour solliciter un mandat provincial. Tous ces députés avaient été battus.

Au début de 1944, King sembla avoir l'impression que l'avenir était sans nuages. Il confia à son journal le 12 janvier: « Ayant atteint 1944 sans conscription... Je ne pense pas que cette question nous cause des soucis avant la fin de la guerre[12]. » Pourtant, avant la fin de l'année, il aura à affronter la plus grande crise de sa carrière et il s'en faudra de peu que son gouvernement ne soit renversé.

Un mois avant le commencement de la crise, le chef du gouvernement fédéral affichait encore beaucoup d'optimisme. « Lors d'un déjeuner privé au Club de Réforme de Québec, le 14 septembre, le premier ministre, ordinairement réservé, était si en verve qu'il prédit que tous les soldats canadiens ayant servi outre-mer pendant la Deuxième Guerre mondiale pourraient se vanter d'avoir été volontaires[13]. »

Ce sentiment de confiance était justifié. Le 3 août précédent, le lieutenant général Kenneth Stuart, chef d'état-major au quartier-général de l'armée canadienne à Londres, donnait des assurances formelles au comité de guerre du cabinet. Il soulignait que, bien que l'armée ait combattu en Italie depuis douze mois et, en France, depuis deux mois, les renforts étaient très satisfaisants. Malgré les pertes élevées, au rythme présent, il estimait qu'il y avait assez d'hommes pour les trois mois à venir. Cet exposé de Stuart remplit de joie King. Ce dernier espérait ainsi que la guerre pourrait se terminer sans qu'il soit nécessaire d'imposer la conscription pour service outre-mer.

Le major Conn Smythe, entraîneur de l'équipe de hockey des Leafs de Toronto, qui avait été blessé en Europe, rentra au

Canada. Il prétendit devant la presse que les soldats envoyés en Europe étaient inexpérimentés et mal entraînés, ce qui expliquait les lourdes pertes. Pour combler cette déficience, il croyait que le seul moyen était d'envoyer en Europe les conscrits, bien entraînés, qui avaient été mobilisés pour la défense du Canada. Les journaux du 18 septembre firent une large publicité à ces déclarations.

Quelques jours plus tard, le premier ministre de l'Ontario, George Drew, les reprit à son compte et réclama l'établissement de la conscription. Le 23, le ministre de la Défense nationale, J.L. Ralston s'envola pour le Vieux Continent afin de prendre connaissance sur place de la situation. Il s'arrêta d'abord à Naples, en Italie. Une semaine plus tard, il était à Londres et rendait ensuite visite aux troupes canadiennes en Belgique et en Hollande. De retour dans la capitale britannique, Ralston fit parvenir un câblogramme à King, le 13 octobre, qui lui causa une vive préoccupation. Le ministre laissait entendre en termes vagues que la situation était assez sérieuse et que le lieutenant général Stuart rentrait au Canada avec lui.

Dans l'esprit de King, ces propos étaient assez clairs. Le spectre de la conscription lui semblait déjà évident. Le premier ministre voyait juste et c'était le commencement de la seconde crise de la conscription. Il lut à Saint-Laurent le câblogramme de Ralston. Il frémissait rien qu'à la pensée de ce qui pourrait se produire si la conscription était établie. Ce serait une « chose criminelle » aux conséquences effroyables. Une telle mesure, à ses yeux, conduirait probablement à la guerre civile. Dès le 28 septembre, il avait fait connaître son appréhension à Saint-Laurent. Il lui avait dit que le ministre de la Défense, comme Borden en 1917, réclamerait la conscription à son retour d'Europe.

Le 18 octobre, Ralston et Stuart arrivaient à Ottawa. Stuart avait préparé un mémorandum recommandant l'envoi outremer de 15000 fantassins d'ici à la fin de l'année et l'établissement de la conscription, s'il n'y avait pas d'autre moyen d'obtenir les hommes nécessaires. Cette dernière recommandation, qui fit sortir King de ses gonds, n'était pas de la compétence de Stuart, mais bien de celle du gouvernement canadien.

Le même jour, King et Ralston eurent un entretien. Le ministre fit savoir à son chef que des soldats, à peine sortis de l'hôpital, étaient contraints de retourner sur la ligne de feu, faute de renforts. Il avertit son chef qu'il démissionnerait si les conscrits, mobilisés pour la défense du Canada, n'étaient pas envoyés outre-mer.

Le premier ministre répliqua : « Nous sommes en guerre depuis cinq ans. Les Américains depuis moins de trois ans. Toutes proportions gardées, notre effort de guerre a été plus considérable que celui des autres pays. (Il) faut penser aux conséquences politiques d'un acte de cette sorte (la conscription)... J'ai l'impression que pour sauver des vies humaines... il serait beaucoup mieux que la guerre dure un peu plus longtemps... que de sacrifier plus de vies en agissant à la hâte... (la conscription) amènerait probablement, sinon certainement, la guerre civile[14]. »

Le lendemain, le Comité de guerre du cabinet se réunissait. Ralston exposa sa position et le général Stuart fut invité à prendre part aux discussions. King le pria de s'expliquer sur ses prévisions du mois d'août précédent. Stuart répondit qu'il s'était trompé. Après la réunion, le premier ministre fut très satisfait d'apprendre que l'attitude de Louis Saint-Laurent restait essentiellement la même : « La conscription serait acceptable, si elle était nécessaire pour gagner la guerre, et seulement dans ces circonstances[15]. » Les deux hommes étaient également d'accord « qu'elle n'aurait d'autre résultat que d'aliéner tout le Québec[16] ».

Le 20 octobre, King informait son ministre de la Justice que « si Ralston persistait dans son attitude et remettait sa démission, je l'accepterais et inviterais (le général) McNaughton à faire partie du cabinet[17] ». Le 24 octobre, les vingt-trois membres du cabinet étaient réunis pour entendre l'exposé de Ralston. Pour la plupart des ministres, c'était la première fois qu'ils entendaient parler d'une pénurie d'hommes en Europe. Le premier ministre, qui avait l'immense majorité du cabinet de son côté, réitéra son opposition à la conscription qui « diviserait le pays », entraînerait des « effusions de sang sur plusieurs points du Canada », ruinerait « le parti libéral ».

Il y eut une altercation entre Angus Macdonald et James Gardiner, le plus ardent des anticonscriptionnistes. Le docteur J. H. King, de la Colombie-Britannique, était d'opinion que la conscription serait « un suicide politique aussi bien que national ». James Gardiner attirait l'attention de ses collègues sur une déclaration du premier ministre socialiste de la Saskatchewan. Tommy Douglas avait affirmé que la C.C.F. s'opposerait à la conscription des hommes sans la conscription des richesses. Ilsley suggérait au cabinet de prendre une décision en faveur ou non de la conscription.

Le 25, King était désormais convaincu que Ralston donnerait sa démission si le gouvernement s'opposait à ses recommandations. Il multiplia ses efforts pour le convaincre de rester dans le cabinet, lui rappelant que la majorité des membres du cabinet, dont lui, étaient opposés à toute mesure de coercition en raison des conséquences qu'elle pourrait avoir pour le pays.

Pour prévenir cette défection et peut-être d'autres, King imagina un stratagème assez ingénieux. Il fit parvenir à Winston Churchill un câblogramme dans lequel il lui demandait « si, dans son opinion, les besoins futurs de la guerre en Europe nécessitaient le risque redoutable d'imposer la conscription au Canada[18] ». Ainsi, si la réponse était favorable, le premier ministre aurait un argument supplémentaire pour justifier son attitude anticonscriptionniste. Mais la réponse du premier ministre britannique était tellement vague que King se garda bien de la communiquer à ses collègues. Il aurait commis une grave erreur qui aurait donné plus de poids à la thèse conscriptionniste.

Gardiner eut un entretien avec King et engagea vivement son chef à ne pas céder sur la question de la conscription. Il précisa qu'il ne ferait pas partie d'un gouvernement qui préconiserait cette mesure de coercition et qu'il se joindrait plutôt à la C.C.F. Vers la fin d'octobre, King acquit la conviction qu'on complotait contre lui afin de mettre en cause son leadership. Le ministre de la Santé nationale, Ian Mackenzie, en était certain et il renforçait les soupçons du premier ministre.

« Y avait-il vraiment un complot contre King? On n'a pu en trouver de preuve ni dans les archives de Ralston ni ailleurs. King n'en fournit aucune dans son journal; il semble avoir agi uniquement d'après une intuition, renforcée par une coïncidence; il s'était rappelé, en effet, que les mêmes membres du cabinet s'étaient opposés à sa politique dans deux domaines, la législation sociale et la conscription. Le comportement de Ralston après son renvoi, alors qu'il continua à appuyer de façon générale le gouvernement à un moment où il aurait probablement pu, s'il l'avait voulu, en provoquer la chute... indique bien que, de fait, le complot n'existait que dans l'esprit de King et que Ralston était tout à fait sincère quand il déclara, ainsi que le nota le premier ministre, qu'il était prêt à vivre dans la retraite et l'obscurité, pourvu qu'il eût la conscience en paix[19]. »

C'est à ce moment que King décida de remplacer Ralston par le général McNaughton. À l'exception de Saint-Laurent, personne n'était au courant du projet du premier ministre. Ce dernier estimait que McNaughton, à l'encontre de tant de conscriptionnistes, n'était pas hostile aux Canadiens français[20]. Le général partageait l'opinion du premier ministre que la conscription n'était pas nécessaire pour gagner la guerre. À la demande de King, il avait accepté de faire partie du gouvernement.

Le 1er novembre, à une réunion du cabinet, le premier ministre fit savoir qu'il s'était entretenu dans la matinée avec McNaughton et que ce dernier lui avait donné l'assurance qu'il était possible d'obtenir les recrues nécessaires sans recourir à la conscription. Le général croyait également que la conscription serait un désastre pour le Canada.

King soulignait que McNaughton était l'homme qu'il fallait pour cette tâche parce que Ralston ne croyait pas qu'il était possible d'obtenir les renforts sans conscription. Comme le ministre de la Défense avait manifesté à maintes reprises le désir de résigner ses fonctions, le chef du gouvernement estimait qu'il devait remettre sa démission, ce qui permettrait au général

McNaughton d'entrer au gouvernement immédiatement. King rappela à Ralston qu'il avait remis sa démission, voilà deux ans, et qu'il ne l'avait jamais retirée. Le sort de son collègue était scellé.

Ralston informa son chef qu'il démissionnerait tout de suite. Il se leva, rassembla ses papiers, serra la main du premier ministre ainsi que celle de ses collègues et quitta la salle de réunion, seul. Aucun des ministres conscriptionnistes n'osa le suivre. King avait frappé un grand coup sans désunir son cabinet. Il devait savoir sans doute à l'avance quelles seraient les réactions de ses ministres, sans quoi il n'aurait jamais pris un si grand risque.

McNaughton devint ministre de la Défense nationale. Pendant trois semaines, il tenta sans succès de convaincre assez de conscrits de s'enrôler volontairement pour service outre-mer. À ce moment, l'opinion anglophone baignait dans une ambiance très émotive. Les ministres, les députés et les chefs de l'opposition recevaient un volumineux courrier provenant d'électeurs, de clubs, d'associations et même de certains syndicats ouvriers qui réclamaient l'établissement de la conscription.

La presse anglophone était pratiquement en totalité conscriptionniste. Le quotidien *The Gazette* de Montréal accusait le gouvernement King « d'espérer obtenir des avantages politiques... au risque d'un désastre militaire[21] ». Le *Globe and Mail* de Toronto écrivait des articles dans le même esprit. Le 7 novembre, il imprimait en éditorial: « Le gouvernement a la vilenie de sacrifier les vies de jeunes gens afin de retenir sa puissance au Québec[22]. » Une fraction importante de la presse anglophone était convaincue que le gouvernement n'imposait pas la conscription dans le but d'apaiser le Québec. Ce raisonnement semblait d'autant plus logique que le Québec avait toujours donné un appui massif à King aux élections.

Les anglophones, cependant, ne formaient pas un bloc monolithique. Le professeur J. A. Corry de l'Université Queen's, à Kingston, en Ontario, faisait savoir à son député, Angus Macdonald, qui était également ministre, que « dans un pays où se trouve une importante minorité homogène comme au Canada, je crois que la démocratie exige le consentement de cette minorité sur les questions essentielles[23] ». D'autres ont sans l'ombre d'un doute partagé l'attitude du *Canadian Forum* de Toronto selon laquelle l'opinion publique était manipulée par une campagne de presse fanatique et sans scrupules. Il y avait des députés, même de l'Ontario, qui n'étaient pas partisans de la conscription à cause de l'opposition de leurs électeurs, notamment dans les circonscriptions rurales.

Le 12 novembre, Ralston donna à la presse les raisons qui avaient motivé sa démission. Le lendemain, King annonça la convocation des Chambres pour le 22 novembre. L'objectif du premier ministre était de prévenir d'autres démissions et de demander au Parlement un vote de confiance. Il craignait notamment que l'attitude de Ralston fût adoptée également par Macdonald et Ilsley. Le mouvement conscriptionniste commençait de nouveau à prendre de l'ampleur. Le chef de l'opposition, John Bracken, réclamait au nom du peuple du Canada et des soldats outre-mer l'adoption immédiate de la conscription.

À une réunion du cabinet le 20 novembre, Macdonald, Ilsley, Crerar et quelques autres exigèrent qu'on fixât une date limite pour le recrutement de volontaires pour outre-mer. S'il n'était pas possible de trouver le nombre de recrues nécessaires, il faudra recourir à la coercition. Le 1er décembre était la date limite le plus souvent mentionnée. La position de James Gardiner ne dévia pas d'un iota. Il s'opposa nettement à toute modification de la présente politique.

Après la réunion, le premier ministre convoqua Saint-Laurent, Gardiner, Mackenzie et McNaughton à son bureau. Il réitéra son opposition à la conscription et réaffirma qu'il ne ferait jamais partie d'un gouvernement qui l'imposerait.

Le lendemain, nouvelle réunion du cabinet. King informa ses collègues qu'il avait réfléchi sérieusement à la question et que les positions au sein du cabinet étaient irréconciliables. Il proposa de lancer un appel aux conscrits pendant une période de trois semaines au minimum pour qu'ils s'enrôlent volontairement. Si au bout de ce laps de temps, le nombre de recrues n'était pas suffisant, il démissionnerait en faveur d'un membre du gouvernement qui se chargerait de faire appliquer la conscription par arrêté ministériel.

Cet exposé du premier ministre suscita une certaine consternation au sein du cabinet. Gardiner fit savoir qu'il suivrait son chef. C. D. Howe exprima l'opinion que King était indispensable pour la période d'après-guerre. Macdonald estima que le premier ministre mettrait son successeur dans une position difficile. Saint-Laurent, ainsi que les autres ministres canadiens-français, affirma qu'il quitterait le cabinet avec King.

Gardiner fit une suggestion pour que King restât à son poste. Il proposa que si le recrutement ne donnait pas les résultats désirés à la fin de la période d'essai, 8000 conscrits seraient envoyés outre-mer et 8000 autres seraient maintenus sous les drapeaux, en cas de besoin. Quant aux autres conscrits, ils seraient démobilisés et ne seraient plus sujets à être rappelés. Power et Saint-Laurent s'opposèrent à la suggestion de leur collègue.

Les conscriptionnistes, qui se savaient en minorité, étaient prêts à quitter le cabinet. Mais King avait noté, quelques jours plus tôt, qu'il serait difficile de continuer à diriger le pays sans la collaboration de Macdonald, Ilsley et des autres irréconciliables. Le 22 novembre au matin, le nouveau ministre de la Défense nationale informa son chef qu'il avait été impossible d'obtenir le nombre de volontaires désirés. Il lui dit également que le commandant du district militaire de Winnipeg avait remis sa démission. Si d'autres démissions se produisaient, le gouvernement aurait à affronter une situation extrêmement grave. Six membres du cabinet, Ilsley, Howe, Macdonald, Mulock, Gibson et Crerar menaçaient de résigner leurs fonctions.

King était aux abois. Il se trouvait dans une situation intenable. S'il refusait d'imposer la conscription, il serait incontestablement renversé. En pleine guerre, le Canada serait sans gouvernement. La pression des conscriptionnistes était trop forte. Aux yeux du premier ministre, les risques d'une guerre civile seraient moins grands en appliquant la conscription qu'en refusant de l'appliquer. Acculé au pied du mur il se sentait impuissant à contenir l'orage qui s'amoncelait.

Après l'appel téléphonique de McNaughton, le premier ministre conféra avec Saint-Laurent pour lui faire part de ses appréhensions. Il lui dit qu'il pourrait perdre tous les sièges au Québec. Il lui confia qu'il pourrait démissionner. Le ministre de la Justice, qui comprenait très bien la situation, donna l'assurance à son chef qu'il lui resterait fidèle et accepterait les décisions qu'il prendrait dans les circonstances. Power comprenait également la position de King et sympathisait avec lui. Il lui dit qu'il ne pouvait faire autrement, mais qu'il serait contraint de résigner ses fonctions. Le ministre de l'Air avait toujours déclaré qu'il n'accepterait jamais la conscription pour service outre-mer.

Quelques semaines plus tard, Saint-Laurent donna à Power son interprétation de la seconde crise de la conscription: « Les gros intérêts étaient déterminés à détruire King parce qu'il s'était engagé dans un programme de législation sociale et n'avait pas été favorable au C.P.R. ou aux banques. Les gros intérêts considéraient les allocations familiales comme une cause d'épuisement des ressources financières... Le groupe de Toronto n'était pas nécessairement pour la conscription, mais l'utilisait comme un moyen pour détruire King... King n'avait d'autre choix que de céder et de remettre le pouvoir à ceux qui supprimeraient toute législation sociale ou bien d'accepter la conscription[24]. »

Toujours est-il que le 23 novembre King décida d'envoyer 16000 conscrits outre-mer par arrêté ministériel. Avant d'annoncer cette décision au cabinet, il avait téléphoné au cardinal Villeneuve et à l'ancien premier ministre Adélard Godbout pour les informer qu'il avait été contraint d'adopter cette mesure de conscription partielle. Le prélat et l'homme politique étaient bien obligés de reconnaître que King ne pouvait agir autrement. À la réunion du cabinet, Power remit sa démission et quitta la salle. Ralston avait démissionné parce qu'il voulait la conscription et Power démissionnait parce qu'il y était opposé.

La décision du gouvernement, aussitôt connue, eut des échos presque immédiatement en Colombie-Britannique, où la plupart des conscrits étaient cantonnés. Il se produisit un commencement de mutinerie. « McNaughton avait fait remarquer plus d'une fois que si les conscrits résistaient à l'application du nouveau programme, on n'aurait vraiment aucun moyen de les ramener à l'ordre, puisqu'il ne restait pas beaucoup de soldats du service général[25]. »

Cette opposition à la conscription aurait pu prendre des proportions sérieuses, mais elle s'apaisa sans effusion de sang. « Il y eut néanmoins un moment de panique à Ottawa, le 29 novembre, lorsqu'on apprit que le général Pearkes avait donné l'ordre à l'ARC de voler bas au-dessus du camp de Terrace[26]. »

Certains avaient prétendu à l'époque que les Canadiens français étaient à l'origine des désordres en Colombie-Britannique. Un historien anglophone écrit à ce sujet : « ...les témoignages unanimes de ces officiers portent que les Canadiens français n'étaient pas les premiers responsables de ces désordres. Selon eux, la plupart des meneurs étaient originaires de l'Europe centrale et venaient des Prairies ; un certain nombre étaient Allemands[27]. »

Jusqu'à la fin des hostilités, quelque 13 000 conscrits furent envoyés outre-mer contre leur gré. Moins de 2 500 atteignirent la ligne de feu. De ceux-ci, 313 furent blessés, dont 69 mortellement[28].

King, dont toute la carrière politique avait été le maintien de l'unité nationale, avait néanmoins réussi à la maintenir malgré cette conscription partielle. Les Canadiens français comprirent qu'il n'était pas dans une situation facile et qu'entre deux maux, il avait choisi le moindre. « La manière dont Mackenzie King a manoeuvré, face à la question de la conscription, fut peut-être sa plus grande réussite en politique[29]. »

Le 7 décembre, le gouvernement obtenait la confiance du Parlement par une majorité de 73 voix. 19 députés francophones du Québec avaient donné leur appui au ministère.

NOTES

1. Ralph Allen, *Ordeal by Fire,* Toronto, 1961, p. 404.
2. J. W. Pickersgill, *The Mackenzie King Record,* tome I, Toronto, 1960, p. 457.

3. *Ibid.*, p. 459.
4. Neil McKenty, *Mitch Hepburn*, Toronto, 1967, p. 266.
5. Eugene Forsey, *Canadian Historical Review*, juin 1971, p. 181.
6. Donald Creighton, *The Forked Road*, Toronto, 1976, p. 89.
7. *Ibid.*, p. 91.
8. Robert Rumilly, *Histoire de la province de Québec*, tome XLI, Montréal, 1969, p. 97.
9. *Ibid.*, p. 101.
10. *Ibid.*, p. 106.
11. Mason Wade, *The French Canadians*, Toronto, 1956, p. 1010.
12. J. W. Pickersgill, *op. cit.*, p. 630.
13. Dale C. Thomson, *Louis St-Laurent*, Montréal, 1968, p. 140.
14. J. W. Pickersgill et D. F. Forster, *op. cit.*, tome II, 1968, p. 127.
15. J. L. Granatstein, *Canada's War*, Toronto, 1975, p. 345.
16. Dale C. Thomson, *op. cit.*, p. 143.
17. J. W. Pickersgill et D. F. Forster, *op. cit.*, p. 136.
18. Donald Creighton, *op. cit.*, p. 94.
19. C. P. Stacey, *Armes, hommes et gouvernements*, Ottawa, 1970, p. 499.
20. J. W. Pickersgill et D. F. Forster, *op. cit.*, p. 176.
21. J. L. Granatstein, *op. cit.*, p. 359.
22. *Ibid.*, p. 359.
23. *Ibid.*, p. 360.
24. J. L. Granatstein, *op. cit.*, p. 367, 368.
25. C. P. Stacey, *op. cit.*, p. 520.
26. *Ibid.*, p. 521.
27. *Ibid.*, p. 522.
28. Ralph Allen, *op. cit.*, p. 451.
29. J. M. S. Careless, *Canada*, Toronto, 1963, p. 387.

XXVIII

Dernière victoire électorale

King fixe au 5 février 1945, la tenue d'une élection partielle dans la circonscription de Grey-Nord, en Ontario, où le général McNaughton brigue les suffrages. Le gouvernement espérait que le nouveau ministre de la Défense nationale serait élu par acclamation, mais les conservateurs et la C.C.F. anéantissent ces espoirs.

Les tories, qui auraient préféré une conscription totale plutôt que partielle, sont résolus à exploiter cette question au cours de la campagne électorale et à soulever le ressentiment anglophone contre les libéraux. Leur candidat est le maire de Owen Sound, Garfield Case. Le leader national de la C.C.F., M. J. Coldwell, aurait tenté vainement de convaincre les organisateurs de la circonscription de ne pas faire opposition à McNaughton[1]. Le candidat socialiste est le vice-maréchal de l'Air, A. Godfrey, riche manufacturier, qui est à couteaux tirés avec le ministre de la Défense nationale. Ce dernier, qui n'a aucune expérience politique, commet plusieurs maladresses. Il dit aux électeurs, par exemple, qu'il ne les représenterait que pour une brève session au Parlement et qu'aux prochaines élections générales, il solliciterait un mandat dans son comté natal de Qu'Appelle, en Saskatchewan. Il se rend à Owen Sound dans un wagon spécial. Cette bévue choque bien des électeurs.

La question religieuse entre également en ligne de compte et joue contre le candidat. On reproche au ministre, qui est un excellent protestant, d'avoir épousé une catholique. McNaughton, qui a le courage de ses convictions, déclare qu'il assistera à la messe de minuit avec sa femme, à Noël, comme il l'a fait dans le passé.

L'intervention du pasteur baptiste T.T. Shields de Toronto en faveur du candidat progressiste-conservateur alimente le fanatisme local. Le pasteur, dont la largeur d'esprit n'a jamais été sa qualité dominante, voit des papistes partout. Il dénonce « les putains de Rome et leurs agents au Canada : Mackenzie King, le Québec et le général McNaughton ». Il a la certitude que c'est le Québec qui a empêché l'établissement de la conscription totale. Shields lance l'avertissement que « dans mon humble opinion, un vote pour McNaughton, c'est un vote pour l'épiscopat catholique et pour un nouvel asservissement du Canada ». Dans une circonscription où les catholiques représentent moins de 5 p. cent de la population et où il y a plusieurs loges orangistes, cette campagne de préjugés religieux a certainement nui au ministre de la Défense nationale.

King, qui a pris connaissance du discours du pasteur baptiste, a dénoncé dans son journal avec véhémence cette exploitation des préjugés religieux. Il a songé un instant à faire dissoudre les Chambres avant la tenue de l'élection partielle dans la circonscription de Grey-Nord[2]. Il a qualifié l'attitude des tories « d'antipatriotique », à un moment où les Canadiens sacrifiaient leurs vies pour sauver la liberté du monde.

Le leader des conservateurs, John Bracken, de retour d'Europe où il a visité les champs de batailles, vient prêter main-forte à son candidat, à la fin de janvier. Il affirme qu'il est allé outre-mer pour connaître sur place la vérité. Il aurait constaté que les soldats se sentaient trahis par le général MacNaughton. Il affirme également que des conscrits étaient débarqués en Grande-Bretagne sans armes, ayant jeté leurs fusils et leurs munitions par-dessus bord.

Cette accusation de Bracken souleva l'ire de McNaughton. Celui-ci précisa que le bruit avait couru qu'un soldat avait jeté son équipement à la mer, mais que ce n'était qu'une rumeur et elle n'avait pas été confirmée. Toujours est-il qu'il n'y eut qu'un homme impliqué dans cette rumeur et non des centaines.

Conscriptionniste à tout crin, le leader de l'opposition officielle s'en prit également au premier ministre. Il lui reprocha notamment de « n'avoir pas réussi à faire consentir aux Canadiens français leur juste part des sacrifices en temps de guerre[3] ». Pour sa part, King lança au moins trois appels aux électeurs de Grey-Nord en faveur du candidat libéral.

Le jour du scrutin, il se montra pessimiste et douta de la victoire de McNaughton. Il ne s'était pas trompé. Le candidat conservateur obtint une majorité de 1 236 voix sur le ministre de la Défense nationale et de 4215 voix sur le candidat socialiste. Le premier ministre attribua la défaite de son candidat « à l'argent et au vote orangiste ». La presse et les leaders conservateurs étaient convaincus, de leur côté, que la question des renforts à l'armée et la conscription avaient été les principaux facteurs de la victoire de Case.

Le 9 mars, King se rendit à Washington où il conféra avec le président Roosevelt. Il remarqua que l'état de santé du chef de l'Exécutif américain s'était détérioré. Ses traits s'étaient creusés. Mais le premier ministre ne se rendit pas compte que son interlocuteur était déjà marqué par la mort. Roosevelt lui mentionna qu'à la conférence de Yalta, en Crimée, au début du mois précédent, Churchill avait fait les frais des entretiens dans une proportion de 90 p. 100, mais ne lui avait révélé aucun secret, si ce n'est que l'Union soviétique allait vraisemblablement rompre avec le Japon, ce qui n'était qu'une partie de la vérité. Le 15 mars, King rentra à Ottawa sans savoir qu'il avait conféré pour la dernière fois avec le chef de l'Exécutif américain. Moins d'un mois plus tard, en effet, Roosevelt succombait à une hémorragie cérébrale.

À une réunion du cabinet le 3 avril, il a été convenu qu'il n'y aurait pas de conscription pour la poursuite de la guerre contre le Japon. Les ministres anglophones n'avaient aucun attachement sentimental dans le Pacifique, la Grande-Bretagne n'étant pas située dans cette région.

Le 25 avril, les délégations d'une cinquantaine de pays en guerre contre l'Axe se réunissaient à San Francisco en vue de signer la charte des Nations unies, organisation qui succédera à la Société des Nations. L'ambiance était à la confiance et à l'espoir. La victoire en Europe était désormais certaine, (elle sera acquise deux semaines plus tard). Mais le Japon n'était pas subjugué et l'on s'attendait à une guerre assez longue.

« Cette réunion internationale était sans précédent. Ni au Congrès de Vienne, ni à la conférence de la paix en 1919, le point de vue des petites puissances n'avait été vraiment pris en considération. À San Francisco, les Grands leur présentaient des propositions et leur demandaient de les discuter, les textes devant être adoptés à la majorité des deux tiers[4]. » Il est incontestable que « l'O.N.U. marquait un progrès par rapport à la S.D.N.; l'adhésion des États-Unis et de l'U.R.S.S. lui conférait une toute autre puissance[5] ».

À l'ouverture de la conférence, la délégation canadienne était présidée par King qui s'était fait accompagner de Louis Saint-Laurent et des leaders à la Chambre des partis progressiste-conservateur et socialiste. Le chef des conservateurs, John Bracken, qui ne siégeait pas aux Communes, n'avait pas été invité. C'est Gordon Graydon qui représenta le parti. Le Canada n'a pas joué un rôle de premier plan à San Francisco, mais le premier ministre a rappelé aux délégués « l'importance potentielle des petites puissances en vue du maintien de la paix dans le monde[6] ».

King se trouvait encore à San Francisco lorsqu'il apprit la fin des hostilités en Europe, le 8 mai. Le Canada avait mobilisé plus de 1 million d'hommes au cours de ce conflit gigantesque. Quelque 41 700 Canadiens avaient perdu la vie[7], chiffre de beaucoup inférieur à celui de la Première Guerre mondiale. Le coût de la guerre s'élevait pour le Canada à plus de $20 milliards, sans compter les pensions à payer aux anciens combattants invalides et aux veuves.

La production de guerre du pays avait atteint un niveau qui avait dépassé toutes les prévisions, dont seulement un tiers fut absorbé par ses forces armées[8]. « Le Canada n'était, en 1939, qu'une puissance industrielle de troisième ordre. Il se classe maintenant immédiatement après les trois premières puissances industrielles du monde, États-Unis, U.R.S.S., Angleterre. C'est la conséquence du concours qu'il a apporté à la conduite de la guerre: en quatre ans, il a progressé d'un quart de siècle, cependant que des industries entièrement nouvelles naissaient sur son territoire[9]. »

À la mi-mai, King quittait San Francisco pour Vancouver où il commençait sa campagne électorale. Le 16 avril dernier, les Chambres avaient été dissoutes à Ottawa et les élections fixées au 11 juin. Le 12 avril, le premier ministre conservateur de l'Ontario, George Drew, avait également annoncé la tenue d'élections générales à la même date, mais quelques jours plus tard il les avait avancées au 4 juin. C'était un coup habile de la part du chef du gouvernement de l'Ontario. Comme il était prévu que les tories seraient reportés au pouvoir, cette fois avec la majorité absolue, les conservateurs fédéraux pourraient bénéficier de l'impact dans la province à une semaine du scrutin national.

Au début d'avril, un sondage effectué par l'Institut Gallup indiquait que le parti libéral n'avait qu'une avance de deux points sur les progressistes-conservateurs, soit 36 et 34, et que les socialistes recueilleraient 12 p. 100. Le sondage laissait entendre qu'on pourrait avoir un gouvernement minoritaire[10].

Le 18 avril, King procéda à un remaniement ministériel. T. A. Crerar, Norman McLarty, J. E. Michaud, Angus Macdonald et le général Laflèche quittèrent le cabinet. Macdonald retourna à la politique provinciale, en Nouvelle-Écosse, Laflèche devint ambassadeur en Grèce et Michaud accéda à la magistrature. Sept nouvelles figures devaient entrer au cabinet.

Les trois nouveaux ministres de l'Ontario étaient des catholiques, ce qui embarrassait quelque peu le premier ministre, craignant sans doute une réaction de certains milieux protestants. Il ne pouvait faire autrement parce qu'il voulait que toutes les régions de la province fussent représentées. Les trois autres ministres étaient du centre de l'Ontario. Les nouveaux étaient Paul Martin, au secrétariat d'État, Lionel Chevrier, aux Transports, et le docteur J. J. McCann, aux Services nationaux de guerre. Ce dernier avait été nommé pour représenter les Irlandais catholiques qui n'avaient aucun porte-parole au ministère depuis la démisssion de Chubby Power.

Deux montréalais devenaient ministres: Douglas Abbott obtint le portefeuille de la Marine et Joseph Jean se vit confier le poste de Solliciteur général. King nota qu'avec le départ de Michaud et la nomination de Abbott, qui était protestant, l'équilibre religieux au cabinet lui semblait assez équitable.

D. L. MacLaren, du Nouveau-Brunswick, devint ministre du Revenu national. Ce dernier avait été recommandé au premier ministre par d'autres personnes. « Ce fut probablement la seule fois que... King eût accepté un collègue qu'il ne se souvenait pas d'avoir rencontré auparavant[11]. » J. A. Glen, président de la Chambre depuis 1940, reçut le ministère des Mines que détenait Crerar. Il était du Manitoba comme son prédécesseur.

À l'approche des élections provinciales en Ontario et des élections nationales, les milieux financiers prirent conscience de la gravité de la situation si un gouvernement socialiste s'installait à Toronto et si les libéraux formaient un ministère minoritaire à Ottawa et étaient contraints de s'allier à la C.C.F. pour se maintenir au pouvoir. Les mesures sociales déjà annoncées par King, notamment les allocations familiales, les inquiétaient beaucoup. Cette tendance ne risquait-elle pas de s'accentuer si les libéraux s'unissaient à la C.C.F.? Il ne semble y avoir aucun doute que les conservateurs de Drew et de Bracken reçurent un appui fort important des milieux financiers canadiens.

En Ontario, la C.C.F. paraissait assez bien organisée et Joliffe pourrait traduire en victoire le succès impressionnant qu'il avait remporté à la consultation générale de 1943. Les chances des socialistes étaient d'autant plus favorables que la lutte se ferait à trois. Les libéraux avaient de nouveau comme leader Mitch Hepburn qui avait été choisi par ses partisans pour succéder à Harry Nixon, au mois de décembre dernier. L'ancien premier ministre s'était réconcilié avec King et avait exprimé publiquement ses regrets de l'avoir attaqué dans le passé.

Les conservateurs menèrent à la C.C.F. une lutte très dure. Ils les accusaient d'être des fascistes dans leurs buts et leurs méthodes. Ils n'osaient les assimiler aux communistes soviétiques car les Russes jouissaient encore d'une grande popularité en raison de leurs exploits militaires. Les socialistes ne prêtaient pas trop attention au début aux accusations de leurs adversaires conservateurs. Comme le public sembla ajouter foi à ces imputations, ils répliquèrent par des accusations aussi extravagantes.

Dix jours avant le scrutin, Joliffe affirma que « le colonel Drew maintient en Ontario, en ce moment même, une police politique secrète, une organisation d'espionnage payée par le gouvernement, une gestapo pour essayer de se maintenir au pouvoir[12] ». Une commission royale d'enquête devait revéler par la suite que ces accusations avaient peu de fondement.

Les conservateurs s'emparèrent de 66 sièges, un gain de 28; les libéraux, de 11, une perte de 4; la C.C.F., de 8, soit une dégringolade par rapport aux élections antérieures où elle avait fait élire 34 députés. Avec les socialistes au troisième rang, King notait avec satisfaction dans son journal: « Ce n'est pas si mauvais[13]. »

Quant aux conservateurs fédéraux, ils se croyaient vainqueurs depuis quelque temps. « Bracken était convaincu de l'emporter aux prochaines élections, un gouvernement de temps de guerre étant nécessairement défait à la fin des hostilités[14]. » Le leader conservateur avait commis l'erreur, comme King l'avait prévu, de ne pas briguer les suffrages à une élection partielle. Il aurait pu se conquérir une popularité nationale s'il avait réussi à faire belle figure aux Communes. Il semble qu'il craignait d'affronter la Chambre à Ottawa.

Toujours est-il que, dès le début, Bracken s'aliéna le Québec, sans avoir de grandes chances de faire l'union des anglophones autour de son parti. Il avait déclaré que s'il prenait le pouvoir, il établirait la conscription pour service dans le Pacifique. Depuis la fin des hostilités en Europe, la conscription n'avait plus grand attrait pour les anglophones. L'initiative de Bracken « lui fit plus de mal que de bien[15] ».

King, par contre, avait pris l'engagement de n'envoyer que des volontaires combattre contre le Japon. Le 3 juin, le premier ministre prit la parole devant une foule de 12000 personnes au Forum de Montréal. Parlant de Saint-Laurent qui l'accompagnait, King déclara qu'« aucun homme ne pouvait posséder ami plus fidèle... aucun dirigeant ne pouvait avoir collaborateur plus loyal, aucun premier ministre ne pouvait avoir conseiller plus avisé ». Il ajouta (si Saint-Laurent n'avait pas accepté d'entrer au gouvernement en 1941) : « Je doute beaucoup que je parlerais devant vous ce soir [16]. » Le témoignage de King sur Saint-Laurent (son journal en fait foi) était sincère.

Camillien Houde, qui avait été libéré du camp de concentration, devint chef conjoint du Bloc populaire avec Maxime Raymond. Il déclara que le Bloc populaire favorisait la libre entreprise et définit sa position comme n'étant pas « à gauche du centre, mais à droite du centre[17] ». Au Québec, près de 300 candidats briguèrent les suffrages pour les 65 sièges à pourvoir[18].

Le 11 juin, les libéraux triomphaient de justesse. Dans une Chambre qui comptait 245 sièges, ils ne firent élire que 125 candidats; les progressistes-conservateurs, 67, et la C.C.F., 28. Les conservateurs avaient augmenté leur représentation aux Communes de 60 p. 100 et les socialistes avaient plus que triplé leur nombre de sièges. King était battu dans sa circonscription de Prince-Albert, en Saskatchewan, ce qui avait été prévu. C'est le vote militaire qui l'avait défait. Pourtant, les militaires avaient donné 118000 voix aux libéraux, 109000 aux socialistes et 87000 aux progressistes-conservateurs. Le premier ministre se fera réélire par la suite dans la circonscription de Glengarry, en Ontario.

Le général McNaughton, qui était également candidat en Saskatchewan, était aussi battu. C'était sa seconde défaite en quatre mois. Au mois d'août, il démissionna comme ministre de la Défense nationale. Le ministre du Revenu national, D. L. MacLaren, était battu à Saint-Jean, au Nouveau-Brunswick.

Au Québec, les libéraux remportaient 54 sièges et Louis Saint-Laurent était réélu dans Québec-Est par une majorité de plus de 10000 voix. Les progressistes-conservateurs n'eurent qu'un élu, John Hackett, dans la circonscription de Stanstead, qui avait défait le député du Bloc populaire, Armand Choquette. Le Bloc fit piètre figure. Il ne fit élire que deux candidats, dont Maxime Raymond. Camillien Houde était battu dans la circonscription de Montréal-Sainte-Marie par le dentiste Gaspard Fauteux. C'était la fin du Bloc populaire comme, dès octobre 1944, Chubby Power l'avait prévu[19].

Deux mois après les élections générales, la Seconde Guerre mondiale, après le bombardement atomique de Hiroshima et de Nagasaki, prenait fin à la suite de la capitulation du Japon. Au mois d'août également, Ottawa était le théâtre d'une conférence fédérale-provinciale qui réunissait King et les premiers ministres provinciaux. En 1940, en raison de la guerre, les provinces avaient autorisé le gouvernement fédéral à percevoir exclusivement l'impôt sur le revenu des particuliers et des sociétés ainsi que les droits sur les successions.

Bien des économistes prévoyaient une nouvelle dépression économique. Pour en atténuer les effets, si elle se produisait, le gouvernement fédéral s'était engagé dans la voie des réformes sociales. Pour réaliser ce programme d'envergure, il lui fallait plus de revenus. Il a donc sollicité l'approbation des provinces pour garder ces pouvoirs de taxation.

En retour, le gouvernement central offrait aux provinces un subside annuel de $ 12 par tête, susceptible d'augmentation suivant l'indice de la production nationale. Le Québec devait recevoir $ 40 millions[20]. Ottawa deviendrait ainsi le seul percepteur d'impôts, mais il assumerait la responsabilité du chômage et de la législation sociale.

Il devint évident dès le quatrième jour de la conférence que les provinces n'étaient pas unanimes sur les propositions soumises par le gouvernement fédéral. Les premiers ministres du Québec, Maurice Duplessis, et de l'Ontario, George Drew, ne manifestaient aucun empressement à céder leurs pouvoirs de taxation. Ils avaient sans doute l'appui de la rue Saint-Jacques et de Bay Street. Les milieux financiers d'alors craignaient autant les réformes sociales que la peste. Ils avaient d'ailleurs l'heureuse fortune d'avoir à la tête des deux principales provinces du Canada des hommes qui pensaient comme eux. Duplessis et Drew n'ont jamais mordu la main de ceux qui emplissaient leur caisse électorale.

Le gouvernement fédéral « proposa un ajournement et conseilla aux représentants des deux échelons de gouvernement de continuer à échanger des renseignements jusqu'au moment où se tiendrait une nouvelle réunion générale. Pour tout dire, la première phase des négociations avait échoué[21]. »

Vers la fin de l'été 1945, la défection d'un commis au chiffre à l'ambassade soviétique à Ottawa allait, quelques mois plus tard, provoquer une très forte émotion, non seulement au Canada, mais dans le monde occidental. L'ambassade de l'U.R.S.S. dans la capitale fédérale opérait un vaste réseau d'espionnage. Il tombe sous le sens qu'en raison de sa position géographique, le Canada était le pays idéal pour ce genre d'activités. Il était en relations étroites avec les États-Unis et la Grande-Bretagne et était au courant de bien des secrets militaires. Que les Soviétiques aient tenté par tous les moyens d'obtenir des renseignements, notamment dans le domaine atomique, n'étonnera personne.

Le 5 septembre, Igor Gouzenko, âgé de vingt-six ans et commis au chiffre à l'ambassade soviétique, se présenta à la salle de rédaction de l'*Ottawa Journal*. Il informa le préposé aux faits divers qu'il avait en sa possession des documents établissant l'existence d'un réseau d'espionnage soviétique au Canada. Le reporter ne manifesta aucun étonnement. Il croyait probablement avoir affaire à un cinglé. Il lui dit qu'il avait beaucoup de travail et lui suggéra d'aller raconter son histoire à la gendarmerie royale ou bien de revenir le lendemain matin.

Le lendemain, jour de l'ouverture de la session, Gouzenko, qui était cette fois accompagné de sa femme et de sa fillette, tenta d'obtenir une entrevue avec le ministre de la Justice, Louis Saint-Laurent. Après deux heures d'attente, on l'informa que le ministre ne pouvait le recevoir. Plusieurs mois plus tard, Saint-Laurent expliquera ce refus : « Nous avions des relations diplomatiques avec la Russie... et je n'estimais pas pouvoir prendre la responsabilité de voir quelqu'un qui avait quitté l'ambassade et assurait avoir emporté avec lui des papiers de cette ambassade[22]. »

Le soir, sachant que ses collègues étaient sûrement au courant de la disparition des documents, Gouzenko eut la présence d'esprit de demander à un voisin de l'héberger avec sa famille pour la nuit. Peu après minuit, quatre membres du personnel de l'ambassade s'amenèrent à l'immeuble où résidait le commis au chiffre. On frappa à la porte, mais personne ne répondit. Le locataire de l'appartement voisin informa les quatre inconnus que les Gouzenko étaient partis. Les hommes firent sauter la serrure et entrèrent dans l'appartement qu'ils fouillèrent de fond en comble dans l'espoir de trouver les documents disparus. Ils repartirent les mains vides.

Gouzenko prit enfin contact avec la police fédérale qui l'interrogea longuement et prit connaissance des documents. Il était placé, ainsi que sa famille, sous la protection de la police. Il n'y avait plus désormais aucun doute qu'un vaste réseau d'espionnage existait au Canada. King et Saint-Laurent décidèrent de n'intenter aucune poursuite tant que les autorités britanniques et américaines n'auraient pas été mises au courant de l'affaire.

« De septembre 1945 à février 1946, l'affaire Gouzenko fut le secret le mieux gardé à Ottawa. Même moi en tant que chef de cabinet du premier ministre, écrit J. W. Pickersgill, je n'ai rien su à ce sujet jusqu'au moment des arrestations parce que le premier ministre n'en avait pas discuté avec aucun officiel, à l'exception de Norman Robertson, sous-ministre des Affaires extérieures[23]. » Quelques ministres avaient toutefois été mis dans le secret.

L'ambassade soviétique multiplia les pressions auprès du ministère des Affaires extérieures pour qu'on lui remît Gouzenko, alléguant que ce dernier avait volé de l'argent à l'ambassade. Le gouvernement canadien, à chaque reprise, invoqua divers prétextes pour ne pas donner suite aux requêtes.

À la fin de septembre, King décida d'effectuer un voyage en Grande-Bretagne afin de discuter de la question d'espionnage avec le nouveau premier ministre du pays, Clement Attlee. Mais avant de prendre le paquebot à New York, King rendit visite au président Truman à Washington et le mit au courant des éléments d'information qu'il possédait au sujet de l'affaire Gouzenko. Il informa son interlocuteur que le Canada avait découvert un important réseau d'espionnage soviétique, opérant à la fois au Canada et aux États-Unis, et que des renseignements sur la bombe atomique avaient déjà été transmis à l'U.R.S.S.

« Truman manifesta peu de surprise en apprenant la nouvelle et lui conseilla de ne rien faire qui puisse aboutir à une action prématurée en toute direction[24]. » Quelques semaines plus tard, le président disait à son secrétaire d'État, Edward Stettinius, que bien que les Russes fussent intéressés à la bombe, « il n'était pas aussi préoccupé que Mackenzie King[25] ». Au Canada, l'enquête se poursuivait, mais le gouvernement ne prit aucune décision quant à l'arrestation de suspects.

Le 3 février 1946, le journaliste américain Drew Pearson annonça à la radio qu'en octobre dernier, le premier ministre du Canada avait rendu visite au président Truman et lui avait fait part que les Soviétiques se livraient à des activités d'espionnage au Canada. King avait l'impression que cette déclaration de Pearson avait été « en quelque sorte inspirée. Je peux me tromper, mais j'ai le sentiment qu'il y a un désir à Washington que l'information soit rendue publique[26]. »

Le premier ministre réunit son cabinet et, pour la première fois, il annonça à tous ses ministres l'existence d'un réseau d'espionnage soviétique au Canada. Il obtint l'approbation de ses collègues pour la formation d'une commission royale d'enquête présidée par deux juges de la Cour suprême du pays, Robert Taschereau et R.L. Kellock. L'annonce de l'établissement de cette commission d'enquête, qui devait faire la lumière sur le réseau d'espionnage, fut, toutefois, ajournée. Les commissaires recommandèrent peu après l'arrestation de toutes les personnes mentionnées dans les documents fournis par Gouzenko.

Le 15 février, King annonça à la presse l'arrestation, dans la matinée, d'une quinzaine de personnes et l'établissement d'une commission royale d'enquête. Plusieurs des personnes détenues étaient au service de divers ministères ou d'agences gouvernementales. Il annonça également que des actions en justice seraient intentées contre les suspects si la commission d'enquête révélait qu'ils s'étaient livrés à des activités d'espionnage. Comme aucune accusation n'avait encore été portée, les noms des personnes appréhendées ne furent pas divulgués.

La déclaration du premier ministre fit la manchette des journaux non seulement au Canada, mais dans le monde occidental. La plupart des Canadiens furent atterrés par ces révélations. « Mackenzie King et Saint-Laurent frémissaient en pensant aux conséquences possibles de leurs actes et évoquaient la vision d'une troisième guerre mondiale où le Canada serait certainement le principal champ de bataille[27]. »

En tant que ministre de la Justice, Saint-Laurent fut accusé de porter atteinte aux droits civils de citoyens détenus sans être inculpés. Il en était sûrement conscient. « Cependant, il savait aussi que l'enjeu était la sécurité du monde libre et qu'il fallait prendre toutes précautions pour empêcher que d'autres membres du réseau d'espionnage, avertis à temps, puissent prendre la fuite[28]. » Il y avait incontestablement des circonstances atténuantes qui militaient en faveur du gouvernement. En temps de guerre, les droits civils des citoyens sont parfois bafoués parce qu'il y va de la sécurité du pays. Pourquoi pas en temps de paix quand l'enjeu est le même?

Aux États-Unis, le directeur du F.B.I., J. Edgar Hoover, et le général Leslie R. Groves, qui avait dirigé le Manhattan Project en vue de la fabrication de la bombe atomique, avaient déclaré devant une commission sénatoriale que les Russes avaient obtenu des informations secrètes sur la bombe grâce à leurs activités d'espionnage[29]. « L'événement canadien a grandement renforcé la thèse de ceux qui, à l'intérieur et à l'extérieur du gouvernement (américain), réclamaient une attitude plus ferme envers l'Union soviétique[30]. »

Avant l'ouverture du parlement canadien, le 14 mars, la commission Taschereau-Kellock fit savoir que le député communiste de Montréal-Cartier, Fred Rose, était mêlé à l'affaire d'espionnage et recommandait son arrestation. Comme il est interdit d'appréhender un député à l'intérieur du Parlement, Rose fut arrêté par la police fédérale, le jour même de l'ouverture de la session, à sa sortie de l'immeuble. Rose sera par la suite traduit devant les tribunaux, à Montréal, et condamné à six ans d'emprisonnement. Plusieurs autres suspects furent également condamnés à la prison, mais pour des peines d'une durée de beaucoup inférieure à celle de Rose.

Les lecteurs de la presse communiste au Canada obtinrent l'assurance que jamais leur parti « n'a justifié et ne justifiera des actes d'espionnage[31] ». Pour ne pas perdre la faveur de l'électorat, les communistes affirmèrent partout que l'affaire d'espionnage « faisait partie d'un complot antisoviétique à l'échelle mondiale[32] ».

À la fin de l'été 1946, une des tâches principales de King fut de convaincre Saint-Laurent de rester dans le ministère. En entrant au cabinet en 1941, il avait été convenu qu'il quitterait la politique à la fin de la guerre. Le conflit mondial était terminé depuis un an, mais le ministre de la Justice avait néanmoins accepté de diriger la délégation canadienne à la session de l'Assemblée générale des Nations unies qui s'ouvrait en octobre.

Fin manoeuvrier, le premier ministre fit comprendre à son collègue que, pour des raisons de prestige, il importait que le chef de la délégation à l'O.N.U. soit aussi ministre des Affaires extérieures. Il lui dit qu'il était prêt à renoncer à ce portefeuille et à le lui confier, même si ce n'était que pour une brève période de temps. Saint-Laurent se laissa séduire par l'argumentation de son chef et accepta le nouveau poste. Le 5 septembre, il prêtait serment et devenait ainsi le premier ministre des Affaires extérieures, depuis 1912, qui ne fût pas également chef du gouvernement. Il conserva aussi pendant quelques semaines le ministère de la Justice.

Cette nomination apportait certains changements. Lester B. Pearson, qui était ambassadeur du Canada à Washington, devenait sous-ministre des Affaires extérieures, en remplacement de Norman Robertson, nommé haut commissaire en Grande-Bretagne.

Saint-Laurent passa les derniers mois de l'année à New York, ne faisant que de brefs séjours au Canada. Le 29 octobre, il prononça son premier discours en tant que chef de la diplomatie canadienne devant l'Assemblée générale de l'O.N.U.

Avant de monter à la tribune, il avait félicité son prédécesseur, son homologue soviétique, Molotov. Ce dernier avait soumis une proposition importante en faveur du désarmement. Le ministre profita de l'occasion pour lui dire qu'il n'y avait aucune raison que le Canada n'entretînt pas avec son voisin du Nord des relations aussi amicales qu'avec son voisin du Sud.

Dans son bref exposé devant l'Assemblée, Saint-Laurent déplora que le Conseil de sécurité de l'O.N.U. n'ait pu en arriver à un accord en vue de la création d'une force internationale. Il donna l'assurance que le Canada était prêt à y contribuer en fournissant des effectifs afin que « les forces du monde soient mises au service du droit dans le monde ». Le 10 décembre, à son retour de New York, le ministre des Affaires extérieures renonçait au portefeuille de la Justice, qui fut confié à J. L. Ilsley.

Au début de 1947, King tomba gravement malade. Atteint d'une pneumonie, l'homme politique, qui était alors âgé de soixante-douze ans, fut confiné à sa maison d'Ottawa du 18 février au 10 mars. En son absence, Saint-Laurent assuma la direction du gouvernement pour la seconde fois. Le 3 mars, les débats aux Communes portèrent sur la politique étrangère. Le député conservateur de Vancouver Howard Green, donna à Saint-Laurent une magnifique possibilité de préciser sa pensée sur certaines questions.

Howard Green exprima l'opinion que le Canada exercerait une plus grande influence dans le monde en renforçant l'Empire britannique et en adoptant avec la Grande-Bretagne une politique étrangère commune. Le premier ministre par intérim se dissocia nettement de son collègue de la Chambre. Il déclara que l'unité diplomatique de l'Empire était une politique révolue et que le Canada ne songeait pas à y revenir. Il précisa que « le Canada allait avoir sa politique étrangère et n'allait pas être un simple instrument d'exécution d'une politique étrangère établie ailleurs à notre intention[33] ». Quelque temps auparavant, le Canada avait retiré ses troupes de l'Allemagne. « L'opposition conservatrice laissait entendre que le Canada avait laissé tomber la Grande-Bretagne[34]. »

Le 10 mars, King reprit son siège aux Communes, mais sa santé étant encore chancelante, il alla se reposer à Virginia Beach, aux États-Unis, et ne rentra à Ottawa que le 26 avril. Encore une fois Saint-Laurent assuma l'intérim en l'absence de son chef.

NOTES

1. J. W. Pickersgill et D. F. Forster, *The Mackenzie King Record,* tome II, Toronto, 1968, p. 279.
2. *Ibid.*, p. 281.
3. J. L. Granatstein, *Canada's War,* Toronto, 1975, p. 393.
4. Pierre Gerbet et autres, *Société des Nations et Organisation des Nations Unies,* Paris, 1973, p. 185.
5. Henri Michel, *La Seconde Guerre mondiale,* tome II, Paris, 1969, p. 488.
6. J. A. Lower, Canada. *A Outline History,* Toronto, 1973, p. 196.
7. *The Canadians* (1867-1967), la contribution de George F. G. Stanley, Toronto, 1967, p. 777.
8. Edgar McInnis, *Canada,* Toronto, 1969, p. 570.
9. André Siegfried, *Le Canada, puissance internationale,* Paris, 1956, p. 143.
10. Mason Wade, *The French Canadians,* Toronto, 1956, p. 1092, 1106.
11. J. W. Pickersgill et D. F. Forster, *op. cit.*, p. 373.
12. Donald Creighton, *The Forked Road,* Toronto, 1976, p. 103.
13. J. W. Pickersgill et D. F. Forster, *op. cit.*, p. 399.
14. Marc La Terreur, *Les tribulations des conservateurs au Québec,* Québec, 1973, p. 111.
15. Donald Creighton, *op. cit.*, p. 104.
16. Dale C. Thomson, *Louis St-Laurent,* Montréal, 1968, p. 166, 167.
17. Mason Wade, *op. cit.*, p. 1094.
18. Robert Rumilly, *Histoire de la province de Québec,* tome XLI, Montréal, 1969, p. 247.
19. J. L. Granatstein, *op. cit.*, p. 388.
20. Robert Rumilly, *op. cit.*, p. 269.
21. Dale C. Thomson, *op. cit.*, p. 171.
22. *Ibid.*, p. 172.
23. J. W. Pickersgill, *My Years with Louis Saint-Laurent,* Toronto, 1975, p. 30.
24. John Lewis Gaddis, *The United States and the Origins of the Cold War,* New York, 1972, p. 252.
25. *Ibid.*, p. 252, 253.
26. J. W. Pickersgill et D. S. Forster, *op. cit.*, tome III, p. 135.
27. Dale C. Thomson, *op. cit.*, p. 183.
28. *Ibid.*, p. 183.
29. John Lewis Gaddis, *op. cit.*, p. 301.
30. *Ibid.*, p. 301, 302.

31. Ivan Avakumovic, *The Communist Party in Canada,* Toronto, 1975, p. 172.
32. *Ibid.*, p. 173.
33. J. W. Pickersgill, *op. cit.*, p. 39.
34. *Ibid.*, p. 39.

XXIX

Le 22 juillet 1950

Au cours de l'année 1947, il semblait évident à ses collaborateurs immédiats que King était usé par l'âge et le travail. Le premier ministre était toutefois encore très lucide et ses facultés intellectuelles intactes. Mais il lui était difficile de remplir adéquatement ses fonctions. Le premier ministre laissait entendre à son entourage qu'il se retirerait, mais il n'osait prendre cette décision extrême parce qu'il jugeait que personne n'était en mesure de lui succéder. Il y avait bien Louis Saint-Laurent, qui lui paraissait le plus apte à le remplacer, mais le ministre des Affaires extérieures avait déjà manifesté le désir à maintes reprises d'abandonner la politique après la session.

Le 17 juillet, la session prend fin. Le lendemain, après la réunion du cabinet, King invita Saint-Laurent à dîner. Il s'efforça de nouveau de le convaincre de rester dans le cabinet et de prendre sa succession. Il a noté antérieurement à quelques reprises dans son journal que Saint-Laurent était le seul homme qu'il voudrait voir prendre sa place. Saint-Laurent l'informa de ses difficultés financières et lui fit part de son intention de reprendre la pratique du droit avant qu'il ne soit trop tard[1]. À cause de son train de vie, son indemnité parlementaire n'était pas suffisante.

Saint-Laurent, âgé de soixante-cinq ans, refusa nettement la direction du parti, mais son chef réussit néanmoins à le convaincre de rester en fonction pour la session de 1948. La ténacité de King finira par atteindre son objectif. Le 11 septembre, le premier ministre informa ses collègues qu'il se proposait d'annoncer sa retraite politique en décembre et de fixer au mois d'août de l'année suivante la tenue d'un congrès au leadership.

Après la réunion du cabinet, Saint-Laurent fit savoir à son chef que des amis avaient pris des dispositions pour le libérer de certaines obligations financières et qu'en conséquence il resterait dans la vie publique. « Comme beaucoup d'autres, Saint-Laurent avait perdu énormément lors du krach de la Bourse, en 1929. Il commençait à se rétablir financièrement en 1941 lorsque, au prix de sacrifices financiers considérables, il avait renoncé à la pratique du droit pour entrer au gouvernement[2]. » King ne dissimula pas la grande satisfaction que lui avait procuré son entretien avec Saint-Laurent, le 1er octobre. Il lui sembla « qu'il pourrait solliciter l'investiture à la direction du parti[3] ».

Le 9 octobre, il croit avoir trouvé son successeur en Louis Saint-Laurent, mais avant la fin de l'année, il s'en est fallu de peu qu'il ne le perde. À l'automne, King effectua une tournée officielle en Europe et visita la France, la Belgique et les Pays-Bas; il assista au mariage de la princesse Elizabeth à Londres. En son absence, Saint-Laurent assuma de nouveau l'intérim et Ilsley dirigea la délégation canadienne aux Nations unies où l'avenir de la Corée faisait l'objet de débats.

Après la guerre, la Corée était divisée et la ligne de démarcation entre les deux parties du pays était le 38e parallèle. Les Soviétiques occupaient la Corée du Nord et les Américains, le Sud. Pour accélérer l'évacuation des forces d'occupation après l'union des deux Corées sous un gouvernement librement élu, les États-Unis proposèrent un plan. Bien que le projet américain fût repoussé par l'U.R.S.S., l'Assemblée générale, par 43 voix contre 0 et 6 abstentions, résolut de créer une « commission temporaire des Nations Unies qui serait chargée de faciliter la constitution d'un gouvernement national coréen, après les élections[4] ». Les États-Unis désiraient vivement que le Canada fisse partie de cette commission. Ilsley accepta, mais à contrecoeur cédant aux pressions américaines en vue du maintien de l'union des pays du monde occidental.

King rentra à Ottawa le 4 décembre. Il déplora l'initiative prise par la délégation canadienne à l'O.N.U. Il redoutait que le Canada ne fût entraîné dans une situation qui risquerait de déboucher sur une troisième guerre mondiale. En raison de l'opposition de l'Union soviétique, Ilsley et Pearson avaient mis en doute la sagesse de créer une telle commission. Saint-Laurent, qui n'avait manifesté aucune objection à l'initiative prise par Ilsley, soutint que si le Canada n'était pas disposé à prendre ses responsabilités comme membre des Nations unies, il n'avait d'autre ressource que de s'en retirer.

Ilsley fit comprendre qu'il donnerait sa démission si le Canada ne nommait personne à la commission en Corée. Cette menace de résignation ne troubla pas trop le premier ministre. Pour prévenir une scission dans le cabinet, il résolut de demander l'intervention des États-Unis pour que les Nations unies reviennent sur leur décision. Pearson fut envoyé à Washington pour faire part au président Truman des appréhensions de King. Le chef de l'Exécutif américain resta inébranlable et engagea vivement le Canada à nommer un représentant en Corée.

Saint-Laurent, qui avait approuvé l'initiative de Ilsley, manifesta autant de fermeté et était disposé à résigner ses fonctions s'il était désavoué par son chef[5]. « Mackenzie King riposta en menaçant de démissionner lui aussi, mais Saint-Laurent répondit que pareille décision détruirait la confiance que le public mettait dans le parti libéral pour tenir la barre des affaires étrangères[6]. »

C'était l'impasse la plus totale. Pour en sortir, King accepta une suggestion de Saint-Laurent: le Canada fit savoir à l'Assemblée générale que, pour que la commission puisse remplir son mandat, il faudrait que ses membres soient libres de circuler dans toute la Corée, aussi bien au Nord qu'au Sud, et avoir l'assentiment des États-Unis et de l'Union soviétique. Cette condition ayant été refusée, la commission se trouvait dans l'impossibilité de remplir sa tâche. King retira alors son objection et accepta la nomination d'un Canadien au sein de l'organisme. Le premier ministre permettait ainsi à Saint-Laurent de sauver la face et prévenait une crise au sein de son cabinet.

En 1948, la guerre froide s'aggravait. Le « coup de Prague », bientôt suivi par le blocus de Berlin, expliquait cette nouvelle recrudescence de la tension internationale. En Tchécoslovaquie, les communistes, qui avaient été élus démocratiquement en mai

1946, constituaient, le 25 février, après plusieurs jours d'agitation, un gouvernement presque exclusivement communiste. Aucune puissance étrangère n'était intervenue militairement. Néanmoins, les États-Unis, la France et la Grande-Bretagne dénoncèrent l'action des communistes tchécoslovaques.

À Ottawa, le ministère des Affaires étrangères avait préparé une déclaration analogue à l'intention de Saint-Laurent au cas où la question serait soulevée aux Communes. King s'opposait à cette prise de position qu'il jugeait une ingérence dans les affaires intérieures d'un autre pays. Le gouvernement canadien s'abstint de tout commentaire jusqu'au 10 mars, jour où Jan Masaryk, ministre tchécoslovaque des Affaires étrangères, fut trouvé mort, apparemment à la suite d'un suicide. King, qui connaissait personnellement le ministre non communiste, fut quelque peu bouleversé par ce drame. Il retira son objection à une déclaration publique sur le « coup de Prague ».

Après la mort de Masaryk, le premier ministre britannique, Attlee, informait King de la nécessité pour les pays libres de présenter un front commun et proposait la concertation de représentants canadiens, américains et britanniques en vue de la formation d'une organisation de sécurité régionale atlantique. L'automne précédent, Saint-Laurent avait évoqué cette possibilité aux Nations unies. Après avoir consulté Saint-Laurent, Claxton et Pearson, le premier ministre donnait son assentiment à l'ouverture de négociations exploratoires.

Le Canada décida de prendre une position encore plus ferme à la suite d'un discours prononcé par le président des États-Unis, le 17 mars. En effet, Truman annonçait le rétablissement du service militaire obligatoire dans le pays et il donnait l'assurance que les États-Unis donneraient leur appui à la nouvelle union des cinq pays de l'Europe occidentale, soit la France, la Grande-Bretagne, la Belgique, la Hollande et le Luxembourg. Cette union, connue également sous le nom de pacte de Bruxelles, prévoyait une assistance en cas d'agression contre l'un des signataires.

Après avoir été assuré par son ministre de la Défense, Claxton, et Saint-Laurent que la conscription ne serait pas nécessaire, King, qui avait reçu l'approbation du cabinet, décida d'informer le Parlement que le Canada soutiendrait les pays de l'Europe occidentale. C'est alors qu'il prononça aux Communes un discours qui fit date. Il déclara que « tous les pays libres pouvaient être assurés que le Canada prendrait part à toute entreprise dont l'objet serait de donner corps à la conception d'un système efficace de sécurité collective par la formation de pactes régionaux sous l'égide de la charte des Nations unies[7] ».

C'était la première fois, en temps de paix, que le premier ministre s'exprimait d'une manière aussi catégorique sur une question de politique étrangère. Ce fut, à vrai dire, une révolution diplomatique. Il semble extrêmement douteux que King se serait engagé aussi loin s'il n'avait subi les pressions de Saint-Laurent, appuyé par Pearson et Claxton. Le ministre des Affaires extérieures, dont certaines prises de position en politique internationale inquiétaient parfois son chef, pouvait désormais prendre plus de latitude.

Le 29 avril, Saint-Laurent réclamait l'établissement d'une alliance atlantique en vue d'endiguer « le flot montant du totalitarisme communiste », ajoutant que « le Canada et les États-Unis avaient besoin de l'assistance des démocraties de l'Europe occidentale comme elles avaient besoin de la nôtre[8] ». Saint-Laurent et Pearson ne cessaient de réclamer une telle alliance jusqu'à la création de l'Organisation du traité de l'Atlantique Nord, l'année suivante.

Au début de 1948, King, qui savait que Saint-Laurent était disposé à prendre sa succession, décida d'annoncer publiquement son intention d'abandonner la direction du parti libéral canadien. À un banquet de la fédération libérale, le 20 janvier, il fit part aux auditeurs de son projet et demanda à la fédération d'organiser pour le mois d'août un congrès de leadership. Depuis la fin de décembre, il était généralement connu que le premier ministre se proposait d'abandonner la vie publique, mais dans son discours d'une heure devant ses partisans, King ne fit pas connaître la date de sa démission comme chef du gouvernement.

Sans doute pour plaire à son successeur éventuel, le premier ministre apporta quelques changements au cabinet. Ian Mackenzie, que Saint-Laurent ne prisait guère, fut nommé au Sénat. Milton Gregg obtint un autre portefeuille, celui des Anciens Combattants et, à la demande expresse de Saint-Laurent, le ministère du Commerce fut confié à C. D. Howe.

Quelques jours après le banquet de la fédération libérale, le ministre des Affaires extérieures prenait la parole à Winnipeg. Il devait tenir des propos qui firent une impression très désagréable sur King. Saint-Laurent, qui était d'une franchise brutale, ne tournait jamais autour du pot. Il avait déclaré nettement qu'il était Canadien français et catholique et qu'il était prêt à assumer la direction du parti libéral pourvu que son appartenance ethnique et religieuse ne créât pas de division[9].

Le premier ministre estimait que son collègue, en soulevant cette question, risquait de compromettre ses chances au congrès de leadership et de provoquer la défaite des libéraux aux prochaines élections. Il conjecturait que dans plusieurs secteurs du pays, les éléments fanatiques allaient se mettre à l'oeuvre pour prévenir l'accession à la tête du pays pour les prochaines années d'un Canadien français catholique. Les événements ultérieurs montreront clairement que ces propos prémonitoires n'avaient pas grand fondement. Jusqu'à la veille du congrès, Saint-Laurent avait un pressentiment semblable à celui de son chef et, à l'occasion, il le disait à son entourage.

Le 26 janvier, Ilsley fait savoir au premier ministre qu'il ne sollicitera pas l'investiture à la direction du parti libéral et qu'il avait résolu d'abandonner la vie politique pour reprendre la pratique du droit. King réussit à convaincre son collègue de rester dans le cabinet jusqu'à la fin de la session. Le 30 juin, Ilsley résignait ses fonctions. Saint-Laurent reprit le ministère de la Justice, en attendant la nomination d'un autre titulaire, mais garda le portefeuille des Affaires extérieures.

Dans les dernières semaines qui ont précédé le congrès de leadership, Saint-Laurent refusa de prendre des initiatives en vue de promouvoir sa candidature. Il laissa à ses partisans le soin de faire la « cabale », mais lui ne bougea pas. Peu après l'annonce de la décision du premier ministre, des projets de candidatures commencèrent à se dessiner. Chubby Power laissa entendre qu'il solliciterait l'investiture, mais il n'avait pas d'organisation et ses chances étaient très minces. L'homme était sympathique et populaire, mais il se piquait le nez un peu trop souvent, ce qui était un sérieux handicap.

Le 21 mars, James Gardiner informait King de son intention de poser sa candidature à la direction du parti libéral. Le premier ministre manifesta sa surprise, mais ne fit aucune tentative pour l'encourager ou le décourager. Il se borna à déclarer qu'il ne prendrait pas position en faveur d'aucun des candidats et qu'il appartenait aux délégués de fixer leur choix. Il ne croyait pas, cependant, que l'ancien premier ministre de la Saskatchewan ait des chances de gagner.

Le 20 avril, King égalait le record de durée au pouvoir de Sir Robert Walpole, premier ministre d'Angleterre de la première partie du XVIIIe siècle, qui était resté en fonction le plus longtemps dans l'histoire de l'Empire britannique. Cela faisait 7619 jours qu'il était premier ministre[10].

À cette occasion, son homologue britannique, Clement Attlee, lui fit parvenir une vieille gravure originale de Walpole encadrée[11]. King n'a pas oublié de mentionner dans son journal qu'à son arrivée à la Chambre il avait été chaleureusement applaudi par ses partisans, mais, par contre, du côté de l'opposition, les applaudissements n'avaient pas été aussi enthousiastes.

À l'approche du congrès, la perspective d'accéder à la direction du parti libéral paraissait moins alléchante pour les candidats éventuels. Au début de juin, les libéraux fédéraux perdaient deux élections partielles aux mains de la C.C.F. En Ontario, les conservateurs de George Drew remontaient au pouvoir, mais avec une majorité plus petite que celle de la consultation populaire précédente. Par contre, les libéraux, qui dirigeaient l'opposition, étaient relégués au troisième rang et la C.C.F. prenait leur place. Au Nouveau-Brunswick, les libéraux étaient réélus avec une majorité accrue. En Saskatchewan, les socialistes étaient reportés au pouvoir avec une majorité moindre, mais la représentation libérale s'était très sensiblement accrue.

Au Québec, des élections générales furent fixées au 28 juillet. Duplessis était désormais bien en selle. Sa caisse électorale était bien garnie. Depuis le dernier scrutin, l'Union nationale avait remporté les cinq élections partielles. La lutte se fera à deux et non à trois comme en 1944, le Bloc populaire n'existant plus.

Le maire de Montréal, Camillien Houde, qui était à couteaux tirés avec Duplessis depuis le congrès de Sherbrooke en 1933, qui avait élu Duplessis, s'était réconcilié avec le premier ministre. L'appui de Houde était d'autant plus important pour l'Union nationale qu'il jouissait d'une grande popularité, notamment dans les circonscriptions ouvrières de Montréal. Les deux hommes furent copieusement applaudis à leur arrivée ensemble à la grande assemblée de l'Union nationale dans la métropole.

Le ministre de la Colonisation, J. D. Bégin, a trouvé un slogan démagogique mais efficace pour la campagne électorale: « Les libéraux donnent aux étrangers, Duplessis donne à sa province. » Cette formule percutante fut exploitée à fond par les orateurs de l'Union nationale ainsi que l'autonomie provinciale, qui n'était qu'un paravent pour dissimuler le conservatisme profond de Duplessis en matière sociale et empêcher le gouvernement fédéral de faire des réformes sociales qui déplaisent à la haute finance et, partant, aux bailleurs de fonds de l'Union nationale. « Duplessis, selon le directeur du quotidien *Le Devoir,* Gérard Filion, n'est autonomiste que par opportunisme[12]. »

Duplessis, qui voyait dans la campagne « une lutte pour la survivance contre les centralisateurs d'Ottawa », accusait le chef provincial des libéraux, Adélard Godbout, d'être le valet d'Ottawa. La « menace communiste », même si elle n'a jamais existé au Québec, était également exploitée par l'Union nationale. Louis Saint-Laurent, qui faisait campagne pour les libéraux provinciaux, était accusé par les orateurs de l'Union nationale de manquer de fermeté envers le communisme.

Le 28 juillet, l'Union nationale reprenait le pouvoir. *La Presse* imprima en première page, en gros titre: « La plus grande victoire. » C'était un vrai triomphe. Duplessis avait fait élire

82 candidats et les libéraux, 8. Adélard Godbout mordait la poussière dans sa circonscription de l'Islet.

La victoire écrasante de Duplessis, à quelques jours du congrès de leadership, semblait pratiquement un désaveu de Saint-Laurent. « Ses amis se demandaient s'ils appuyaient l'homme qu'il fallait[13]. » Aucun doute analogue n'effleurait l'esprit de King. Il savait qu'en politique fédérale, la population du Québec donnait à l'un des siens son soutien électoral, tandis qu'au Canada anglais Saint-Laurent s'imposerait rapidement. « Jamais King n'avait exprimé d'opinion plus judicieuse[14]. » Le lendemain de la victoire de l'Union nationale, le premier ministre téléphonait à Saint-Laurent qui était « quelque peu découragé ». Il lui dit que ses chances au congrès n'étaient pas diminuées[15].

Le congrès de leadership s'ouvrait à Ottawa, le 5 août, dans le même auditorium où, vingt-neuf ans auparavant jour pour jour, King était élu chef des libéraux pour succéder à Sir Wilfrid Laurier. Ce n'était plus l'homme, encore jeune, de 1919. Il avait vieilli. Ses traits étaient tirés et il paraissait las. Sa démarche était beaucoup plus lente. Il avait déjà plus de soixante-treize ans et il était à moins de deux ans de la mort.

Si Saint-Laurent donnait l'impression d'être indifférent sur le résultat du vote, il n'en était pas de même du premier ministre qui soutenait opiniâtrement son ministre des Affaires extérieures. C'était son seul choix. King savait que Gardiner menait une campagne très active et qu'il avait une très bonne organisation, ce qui le préoccupait. Pour être assuré de barrer la route à son ministre de l'Agriculture, il suscitait les candidatures de Howe, Claxton, Abbott, Chevrier, Martin et Stuart Garson, qui était alors premier ministre du Manitoba.

Le lendemain, neuf aspirants étaient mis en candidature, mais les six candidats suscités par le premier ministre se retiraient avant le vote, le 7 août. Il était évident pour les délégués que ces derniers favorisaient Saint-Laurent, mais seulement Stuart Garson, qui avait proposé le ministre des Affaires extérieures, s'était prononcé ouvertement. Il ne restait que trois aspirants à l'investiture : Saint-Laurent, Gardiner et Power. C'était ce dernier qui, avec Cardin, avait suggéré à King de prendre

Saint-Laurent dans son cabinet pour succéder à Ernest Lapointe, en 1941.

Saint-Laurent l'emporta haut la main au premier tour de scrutin. Il obtint 848 voix, Gardiner, 323 et Power, 56. Dès que le résultat fut connu, la salle se leva et applaudit longuement le nouveau leader des libéraux. Gardiner et Power réclamèrent que le choix fût unanime. À la fin du congrès, personne ne savait à quel moment King céderait la direction du gouvernement à son successeur. Les délégués conjecturèrent que la passation des pouvoirs se ferait au cours des prochaines semaines. Pourtant, il avait été convenu quelques jours après que King remettrait son poste à Saint-Laurent au mois de novembre, mais le secret fut bien gardé.

Le 11 août, King et son collègue eurent un entretien de deux heures. Il fut question d'apporter des changements au cabinet. Saint-Laurent proposa d'inviter Pearson à entrer dans la politique et de lui confier, s'il acceptait, le ministère des Affaires extérieures. King abonda dans le même sens. Il nota dans son journal, le jour même, que si Pearson acquiesçait, il succéderait à Saint-Laurent dès le départ de ce dernier[16]. Cette prédiction du premier ministre devait se réaliser.

Avant la tenue du congrès libéral, les progressistes-conservateurs s'étaient proposés de se donner un nouveau leader. Bracken manquait trop d'envergure et n'avait pas réussi à s'imposer comme une personnalité nationale. John Diefenbaker ou Gordon Graydon, au Parlement, ou le premier ministre de l'Ontario, George Drew, étaient des hommes d'une stature bien supérieure à celle de l'ancien chef de gouvernement du Manitoba. Nombre de conservateurs songeaient à l'un de ces hommes pour succéder à Bracken.

Drew apparaissait aux partisans comme l'homme le plus qualifié pour prendre la tête du parti. Haut de taille, toujours élégamment vêtu, cheveux grisonnants, ils avaient l'impression qu'il pourrait rallier le gros de l'électorat canadien à sa personne. Jouissant d'une assez grande popularité en Ontario, il était reconnu pour entretenir d'excellentes relations avec son homologue du Québec, Maurice Duplessis.

Même si le chef de l'Union nationale lui était sympathique, Drew n'était guère estimé au Québec. Il n'avait pas la réputation d'être francophile. N'avait-il pas, en 1936, multiplié « les attaques les plus violentes contre l'Église catholique et les plus méprisantes contre la 'race vaincue' — c'est-à-dire les Canadiens français[17] ». Au cours de la guerre, il s'était révélé l'un des plus ardents des conscriptionnistes. Il s'était opposé aux allocations familiales parce qu'elles avantageaient le Québec où se trouvaient les familles nombreuses. Il ne voulait pas que l'Ontario paye pour le Québec.

Au congrès de leadership d'octobre, Drew avait deux adversaires, mais il était assuré dès le début de la victoire. Il s'agissait de John Diefenbaker, député d'une circonscription de la Saskatchewan aux Communes depuis 1940, et de Donald Fleming, député d'un comté de Toronto, qui s'exprimait passablement bien en français. Le 2 octobre, Drew prit la succession de Bracken.

Il sera l'adversaire de Saint-Laurent aux prochaines élections générales fédérales. Aux yeux du nouveau chef du parti libéral, « Drew représentait presque tout ce qu'il trouvait de désagréable dans le parti conservateur : le colonialisme, les séquelles du Family Compact et une affectation presque criante de la supériorité anglo-saxonne[18] ». Par contre, ces qualificatifs ne s'appliquaient pas à Bracken.

Avant d'accéder au pouvoir, Saint-Laurent persuada son chef de faire quelques changements dans le cabinet. Pearson ayant accepté de devenir ministre des Affaires extérieures, à la place de Saint-Laurent, posa sa candidature dans la circonscription d'Algoma-Est, en Ontario, où il fut élu assez facilement, le 25 octobre. Saint-Laurent prit part personnellement à l'élection partielle. À ceux qui faisaient des objections parce King n'avait jamais participé à une telle consultation en faveur d'un de ses candidats, il fit observer qu'il n'était pas encore premier ministre.

Robert Winters, député de Lunenburg, en Nouvelle-Écosse, fut nommé ministre de la Reconstruction et des Approvisionnements, portefeuille qu'occupait antérieurement C. D. Howe.

Cette province de l'Atlantique n'avait pas de représentant au ministère depuis la démission d'Ilsley.

Le premier ministre du Manitoba, Stuart Garson, accepta d'entrer au cabinet en qualité de ministre de la Justice. Il se fit élire à une élection partielle dans la circonscription de Marquette, à la fin de décembre 1948. King, qui avait quitté Ottawa le 13 septembre pour la Grande-Bretagne, était rentré dans la capitale fédérale le 7 novembre. À Londres, il avait participé à la conférence des premiers ministres des pays du Commonwealth. Durant son séjour en Angleterre, il était tombé malade et Saint-Laurent avait été mandé d'urgence dans la capitale britannique, vers la mi-octobre, afin que le Canada soit continuellement représenté aux travaux de la conférence. Le leader du parti libéral avait passé près d'une dizaine de jours en Europe.

Le 8 novembre, King et Saint-Laurent se mirent d'accord pour que la passation des pouvoirs se fasse le 15 novembre. Au jour convenu, King remit sa démission au gouverneur général, Lord Alexander, après avoir été plus de vingt et un ans premier ministre du Canada, devenant ainsi l'homme politique qui a occupé le plus longtemps cette fonction dans l'Empire et le Commonwealth. Son record de durée au pouvoir ne sera brisé qu'en 1955 par Sir Godfrey Higgins, premier ministre de la Rhodésie du Sud depuis 1933[19].

Louis Saint-Laurent prêtait serment en tant que chef du gouvernement et Stuart Garson en tant que ministre de la Justice. La vision du monde du nouveau premier ministre était quelque peu différente de celle de son prédécesseur. Sa foi dans les Nations unies n'était pas partagée par l'ancien premier ministre. Son opposition au communisme était sûrement plus grande que celle de King. Les engagements du Canada en politique étrangère l'inquiétaient beaucoup moins. Saint-Laurent était plus détaché de l'Angleterre et du Commonwealth que son prédécesseur, ce qui s'expliquait facilement étant Canadien français.

À l'encontre de King, qui prêtait souvent aux Américains l'intention de vouloir annexer le Canada, le nouveau chef de gouvernement ne semblait pas trop s'en préoccuper. Saint-Laurent, en revanche, était probablement moins progressiste que

King en matière sociale. « Il n'était pas un idéaliste ou un fanatique, mais un homme parfaitement modéré, prudent et conservateur[20]. » Saint-Laurent « était beaucoup mieux informé sur le Canada anglais que certains de ses collègues anglophones[21] ».

Il était aussi un ardent nationaliste canadien, suivant ainsi les brisées de son prédécesseur. Il fit abolir les appels au Conseil privé d'Angleterre, la Cour suprême du Canada devenant le tribunal de dernière instance. Il fit apporter un amendement à la constitution de sorte qu'il ne soit plus nécessaire de la modifier, en matière fédérale, en passant par le Parlement de Westminster. Le mot « Dominion », qui lui semblait entaché de colonialisme, fut rayé du vocabulaire gouvernemental. « Dominion du/of Canada » n'était plus mentionné dans les publications de l'État canadien. Saint-Laurent voulait que le Canada soit dans le vrai sens du mot un pays souverain et indépendant.

Le premier ministre présidait à Ottawa, le 31 mars 1949, la cérémonie marquant l'entrée de Terre-Neuve dans la Confédération, qui devenait, après trois ans de négociations, la dixième province canadienne. Ce fut, en fait, « le dernier succès de King[22] ».

Le 4 avril, douze pays, dont le Canada, les États-Unis, la France, la Grande-Bretagne, signaient à Washington le pacte Atlantique, organisation de défense collective qui était visiblement dirigée contre l'Union soviétique bien qu'elle ne fût pas mentionnée. Il était désormais évident que l'isolationnisme d'avant-guerre était une doctrine périmée, même pour le Canada.

Pour la première fois depuis son accession à la direction du gouvernement, Louis Saint-Laurent sera jugé par l'électorat canadien, le 27 juin 1949. Les libéraux sont au pouvoir depuis près de quatorze ans, ce qui constitue un handicap pour un parti. D'une manière générale, les électeurs aiment changer de gouvernement de temps à autre, toujours dans l'espoir d'obtenir plus d'avantages de leurs gouvernants. Le premier ministre, qui est entré dans la politique à un âge relativement avancé, a soixante-sept ans bien sonnés. Son adversaire progressiste-conservateur est beaucoup plus jeune. Drew n'a que cinquante-cinq ans. Il est dynamique et assez bon orateur.

Saint-Laurent, qui n'a pas toujours la parole très facile, se lança néanmoins dans la campagne électorale avec confiance, bien déterminé à vaincre. C'était un homme modeste et digne qui créait rapidement une bonne impression. Peut-être un peu trop froid, il n'hésitait pas, cependant, à serrer les mains des électeurs et à échanger quelques mots. À mesure que la campagne avançait, sa popularité augmentait partout. Cet homme inspirait confiance. Ce n'était pas un démagogue. Il était même un peu avare de promesses, ne voulant pas qu'on lui reproche d'avoir violé ses engagements électoraux.

Il tint une assemblée assez importantre à Ottawa, où King était sur l'estrade. Mais c'est à Toronto, la forteresse conservatrice, qu'il tint l'assemblée la plus nombreuse de la campagne où des milliers et des milliers de personnes l'ovationnèrent frénétiquement. Cette réunion politique eut des répercussions dans tout le pays. Il n'y avait plus de doute, il avait la cote d'amour de l'électorat. L'observateur le moins averti ne douta plus de la victoire.

Partout où il passait, il laissait une bonne impression. Sur les 262 circonscriptions que comptait le Canada, il en visita 190. L'homme avait son franc-parler. Il disait la même chose partout. À compter du premier juin, il se fit plus agressif. Il dénonça l'alliance de Drew et de Duplessis. À Owen Sound, dans la circonscription de Grey-Nord, où se trouvaient d'assez nombreuses loges orangistes, il reprocha aux conservateurs de distribuer dans l'ouest de l'Ontario des pamphlets de propagande qui étaient d'une manière flagrante anti-canadiens-français.La presse et la radio accordèrent une large diffusion au discours de Saint-Laurent qui avait d'ailleurs été bien accueilli par ses auditeurs.

Claxton s'inquiétait de l'attitude de Saint-Laurent. Il croyait qu'il avait pris une position trop extrême et exprimait l'espoir que le premier ministre modérerait le ton[23]. Cette franchise n'a certainement pas nui au premier ministre. L' *Edmonton Journal*, organe traditionnellement conservateur, écrivait dans la dernière semaine de la campagne électorale: « Ce Canadien français, qui dit les mêmes vérités brutales aux Canadiens français et aux

Canadiens anglais, nous semble offrir à tous les Canadiens la première occasion véritable d'unité nationale réelle qu'ils aient eue depuis plus d'une génération[24]. »

Le leader conservateur fut moins avare de promesses que le premier ministre. Drew fit état de son programme qui prévoyait des réductions d'impôt. Il attaqua avec vigueur les libéraux qu'il taxait « d'arrogants », de « socialisants » et de « centralisateurs ». Dans le Québec où Frédéric Dorion, ami de Duplessis, était organisateur et candidat tory, la propagande conservatrice soulignait que Drew était anticommuniste et partisan de l'autonomie provinciale. Les adversaires de Saint-Laurent l'appelaient généralement « Stephen Saint-Laurent » et l'accusaient d'être un « fanatique impérialiste », un « centralisateur » et un « Anglais au fond du coeur ».

Duplessis n'intervint pas personnellement dans la campagne électorale, mais plusieurs de ses ministres y prirent part. Bien des candidats conservateurs étaient financés par l'Union nationale. Les libéraux usèrent de représailles envers les conservateurs en accusant Drew d'être hostile aux Canadiens français, ardent conscriptionniste et adversaire des allocations familiales.

Le 27 juin, les libéraux remportèrent une victoire jusqu'alors sans précédent dans les annales politiques du pays depuis la Confédération en faisant élire 193 candidats. Avant 9 h 30, le soir du scrutin, Drew avoua la défaite de son parti qui n'avait que 41 candidats élus. Il avait fait moins belle figure que Bracken aux élections générales de 1945. Saint-Laurent avait fait mentir Laurier. Sir Wilfrid avait confié à King sa conviction que « les Français catholiques ne seraient jamais de nouveau à la tête d'un gouvernement au Canada parce que les Français et les catholiques étaient en minorité[25] ».

Évidemment, l'opinion anglophone avait bien évolué depuis le temps de Laurier. La franchise de Saint-Laurent semblait avoir plu énormément aux Canadiens de langue anglaise, ce qui expliquerait en partie son triomphe. Au Québec, il n'y eut que deux conservateurs qui réussirent à se faire élire, soit Henri Courtemanche, dans la circonscription de Labelle, et Léon Balcer dans celle de Trois-Rivières, où il l'a emporté de justesse.

Quelques jours après les élections, Saint-Laurent rendit visite à King à sa maison de Kingsmere.

Depuis qu'il avait abandonné la direction du parti libéral, King vivait paisiblement à la Maison Laurier, à Ottawa, et à Kingsmere. Son successeur ou ses anciens ministres venaient le consulter parfois, mais il donnait toujours l'impression de se désintéresser de la politique canadienne. Il n'était plus assidu à la Chambre et on le voyait que rarement en public.

À la fin de décembre 1949, il semble qu'il ait eu une crise cardiaque. Vers la fin de juin de l'année suivante, il quittait la Maison Laurier pour la dernière fois afin d'aller passer l'été à Kingsmere. La guerre de Corée était commencée et ce conflit le préoccupait. Il prévint J. W. Pickersgill d'en faire part à Saint-Laurent qui ne fut nullement impressionné par cet avertissement.

Il était convaincu qu'il avait eu raison de s'opposer, en décembre 1947, à la participation du Canada à la commission en Corée. Le 30 juin, il écrit dans son journal que la politique étrangère des États-Unis vise à entraîner le Canada dans des situations qui aboutiront finalement à l'annexion des deux pays[26]. Le 7 juillet, un médecin, mandé en consultation, lui conseilla d'aller à l'hôpital pour y passer des examens, mais il refusa. Le 19 juillet, il fit sa dernière entrée dans son journal qu'il tenait depuis cinquante-sept ans. Le lendemain, il reçut une lettre de Violet Markham, une amie d'Angleterre qu'il avait rencontrée pour la première fois, à Ottawa, en 1905.

Le samedi soir, 22 juillet 1950, à 9 h 42, l'ancien premier ministre du Canada mourait paisiblement dans son lit. Au moment de sa mort, une pluie torrentielle, accompagnée d'éclairs et de tonnerre, que rien n'avait laissé prévoir, s'abattit sur la région. Pourtant, Ottawa, qui n'était qu'à quelques milles de Kingsmere, ne fut pas touché par la tempête[27]. Le défunt laissait une fortune d'environ $750000. En 1948, John D. Rockefeller, fils, lui avait fait don de $100000.

Quand Saint-Laurent apprit la mort de son prédécesseur, il ordonna des funérailles nationales. La dépouille mortelle fut exposée en chapelle ardente dans la salle du souvenir du Parlement. Pendant deux jours, des dizaines de milliers de personnes défilèrent devant la bière de l'homme politique que tant de personnes avaient vu dans les rues d'Ottawa durant de nombreuses années.

Les obsèques eurent lieu le 26 juillet, dans l'après-midi, dans la vieille église presbytérienne St. Andrew dont King était paroissien depuis plusieurs décennies. Les porteurs d'honneur étaient ses anciens ministres, dont Louis Saint-Laurent. Après les funérailles, le cercueil fut mis à bord du train de Toronto où King fut inhumé aux côtés de sa mère et de son père au cimetière Mount Pleasant.

Plus de trente ans après la mort de Mackenzie King, il est encore impossible de porter un jugement d'ensemble sur l'homme politique qui puisse faire consensus. Les historiens et les politicologues sont encore divisés quant à la valeur du personnage et de son oeuvre.

King était dénué de magnétisme et de grande stature intellectuelle. Il n'était guère impressionnant. Il était respecté, mais pas aimé. L'électorat canadien, de même que ses partisans, n'avait pas d'affection pour lui. Pourtant, il a battu tous les records de longévité politique aussi bien au Canada que dans l'Empire ou le Commonwealth. Le professeur Edgar McInnis, écrivant en 1959, faisait observer que c'était « une énigme qui n'était pas encore résolue[28] ». La remarque de l'historien est encore vraie, au moment où nous écrivons.

Son succès s'explique, au moins en partie, par son don de grand conciliateur. Il a été aussi un artisan de l'unité nationale, comme Laurier. Pendant toute sa vie politique, il s'est efforcé de prévenir les affrontements ethniques, religieux et régionaux. Cette préoccupation a joué un rôle déterminant dans son esprit. Un Meighen ou un Bennett n'ont jamais eu un souci aussi marqué dans ce domaine.

Sa politique étrangère a parfois été jugée sévèrement par certains historiens. À les entendre, le Canada aurait dû prendre des initiatives audacieuses pour le maintien de la sécurité collective au sein de la Société des Nations. Le Canada aurait ainsi fait sortir de leur léthargie la Grande-Bretagne et la France.

Nous doutons qu'un pays de 10 millions d'habitants dans les années 30, au potentiel industriel fort limité, aurait pu provoquer cette transformation en vue de sauver la Société des Nations et de prévenir les agressions allemandes en Europe. Il est très probable que si King s'était engagé dans cette voie, le Canada ne serait pas entré en guerre uni, en 1939.

Toujours est-il que King a été perçu différemment aussi bien au Canada qu'à l'étranger. C. P. Stacey estime que « Mackenzie King fut un de nos premiers ministres le plus parfaitement canadien[29] ». Nous souscrivons entièrement à cette remarque. Aucun homme politique n'a autant fait pour acheminer le Canada vers l'indépendance.

Un historien américain souligne qu'il manquait à King « le charme d'un Laurier et la chaleur humaine d'un Macdonald... mais il avait la suavité d'un Buchanan, la sagacité d'un Coolidge[30] ». Un Canadien né en Angleterre fait observer qu'il « ne fut pas un grand homme d'État, mais bien un homme politique très astucieux[31] ». Pour un historien français, King fut « le premier ministre par excellence[32] ».

NOTES

1. J. W. Pickersgill et D. F. Forster, *The Mackenzie King Record,* tome IV, Toronto, 1970, p. 61.
2. J. W. Pickersgill, *My Years with Louis St-Laurent,* Toronto, 1975, p. 40.
3. J. W. Pickersgill et D. F. Forster, *op. cit.,* p. 68.
4. Jean-Baptiste Duroselle, *Histoire diplomatique,* Paris, 1957, p. 631.
5. J. W. Pickersgill, *op. cit.*, p. 42.
6. Dale C. Thomson, *Louis St-Laurent,* Montréal, 1968, p. 224.
7. J. W. Pickersgill, *op. cit.*, p. 44, 45.
8. *Britannica Book of the Year,* Chicago, 1949, p. 764.
9. J. W. Pickersgill et D. F. Forster, *op. cit.*, p. 213.
10. Bruce Hutchison, *The Incredible Canadian,* Toronto, 1970, p. 435.
11. J. W. Pickersgill et D. F. Forster, *op. cit.*, p. 280.
12. Robert Rumilly, *Maurice Duplessis et son temps,* tome II, Montréal, 1973, p. 229.
13. Bruce Hutchison, *op. cit.*, p. 436.
14. *Ibid.*, p. 436.
15. J. W. Pickersgill et D. F. Forster, *op. cit.*, p. 351.
16. *Ibid.*, p. 368.

17. Robert Rumilly, *Histoire de la province de Québec*, tome XXXVI, Montréal, 1967, p. 64.
18. J. W. Pickersgill, *op. cit.*, p. 51.
19. H. S. Ferns et B. Ostry, *The Age of Mackenzie King*, Londres, 1955, p. 5.
20. Donald Creighton, *The Forked Road*, Toronto, 1976, p. 159.
21. *Cabinet Formation and Bicultural Relations*, la contribution de Dale C. Thomson, Ottawa, 1967, p. 144.
22. J. L. Granatstein, *Mackenzie King*, 1972, p. 192.
23. J. W. Pickersgill, *op. cit.*, p. 96.
24. Dale C. Thomson, *op. cit.*, p. 272.
25. J. W. Pickersgill et D. F. Forster, *op. cit.*, p. 213.
26. C. P. Stacey, *A Very Double Life*, Toronto, 1976, p. 219.
27. *Ibid.*, p. 222.
28. Edgar McInnis, *Canadian Historical Review*, mars 1959, p. 53.
29. C.P. Stacey, *Mackenzie King and the Atlantic Triangle*, Toronto, 1976, p. 3.
30. Samuel Eliot Morison, *The Oxford History of the American People*, New York, 1965, p. 930, 931.
31. Ernest Watkins, *Prospect of Canada*, Londres, 1954, p. 206.
32. Maurice Baumont, *La faillite de la paix (1918-1939)*, Paris, 1946, p. 325.

INDEX

M

S

T

TABLE DES MATIÈRES

La composition de ce volume
a été réalisée par
les Ateliers de La Presse, Ltée

Achevé d'imprimer
en septembre mil neuf cent quatre-vingt-deux
sur les presses de l'Imprimerie Gagné Ltée
Louiseville - Montréal.
Imprimé au Canada